A Library of Academics by PHD Supervisors

博士生导师学术文库

共犯论争议问题研究

郑泽善　著

中国书籍出版社
China Book Press

图书在版编目（CIP）数据

共犯论争议问题研究/郑泽善著．—北京：中国书籍
出版社，2018.10
ISBN 978－7－5068－7051－1

Ⅰ.①共…　Ⅱ.①郑…　Ⅲ.①同案犯—研究—中国
Ⅳ.①D924.04

中国版本图书馆 CIP 数据核字（2018）第 241443 号

共犯论争议问题研究

郑泽善　著

责任编辑	李　新
责任印制	孙马飞　马　芝
封面设计	中联华文
出版发行	中国书籍出版社
地　　址	北京市丰台区三路居路 97 号（邮编：100073）
电　　话	（010）52257143（总编室）　（010）52257140（发行部）
电子邮箱	eo@ chinabp. com. cn
经　　销	全国新华书店
印　　刷	三河市华东印刷有限公司
开　　本	710 毫米×1000 毫米　1/16
字　　数	348 千字
印　　张	20
版　　次	2019 年 1 月第 1 版　2019 年 1 月第 1 次印刷
书　　号	ISBN 978－7－5068－7051－1
定　　价	89.00 元

前　言

共犯论素有"绝望之章"之称，由于共犯论涉及的理论和实践问题复杂而又艰深，因此，历来都是大陆法系刑法理论界关注的重要问题之一。该理论虽然在大陆法系的刑法理论界有近百年的研究历史，然而至今尚有许多问题处在激烈的争论之中。多年来，我国刑法学界同样较为重视共犯论的研究，但就整体而言，传统的刑法教义学关于共犯论的探讨突出地存在以下两方面的问题：首先，研究的深度和广度有限，创新性明显不足。主要表现在，目前我国绝大多数刑法教科书，只是围绕着共同犯罪的概念、成立条件、形式、分类、刑事责任以及共同犯罪与犯罪形态、身份等几个有限的问题展开讨论。针对共犯论的体系、共犯的处罚根据、共犯的因果性、共犯的本质、共犯与正犯的关系等共犯论的根基性问题，不仅较少涉猎，相关研究远远没有获得充分、深入的展开。其次，部分观点已经明显过时，难以应对司法实践的需要。比如，有关共犯的处罚根据，即共犯没有直接实施侵害法益的实行行为，缘何还要受处罚的问题，我国刑法通说采行的是缺陷丛生、在大陆法系已被完全淘汰的责任共犯论的立场；又比如，在共犯的性质问题上，早已被大陆法系刑法学界所摒弃，将心情刑法发挥到极致的共犯独立性说依然在我国刑法学界大行其道；再比如，在共犯的本质和共犯要素从属性问题上，否定"责任个别作用"的犯罪共同说和极端从属性说，不仅在我国刑法理论界，在实务界也拥有相当广泛的学说和市场等等。这些问题的存在，严重制约着我国共犯理论研究水平的提升，更重要的是，这些陈腐过时的共犯理论很难有效地指导和应用于实践，进而导致不能公正、合理地解决共犯人的刑事责任问题。本书以违法性的本质在于法益侵害为主线，运用比较研究、规范阐释和具体案例分析等研究方法，立足于中国实际问题，围绕共犯论的基础领域以及延伸问题展开全方位的、深入的研究，追根求源、洋为中用，尝试构筑能够有效地指导司法实践的、合理的共犯论体系。

本书的主要内容有：

共犯的处罚根据与违法性的本质问题具有密切的关联性。之所以处罚共犯，是因为共犯以正犯为中介，间接地引起了法益侵害的结果，因此，共犯也有法益侵害性。共犯是否违法，取决于正犯是否违法，即在违法性问题上，共犯具有从属性。在有身份者教唆、帮助无身份者实施无身份者不能构成之罪的情况下，由于无身份者所实现的构成要件中，已经包含了身份犯的构成要件，因此，有身份者成立身份犯的共犯。在教唆他人杀人，但是被教唆人未能将被害人杀死的情况下，当然对杀人的未遂成立教唆犯。未遂教唆由于没有这种故意，因此，未遂教唆不可罚。而帮助犯的因果关系是"心理上或物理上的促进、强化正犯行为"这一作用。

德、日、韩等国家的共犯论体系是以正犯为中心建立起来的，共犯是以正犯为其前提的概念。刑法以分工分类法对共犯人进行分类，正犯不仅是其中的核心概念，也是共同犯罪定罪、量刑的中心。因此，在共犯论中，最基本的问题便是怎样区分正犯与共犯。在我国的刑法理论中，并没有正犯概念，我国刑法将参与共同犯罪的行为人分为组织犯、主犯、从犯、胁从犯和教唆犯。有关正犯与共犯的区分问题，在我国的刑法理论界，有规范性实行行为说和实质客观说之争，虽然重要作用说具有相对合理性。但是，在共犯论体系不同的语境之下，探讨两者的区分，可谓无奈之举。这一问题的根本解决，最好是在修订刑法条文时，规定相关条款。

所谓间接正犯，是指将他人作为犯罪工具加以利用，实施自己犯罪的情形。间接正犯与直接正犯一样，也是正犯的一种表现形式，但是，在以他人的行为为中介侵害或威胁法益这一点上，又和教唆犯极为相似。因此，间接正犯这一犯罪形态，可以说是处于作为正犯的直接正犯和作为共犯的教唆犯的边界上的一种形态。由于我国刑法对共同犯罪人的分类没有采用大陆法系的分工分类法，即正犯与共犯的区分；而是采用作用分类法，即分为主犯、从犯与胁从犯，教唆犯只是一种补充。我国刑法中既然没有正犯概念，当然也就没有间接正犯概念。在主、从犯共同犯罪体系和共犯、正犯共犯论体系这一不同语境之下，探讨正犯和共犯的区别以及间接正犯等问题可谓一种无奈之举。

共犯论是大陆法系刑法理论中最为复杂的领域，共犯与身份关系则是其中尤为困难的话题。由于这一问题与共犯的处罚根据等具有密切的关联性，因此，围绕这一问题的争论异常激烈。在因果共犯论的内部，就怎样理解和把握违法性的相对性而分成不同观点。在这里，共犯者引起的不法事态并不等于正犯者引起的不法事态。纯粹引起说重视共犯不法，因此，将共犯不法视为共犯的处罚根据。修正引起说则重视正犯不法，因此，如果能够肯定正犯不法，就可以以从属的形式肯定共犯的成立。折中引起说则以共犯引起违法事态为中心,同时要求引起正犯不法。

在我国的司法实践中,存在片面共犯是不争的事实,理论上如果否定片面共犯是共同犯罪,就割裂了片面共犯与其所配合的犯罪行为的联系,使得司法实践中的片面共犯行为因找不到法律依据而无法予以处罚,从而放纵犯罪;如果以共犯处罚,则缺乏理论上的依据。有关片面共犯能否成立,在中外刑法理论界,存在肯定说、否定说、部分肯定说之争。肯定说和否定说的缺陷比较明显,与此相比,部分否定说相对合理。

过失共同正犯,是指二人以上的行为人,在共同实施某一行为时,由于全体人员的不注意,共同引起符合过失犯构成要件的情形。在大陆法系,有关过失共同正犯问题,过去的主流观点一般认为,这一问题与犯罪共同说和行为共同说有密切的关联性。即犯罪共同说取否定说,行为共同说则取肯定说。然而,随着可以将过失犯的客观注意义务视为实行行为,因此,完全可以将共同实施不注意的行为理解为"犯罪的共同"。同样,基于行为共同说,以共同实施自然行为为由,将所实现的不法或结果归责于所有共同者,也没有充分的说服力。我国现行刑法明确否定了过失的共同犯罪,因此,试图从解释论上肯定过失的共同犯罪,几乎不可能。因此,有关过失共同正犯问题,有从立法的角度重新思考之余地。

承继共同正犯,是指对某一个犯罪,先行行为者着手实施后,在行为尚未全部实行终了的时段,后行行为者介入进来,在与先行行为者取得意思上的联络后,共同实施犯罪的情形。承继共同正犯的成立范围,应当限定在:后行行为者将先行行为者的行为和结果作为实现自己犯罪的手段,基于利用该行为和结果的意图而加以利用的情况下,应将这种行为视为后行行为者利用、补充先行行为者的实行行为,具体判断应以价值、规范意义上的等同性为基准。

必要共犯,在共犯领域一般限于任意共犯。必要共犯是刑法分则中的一种规定,即只有二人以上才能构成的共同犯罪。刑法规定必要共犯的意义在于:既可以区分共同犯罪的类型,在某些情形下,又可以排除刑法总则关于共犯规定的适用可能性。在我国刑法中,必要共犯包括聚众犯和对向犯两种。根据刑罚处罚规定的不同,对向犯又可以分为三种类型。针对刑法分则不予处罚的对向性参与行为,能否根据刑法总则有关教唆犯和帮助犯的规定进行处罚?对此,有立法者意思说、实质说和折中说的对立。

同一构成要件内的具体事实错误,是指教唆犯、帮助犯所认识的犯罪与实行犯所实施的犯罪,在行为的事实情况方面虽然不符,但二者的犯罪构成要件相同。

就这一问题而言,法定符合说相对合理。有关不同构成要件之间的错误,教唆犯只有在实行犯的实行行为与其所教唆之间存在紧密关联性时,才应对实行犯的既遂负责。针对实行犯所造成的过剩结果,教唆犯并不负责。不同的共犯形式虽然分属于不同的行为规范,但是,当它作为行为规范发生作用时,作为一种故意,在一般人的认识层面上发生重合,因此,可以在有责的违法限度内,成立其中较轻的共犯形式。

共犯关系的脱离,是指在共同犯罪过程中,部分共犯人从共犯关系中退出,其他共犯人继续实施犯罪并达到未遂或既遂的犯罪形态。共犯关系脱离是有关犯罪结果的归属问题,而共犯中止是事关已成立的未遂犯的可罚性问题。前者属于共犯论特有的问题,后者与其说是共犯论问题,不如说是未遂犯论问题。尽管二者存在部分重合,共犯关系的脱离有可能适用共犯中止规定,但二者的本质却不同。

不作为与共犯包括两种情形:一种是基于不作为的共犯,包括基于不作为的共同正犯、教唆犯和帮助犯;另一种是针对不作为的共犯,包括针对不作为的教唆和帮助。有关不作为的共同正犯,应采纳全面肯定说,基于不作为的教唆则应限定在一定范围之内,而基于不作为的帮助同样可以全面肯定。有关不作为的共同正犯与帮助犯的区别,如果行为人具有保障人(作为义务)地位,可以肯定正犯的成立,如果行为人只具有阻止犯罪实施的义务,则可以肯定帮助犯的成立。另外,针对不作为的教唆和帮助均可以肯定。

本书中的部分专题曾经在不同期刊上发表过,而本书中的大部分内容在研究生的教学过程中进行过讨论。本书主要是以研究生为主要对象而撰写的,当然,也可供研究人员参考。本书中的部分观点还有很多不成熟之处,作者衷心期待广大读者和学界同仁提出不足之处,以便进一步进行深入的研究。

目 录
CONTENTS

第一章　共犯的处罚根据与从属性

在大陆法系的刑法理论中,一般将共犯分为正犯和共犯。正犯,是指实施符合构成要件的行为,实现自己犯罪意图的人,与此相反,共犯则是指没有亲手实施符合构成要件的行为,而是帮助或教唆他人实施犯罪行为的人,具体而言,是指教唆犯或帮助犯。在这里,共犯并没有直接动手实施符合构成要件的行为,缘何应受处罚?源于德国的有关共犯的处罚根据,在大陆法系的刑法理论界,一直并没有得到应有的重视。虽然有过这方面的学说,然而,这些学说一般从形式性角度出发,认为共犯之所以应受处罚,是因为其符合教唆犯、帮助犯等修正的犯罪构成,而没有从实质性立场出发,对这一问题进行过深入的探讨。因此,围绕共犯的处罚范围,经常出现激烈的争论。比如,唆使他人自杀的行为人能否构成杀人罪的教唆犯?当事人唆使他人帮助自己毁灭、伪造证据的,当事人是否构成帮助毁灭、伪造证据罪的共犯,等等。所有这些问题应当如何解决,能否有一个统一的理论基础?

共犯从属性中的"共犯"是指与正犯相对应的狭义的共犯,而不是指广义的共犯,因此,共同正犯不存在从属性问题。当然,也有观点认为共犯从属性中的"共犯",一般是指广义的共犯,因此在共同正犯中也存在从属性问题,不过这种观点没有被人们所接受。① 狭义共犯——即教唆犯、从犯的成立与正犯具有密切的关联性。而所谓的共犯从属性,并不是指上述逻辑意义上的从属性,而是指教唆犯、帮助犯的成立是否从属于正犯行为的存在这一从属性的有无,以及当共犯的成立从属于正犯行为时,正犯行为需要具备何种程度的犯罪成立要件这一从属性程度问题。从逻辑意义上来讲,从属性的程度应当以从属性有无作为议论的前提。共犯独立性说并不意味着否认正犯、教唆犯和帮助犯的区别。正如有学者所指出的

---

① 张明楷:《刑法的基本立场》,中国法制出版社 2002 年版,第 294 页。

那样,"任何人也不能否认,在现行法上,正犯与共犯的行为样态或定型是不同的。正犯是杀人的人,教唆犯是教唆他人使之杀人的人,帮助犯是帮助正犯杀人的人。对此,共犯独立性论者也不否认。否认这一点的是共犯否定论(即实质的统一的正犯概念),不是共犯独立性说"①。

共犯独立性和从属性问题是大陆法系国家和地区的刑法学家在研究共同犯罪时所普遍探讨的问题,从形式层面上来说,它所要解决的是共犯中正犯与狭义共犯的问题,从实质层面上来讲,它是有关教唆犯、帮助犯的成立以及可罚性的理论前提。由于我国的共犯理论与大陆法系的共犯理论有所不同,因此,有关共犯的独立性与从属性问题,在我国的刑法理论界研究并不多。然而,即便共犯理论有所不同,由于共犯理论有一个共性,因此,我们也有必要探讨这一问题。

一、有关共犯处罚根据的中外学说概观及评析

(一)责任共犯论

一般认为,责任共犯论是一种着眼于教唆犯构筑的理论。责任共犯论在共犯与正犯的关系上探求共犯的处罚根据,主张共犯是因为使正犯堕落,陷入罪责和刑罚而受到处罚。

在德国的刑法理论界,责任共犯论的代表人物是 H. 迈耶。他认为,教唆犯一方面针对法益,另一方面针对正犯施加侵害,因此,犯了两种形态的罪。他认为,与其在外部损害的引起上,不如在对伦理秩序的侵害上寻求犯罪的本质,这种诱惑要素比起客观的法益侵害,原则上更为重要。虽然教唆犯对法益侵害的程度还没有达到被称为杀人的强烈程度,但是,教唆犯毕竟制造出了杀人犯。因此,教唆犯应当和正犯负相同的刑事责任。所谓"正犯实行了杀人行为,教唆犯制造了杀人犯",②便是责任共犯论的经典表述。

在日本的刑法理论界,倾向于责任共犯论的学者并不多,可举的主要有庄子邦雄教授。他认为,教唆犯,可以说具有两面性。教唆犯,一方面不亲自动手,只是引起正犯的行为。与正犯相比,相对于正犯所实施的行为而言,处于非常轻的关系上。但是,另一方面,教唆犯在诱惑正犯使其实施犯罪行为这一点上,具有比正犯更重的责任的可能。如果说犯罪的本质是违反伦理秩序,而并不重视外部损害的引起的话,可以说,诱惑他人实施犯罪比客观上侵害法益更为重要。因此,强

---

① [日]平野龙一:《刑法总论 II》,有斐阁 1975 年版,第 344 页。
② [日]大越义久:《共犯论再考》,成文堂 1989 年版,第 71 页。

调诱惑的一面的话,必须说其是和正犯具有同样的犯罪性的类型。虽说教唆人不是杀人犯,但由于诱惑杀人犯使其杀人,因此,教唆犯和杀人犯可以被同等评价。①

责任共犯论的理论特征是:在与违法性的本质问题上,取行为无价值论。由于与正犯不同,共犯是因为使正犯堕落,具有反社会伦理性(行为无价值)而受处罚。在要素从属性上,就会采纳极端从属性形式或夸张从属性形式。因为不具有责任的人不能使其堕落,因此,成立共犯,正犯具有责任是不可缺少的。在犯罪共同说和行为共同说的对立问题上,就有可能取犯罪共同说。只有具备有责的行为才可能存在犯罪,共犯在这一点上是共同的。

责任共犯论对未遂教唆,有可能得出可罚的结论。教唆犯使正犯产生犯意,而使正犯堕落。基于同样的理由,还会认为未遂教唆在共犯使正犯产生犯意之时就应当是可罚的。因为在未遂的限度内,教唆犯已经制造出了犯罪人。就共犯与身份而言,即使在加重的身份乃至责任身份上,共犯都从属于正犯。

责任共犯论根据与刑法上的法益保护没有直接关系的正犯堕落、诱惑这一心情的、伦理的要素,赋予共犯的处罚根据以基础,从在法益保护上寻求刑法任务的立场来看,这一点正是这种学说的致命缺陷。基于这种原因,在大陆法系的刑法理论界,现在几乎没有学者支持这种学说。

(二)不法共犯论

不法共犯论认为,共犯是因为使正犯陷入反社会的状态,破坏了社会的和平而应受处罚,这是以人的不法论为其出发点的学说。

在德国的刑法理论界,不法共犯论的典型代表人物是威尔泽尔(Welzel)。他认为,处罚共犯的内在根据并非在于共犯把正犯引入责任和刑罚,而在于共犯通过社会难以忍受的行为即符合构成要件、违法的行为,诱发或者促进了违法行为。也就是说,共犯并非因为社会难以忍受而受到处罚,而是因为唤起了正犯实施违法行为的决意,或者为了使正犯完成这一违法行为给予帮助而受到处罚。正犯行为正是因为社会的不可忍受才是违法的,因此,他所说的"违法"具有在行为无价值上寻求违法本质的"人的不法"的意义。② 由此可见,威尔泽尔的主张是一种在引起他人(正犯)的行为无价值上寻求共犯处罚根据的学说。威尔泽尔的这种主张又被称为"不法参与说"。

---

① [日]中山研一等著:《Revision 刑法 1》(共犯论),成文堂 1997 年版,第 15 页。
② [日]高桥则夫:《共犯体系和共犯理论》,成文堂 1988 年版,第 130 页等。

威尔泽尔"不法参与说"的理论根据是行为无价值论。在他看来,并不是与行为人的内容相分离的法益侵害就可以说明违法,行为只有作为一定行为人的行为时才是违法的。行为人设立何种目标,采取什么客观行为,行为人以什么心情实施行为,在这种情况下行为人负有什么义务,所有这些,与可能发生的法益侵害一起,决定行为的违法。违法性是对与一定行为人有关的行为的否定,违法就是与行为人有关的"人的"行为的违法。威尔泽尔从行为本身的样态以及行为人主观恶性上寻求违法性的根据。而且,威尔泽尔认为,结果无价值只是人的违法行为的部分要素,即法益侵害并不能完全说明行为的违法性;结果无价值只有在人的违法行为的行为无价值中才具有意义。因此,可以说他的行为无价值论是典型的一元的行为无价值论。

在日本的刑法理论界,主张不法共犯论的代表人物之一是大塚仁教授。他把共犯的处罚根据区分为形式性侧面和实质性侧面。作为教唆犯、从犯的处罚根据,在形式上需要教唆人、帮助人的行为符合教唆犯、从犯的被修正的构成要件,是违法的,教唆人、帮助人具有责任。作为实质性根据,教唆犯需要唆使被教唆人使其产生实行犯罪的决意,而且,由其实行而引起了违法的事态;从犯需要实施对正犯的实行进行帮助的行为,而且,其帮助使正犯的实行变得容易。它们之间必须存在因果关系。所以,在属于被教唆人、被帮助人的正犯那里,具有核心意义的是由其实行行为产生了对刑法所保护法益的侵害或者危险,因而受到处罚;在教唆犯、帮助犯那里,由其教唆行为、帮助行为引起正犯实施对法益的侵害或者危险,虽然是间接的,但是,提供了重要的原因,这可以说是其受到处罚的根据。另外,因为应该对各个行为人具体地论及其责任,所以只要正犯行为符合构成要件且是违法的就够了,不应该将正犯也具有责任作为处罚教唆犯、从犯的要件。与德国刑法不同,虽然在日本刑法中看不到有妨碍采用责任共犯说的条文制约,但是与共犯的限制从属形态相关联,关于狭义共犯的处罚根据,不法共犯说的立场是妥当的。①

不法共犯论的理论特征是:教唆犯之所以被处罚,其实质根据在于,使正犯产生实行犯罪的决意,并基于此而实施行为,引起了违法事态。其重视教唆行为与正犯行为之间的因果关系,但认为这种因果关系只要求在教唆与正犯的违法行为之间存在,不需要与结果引起之间存在关联。在限制从属形式下,包括对故意的

---

① [日]大塚仁著,冯军译:《刑法概说. 总论》(第3版),中国人民大学出版社2003年版,第247页以下。

从属,表现出强烈的对正犯的从属倾向。此外,强调正犯与共犯性质的不同,因此,主张两者的处罚根据应当予以分离。对未遂的教唆,因为它使正犯在未遂的范围内,实施了符合构成要件的违法行为,所以无条件地加以肯定。根据这种学说,只要正犯实施了违法行为,就成立共犯,于是在事实上肯定了违法的连带性。所谓违法的连带性,是指如果正犯行为违法,正犯的违法性与共犯的违法性具有连带关系。① 问题是,这有可能导致并不妥当的结论。比如,甲教唆乙杀死自己,而乙虽然实施了杀人行为,但是并没有达到既遂。在这里,乙毫无疑问地成立嘱托杀人罪的未遂,那么,甲是否成立嘱托杀人未遂罪的教唆罪呢? 根据不法共犯论,正犯实施了嘱托杀人这一违法行为,而这个行为正是甲所教唆的,正犯行为的违法性连带到共犯行为,当然甲也应当成立教唆罪。

(三)因果共犯论(引起说)

因果共犯论认为,共犯是因为与正犯共同引起正犯实现的结果而受到处罚,这种学说又称原因设定说或引起说。

既然共犯是通过正犯来引起法益侵害,那么,这个法益相对于共犯者来说是否受到保护就成为问题。也就是说,在考虑法益侵害的时候,必须考虑法益侵害主体的地位。如前所述,教唆他人杀死自己,而被教唆者虽然实施了杀人行为,但在并没有实现既遂的情况下,正犯虽然成立嘱托杀人未遂罪,但是,教唆者并不成立教唆罪,因为考虑到法益主体的地位,嘱托杀人未遂这一未遂结果,并不能为教唆者的行为赋予违法性。如果说不法共犯论通过引入违法相对性的概念,作为例外来解释为何教唆者不成立教唆罪,因果共犯论则是从正面来加以说明,即自己侵害自己的法益并不违法。同样,通过他人来侵害自己的法益,也不属于违法,由于并不存在处罚共犯的根据。因果共犯论在如何理解共犯的成立要件上存在分歧,即为了成立共犯,正犯行为是否需要符合构成要件。有关这一问题,主要有纯粹引起说、修正引起说和折中引起说的对立。

这种学说认为,教唆或者帮助正犯,实际上就是共犯人亲自动手,侵害刑法分则所保护的法益;共犯的违法性以共犯自身的违法性为基础,和正犯无关,因而从正犯的违法性当中完全独立出来。根据这种学说,"没有共犯的正犯"以及"没有正犯的共犯"均可以成立。另外,根据这种学说,必要的共犯是不可罚的;教唆未遂,如果在"意思的危险"上探求未遂处罚的根据就是可罚的,如果在"法益侵害的危险"上探求未遂处罚的根据就是不可罚的;未遂教唆是不可罚的;与共犯独立性

---

① 陈家林:《共同正犯研究》,武汉大学出版社 2004 年版,第46页。

说或者最小从属性形式相结合;身份要素除了显示出法益侵害的事实依赖性情况外个别地发挥作用;肯定对非故意行为成立共犯。①

纯粹引起说,尽管能够对各自分担实行行为的共同正犯的处罚根据做出合理的说明,但对于只有通过担当实行行为的正犯,才能对犯罪结果产生影响的教唆、帮助行为的处罚根据,则难以做出合理的说明。由于就没有正犯的共犯情形而言,在正犯行为合法的时候,对于参与其中的共犯行为人仍然要处罚,明显扩大了共犯的处罚范围。按照这种学说的逻辑,教唆或者帮助他人实施正当防卫或者紧急避险行为,也会被作为具体犯罪的教唆或帮助处理。同时,这种学说在证明过程中也存在明显的不足。所谓共犯,就是没有亲自动手实施犯罪构成要件实行行为,而是通过正犯来实现引起构成要件结果的人,在正犯没有引起侵害结果的时候,共犯怎能引起构成要件结果? 除非将因果关系抽象地理解为心理上的因果关系,否则难以想象。因此,共犯的违法性,在结局上,只能在有正犯介入法益侵害的情况下才能存在,否则,很难想象其具有独自的违法性。②

这种学说认为,共犯的处罚根据在于共犯通过使正犯实施实行行为,参与引起了法益侵害的结果。这种学说在德国和韩国的刑法理论界,处于通说的地位。这种学说的基本观点是,共犯者的不法并不在于其行为本身,而是从正犯者的不法所导出。换言之,之所以处罚共犯者,是因为其引诱、促进了正犯的行为。共犯没有独立的违法性,共犯的不法,从属于正犯的不法。按照这种学说,共犯并非直接引起正犯的结果,而是通过对正犯行为的引诱、促进,间接地引起正犯结果。这种学说否定"人的违法相对性"而肯定"违法的连带性",既否定"没有正犯的共犯",也否定"没有共犯的正犯"。由于违法连带性的主张源于否定人的不法的传统的客观违法论,因此,这种学说基本上倾向于结果无价值论。又因为主张违法连带性,因此,也有限制从属性的倾向。③ 这种学说在解释论上的结论是:虽然必要的共犯不能作为共犯受到处罚的实质理由是因为缺乏违法性,但是根据修正引起说,在正犯行为是违法的限度内却成为可罚的;未遂教唆是不可罚的;教唆未遂是可罚的;与限制从属性形式相结合;违法身份连带地发挥作用,责任身份个别地发挥作用;肯定了对非故意行为成立共犯。④

修正引起说对未遂教唆或陷害教唆问题难以自圆其说,由于主张修正引起说

① [日]川端博:《刑法总论》(第2版),成文堂2000年版,第429页。
② 黎宏:《刑法总论问题思考》,中国人民大学出版社2007年版,第508页。
③ 陈家林:《共同正犯研究》,武汉大学出版社2004年版,第50页。
④ [日]川端博:《刑法总论》(第2版),成文堂2000年版,第429页。

的观点,大多是以教唆者不具有教唆故意,而否定未遂教唆、陷害教唆的可罚性;问题是,根据其理论主张,即便仅仅引起正犯的未遂也构成违法,因此,如果按照违法连带性的主张,则陷害教唆或未遂教唆也具有可罚性。之所以出现这种矛盾,是因为修正引起说强调违法连带性之结果,而忽视了共犯所具有的独立的不法性。

　　这种学说认为,违法性的实质是偏离社会相当性的法益侵害或者危险,共犯的违法性不仅仅是侵害法益的结果无价值,侵害法益的方法、形态之类的行为无价值也必须考虑在内,因此,共犯的处罚根据,仅仅是和正犯引起的法益侵害结果具有因果关系还不够,还必须是以帮助、教唆的方法,为正犯侵害法益做出了贡献。即共犯的违法性,一半以正犯行为为基础,一半以共犯行为本身的违法性为基础。① 这种学说一方面承认共犯不法的独立性,另一方面,从限制正犯概念的立场出发,又强调共犯本身并不能直接侵害法益,它必须通过正犯的行为,才能侵害法益。即认为由共犯行为所引起的法益侵害的危险性是抽象的危险犯或预备行为的危险性,必须有正犯行为所引起的法益侵害的具体危险存在之后,才能形成共犯的结果无价值。

　　这种学说把要求正犯符合构成要件的不法行为或者理解为"基于构成要件明确性的法律意义上的依赖性",或者作为"共犯行为的法治国家的限定"看待。在这种情况下,共犯的处罚根据在第一层意义上是因为引起"符合构成要件的结果",或者"侵害对共犯也应受保护的法益"。这种学说借助明确性、限定性要求,通过要求"存在正犯不法"制约共犯的处罚范围。因此,被杀者实施的嘱托杀人的教唆因为没有引起"他杀"是不可罚的;犯人实施的隐灭证据的教唆既然没有"由正犯实施的对他人证据的隐灭",这一共犯也是不可罚的。而且,这种学说所说的共犯对正犯符合构成要件不法的"从属",只具有制约处罚共犯的"必要条件"的意义,不带有"连带作用"的意思。② 因此,这种学说在大陆法系的刑法理论界逐渐得到了学者们的认可。

二、折中引起说的相对合理性

　　纯粹引起说认为,正犯与共犯的区别在于引起法益侵害的方法和类型不同,由于共同引起了对法益的侵害,因此,理应受到处罚。也就是说,正犯和共犯的区

---

　　① ［日］大谷实著,黎宏译:《刑法总论》,法律出版社 2000 年版,第 300 页以下。

　　② ［日］松宫孝明:《刑事立法与犯罪体系》,成文堂 2003 年版,第 283 页。

别是,在引起法益侵害的行为当中,是否存在正犯性这一点上。纯粹引起说对共犯的处罚根据的这种理解,最终导致正犯的构成要件和共犯的构成要件的区别在于引起法益侵害的样态不同,而除此之外的构成要件要素基本相同的结论。另外,纯粹引起说由于否定"扩张的正犯论"而试图限定正犯的成立范围,因此,不得不倾向于否定间接正犯,这一点可以说是采纳纯粹引起说的最主要的动机。问题是,构成要件要素并不限于"引起法益侵害",在认定犯罪的成立需要有一定身份的身份犯中,这种学说很难自圆其说。

不法共犯论和引起说的区别比较微妙。就教唆犯而言,如果没有教唆行为就不可能有正犯的不法行为,正如不法共犯论所主张的那样,共犯的处罚根据在于给予不法正犯以原因并参与正犯的行为,当然有其合理性。这是因为共犯的不法从属于正犯的不法,将共犯的处罚根据求之于引起了正犯不法这一实害,因此,将不法共犯论理解为引起说的一种也并不过分。德国刑法将引起说中的修正引起说归类为"不法共犯论",便是最好的证明。① 然而,修正引起说将引起正犯的不法视为一种必要条件,通过从属于正犯不法来界定共犯的处罚根据,不得不强调处罚正犯时并不重要的从属性原则,以依存于正犯不法的形式试图处罚共犯,因此,可以说在此限度内修正了引起说的基本思想。

问题是,即便有正犯的不法,就共犯而言,有时也并不一定能够引起违法事项。比如,希望死亡的 X 请求 Y 杀害自己,Y 实施了针对 X 的杀害行为,如果 X 并没有死亡的话,Y 应负嘱托杀人罪的未遂之罪责,但是,被害者 X 却不能成立教唆犯。如果从 X 的行为和所发生的结果来看,不过是针对自己法益的一种侵害(自伤行为),因此并不违法。针对 Y 而言,由于已经发生了违法事态,因此,可以处罚 Y,但是,针对 X 来说,由于并不存在违法事态,因此,不能作为共犯处罚 X。也就是说,日本刑法第 202 条的立法意图是,通过防止来自于 X 以外的侵害来保护 X 的生命,被害者之 X 本身无法侵害自己的法益,因此,不应根据引起自己侵害自己的法益为由进行处罚。在这一事例中,所发生的事态针对 X 来说并不是什么违法结果,因此,不能根据已经引起而处罚 X。也就是说,实行从属性的原则,是指没有实施正犯的违法行为就不应处罚共犯的一种消极原则。引起正犯的不法行为虽然是处罚共犯的必要条件,但并非绝对条件。② 对共犯来说,如果不能肯定引起了违法事态就不能处罚共犯,这可以说是修正引起说的致命缺陷。

---

① [日]井田良:《刑法总论的理论构造》,成文堂 2006 年版,第 315 页。
② [日]井田良:《刑法总论的理论构造》,成文堂 2006 年版,第 315 页。

　　引起说是将共犯的处罚根据求之于引起了违法事态的学说,那么,在这里,有必要澄清共犯行为所引起的违法事态的具体内容。不法共犯论和修正引起说认为,之所以处罚共犯,是因为共犯使正犯实施了违法行为,即引起了正犯的不法,因此,理应处罚。成立狭义的共犯,即教唆犯或帮助犯,需要正犯已经着手实施违法行为。处罚故意杀人的未遂,至少需要正犯着手实施杀人行为,如果正犯并没有着手实施杀人行为,就不可能产生杀人未遂的教唆或帮助的罪责。这就是共犯的实行从属性原则,它不仅是大陆法系刑法理论中的通说,也是判例的立场。①

　　与此相反,如果要彻底贯彻正犯与共犯的并行理解原则,那么,就不得不无视引起正犯的不法这一点,拒绝共犯从属、依存于正犯的不法,针对共犯而言,引起违法事态本身便成为共犯的本质。对共犯来说,只要引起违法事态就可以处罚共犯的见解,可以说彻底贯彻了引起说,因此,一般称之为纯粹引起说。扩张性共犯论,在其本质上也属于纯粹引起说。当然,正如纯粹引起说所主张的那样,针对共犯而言,引发违法事态(共犯不法)才是共犯处罚根据的核心部分。然而,为了限制共犯的处罚范围,就有必要对正犯不法的从属性引起,即在和正犯不法关系上的罪名从属性,如果否定这一点,就会导致共犯的处罚范围无限宽泛。也就是说,在处罚共犯时,需要有引起正犯不法这一附加条件。比如,X欺骗Y,唆使Y毁损Y自己的财物,在这种情况下,由于Y的行为并不属于毁损器物的违法行为,因此,X就不能成立毁损器物罪的教唆犯,当然,X有可能构成毁损器物罪的间接正犯。又比如,在医生X教唆妻子Y泄露秘密的情况下,纯粹引起说认为X构成泄露秘密罪的教唆犯,但是,由于Y的行为并不符合泄露秘密罪的构成要件,因此,X就不应构成教唆犯。同样,A教唆刑事犯B,伪造有关B自己的犯罪证据时,由于B并不构成伪造证据罪,因此,A也不应构成伪造证据罪的教唆犯,但是,根据纯粹引起说的观点,A就构成伪造证据罪的教唆犯,②这显然不尽合理。

　　目前,在我国的刑法理论界,可以说还没有形成有关共犯处罚根据的系统的学说。但是,可以根据我国刑法理论在共犯解释论上的结论,判断我国刑法理论对共犯处罚根据的基本态度。综合我国刑法理论有关共犯尤其是教唆犯的解释论的结论,可以说,我国的通说基本上坚持了责任共犯论的立场。理由是:第一,在共犯与违法性本质的关系问题上,我国的通说倾向于行为无价值论。我国的通说一般认为,教唆犯是犯意的制造者。比如,有观点认为,犯意的产生,在大多数

①　[日]井田良:《刑法总论的理论构造》,成文堂2006年版,第316页。

②　[日]井田良:《刑法总论的理论构造》,成文堂2006年版,第317页。

情况下,都是犯罪分子反社会意识量的积累导致质变的结果。但在少数情况下,一个人虽然可能存在犯罪的思想基础——反社会意识,但是反社会意识的量还没有积累到发生质变,外化为犯罪行为的程度,也就是说,犯罪的思想基础还没有直接转化为犯罪动因,但是在他人的教唆上,却走上了犯罪道路。因此,教唆就成为一个人反社会意识迅速膨胀的催化剂。教唆犯之于社会,犹如病菌的携带者,向他人,尤其是那些意志薄弱者传播犯罪毒素,使社会受到犯罪感染。在某种意义上可以说,教唆犯是犯罪的病源。教唆犯通过他人实现其犯罪意图,教唆犯制造了犯罪意图。① 由此可见,在我国的刑法理论中,教唆犯正是由于使他人陷入责任而受到处罚,因为教唆犯使那些意志薄弱者受到侵害,制造了犯罪意图,显然是从心情无价值上寻求教唆犯的处罚根据。第二,在共犯从属性和独立性的关系上,我国刑法理论中的主流观点倾向于类似于共犯的极端从属性形式的立场。主流观点认为,成立教唆犯必须具备两个方面的基本特征:一方面,主观上教唆犯必须具有教唆他人犯罪的故意,即行为人明知自己的教唆行为会使他人产生犯罪意图,进而实施犯罪,希望或者放任这种结果的发生。另一方面,行为人必须有教唆他人犯罪的行为。而且,教唆他人犯罪,是指教唆他人实施某种具体的犯罪行为,而不是教唆他人实施一般违法行为或者违反道德的行为。教唆对象首先必须是达到刑事责任年龄、具有刑事责任能力的人,如果教唆无刑事责任能力的人进行犯罪,那就不是教唆犯,而是利用无责任能力人犯罪的间接正犯。② 由此可见,我国的通说不仅着重在制造正犯犯意上寻求教唆犯的处罚根据,而且在解释论上就共犯从属性问题得出了与责任共犯论相同的结论,因此,在共犯的处罚根据上,我国的通说实质上坚持的是与责任共犯论相同的立场。

如前所述,折中引起说将共犯的处罚根据求之于共犯从属于侵害构成要件保护的法益上,主张共犯不法部分从属于正犯不法,部分独立于正犯不法。这种学说对违法的相对性部分地予以肯定、部分地予以否定。也就是说,折中引起说一方面否定"没有正犯的共犯",即没有正犯不法就不存在共犯不法,另一方面肯定"没有共犯的正犯",即使存在正犯不法也可能没有共犯不法。这种学说对违法性的相对性部分地予以否定的同时,部分地予以肯定,是考虑共犯行为无价值和结果无价值两方面的观点,因此,可以说,这种学说是将违法性的本质视为行为无价

---

① 高铭暄主编:《刑法学原理》(第 2 卷),中国人民大学出版社 1993 年版,第 485 页以下。
② 高铭暄、马克昌主编:《刑法学》(第 3 版),北京大学出版社、高等教育出版社 2007 年版,第 193 页。

值、结果无价值二元论的结论。根据我国刑法的相关规定和现实状况,本文认为,我国的刑法理论借鉴折中引起说相对合理,理由是:

第一,符合我国现行刑法的相关规定。我国刑法第29条第1款规定:"教唆他人犯罪的,应当按照他在共同犯罪中所起的作用处罚。教唆不满18周岁的人犯罪的,应当从重处罚。"这一规定,明确地说明教唆犯在其成立上,具有依附于正犯的从属性。因为,教唆犯的处罚,是按照其在共同犯罪中的作用进行的,前提是存在共同犯罪。而成立共同犯罪,按照我国刑法的相关规定,是二人以上共同故意犯罪。在有分工复杂共同犯罪当中,必须是有一方将共谋或者被教唆的犯罪付诸实施,否则,共同犯罪就无法成立。由此可见,在存在教唆犯的共同犯罪当中,被教唆人即正犯着手实行刑法分则中所规定的特定犯罪,是成立教唆犯的基本前提,否则,就谈不上对教唆犯的处罚了。同样,就作为共犯的另一种类型的帮助犯而言也是如此。有关帮助犯,我国虽然没有这种共犯形态的总则性规定,但是,这并不意味着我国刑法当中就没有帮助犯的犯罪类型,只是其在刑法分则当中,作为独立的犯罪类型规定了而已。比如,刑法第107条所规定的资助危害国家安全犯罪活动罪,就是其典型。① 由此可见,在我国的现行刑法中,教唆犯以及帮助犯的成立,都以正犯的存在为前提。

第二,我国现行刑法第29条第2款规定,如果被教唆的人没有犯被教唆的罪,对于教唆犯,可以从轻或者减轻处罚。对此,我国的通说认为,所谓被教唆人没有犯被教唆的罪,包括以下几种情况:一是被教唆人拒绝了教唆犯的教唆,亦即根本没有接受教唆犯的教唆。二是被教唆人当时接受了教唆,但随后又打消犯意,没有进行任何犯罪活动。② 三是被教唆人当时接受了教唆犯关于犯某种罪的教唆,但实际上他所犯的不是教唆犯所教唆的罪。比如,教唆者教唆他人犯盗窃罪,被教唆人接受了这一教唆,但实际上犯的却是强奸罪。四是教唆犯对被教唆人进行教唆时,被教唆人已有实施这种犯罪的故意,即被教唆人实施犯罪不是教唆犯的教唆所引起。这些情况,或者根本没有引起被教唆者的犯意,或者实际上没有造成危害结果,或者虽然造成了危害结果,但与教唆犯的教唆行为不存在因果关系,所以可以从轻或减轻处罚。③

---

① 黎宏:《刑法总论问题思考》,中国人民大学出版社2007年版,第512页。

② 这种处罚根据,可以说是将违法性的本质视为违反社会伦理规范的法益侵害或危险的行为无价值论的主张。

③ 高铭暄、马克昌主编:《刑法学》(第3版),北京大学出版社、高等教育出版社2007年版,第193页。

第三,有关违法性的本质,就我国刑法学通说的立场来看,在社会危害性认识上,可以说是接近于行为无价值论立场的。① 例如,我国的绝大多数教材都认为,造成客观损害结果的行为,是受人的主观因素支配的,它表现了人的主观恶性,是主观见之于客观的东西,因此,社会危害性必然是客观要素和主观要素的统一。关于决定犯罪的社会危害性大小的因素,主流观点认为,包括行为侵害的客体、行为的手段、后果以及时间、地点,行为人自身的情况以及主观要素等。② 另外,近年来,随着对社会危害性理论研究的深入,社会危害性概念所特有的主观性、模糊性的缺陷日益暴露,部分学者提出借鉴德日刑法理论中违法性判断的"二元论",即将结果无价值论和行为无价值论结合起来,考虑行为是否违法来重塑我国的社会危害性理论。"我国刑法不能简单地选择行为无价值论或结果无价值论的立场,而应当兼顾这两种立场的长处,因此,按照二元的行为无价值立场来建构我国刑法学体系就是合理的。"③

三、共犯的独立性与从属性

(一)共犯的独立性

所谓共犯的独立性,是指狭义共犯之教唆犯、帮助犯的犯罪性和可罚性在于教唆行为和帮助行为本身,即独立于正犯的犯罪性和可罚性的理论。

早期的德国学者 Kohler 认为,教唆者因他人之犯罪而负担责任之思考,在刑法的历史过程从来不存在,此种思考系违反现今之文化理念,现今的刑法并非采取就他人行为负担责任,而是采取就自己行为负担责任之"个人责任"原则;进而主张,教唆者乃"无形的起因者",亦即由于教唆者系说服他人犯罪决意,而利用他人行为设定自己意图发生之结果的原因者,因此教唆者之责任,并非属于他人(正犯)责任之附属物,而必须理解为教唆者本身行为之责任。Binding 亦同样将教唆者理解为起因者,认为正犯者、起因者、帮助者三者皆属于犯罪主体,此等犯罪主体之可罚性,乃"固有"的可罚性,系仅以各自犯罪主体之行为作为基础,而批评将该可罚性认为系由他人所导出之共犯从属性并无意义;易言之,无论如何之共犯者,并非以他人实施可罚的行为为理由而受处罚,仅以共犯者本身实施犯罪行为

---

① 黎宏:《行为无价值论批判》,《中国法学》2006 年第 2 期,第 160 页。
② 赵秉志主编:《刑法新教程》,中国人民大学出版社 2001 年版,第 75 页以下。王作富主编:《刑法》,中国人民大学出版社 1999 年版,第 34 页以下等。
③ 周光权:《法治视野中的刑法客观主义》,清华大学出版社 2002 年版,第 243 页。

为根据而受处罚,并非由于他人之所为而仅系由于自己之所为而受处罚。①

日本刑法学家牧野英一博士基于主观主义犯罪论明确指出:"以犯罪是犯人恶性的表现时,犯罪是从属于他人的犯罪而成立,没有意义。教唆犯及从犯,犯人固有的反社会性(故意或过失),由此而表现于外部,所以必须说是基于其教唆或帮助行为而行为者产生责任。"②

主张共犯独立性的观点认为,共犯行为本身,如同正犯,均为行为人内在恶性的表现,其行为均具有反社会的性格,同时从条件理论的观点来看,均是对于构成要件的事实,加入促使结果发生的条件,因此,对其行为应各负其责,并无所谓从属性的存在。共犯如果着手实施教唆或帮助行为,其着手的认定,应当以教唆或帮助时为着手的时点,即便正犯没有实行犯罪,共犯仍然应以教唆或帮助的未遂论处。也就是说,共犯的犯罪性以及可罚性,针对正犯的犯罪性及可罚性是独立的,共犯的未遂,不仅在正犯是未遂的情况下可以成立,而且在正犯停留在犯罪预备阶段也可以成立;甚至在正犯接受教唆或帮助而没有实施行为,或者拒绝接受教唆或帮助时,都可以成立共犯的未遂。

共犯独立性说的理论基础首先是作为主观犯罪论的犯罪征表说。犯罪征表说的基本立场是,应受处罚的不是行为,而是行为人,行为人独自的危险性、反社会性格是处罚的根据,犯罪行为不过是那样的危险性、反社会性格的征表。因此,在犯罪征表说者的眼里,犯罪行为只不过是作为征表犯罪人危险性格而存在的。犯意通过某种外部行为而显现出来时,就是犯罪的实行行为;或者说,确切地显现出犯意的外部行为,就是实行行为。由于教唆行为也是法益侵害意欲(犯意)的显现,因此也属于实行行为,教唆行为的着手就是实行行为的着手。③ 共犯独立性说的另一主要根基为因果关系理论中的条件说。共犯行为本身,从条件说的观点来看,与正犯一样,均系针对构成要件的事实,加入促使结果发生的条件,而且互为等价,对其行为应有个别的责任,并无所谓从属性存在的余地。

共犯独立性说的缺陷是:第一,共犯独立性说的理论基础主要是犯罪征表说和因果关系中的条件说。作为主观主义犯罪论的犯罪征表说,与主观主义犯罪论的基本主张相同,即认为行为者主观面的意思、性格、动机、人格的危险才是科刑的基础,但是,现有的科学技术并不能提供探测犯罪人内心邪恶的"仪器",只有当

---

① 转引自陈子平:《论共犯之独立性与从属性》,载陈兴良主编《刑事法评论》第 21 卷,北京大学出版社 2007 年版,第 8 页。

② [日]木村龟二:《犯罪论的新构造》(下),有斐阁 1968 年版,第 148 页。

③ [日]西原春夫:《刑法总论》(下卷)(改订准备版),成文堂 1993 年版,第 379 页。

犯罪人内部的危险性表现为外部行为时，其内在的危险性才能被认识。所以，犯罪是犯罪人危险性格的表露，应当予以惩罚的是犯罪人而非犯罪行为本身。但是，其基本观点、研究方法等与现代国家的法治秩序的建构总体趋势和追求并不合拍，因为，从以维持、形成国民正义感为终极目的的刑法理论出发，就应当承认，犯罪在本质上是危害社会、侵害法益的行为。① 第二，共犯独立性说认为，共犯之成立，系完全独立于正犯的主行为之外，其之所以成为刑罚处罚的对象，原因在于自身，与正犯的行为无关。如果坚持刑法评价客体为实现构成要件的行为，那么就不能主张共犯独立性说。因为，在罪刑法定原则的规范下，共犯行为仍属于基本构成要件之外的行为，并非刑法评价的标的，其所以处罚，前提上，仍须有实现构成要件行为的存在。将共犯之认定，独立于正犯的主行为之外，则共犯的成立，究系以何种标准为认定之基础，亦产生问题。因为不受正犯的主行为的限制，则似乎并无所谓构成要件实现的情况存在，又将如何可知究竟成立何种不法行为的共犯？所以，将共犯行为本身视为刑法评价的客体，将使得刑法评价关系发生谬误造成非实现构成要件的行为，亦成为刑法的评价对象，此种偏向之间接，将使得刑法中判断行为的评价结构，完全崩溃，盖对于行为的不法与罪责的认定，系受到不同评价标准的规范，不法行为非必然具有罪责，共犯独立性说无异系将前提与本体（不法与罪责）完全混淆，而以行为非价取代责任之认定。其见解本身即产生相当大之不完整性。② 第三，共犯独立性说认为共犯的成立，并不需要从属于正犯的主行为，而是由其自身行为独立认定，其与正犯一样，在本质上都是实行行为，共犯独立性说眼中的教唆犯、帮助犯已非共犯，而是另一种形式的正犯。如此一来，共犯成为独立的行为主体，其参与角色的形成，将与正犯参与形态认定的关系，同属于根本之行为人概念。然而在构成要件体系中，仅实现构成要件行为之人，得有明确依据被认为是主要参与角色，如将未实现构成要件之人全数认定为行为主体，则一方面会造成行为主体概念定位发生问题，盖此时出现两个行为主体概念，其一为实现构成要件之行为人，另一为无构成要件实现之行为人；另一方面，亦使得区分正犯与共犯的体制完全改变。③ 在大陆法系的刑法理论界，共犯从属性说处于通说的地位，不过，处于少数说之共犯独立性说也有一定的影响力。

---

① 周光权：《法治视野中的刑法客观主义》，清华大学出版社2002年版，第146页以下。
② 柯耀程：《变动中的刑法思想》，中国政法大学出版社2003年版，第168页。
③ 柯耀程：《变动中的刑法思想》，中国政法大学出版社2003年版，第168页。

（二）共犯的从属性

一般地说，共犯从属性说最早是由古典学派主张的，在古典学派中，针对一定的犯罪处于直接的或重要地位的行为和只具有间接的或轻微关系的行为进行区别之后，认为前者本身是能够独立成为犯罪（正犯），后者只有从属于其他的犯罪才能成为犯罪（从属犯、参与犯）。那么，共犯从属性说究竟指的是什么呢？

大塚仁教授认为："共犯从属性说主张，狭义的共犯的成立或者其可罚性的前提，是正犯者必须实施了一定的行为；与此相对，共犯独立性说认为，狭义的共犯也因为共犯者的固有行为而成立，而且具有可罚性。……共犯从属性说与共犯独立性说的最显著的对立在于教唆犯、帮助犯的未遂的成立范围。根据共犯从属性说，只有当被教唆者、被帮助者基于教唆者、帮助者的教唆行为、帮助行为，着手实行犯罪而未遂时，才能成立教唆犯、帮助犯的未遂；与此相对，根据共犯独立性说，既然教唆者、帮助者实施了教唆行为、帮助行为，即便被教唆者当即拒绝，被教唆者、被帮助者根本没有实施实行行为，也成立教唆犯、帮助犯的未遂，就处罚未遂的犯罪而言就是可罚的。共犯从属性说认为，教唆者、帮助者的教唆行为与正犯者的实行行为具有实质性的差异；与此相对，共犯独立性说认为，教唆行为、帮助行为也是作为教唆者、帮助者犯罪意思发现的实行行为，而且正犯者的实行行为，针对教唆者、帮助者而言，不过是因果关系的经过或客观的处罚条件。"[①]

Roxin 将法益侵害作为共犯不法的前提来论述共犯从属性的根据。"Roxin 认为共犯系以一种非正犯的加功形式，加功于具有构成要件故意之不法行为，属于故意法益侵害之行为类型。由于共犯并非亲自为构成要件该当行为之实施，系间接地借由加功于正犯之行为，而侵害法律所保护之法益，故其对于法益侵害亦属间接，亦应加以处罚，且共犯行为之不法，根本上系透过正犯行为不法所形成，而认定不法的规范标准的构成要件同样间接地规范到共犯，如此不但使得共犯处罚的基础完全与其前提的从属性相衔接，亦揭露构成要件采取限制行为人概念的真正意义，更能符合限制行为人概念下，共犯之处罚系由正犯处罚的扩张的意旨，Roxin 深信以所谓'法益侵犯（Rechtsgutsangriff）'的概念，可以正确地说明共犯处罚之基础，同时亦可对于共犯不法之独立要素，提供一个实质性的论据。"[②]显而易见，要素从属性是从属性程度的问题，罪名从属性与罪名独立性是犯罪共同说和行为共同说的对立问题，实行从属性才是一般意义上的共犯从属性的含义。

---

① ［日］大塚仁：《刑法概说》（总论）（改订增补版），有斐阁1992年版，第245页以下。

② 柯耀程：《变动中的刑法思想》，中国政法大学出版社2003年版，第176页。

由此可见,共犯从属性说的基本主张是:狭义的共犯的成立或可罚性的前提,是正犯者必须实施一定的行为。当正犯者没有着手实行犯罪时,对教唆者、帮助者不可能按未遂犯处罚;只有当被教唆者、被帮助者着手实行犯罪后,才意味着发生了法益侵害的具体危险,对教唆者、帮助者进行处罚才是合理的。这是因为,共犯从属性说以客观的犯罪论为理论基础,承认犯罪的本质是法益侵害,只有当犯罪行为对法益侵害的危险达到一定程度时才有处罚的必要。当正犯者没有着手实施实行行为时,作为参与者的教唆犯、帮助犯的行为对法益的侵害充其量是一种抽象的危险,因此不可罚。本文倾向于共犯从属性说。

(三)要素从属性的四种形式

要素从属性,又称从属性的程度。在取共犯从属性说——共犯的成立以正犯的实行行为为必要的前提下,正犯行为以具备犯罪的何种要素为必要,即有关要素从属性便成为一个问题。有关要素从属性的形式,在大陆法系的刑法理论界,一般分为最小从属性、限制从属性、极端从属性和夸张从属性四种形式。

所谓最小从属性形式,是指被教唆或被帮助的正犯行为只需具备犯罪构成要件的符合性,教唆者或帮助者就可以成立共犯,不管正犯行为是否具备违法性或有责性,均不影响共犯的成立。按照最小限度从属性,不仅正犯行为违法而共犯行为不违法存在,而且即便是正犯行为不违法而共犯行为违法的情况也可以存在。根据最小限度从属性的这种理解,共犯的成立范围可以无限宽泛,可以说共犯在很多情况下都可以成立。但是,既然承认在法益侵害问题上,共犯从属于正犯,只有在正犯对法益的侵害达到可罚性的程度时,共犯对法益侵害的程度才能达到可罚性,而正犯对法益的侵害达到可罚性的程度时则至少具备违法性,否则正犯的行为就不能说是对法益的侵害,从而共犯也就不可能侵害法益,即不存在正犯行为不违法而共犯行为违法的情形,这是共犯从属性说的理论归结。显而易见,最小限度从属性说已经突破了从属性说的本来意义,在此前提下,共犯从属性说可谓名存实亡,根本丧失了从属的意义。而且,共犯行为的不法不受正犯行为的影响,将使得共犯行为在不法的判断上独立于正犯,从而使得其思维方式趋向于单一行为人架构的发展。① 正是基于这些原因,最小从属性形式,并没有受到刑法理论界的青睐,而且在采取区分正犯、共犯体制的立法模式下,也从未被立法和司法实践所采纳。

限制从属性形式,是指正犯行为在犯罪行为评价结构中,必须是符合构成要

---

① 阎二鹏:《共犯与身份》,中国检察出版社 2007 年版,第 147 页。

件的违法行为,也就是不法行为,共犯才有成立的可能。这一学说是德国刑法理论中的通说。在日本的刑法理论界,也有很多学者倾向于限制从属性形式。比如,有观点认为,从共犯方面来讲,正犯的行为只不过是到发生结果时为止的过程中的一部分,该过程以及结果并不违法时,共犯也就没有必要对此承担责任,因此共犯的行为必须是违法的;但正犯是否具有责任,作为考虑是否处罚正犯的问题就可以;共犯有无责任,则应就共犯本身进行讨论。另外,限制从属性说比较容易解决实行的着手、间接正犯与教唆犯的区别等问题。从实质性观点来看,限制从属性形式比极端从属性形式更具合理性。①

极端从属性形式是指,共犯成立的前提是正犯行为必须具备构成要件符合性、违法性和有责性。如果正犯行为不具有责任或有阻却责任事由的存在,则共犯形态不能成立。这样要求共犯的成立前提,则将使得参与无责任能力的正犯的行为无法成立共犯。为了弥补这种处罚的漏洞,间接正犯概念便应运而生。但是,完全将参与无责任能力的人的行为全部认定为间接正犯,过于武断。正如有观点所指出的那样,原来的通说是把利用无责任能力者的情形一般解释为间接正犯。然而,这种认定是不够妥当的。即便是无责任能力者,只要能够辨别是非、能够亲自实施实行行为,利用他的行为,就应视为教唆犯罪。……比如,即便是没有达到刑事责任年龄的少年,其中不少在相当程度上具有规范意识,充分理解自己行为的犯罪意义,因此,不应将利用这种人的行为视为间接正犯,而应肯定教唆犯的成立。② 正是基于这种原因,极端从属性形式无论在当今的立法还是学界已被摒弃。

夸张从属性形式是指,被教唆或被帮助的正犯行为,除须兼具犯罪构成要件的符合性、违法性、有责性之外,因身份而发生的加重或减免刑罚的原因,也归责于共犯,即正犯行为如果有其他刑罚加重、减轻事由或追诉条件存在时,周边的参与者也须同样具备该刑罚加重、减轻事由或者具有追诉条件才能成立共犯,否则不能处罚。不过,这种夸张从属性形式无论在立法还是在理论上,很少被采纳和支持。

(四)限制从属性形式之不同理解

有关要素从属性的形式问题,德国、日本、韩国以及我国台湾地区的通说取的是限制从属性形式,少数说取最小限制从属性形式。不过,在取限制从属性形式

---

① [日]大塚仁著,冯军译:《犯罪论的基本问题》,中国政法大学出版社 1993 年版,第 286 页。

② [日]大塚仁:《刑法概说》(总论)(改订增补版),有斐阁 1992 年版,第 247 页。

的内部,又有不同观点的对立。

大塚仁教授认为:"无论是最小从属性形式还是夸张从属性形式,都是极端的立场,实际上之采纳有其困难。最小从属性形式,针对仅仅符合构成要件而缺乏违法性的行为,也肯定其共犯的成立,这一点并没有考虑共犯的实质;而夸张从属性形式,则与现行刑法上正犯的处罚条件或加重减轻事由并不影响共犯的成立的立场相矛盾。战前我国(日本)的通说,以刑法第61条所规定的'犯罪'一词作为根据,而取夸张从属性形式,然而,在现今,则重视该条所规定的'使实行'部分,而支持限制从属性形式的立场,并成为通说。"①这是倾向于限制从属性形式的主张。

与上述主张不同,也有观点认为:限制从属性说,是从共犯是由于自己的行为所引起的结果而被追究责任的思考出发的主张。从共犯的视角来说,正犯行为仅属于达到结果发生为止的过程的一部分而已。该过程及结果不违法时,也不追究共犯的责任。……如果正犯行为违法,共犯行为也违法,因此,可以说"违法具有连带性",然而,由于正犯无责任时,共犯也可能有责任,反之亦同,因此,可以说"责任属于个别性",因此,限制从属性说相对妥当。违法,原则上具有客观性、连带性,然而在例外的情况下,也有专属性,因此,也存在正犯行为属于合法而共犯行为属于违法的情况,而且正犯行为属于违法而共犯行为属于合法的情况,并非不可能。……可见,严格而言,共犯应仅从属于正犯符合构成要件的行为,至于违法与否,正犯与共犯可以各自考虑。由此又可见,最小从属性说乃至因果共犯论,同样妥当。然而,由于这些情况属于一种特殊的例外,因此一般取限制从属性说,而将这种情况作为一种例外加以考虑,并不冲突。② 这是取介于限制从属性形式和最小从属性形式的主张。

有关共犯的处罚根据,本文倾向于介于纯粹引起说和修正引起说之间的折中引起说,因此,本文认为,既然共犯的处罚根据是由于共犯通过正犯的实行行为而间接地引起法益侵害或危险,那么,共犯的成立,不仅要有正犯的实行行为的存在,而且还要以该实行行为引起法益侵害或危险为必要。也就是说,以正犯者符合构成要件而引起法益侵害或危险为必要,而未必以正犯具有违法性为必要,即有关要素从属性问题,取限制从属性形式与最小从属性形式之中间的立场相对合理。

---

① [日]大塚仁:《刑法概说》(总论)(改订增补版),有斐阁1992年版,第250页。
② [日]平野龙一:《刑法总论 II》,有斐阁1975年版,第345页。

（五）我国刑法有关教唆犯规定之立法属性

我国刑法第 29 条规定：教唆他人犯罪的，应当按照他在共同犯罪中所起的作用处罚。教唆不满十八周岁的人犯罪的，应当从重处罚。如果被教唆人没有犯被教唆的罪，对于教唆犯，可以从轻或者减轻处罚。

根据刑法的这一规定，在我国的刑法理论界，有关教唆犯的性质，有独立性说、间接正犯说、摒弃性质说、二重性说、从属性说等观点的对立，其中，二重性说处于通说的地位。比如，二重性说的首倡者伍柳村先生主张："教唆犯的犯罪意图既然必须通过被教唆人的决意，并且去实施他所教唆的犯罪行为，才能发生危害结果或者达到犯罪目的，否则，是不可能发生危害结果或者达到犯罪目的的；所以，就教唆犯与被教唆人的关系来讲，教唆犯处于从属地位，教唆犯具有从属性。但是，教唆犯给予他人以犯罪意图这一行为，它与单个人犯罪的犯意表示，其危害性是不同的。单个人犯罪的犯意表示还没有发生社会关系，只是个人犯罪意思活动的流露而已，所以不能认为犯罪；而在共同犯罪中，教唆犯的教唆行为则是教唆犯与被教唆人已经发生了人与人之间的社会关系，而且在这种社会关系中，又已显示出教唆他人犯罪这一行为本身对社会危害的严重程度。无论被教唆人是否去实行犯罪，当然在处罚时也必须考虑被教唆人已否犯了被教唆的罪这一事实。所以，从这个意义上说，教唆犯在共犯中又处于相对的独立地位，教唆犯又具有相对的独立性。刑法关于'教唆他人犯罪的，应当按照他在共同犯罪中所起的作用处罚'的规定，说明教唆犯不是独立的犯罪，他的犯罪意图一定要通过被教唆人去实施他所教唆的犯罪行为，才能看出他的教唆行为在共犯中所起的作用。……这也就是说，教唆犯对于实行犯来讲具有明显的从属性。刑法关于'如果被教唆的人没有犯被教唆的罪，对于教唆犯可以从轻或者减轻处罚'的规定，说明教唆犯又是相对独立的犯罪。"[1]

根据我国刑法第 29 条的规定，针对教唆犯性质的这种理解，似乎有道理，但是，我国通说的这种理解，有其致命的缺陷。因为"共犯从属性说与共犯独立性说，不管是就其基本观点而言还是就理论基础而言，都是非此即彼、完全对立的，无论如何也看不出来二者可以调和、折中。以行走方向作比喻，从属性说如同走向东方，而独立性说如同走向西方，一个人或者一辆车，不可能同时既向东方行走或行驶，又向西方行走或行驶"[2]。比如，B 准备入户抢劫 C 的财物，邀请 A 为其

---

[1]　伍柳村：《试论教唆犯的二重性》，《法学研究》1982 年底 1 期，第 17 页。

[2]　张明楷：《刑法的基本立场》，中国法制出版社 2002 年版，第 305 页。

望风，A 答应。但是，B 翻墙入室后，在着手实施暴力行为以前，突生悔意，不再抢劫，从另一侧门悄悄离去。A 在 C 家的墙外白白地等候了一个多小时。在这种情况下，如果取共犯的从属性，针对帮助犯 A 就应当宣告无罪；如果取共犯的独立性，A 就构成抢劫罪。根据共犯二重性说，该如何处理本案便成为问题。难道 A 既有罪又无罪？很显然，共犯的二重性说犯了逻辑错误。

本文认为，我国刑法第 29 条第 1 款确实取的是共犯从属性说。我国刑法第 29 条第 1 款规定："教唆他人犯罪的……教唆不满十八周岁的人犯罪的……"，以"他人""不满十八周岁的人"等实行犯的存在为前提，这既表明了教唆犯与实行犯在性质上的差别，更明文规定了教唆犯的从属性。根据刑法的这一规定，我国刑法理论中的通说认为，共同犯罪成立的主体条件是"二人以上必须是达到刑事责任年龄、具有责任能力的人"①。因此，"利用不满 14 周岁的人为工具实施任何犯罪行为，利用者都以间接实行犯论处。利用已满 14 周岁不满 16 周岁的人为工具实施除刑法所规定的故意杀人、故意伤害致人重伤或者死亡、强奸、抢劫、贩卖毒品、放火、爆炸、投毒罪以外的犯罪行为，教唆犯以间接正犯论处"②。可见，我国刑法理论中的通说坚持的是极端从属性说，③即只要正犯者缺乏刑事责任能力，教唆者一律以间接正犯处罚。

我国刑法第 29 条第 1 款的规定取的是共犯从属性说，那么，第 2 款的规定究竟应当怎样理解便成为问题。在我国的刑法理论界，二重性的观点正是基于第 29 条第 1 款和第 2 款的关系而主张的。然而，正如前有所述，共犯从属性说和独立性说无论如何也不可能折中的。本文认为，我国刑法第 29 条第 2 款只是共犯从属性原则下的一种例外规定，这一规定是"鉴于我国严厉惩治造意犯的法律传统，基于立法当时的国家刑事政策的需要，为满足一般国民的朴素法律情感，并达到社会防卫的目的，而特别地规定处罚教唆的未遂，以作为第 1 款的补充"而已。④

（六）实行从属性

实行从属性问题的核心在于共犯的处罚时点，即共犯未遂的成立时点是否应当和正犯的未遂同步。这一问题首先属于共犯从属性说与共犯独立性说之争：共

---

① 高铭暄、马克昌主编：《刑法学》（第 3 版），北京大学出版社、高等教育出版社 2007 年版，第 178 页。
② 陈兴良：《共同犯罪论》（第 2 版），中国人民大学出版社 2006 年版，第 450 页。
③ 陈洪兵：《共犯论思考》，人民法院出版社 2009 年版，第 79 页。
④ 王昭武：《教唆犯从属性说之坚持与展开》，载赵秉志主编：《刑法论丛》第 15 卷，法律出版社 2008 年版，第 63 页。

犯的成立是否以正犯实施实行行为为前提,也就是说,教唆行为、帮助行为本身是否属于实行行为?对此,正如前有所述的那样,共犯从属性说认为,教唆、帮助行为与正犯的实行行为性质完全不同;而共犯独立性说却认为,教唆行为、帮助行为也是实行行为,就教唆人、帮助人而言,正犯的实行行为只是因果关系的过程或客观处罚条件而已。共犯独立性说是基于主观主义刑法理论而主张的,刑法理论发展至今,主观主义刑法理论现在已经基本上销声匿迹,采取客观主义刑法理论所主张的共犯从属性说是必然趋势。① 目前,德国、日本、韩国的刑法皆取共犯从属性立场,我国台湾地区修改后的刑法也已经取从属性立场,充分说明了共犯从属性说的合理性。实行从属性问题还涉及未遂的处罚根据,即涉及是否可以独立处罚教唆的未遂问题(包括教唆预备)。对此,共犯独立性说持肯定的立场,而共犯从属性说持否定的立场。

(七)罪名从属性

犯罪共同说强调构成要件的定型性,主张共犯就是数人共同实施特定的犯罪,比如,就构成要件被特定的盗窃罪而言,二人以上出于实现盗窃罪构成要件的意思,共同实施该犯罪的构成要件行为的情况下,就是共同犯罪。② 在这种主张看来,所谓的共同犯罪,就是"数人一罪"。在犯罪共同说的内部,又有完全犯罪共同说和部分犯罪共同说的对立。

完全犯罪共同说认为,数人共同实施一个或者同一的故意犯的情形,才是共同犯罪。具体而言,包括以下内容:首先,强调相同的犯罪事实。如果二个人以上共同实施某种行为,但各人的行为意义不同,则不成立共犯。比如,二个人共同向被害人所在的方向开枪,其中,一个人基于杀人的意思而击中被害人的头部,另一个人出于伤害的意思而击中了被害人的腿部,在这种情况下,尽管二个人同时实施了侵害被害人的犯罪行为,由于二个人的犯罪行为的性质不同,因此,二个人之间不能构成共同犯罪,只能分别构成故意杀人罪和故意伤害罪。其次,强调相同的犯罪意思。成立共犯,各个行为人之间必须具有共同的犯罪意思,否则,就不能成立共犯。数人之间,有的出于故意,有的出于过失的情况下当然就不能构成共同犯罪。即便都出于故意,如果各自的故意的内容不同,也不能成立共犯。在共同正犯的情况下,各个人之间除了各自实施行为之外,还必须具有共同实施特定

---

① 王昭武:《教唆犯从属性说之坚持与展开》,载赵秉志主编:《刑法论丛》第15卷,法律出版社2008年版,第66页。

② [日]大塚仁:《刑法概说》(总论)(改订增补版),有斐阁1992年版,第192页等。

犯罪的意思上的联络,因此,过失共犯也就没有成立的余地。即使数人之间有共同的犯罪行为,如果没有共同的犯罪意思的情况下,则分别成立单独犯而非共犯。比如,A基于伤害的故意,B则出于杀人的故意,共同向C施加暴行,将C打死的情况下,尽管二人之间具有共同实施暴力的行为,由于在主观上没有共同犯罪的故意,因此不能构成共同犯罪,只能分别以故意伤害罪和故意杀人罪定罪处罚。由于完全犯罪共同说存在上述缺陷,目前,在大陆法系的刑法理论界,有关共犯本质的争论主要集中在部分犯罪共同说与行为共同说之间。

部分犯罪共同说继承了完全犯罪共同说的理念,强调共同犯罪就是数人共同实施具有相同犯罪构成的行为,与完全犯罪共同说的区别在于,部分犯罪共同说并不要求数人所实施的犯罪完全相同,而是只要具有部分一致就够,即数人所共同实施的不同犯罪之间,如果具有构成要件上的重合,那么,在此重合的限度之内,就可以成立共同犯罪,①这是日本的通说。比如,在A以伤害的故意,B以杀人的故意,共同向C施加暴行,结果将C打死,但无法查清究竟是谁的行为引起了C死亡结果的情况下,按照部分犯罪共同说,尽管因为A并不具有杀人罪的犯罪故意,因此不能和B一起成立故意杀人罪的共同犯罪,但是,由于在杀人罪的故意中,已经包含有较轻的伤害罪的故意,而在杀人的行为当中,同样包含伤害行为在内,因此,A和B之间,由于在故意伤害(致死)罪的范围之内具有重合性,二者之间可以成立故意伤害(致死)罪的共同正犯。其中,由于B的行为超出了A、B之间重合的范围,B除了与A一起成立故意伤害罪的共同正犯之外,还要对故意杀人的结果承担责任,即成立故意杀人罪的单独犯。由于B的故意杀人罪的实行行为与A之间成立的故意伤害罪的共同正犯的实行行为,实际上是一个行为,因此二者之间成立想象竞合,可以依照"从一重处罚"的原则,成立故意杀人罪。按照部分犯罪共同说,在前述的例子当中,A最终成立故意伤害罪(共同犯罪),而B只成立故意杀人罪。

行为共同说认为,共同正犯的共同是指行为的共同,也就是说,只要行为人实施了共同的行为,就可以成立共同正犯,并不要求必须是同一或者特定的犯罪,"数人数罪"是这种学说的本质特征。不过,在行为共同说的内部,围绕怎样理解"行为共同"的意义,又有主观行为共同说和客观行为共同说的对立。

主观行为共同说主要为早期的主观主义犯罪论所提倡,比如,主观主义刑法学家牧野英一博士认为:"恶性表现为犯罪时,并不意味着数人共犯一个罪;在主

---

① 张明楷:《刑法的基本立场》,中国法制出版社2002年版,第268页以下。

观上理解犯罪时,认为共犯是由数人的共同行为来完成那种犯罪,应该说是妥当的。依照这种思路想下去的话,首先要有共同预谋的事实,并根据这种事实来论述犯罪的成立。共同的事实并不等于所考虑的法律上构成的犯罪事实,这种事实常会跨越几个犯罪事实,或者可能仅限于一个犯罪事实中的一小部分。而且,并非一定需要那些人具有同样的故意。在他们的共同行为中,对于甲的犯意来说,应构成甲罪,而对于乙犯意则应构成乙罪。"①比如,甲出于杀人、乙出于放火的故意而共同实施行为的情况下,不管两个行为是否符合同一的构成要件,二者都是共犯,只是在定罪上,按照各自的主观意思来定各自的犯罪而已。行为共同说的目的在于避免犯罪共同说所带来的团体责任的嫌疑,彻底贯彻近代刑法所坚持的个人主义原则。

客观行为共同说认为,从参与共同犯罪的不同的个人来看,共犯的本质是共同实行各自的犯罪,各个共犯人之间并不要求具有罪名的同一性,也不要求具有共同的犯罪意思,换言之,共同犯罪并不是因为借用他人的可罚性或者与他人共同担负责任而受处罚,而是因为为了实现自己的犯罪而利用他人的行为,扩大自己的因果性的影响范围,也就是根据行为的共同,相互将他人的行为视为自己行为的延伸而纳入自己的行为,正因为如此,将针对所发生的结果也能全部归责于不同的参与人。因此,针对各个参与者来说,共同实施符合构成要件的违法行为是完全可能的,而不是什么构成要件之前的自然行为的共同。也就是说,行为共同说与构成要件之间并不存在矛盾。成立教唆犯、帮助犯之类的狭义共犯,必须具有符合共犯构成要件的违法行为,这是理所当然的,在共同正犯当中,所有参与者也必须具有符合构成要件的实行行为,因此,在古典的构成要件论的立场上,取行为共同说,并不存在理论上的矛盾之处。② 这种主张是日本刑法理论中的有力说。

共同意思主体说,最初是作为说明仅仅参与共谋而没有着手实行犯罪的人也要作为共同正犯处理的所谓"共谋共同正犯"的原理而提出来的,但是,随后迅速遍及其他领域,成为对教唆犯、帮助犯在内的共犯适用的一般原理。这一学说着眼于异心别体的二人以上的人为了实现同一目的而结合成为一体的社会现象,主张共同犯罪就是二人以上的人为了实现一定的犯罪目的,通过共谋而形成的"共

---

① 转引自[日]木村龟二主编,顾肖荣、郑树周译校:《刑法学词典》,上海翻译出版公司 1991 年版,第 348 页。

② [日]山中敬一:《刑法总论Ⅱ》,成文堂 1999 年版,第 751 页。

同意思主体"。作为共同意思主体的活动,在由此共同体中的一人以上的人在共同目的之下实施犯罪的情况下,就肯定共同意思主体的活动,所有的共同参与人都成为共同正犯,依照民法中的合伙理论,共同意思主体当中的每个人,针对共同意思主体中的其他人所引起的结果,承担共同正犯的刑事责任。因此,就刑事责任的归属而言,本应归于由各个共犯所形成的、超越于各个共犯个人的共同意思主体,但该"共同意思主体"是各个共犯者个人为实现犯罪的目的而暂时形成的违法存在,无法对其论科罪责,因此,只能对构成该"共同意思主体"的个人,追究其罪责。①

有关共犯的本质,我国的通说似乎倾向于完全犯罪共同说。比如,有观点认为:"实施犯罪时故意内容不同的,不构成共同犯罪。例如,甲、乙共同用木棍打击丙,甲是伤害的故意,乙是杀人的故意,结果由于乙打击丙的要害部位致丙死亡,由于没有共同的犯罪故意,不能按共同犯罪处理,只能按照个人的主客观情况分别定罪,即甲定故意伤害罪,乙定故意杀人罪。"②

就共犯的本质问题而言,在上述的几种学说当中,完全犯罪共同说的缺陷是:第一,这种学说对"犯罪的共同性"作了最为严格的认定。也就是说,只有在各个行为人实施的罪名完全相同的情况下才能成立共同犯罪,如果行为人实施的罪名不同,就不可能构成共同犯罪,而只能构成同时犯。按照这种学说,在司法实践中发生的一些案例将得不到公正的处理。比如,行为人分别以杀人、伤害的故意向被害人开枪,导致被害人死亡,但是无法证明是谁的子弹击中。在这种情况下,按照这种学说,两个人成立同时犯,行为人分别承担杀人未遂和伤害未遂的刑事责任,这显然不尽合理。第二,虽然这种学说的出发点是试图限制共同犯罪的成立范围,但实际上很难达到这一目的,反而会扩大共同犯罪的成立范围。比如,甲以抢劫的故意入室抢劫,乙则以盗窃的故意在外边望风的情况下,犯罪共同说认为,如果成立共同正犯,则甲、乙成立抢劫罪的共同正犯,这样,没有抢劫故意的行为人也成立抢劫罪,因此,有欠妥当。第三,犯罪共同说有可能导致罪刑的分离。比如,在甲教唆乙盗窃而乙抢劫的情况下,主张犯罪共同说的部分观点认为,甲为抢劫罪的教唆犯,但又主张在盗窃罪的法定刑内处罚。其结果,罪名是抢劫罪,而适用的却是盗窃罪的法定刑。③

---

① 黎宏:《刑法总论问题思考》,中国人民大学出版社 2007 年版,第 471 页。
② 高铭暄、马克昌主编:《刑法学》(第 3 版),北京大学出版社、高等教育出版社 2007 年版,第 181 页。
③ 阎二鹏:《共犯与身份》,中国检察出版社 2007 年版,第 137 页。

行为共同说的不足是:行为共同说将两种完全不同的犯罪认定为共同犯罪,即只要各参与人的行为符合犯罪构成要件即可,而不需要共同符合某一特定的犯罪构成,这样会导致扩大共同犯罪的成立范围。比如,甲以杀人的故意,乙则以伤害的故意,共同对丙实施暴力导致丙死亡的情况下,根据行为共同说,甲与乙成立共同正犯,但认为甲是故意杀人罪的共同正犯,乙是故意伤害致死罪的共同正犯,其结果与单独犯的结局相同。正如有学者所指出的那样,"这种学说(行为共同说)的基础是,是否成立犯罪,应根据犯人各自的情况单独进行论述,共犯不过是在实施犯罪行为一点上共同而已,所以,共同实行的意思以及共同实行的事实并不重要;对于犯罪结果而言,具有物理或心理上的因果关系的行为,就具有共犯关系的见解"①。很显然,行为共同说完全根据行为人自己的犯意认定犯罪,与单独犯并没有什么区别,那么,认定共同犯罪的理由又在何处? 可以说,这是这种学说的致命缺陷。

共同意思主体说的缺陷是:第一,违反近代刑法所主张的个人责任原则。根据这种学说,异心别体的数人在实现一定犯罪的目的之下结为一体的时候,这一共同体中的个人便丧失了自我存在的价值,而成为这一共同体的一个组成部分。既然如此,那么,其中的个人所实施的犯罪,就应当是超越该个人存在的意思共同体的犯罪,即犯罪的主体是意思共同体本身,而非其中的个人。但是,在共同意思主体中的个人犯罪的时候,处罚的并不是该共同意思主体,仍然是其中的个人,这显然违反了近代刑法所坚持的犯罪主体和受刑主体必须一致的原则,将团体责任转嫁给了个人。第二,成立共同正犯的根据不明。根据这种学说,没有着手犯罪的实行,仅仅是参与共谋的人也要成立共同正犯,与实行行为人承担同样的罪责。但是,所谓共同正犯,是指两人以上共同实行犯罪,要求两人以上的人不仅具有共同实行的意思,还必须具有共同实行的行为。行为人参与共谋,只能表明其具有共同犯罪的意思,如何能说共谋就等于共同实行? 理由不够充分。第三,违反日本现行刑法的规定。完全贯彻这一学说,所有参与共谋的人,不问其作用如何,一律都必须作为共同正犯处理,但这种做法也与日本现行刑法区分共同正犯、教唆犯、帮助犯的规定相脱节。②

根据我国刑法有关共同犯罪的相关规定,本文倾向于部分犯罪共同说。理由是:

---

① [日]大谷实著,黎宏译:《刑法总论》,法律出版社 2003 年版,第 302 页。

② [日]大谷实著,黎宏译:《刑法总论》,法律出版社 2000 年版,第 302 页。

第一，我国刑法第25条规定："共同犯罪是指二人以上共同故意犯罪。二人以上共同过失犯罪，不以共同犯罪论处；应当负刑事责任的，按照他们所犯的罪分别处罚。"如果根据行为共同说的基本主张，共犯的本质是各个行为人是在利用对方的行为完成自己的犯罪，因此，共同犯罪中共同参与的意思并非意思的联络，不要求共同的故意，因此，自然倾向于肯定过失的共同犯罪，这显然与我国的刑事立法发生冲突。当然，也有观点认为，行为共同说并非必然肯定过失的共同犯罪，"根据柔软的行为共同说以及因果共犯论，要将一方共同者的行为归属于另一方，并不一定需要成立共同正犯，即便作为过失的单独犯也可以让其承担这样的结果，这就产生了过失的共同正犯不要论"。与此相对应，犯罪共同说也并非必然否定过失的共同犯罪，"近年来，部分学者从犯罪共同说的立场出发，支持过失共同正犯的肯定说。根据犯罪共同说，与故意犯中的故意的共同一样，过失犯只要有共同的客观的不注意行为就足够，并不一定需要有意识地实现犯罪这样的意思的相互联络。也就是说，只要有'共同义务的共同违反'就可以肯定过失的共同犯罪"①。但是，行为共同说的基本主张毕竟倾向于肯定过失的共同犯罪，而犯罪共同说的基本主张则是否认过失的共同犯罪，尤其是上述持犯罪共同说的观点尽管通过"共同义务的共同违反"理论肯定过失的共同犯罪，然而，这种理论本身已经或多或少地偏离了犯罪共同说的基本内涵。② 因此，在我国刑法明文规定否认过失共同犯罪的前提下，部分犯罪共同说相对合理。

第二，我国刑法第26条第2款规定："三人以上为共同实施犯罪而组成的较为固定的犯罪组织，是犯罪集团。"行为共同说历来批判犯罪共同说以"参与者的一体性""犯罪团体"的观念来把握实行行为共同的实体，是以"集团犯罪"来把握"共同关系"，而认为行为共同说的优越之处在于对于因二人以上的参与所引起的犯罪现象，并非作整体的考察，乃系将此现象回归于各个行为者的行为。由此可见，行为共同说是坚持彻底的个人主义原则的，排斥任何"集团"的概念，这与我国刑法的相关规定直接发生冲突。③

第三，行为共同说认为，共同正犯是数人各自根据行为的共同而实现各自本身的犯罪，这种学说是完全从各个行为者行为本身的角度来理解共同关系的。这种学说的基本主张与我国刑法理论所历来主张的共同实行犯的概念大不相同。

---

① ［日］山中敬一：《刑法总论Ⅱ》，成文堂1999年版，第797页。

② 阎二鹏：《共犯与身份》，中国检察出版社2007年版，第138页以下。

③ 陈家林：《共同正犯研究》，武汉大学出版社2004年版，第77页。

比如,甲以杀人的故意,乙则以伤害的故意共同向丙开枪导致其死亡。行为共同说认为,甲成立故意杀人罪的共同正犯,乙成立故意伤害致死罪的共同正犯,由此可见,行为共同说所理解的共同犯罪是完全从单方面的角度理解的,这种理解显然与我国传统刑法理论所理解的共同犯罪不同。

第四,部分犯罪共同说与完全犯罪共同说一样,也是主张"数人一罪"的,那么,这一点是否与刑法中的个人主义原则相抵触呢? 本文认为,坚持部分犯罪共同说,并不会与刑法中的个人主义原则发生矛盾。理由是:部分犯罪共同说认为,在共犯的情况下,不同的共犯行为人之间在主观上由于具有意思上的联络,彼此互相提供、强化或促进行为的动机,而形成一个犯罪整体,针对法益的侵害或危险,已经达成了共识;在客观上,不同的共同行为人分别担负实行行为的一部分或其中某一阶段的行为,彼此将他人的行为视为自己的行为,并互相利用与补充,以致造成法益的侵害或危险。因此,共同正犯的犯罪结构,已经形成了犯罪共同体,不同的参与者理应就共同体内各人所实施的行为一起负责。①

---

① 阎二鹏:《共犯与身份》,中国检察出版社 2007 年版,第 140 页。

第二章　正犯与共犯之区别

一、引言

德、日、韩等大陆法系国家的共犯论体系是以正犯为中心建立起来的,"共犯是以正犯为其前提的概念"①。刑法以分工分类法对共同犯罪的参与人进行分类,正犯不仅是其中的核心概念,也是共同犯罪定罪、量刑的中心。② 侠义共犯之教唆犯和帮助犯,基本上都要依据正犯的成立而确定其各自的刑罚。因此,在共犯论中,最基本的问题便是怎样区别正犯和共犯。如果不能确定两者的关系,不仅无法解决共犯成立时对正犯的从属性、独立性问题,也无法区分共同正犯、间接正犯和从犯、教唆犯。长期以来,在大陆法系这些国家的刑法理论中,有关怎样区分正犯与共犯,之所以出现诸家争论不已、学说林立的局面,其缘由正在于此。

在我国刑法和刑法理论中,并没有正犯概念,我国刑法将参与共同犯罪的行

---

① ［韩］裴锺大:《刑法总论》(第8版),弘文社2005年版,第561页。

② 德国刑法第25条规定:自己实施犯罪,或通过他人实施犯罪的,依正犯论处。数人共同实施犯罪的,均依正犯论处(共同正犯)。第26条规定:故意唆使他人故意实施违法行为的是教唆犯。对教唆犯的处罚与正犯相同。第27条规定:对他人故意实施的违法行为故意予以帮助的,是帮助犯。对帮助犯的处罚参照正犯的处罚,并依第49条第1款减轻其刑罚。日本刑法第60条规定:二人以上共同实行犯罪的,都是正犯。第61条规定:教唆他人实行犯罪的,判处正犯的刑罚。教唆教唆犯的,与前项同。第62条规定:帮助正犯的,是从犯。教唆从犯的,判处从犯的刑罚。第63条规定:从犯的刑罚,按照正犯的刑罚予以减轻。韩国刑法第30条规定:两人以上共同犯罪的,各以该罪的正犯处罚。第31条规定:教唆他人犯罪与实行犯者,处罚相同。第32条规定:帮助他人犯罪的,以从犯处罚。

为人分为组织犯、主犯、从犯、胁从犯和教唆犯。其中,主犯、从犯和胁从犯①是根据作用分类法分类的结果,组织犯、教唆犯则是根据分工分类法分类出的结论。在上述分类中,主犯概念是我国共犯论体系中的核心。需要注意的是,我国刑法没有正犯概念并不等于刑法理论和司法实践中不存在正犯问题。主犯、从犯、胁从犯这一立法形式区分了参与共同犯罪的行为人的作用大小以及量刑问题,但是,未能解决参与共同犯罪的行为人的分工定性问题;教唆犯的立法规定又要求必须从理论和实践上分清教唆犯、帮助犯,即共犯和正犯之间的界限,否则既影响教唆犯本身的认定,针对教唆犯之外的其他参与共同犯罪的行为人是"什么犯",或者说"共同犯罪中的活动属于何种性质"也无法予以回答。因此,准确界定正犯与共犯,直接关系到刑法正义理念的彰显、构成要件理论本身的维护和发展、共同犯罪中不同参与者的定位以及刑罚调配等一系列重要问题,尤其能够使我国刑法对共同犯罪相关问题的研究精致化。② 但是,长期以来,我国的刑法理论仅仅注意到主犯、从犯的分类价值,却未能认识到正确区分正犯与共犯的重要性和实际意义,刑法理论界开始关注这一问题不过是近年来的事情,虽然有不同的主张,但仍然缺乏系统、深入的研究。

二、正犯概念

正犯,顾名思义,应该是指真正的犯罪人。在刑法意义上,真正的犯罪人应该

---

① 我国刑法第 28 条规定:对于被胁迫参加犯罪的,应当按照他的犯罪情节减轻处罚或者免除处罚。根据这一规定,在我的刑法理论界,主流观点认为:"我国刑法扬上述两种分类法之长,避其之短,在共同犯罪人的分类上,在按共同犯罪人在共同犯罪中的作用将其分为主犯、从犯、胁从犯的同时,又根据共同犯罪人的分工标准,划分出教唆犯。"(参见赵秉志主编:《刑法新教程》,中国人民大学出版社 2001 年版,第 247 页。)也有观点认为:"我国刑法对共同犯罪人的分类是以犯罪分子在共同犯罪中的作用为主要标准的,主犯、从犯、胁从犯,其在共同犯罪中的作用呈现出一种递减的趋势。胁从犯之所以应当减轻或者免除处罚,不仅仅在于他是被胁迫参加犯罪的,更重要的是他在共同犯罪中的作用比较小。"(参见陈兴良:《共同犯罪论》,中国人民大学出版社 2006 年版,第 210 页。)问题是,被胁迫而参加犯罪的人能否在共同犯罪中起主要作用? 另外,"刑法上的被胁迫,是一种具有特殊法律性质的事由。与一般的犯罪行为不同,因受到人的威胁而实施客观上侵害法益的行为,并不是完全出自我意志。由于行为的产生系受到他人的暴力威胁,因此,体现在其行为的意志之上,就重叠着其他人意志的影响和控制。正因为如此,被胁迫而实施的行为,不能作为一般的犯罪行为简单地给予否定评价和谴责。"(参见孙立红:《刑法被胁迫行为研究》,中国人民公安大学出版社 2010 年版,第 1 页。)有关这一问题,目前在我国的刑法理论界缺乏关注,有必要系统、深入地研究。

② 刘艳红:《论正犯理论的客观实质化》,《中国法学》2011 年第 4 期,第 78 页。

是对犯罪结果负完全责任的人。那么,究竟谁是应该对犯罪结果负完全责任的真正犯罪人? 有关这一问题,最简洁的回答恐怕就是"造成犯罪结果的人"。而"犯罪结果又是什么?"在罪刑法定原则前提之下,"造成犯罪结果"即等于"实现法定构成要件",因此,所谓"真正犯罪人",只能理解为"实施法定犯罪构成要件行为的人"。在单独犯的情形下,实施杀人行为、盗窃行为者就是"实施法定犯罪构成要件行为的人",这一点不难理解。但是,在数人共同参与犯罪的情形下,比如,当有人抓住被害人,有人堵住门口防止被害人逃脱,有人用刀刺伤被害人的心脏,是不是除被害人之外,均属于"实施法定犯罪构成要件行为的人呢?"[①]在共同犯罪的情形下,就有必要界定谁是正犯? 因为确定了正犯,共犯的界定就会相对容易。有关正犯概念,在大陆法系的刑法理论界,有统一正犯、扩张正犯、限制正犯概念之争。

(一)统一正犯概念(单一正犯概念、体系)

统一正犯概念(Einheitstäterbegriff),又称包括性正犯概念(umfassender Täterbegriff),这一概念虽然有悠久的历史,在德国圈的刑法中得以使用却是二战后的事情。在日本的刑法理论界,一般将其作为共犯立法形式的一种加以说明。所谓以统一正犯概念进行的立法例,采用的是"不问参与犯罪的形式如何,只要是参与了犯罪的人,都是正犯"[②]这一立法形式。即"传统的共犯理论区分了正犯和共犯。以正犯为基础,对正犯进行教唆或者帮助的则作为共犯,对共犯所处刑罚准以正犯的刑罚,或者相对于正犯的刑罚加以减轻"。与此相对,所谓统一正犯概念,则"将给犯罪的成立提供了条件的人都理解为正犯者,并不看重各个正犯者的行为是直接实施了犯罪还是实施了教唆或者帮助等行为形态的区别,而是就各正犯者的行为个别地、独立地论及其犯罪的成立,应该对其适用法律关于犯罪所规定的刑法之理论"[③]。根据这一定义,统一正犯概念包括以下内容:(1)给犯罪成立提供了条件的人都是正犯者;(2)不重视行为在形态上的区别;(3)关于犯罪的成立,要针对各个正犯者的行为分别加以讨论;(4)对各个正犯者适用同一的法定刑;(5)根据分担的程度、性质来量定刑罚,是统一正犯概念的特色。[④]

---

① 许玉秀:《当代刑法思潮》,中国民主法制出版社 2005 年版,第 548 页。

② [日]齐藤金作:《有关共犯之立法》,《早稻田法学》第 33 卷第 3、4 合并号,第 185 页以下。

③ [日]木村龟二:《包括性正犯者概念之比较法意义》,《犯罪论的新构造》(下),有斐阁 1968 年版,第 395 页以下。

④ [日]高桥则夫著,冯军、毛乃纯译:《共犯体系和共犯理论》,中国人民大学出版社 2010 年版,第 6 页。

有关统一正犯概念,基于各国法律规定的差异,以及据以阐释的理论构造的不同,表现形式有所不同。主要有形式性统一正犯概念、功能性统一正犯概念和限制性统一正犯概念。

所谓形式性单一正犯概念,是指对全部犯罪形式进行法条上的统一化,不仅在构成要件符合性层面放弃其概念、范畴的区别,进而还放弃对特定犯罪形式价值上的区分,依此对所有的正犯都采取"同等对待"的处罚原则,即适用同一法定刑体系。意大利、巴西刑法典就属于这种类型。比如,意大利刑法典第110条规定:"当数人共同实施同一犯罪时,对于他们当中的每一人,均处以法律为该犯罪规定的刑罚,以下各条另有规定者除外。"

在这种正犯体系的架构之下,并不重视行为人参与形态的区别,而是所有指向构成要件结果的能够想到的所有的参与形式,都属于正犯范畴,并且在本质上都具有同等价值,从而,在处罚上都应该采取"同等对待"的原则,即适用同一法定刑。不仅如此,在该体系看来,传统正犯、共犯体系下的共同正犯、同时犯、间接正犯、教唆犯、帮助犯这些概念,被认为都完全违反了形式性统一正犯体系的目的,并妨碍其实施,因此,都是纯属多余的概念。由于该体系将正犯、共犯体系下各种类型,都改变为单一的概念、单一的类型,即改变为广义的"正犯"概念。①

所谓功能性统一正犯概念,是指一方面放弃了对特定的犯罪形式进行价值上的级别区分,另一方面却维持了其概念性、类型性区别。虽然从概念上对各个犯罪形式进行了区别,但是,仍然可以说该概念属于统一正犯概念。其原因在于,在价值上、本质上、责任上,各种犯罪形式都是同等的正犯类型,并使其与同一法定刑相关联。采取这种概念体系的主要有奥地利、挪威、丹麦等国家。比如,奥地利刑法第12条规定:"自己实施应受刑罚处罚的行为,或者通过他人实施应受刑罚处罚的行为,或者为应受刑罚处罚的行为的实施给予帮助的,均是正犯。"

在功能性统一正犯概念体系看来,使用与法定构成要件的记述(法律上的文言)相适应的方法充足了构成要件的人是直接正犯;使用其他方法参与构成要件的实现的人是"间接正犯",根据其现象形态,又可以把"间接正犯"细分为诱发正犯和援助正犯,前者是指支配他人的人,后者是指其他做贡献的人。也就是说,"正犯、共犯区分体系下的教唆犯、帮助犯,在功能性统一正犯体系中,则分别属于

---

①　柯耀程:《变动中的刑法思想》,中国政法大学出版社2003年版,第190页。

诱发正犯、援助正犯的范畴,尽管如此,两者之间仍然存在本质的区别"①。

限制性统一正犯概念,由 Burgstaller 所主张,与功能性统一正犯概念体系一样,限制性统一正犯概念体系,同样主张根据犯罪形式的形态不同,将正犯类型化为直接正犯、间接正犯、诱发正犯和援助正犯,并使所有的正犯类型都与同一的法定刑相关联,即都适用同一的法定刑,也正是在此限度内,该体系被归属为统一正犯概念体系。

限制性统一正犯概念虽然基于上述理由被归属于统一正犯体系,但是,在理论的内部结构上,该体系则明显偏离了统一正犯概念体系的理论架构,与正犯、共犯区分体系具有更多的相近性。详言之,根据限制性统一正犯体系,第一,虽然也将正犯类型化为直接正犯、间接正犯、诱发正犯和援助正犯,但是,针对各正犯类型的界限,与功能性统一正犯体系仅仅借助法律所规定的"文言"为标准来界定不同,而是采取按照犯罪事实支配的标准来界定。根据该体系,直接正犯就是具有行为支配的人。不过,值得注意的是,该体系下的直接正犯的范围,不仅包括传统意义上的直接正犯,而且还将正犯、共犯区分体系下间接正犯作为第二次的直接正犯涵括其中,不具有行为支配的人则被称为诱发正犯和援助正犯。另外,该体系还使用了共同正犯的概念,其所指的就是具有共同的行为支配的人。第二,各个正犯类型并不表明同一的法律无价值的内容,而是具有不同的价值。第三,承认诱发正犯和援助正犯具有限制从属性,即只有在直接正犯实现了符合构成要件、违法而且故意的实行行为的场合,它们才受处罚。②

(二)扩张正犯概念

扩张正犯概念曾经流行于上个世纪 30 年代的德国刑法学界,为德国帝国法院所采行,在学说上,虽然扩张正犯概念与限制正犯概念是争论的焦点,但支持扩张正犯概念的 Eb. Schmidt 和 Mezger 都是当时的有力学者。其中,Eb. Schmidt 倒是不再单纯地倚靠因果理论而强调法益受害的结果。他认为因果关系只是刑法运作的前提,只是表现条件和结果之间的必然关系,所有条件和结果之间的关系既然都是必然的,就是等价的,因此,无法借由因果关系区分正犯和共犯。于是他尝试从刑法的评价观点界定正犯。Eb. Schmidt 所提出来的评价要素是法益受害的结果,因为刑法上有意义的评价观点,就是侵害法益的实现构成要件,凡是使构

---

① [日]高桥则夫著,冯军、毛乃纯译:《共犯体系和共犯理论》,中国人民大学出版社 2010 年版,第 22 页以下。

② [日]高桥则夫著,冯军、毛乃纯译:《共犯体系和共犯理论》,中国人民大学出版社 2010 年版,第 40 页以下。

成要件实现,因而违法且有责地造成法益受侵害的人,就是正犯。也就是说,对构成要件结果赋予任何条件的人,包括亲自实施构成要件的人,利用他人为工具而实施的人,促使他人实施构成要件的人,以及协助他人实施构成要件的人,都是正犯。Eb. Schmidt 的说法看起来像是借由构成要件定义扩张的正犯概念,其实,他强调法益的受害结果,只是借着法益受害的概念,赋予纯粹逻辑形式的因果关系以评价的色彩,也就是说明因果关系作为刑法归责的前提,它的实质法理依据在于侵害法益,在界定正犯范围时,所依据的仍然是因果关系条件理论,因为只要对法益受害结果有贡献,不管哪一种贡献,皆为正犯,这正是法益侵害流程中各个因素等价的意思。[1]

扩张正犯概念明显地与德国现行法律规定不相容,与统一正犯概念相同,用因果的法益侵害取代构成要件的关联性,和罪刑法定原则下的规范性正犯概念不符,因此,被多数德国学说所排斥。既然非亲自实施的教唆犯和帮助犯,对最后的结果而言,都是不能想象其不存在的原因,因而具有正犯性质,法律上所规定的教唆或帮助行为,即被解释成把正犯当共犯处罚的"限制刑罚事由"。但是,其实在亲手犯和身份犯,依据扩张正犯概念,对实现构成要件的结果有因果贡献的非身份犯,因为不具备身份,只能成立帮助犯,处罚这种帮助行为却并不是"限制刑罚",反而是在"扩张刑罚"。[2]

在德国、日本、韩国等区分制下的国家和地区,扩张正犯概念是为解决限制正犯概念之下间接正犯无法入罪而出现的(尤其是在极端从属性立场上)。在既有限制正犯概念之立法模式下,扩张正犯概念论者首先从解释论出发,以期运用扩张正犯概念思维对条文予以解读。在合理地解决间接正犯这一难题后,却发现在既有条文规定模式下,理论逻辑和条文规定发生冲突。部分学者继续坚持扩张正犯思维,并力图对现实的条文规定做修正。但这一主张却始终未能成为主流,在当今之德国、日本、韩国、我国台湾等国家和地区,限制正犯概念毫无疑问仍然属于通说。反之,借20世纪前半期立法思潮影响,扩张正犯概念思维在意大利、挪威、丹麦等国却获得统治性地位,由于并无实定法现实条文规定的羁绊,扩张正犯概念思维始大获异彩。同时,教唆犯、帮助犯作为刑罚限制事由这一不得已而存在之主张方被去除,终于衍生出统一正犯概念体系。由此可见,扩张正犯概念为理论之基本预设,在区分制国家以刑法解释论的面貌出现,并伴生刑罚限制事由

---

[1] 许玉秀:《当代刑法思潮》,中国民主法制出版社2005年版,第570页。
[2] 许玉秀:《当代刑法思潮》,中国民主法制出版社2005年版,第571页。

这一届从于解释论之名词,因此,始终伴随着逻辑上的不彻底性。①

（三）限制正犯概念

限制正犯概念为德国、日本、韩国、我国台湾地区的刑法所采行。这种正犯概念其实是从立法例发展出来,从而能和构成要件理论紧密配合。严格意义上的限制正犯概念,是以亲自实施构成要件之人为正犯,如果仅仅对于构成要件的实施具有因果关系,而非亲自实施者,不能称为正犯。教唆行为和帮助行为既非构成要件行为,教唆犯和帮助犯并没有亲自实施构成要件,因此,不属于正犯。采限制正犯概念,必然产生区分正犯和教唆犯、帮助犯的结论。

明文规定构成要件类型是罪刑法定原则的要求,如果贯彻"实施构成要件者方予处罚"的本旨,则教唆与帮助皆无处罚依据,然而,立法例上始终有处罚教唆和帮助的规定,因此,这种处罚规定是扩张刑罚的表现,教唆和帮助在这种概念之下即被称为"扩张刑罚事由"。如果将正犯的定义,限定于严格的亲手犯意义之下,则共同正犯与间接正犯,显然亦皆非正犯。但是,共同正犯为多数立法例所规定,而间接正犯或者已有立法明文(例如德国刑法§251),或者为学理及司法实践所承认(日本、韩国、我国台湾地区等)。因此,现行的限制正犯概念,并非最严格意义下的概念,凡是亲自或利用他人或与他人共同实施构成要件之人,都是正犯。这种不限于亲自使构成要件实现的正犯概念,受到实质客观论的影响。②

（四）我国共犯论体系之归属

有关我国共犯论体系的归属,即从解释论的视角来看,我国刑法所规定的共犯体系究竟属于哪一种共犯论体系,在我国的刑法理论界,近几年开始得到重视,学界有统一(单一)正犯概念体系说和正犯、共犯区分体系说之争。

主张统一正犯概念体系说的理由是:第一,我国现行刑法延续的是以《唐律》为代表的传统共同犯罪立法模式,其核心是"共犯罪分首从";第二,我国现行刑法上,并不存在一个作为二元参与体系之核心的"正犯"概念;第三,即使承认我国刑法上存在正犯与共犯的区分,也与二元体系下区分完全不同,因为,在我国正犯与共犯不法内涵是相等的,其具体的不法程度的高低通过认定主犯和从犯来解决;第四,即使承认"正犯"概念,采取彻底的形式客观说也不会有任何问题,因为,我国刑法上"正犯"和量刑是分离。因此,我国刑法不属于二元参与体系,而属于单

---

① 任海涛:《共同犯罪立法模式比较研究》,吉林大学出版社 2011 年版,第 23 页。

② 许玉秀:《当代刑法思潮》,中国民主法制出版社 2005 年版,第 569 页。

一正犯体系。①

与此相反,主张正犯、共犯区分体系说的根据是:第一,从整体来看,单一正犯体系需要在刑法中明示对所有的犯罪人同等对待,或对所有的参与人,原则上处以相同的刑罚,这是单一正犯体系最基本的特征。如果我国采取单一的正犯体系,不可能连单一正犯体系最基本的特征都不进行规定。第二,从具体规定来看,我国刑法中所说的"组织、领导犯罪集团",就是对共犯行为方式的规定,而绝不能理解成单一正犯体系的规定方式。进一步来说,我国刑法是在区分不同犯罪人的前提下,对共同犯罪人所做的分类,与传统的二元参与体系的区别仅仅在于分类方式的不同。根本不具备单一正犯体系所特有的将犯罪人同等对待,而只是在内部进行区分的特征。第三,我国刑法理论中的通说认为,对共同犯罪人的分类存在分工分类法和作用分类法,这两种分类法是并列关系。如果认为采取分工分类法就是二元参与体系,接受作用分类法就是单一正犯体系,就否定了作用分类法在区分共犯人上的功能,两种分类法之间的并列关系就被否定了。②

本文认为,我国的共同犯罪论体系,既不同于单一正犯体系,也不同于正犯、共犯区分体系。正如有观点所指出的那样,西方历史上共同犯罪理论萌生于中世纪意大利刑法学家对犯罪构成要件的解释。凡是充足构成要件的是正犯(实行犯),除此以外的是共犯(教唆犯和帮助犯)。因此,通观大陆法系各国的共同犯罪理论,基本上是沿着正犯与共犯两条线索建立起来的。因而,理解正犯与共犯的关系,就成为揭示共同犯罪性质的关键。关于正犯与共犯的关系,在刑法理论上出现过五花八门的学说,主要是存在共犯从属性与共犯独立性的聚讼。我国刑法否定了区分正犯与共犯的共同犯罪理论的传统格局,建立了统一的共同犯罪的概念。但我国刑法中的共同犯罪,从构成要件来分析,仍然存在符合刑法分则规定的构成要件的实行犯与在刑法分则规定的构成要件的基础上刑法总则加以补充规定的非实行犯(包括组织犯、教唆犯和帮助犯)的区别。因此,确立实行犯与非实行犯的关系,对于认识我国刑法中的共同犯罪的性质具有重要意义。……我国刑法关于共同犯罪的立法规定,以统一的共同犯罪概念为基础,采用作用分类法为主的共同犯罪人的分类方法,在很大程度上偏离了德日刑法学传统的关于共犯的立法格局,甚至与《苏俄刑法典》关于共同犯罪的规定也已经存在重大差别。在这种情况下,若不采用德日关于共犯的理论加以补救,则司法上的许多难题是难

---

① 江溯:《犯罪参与体系研究》,中国人民公安大学出版社 2010 年版,第 243 页以下。

② 刘斯凡:《共犯界限论》,中国人民公安大学出版社 2011 年版,第 19 页以下。

以解决的。例如,间接正犯、片面共犯、身份犯的共犯等问题。①

三、正犯与共犯之区别基准

（一）中外学说概观

（1）形式客观说

形式客观说（实行行为说）（formal – objektive Theorie）认为,以自己身体的动与静实施符合基本构成要件的实行行为的人是正犯,用符合修正的构成要件的教唆行为、帮助行为对正犯的实行行为进行参与的人,则属于共犯。也就是说,完全或者部分实施构成要件所规定的行为的,均属于正犯,实施构成要件以外之行为的,均为共犯。"形式客观说受到 Birkmeyer 的推促,以及 Beling、M. E. Mayer 和 V. Liszt 等人的发展,在 1915 年至 1933 年间成为学理以及实务上判断参与形态的主要见解。"②这种学说的理论依据是:采取这种标准,即符合构成要件理论,不仅有利于限制正犯的范围,也有利于实现刑法的人权保障机能。不过,这种主张面临的最大难题是间接正犯。由于间接正犯是利用他人实施犯罪行为,而没有亲手实施符合构成要件的行为,根据这种主张理应成立共犯,但这一结论并不妥当。因此,主张这种学说的学者不得不想方设法说明间接正犯的正犯性。比如,部分学者认为,针对实行行为应当进行规范性、整体性评价,那么,间接正犯也属于正犯。③

（2）实质客观说

实质客观说（material – objektive Theorie）是为克服形式客观说的缺陷而出现的学说。不过,其中的"实质"究竟指的是什么,并没有达成共识,因而在其内部,有不同的主张。其中,重要作用说认为,从实质上看,针对结果的发生起重要作用的就是正犯,反之则是共犯。这种学说认为,形式客观说一方面强调构成要件所具有的定型性,另一方面又扩张构成要件,或者从整体上认定构成要件符合性,这是自相矛盾的,而且使构成要件的定型性失去意义。因此,应当用实质性观点考虑正犯和共犯的区别。比如,平野龙一教授认为,针对正犯和共犯的区别基准,应当从实质上考察,即行为人针对犯罪的完成是否"在实质上起到必要的或重要的作用"④。平野龙一教授的这一倡导得到了西原春夫、立石二六、大谷实等学者的

---

① 陈兴良:《刑法的知识转型》(学术史),中国人民大学出版社 2012 年版,第 451 页。
② 柯耀程:《变动中的刑法思想》,中国政法大学出版社 2003 年版,第 159 页。
③ [日]大塚仁:《刑法概说》(总论)(第 3 版),有斐阁 1997 年版,第 266 页。
④ [日]平野龙一:《刑法总论 II》,有斐阁 1975 年版,第 398 页。

支持。比如,正犯是指在犯罪中起重要作用的人的"重要作用说"是妥当的。如果可能的话,正犯概念最好应当尽可能形式化、明确化,在此意义上说,限制正犯概念是出色的。但是,在当前复杂的理论状况下,限制正犯概念的结论是僵硬的,不具有实践性。在界定正犯概念时,应当根据各种实际情况,进行实质性考察。"重要作用"是规范性要素,因此,不可避免地要介入法官的价值判断。但是,在目前的刑法学中,存在相当多问题必须进行实质性考虑,比如,间接正犯、实行的着手、原因自由行为等。根据实质客观说,在界定正犯概念时也采取这种见解是符合实际情况的。根据这一立场,教唆犯、帮助犯因为没有起重要作用而成为狭义共犯。① 本文基本倾向于这种主张。必要性说(Theorie der Notwendigkeit)认为,凡是对于犯罪事实属于不可或缺的加功者,就是正犯,其余皆为共犯;所谓不可或缺的加功者,是指如果没有其加功,则无由发生犯罪事由。遗憾的是,对于"不可或缺"的认定仍然是难题;关于正犯与间接正犯、教唆犯的区分,该说也可能得出不合理的结论。同时性说(Theorie der Glrichzeitlichkeit)主张,在犯罪行为(实行行为)之同时对于该犯罪事实予以加功者,属于正犯,在犯罪行为之前予以加功者,属于共犯。该说虽然提供了非常明确、易于认定的基准,但是,这种学说既不能解释间接正犯,也不能解释事中帮助犯。优势说(Theorie der über‐ordnung)认为,共同正犯和共犯的最大区分标准为,正犯对于犯罪事实具有优势关系,而共犯所加功的犯罪事实仅为附属之部分。可惜的是,如何区分优势与附属,是一个更为棘手的问题。②

(3)主观说

主观说以因果关系论中的条件说为基础,主张针对构成要件的结果设定条件的人,都是对结果设定原因的人,所有的条件都是原因,所有的条件均属等价,因此,从因果关系的视角来看,不可能区分正犯与共犯,只能从主观方面来寻找二者的区别。在主观说的内部,又有故意理论和利益理论的对立。故意理论认为,区分正犯和共犯之主要标准,乃在于"意思"之特别形式,也就是参与者究竟系以正犯之意思,抑或是从犯之意思为行为之加功。利益理论则认为,区分正犯和共犯之主要标准,应在于针对结果利益究竟归属于谁:如将犯罪行为之实施视为自己之利益者,为正犯;反之,如视之为他人之利益而为之者,则为共犯。利益理论在其实质内容中,其实并未超出故意理论的范围,向来均将之视为故意理论的补充

① ［日］立石二六:《刑法总论》,成文堂1999年版,第278页以下。

② 柯耀程:《变动中的刑法思想》,中国政法大学出版社2003年版,第159页。

理论。①

主观说在德国刑法学家 Buri 的极力倡导下,德国法院于 1871 年以后采用意思说作为判决的依据,后来的联邦法院判例中也采纳了这一学说。② 在德国的司法实践中,采纳主观说的最著名的两个判例当属"浴缸案"③和"史达辛斯基案"(Staschinskyfall)。④ 针对这两个案件中的直接实施构成要件的行为人,法院为了避免过于严苛的刑罚,根据主观说分别认定为杀婴罪⑤的帮助犯和谋杀罪的帮助犯,而均没有认定为谋杀罪的正犯。

(4)行为支配说

行为支配说又称犯罪事实支配说或犯罪支配说,其实,这些不同的名称都是对德语 Tatherrschaft 的不同的翻译,并没有什么不同。文献上显示,最早使用"犯罪支配"这一用语的人是 Hegler,但他认为"犯罪支配"是罪责要素,人对犯罪的支配是刑事责任的前提条件,其地位如同责任能力、故意与过失。由此可以看到,Hegler 并没有用"犯罪支配"作为区分正犯、教唆犯和帮助犯的区分标准。

最早使用"犯罪支配"用于界定正犯和共犯的学者是 Bruns。Bruns 在 Hegler 所提出的"犯罪支配"概念的基础上,提出了"犯罪支配可能性"概念,并认为正犯是建立在存在于行为本身的犯罪支配可能性上面。这一概念最初是为了解决著名的"雷雨案",Bruns 认为闪电通常不至于杀死人,行为人的行为如果足以导致结果,才能对结果负责。依对客观现象普遍的观察,也就是依相当规则,可以确定犯罪支配的可能性,才能认为行为人支配了结果,是正犯。由此可见,Bruns 的犯罪支配可能性,显然是依附相当理论而发展出来的,主要用来说明正犯的客观可归责性,对正犯与共犯的分界效果,是附带产生的。

真正使得犯罪支配理论在参与论中发挥界分正犯与共犯之作用,应当归功于Welzel 的阐释。Welzel 对于犯罪支配理论,透过其目的行为论及所谓现代行为人概念,赋予其实质性内容。Welzel 首先将正犯特征分为一般的正犯特征和特殊的

---

① 柯耀程:《变动中的刑法思想》,中国政法大学出版社 2003 年版,第 161 页。
② 陈家林:《共同正犯研究》,武汉大学出版社 2004 年版,第 10 页。
③ 案情概要是:行为人应其姐姐的要求,将其姐姐刚出生的非婚生子直接溺死在浴缸里。(参见[德]冈特·斯特拉滕韦特、洛塔尔·库伦著,杨萌译:《刑法总论 I——犯罪论》,法律出版社 2006 年版,第 290 页。)
④ 案情概要是:一名前苏联间谍按照上级命令,暗杀了两名生活在西德的流亡政治家。(参见[德]冈特·斯特拉滕韦特、洛塔尔·库伦著,杨萌译:《刑法总论 I——犯罪论》,法律出版社 2006 年版,第 290 页。)
⑤ 原《德国刑法典》第 217 条规定的罪名,现已废除。

正犯特征,一般的正犯特征,是全部构成要件共通的正犯特征,Welzel 将其定位为犯罪支配。特殊的正犯特征有目的犯中的目的,纯正身份犯中的身份等。据此,在那些具有特殊的正犯特征的犯罪中,比如目的犯和纯正身份犯,要成立正犯则不但需要具备犯罪支配,而且还要具备目的犯中的目的和纯正身份犯中的身份,其中的目的和身份则成了构成正犯的补充要素。其次,Welzel 还将故意犯与过失犯作了严格的区分,并认为对于故意犯和过失犯而言,一个共通的正犯概念是不存在的。针对过失犯而言,虽然多数行为人对发生结果共同加功,但由于所有的条件均等价,因此要对其界分正犯和共犯是不可能的。因此,对过失犯应适用扩张正犯概念。而在故意犯中,则可以根据"目的的犯罪支配"区分正犯和共犯,至于所谓"目的的犯罪支配",是指"根据目的贯彻其意思决定"。据此,Welzel 认为,正犯是有目的的意识地制造犯罪现象,详言之,即行为人在认识自然的因果法则的基础上,采取适当的手段和行为方式,根据一定的意图,有目的地统制行为的发展,进而实现犯罪;共犯虽对自己的参与行为有犯罪支配,但对于构成要件行为本身则否,因此,其并不具有"目的的犯罪支配"。共同正犯,是指数人有目的地,以相互交错的行为分担方式共同做成行为决意,共同正犯只能是共同做成犯罪决意,并且因而都是犯罪支配的人。假如数人曾共同形成犯罪决意,在实现犯罪时,如果其中一人的行为只是支援性的行为,那么,只要实行行为同时是为了实现他参与做成的共同犯罪决意,即足以成立共同正犯。由此可见,Welzel 的主张带有德国帝国法院主观说的色彩,Welzel 也承认其理论是主观说的进一步发展,但与主观说不同的是,他特别强调"共同的犯罪决意",而不是笼统的"正犯意思"。据此,也可以看出 Welzel 的观点具有主观化的倾向,因此,其理论又被称为"主观的目的行为支配人"。综合 Welzel 的观点,要成立正犯必须具备如下四个条件:其一,目的的行为支配;其二,客观之行为人条件;其三,主观之行为人条件;其四,亲自实现犯罪事实。如果不能完全具备以上四个条件,则充其量只能成立共犯。①

犯罪事实支配理论用作区分正犯与共犯的标准后,自从"二战"后半个多世纪以来,犯罪支配理论是共犯与正犯理论的支柱,在共犯与正犯理论的发展过程中,犯罪支配理论像一条绵延不绝的磁铁链,吸附了一大串对它感兴趣的研究者,成为德国刑法学理上最重要的磁铁链之一,并且至今仍然是磁场极强的磁铁链。对"犯罪支配"的各种诠释依然层出不穷。如今,犯罪支配理论已经成为德国刑法理

① 许玉秀:《当代刑法思潮》,中国民主法制出版社 2005 年版,第 576 页以下。柯耀程:《变动中的刑法思想》,中国政法大学出版社 2003 年版,第 164 页以下。

论的通说,这其中犯罪事实支配理论的集大成者 Roxin 的贡献可谓居功至伟,在其著名的刑法学专论《正犯与犯罪支配中》,Roxin 通过对构成要件类型的考察,认为从法理的、法律史的以及犯罪学的观点,基本上可以将构成要件分成两大类,支配犯和义务犯。在此基础上,Roxin 提出了三种不同的正犯类型:支配犯、义务犯和亲手犯。并认为,刑法中所规定的犯罪大多数是支配犯,对其正犯性的说明,需要用犯罪事实支配理论来说明,而对于义务犯与亲手犯,则不能适用犯罪事实支配理论,而需要用其他的理论来说明其正犯性。①

Roxin 进而认为,正犯是具体犯罪事实的核心角色(Zentalgestalt),犯罪过程的关键人物(Schlüsselgigur)。Roxin 同时指出,这个定义是界定正犯的指导概念,可以作为先于法律(在法律之前而不是法律上)的区分标准,也可以作为区分正犯与共犯的法定评价依据。他还说,"犯罪事实支配"是一个开放性概念,即无法定义,只能描述,因为不可能将这个概念的必要要素完整地表述出来,只能就各种可能的情况做相当的描述。既然如此,就不可能产生一个普遍适用的原则,只能提出有弹性的规则,然后依各种不同情况而适用。换言之,只有凭借各种实现犯罪构成要件的样态,才能进一步具体确定"犯罪事实支配"概念的内涵。Roxin 指出,核心角色由犯罪事实支配要素、特别义务之侵害及亲手实施建构而成。就故意犯而言,犯罪事实支配由三大支柱形成:一是行为支配(Handlungsherrschaft),主要针对亲手且具有目的性之构成要件实现(单独直接正犯)而言。即任何犯罪行为的实现,必然有行为支配存在;在数人参与犯罪时,其中实现构成要件的人,必定有行为支配存在。二是意思支配(Willensherrschaft),主要作为认定间接正犯的标准。即如果参与者之间存在纵向的前后关系时,对于幕后者的参与形态,必须通过意思支配基准来认定。凡是事实情状是借助强制、被利用者的错误(即利用优势知识)及组织机制所形成的,则幕后人具有意思支配,因而成为间接正犯。三是功能性支配(Funktionale Herrschaft),主要是为了认定共同正犯的犯罪事实支配的共同性。即在多数参与者之间,存在对等的横向参与关系,如果功能性支配确立,则所有参与者皆为共同正犯。功能性支配表现为:在实行阶段,对实现构成要件提供了不可或缺的条件,换言之,就所实现的结果而言,共同的犯罪计划是必要的;就实现共同的犯罪计划的功能而言,能发挥功效的行为是重要的,而且是最具决定性的。也就是说,针对共同正犯而言,重要的是互相分工的共同作用,而不是行为对过程的主观看法。根据 Roxin 的见解,共犯是相对于正犯的次要概念,属于犯罪

① 柯耀程:《变动中的刑法思想》,中国政法大学出版社 2003 年版,第 579 页以下。

事实的边缘角色(Randrolle),共犯对于犯罪事实不具有支配性、不具有特别义务,而且并不亲手实施构成要件的行为。因此,只有存在实现构成要件的主行为(Haupttat),才能显示出核心角色(正犯),边缘角色才能依附于主体。因此,不存在没有正犯的共犯。① 行为支配说是日本的少数说,②在韩国则属于多数说。③

(二)实质客观说(重要作用说)的相对合理性

(1)形式客观说、主观说之缺陷

形式客观说以构成要件所描述的行为为基准区分正犯和共犯,那么,究竟什么样的行为属于构成要件所描述的行为呢? 这一问题在一人单独实施犯罪的情形下,恐怕不难理解。但是,在数人共同实施犯罪的情况下,并不容易确定。比如,在甲抱住被害人,乙拿刀刺向被害人的情形下,甲抱住被害人的行为究竟属不属于杀人罪构成要件所描述的行为? 如果严格解释构成要件所描述的行为的话,恐怕只有乙拿刀刺向被害人的行为才属于杀人罪构成要件所描述的行为。如果如此理解构成要件所描述的行为的话,将会限制共同正犯的成立范围,显然不尽妥当。如果不对构成要件所描述的行为作上面那样的严格解释,那么,又该怎样理解呢? 形式客观说本身并没有给出明确的回答。由此可见,作为区分正犯和共犯的构成要件所描述的行为显然过于形式化,以此为基准也难以合理地解决正犯和共犯的区分问题。④

另外,由于形式客观说要求必须亲自实施完全或者至少一部分构成要件的实行行为才能成立正犯,而间接正犯则是利用他人实施犯罪行为,本身则没有亲自实施符合构成要件的实行行为,那么,根据该说间接正犯就无法成立,只能以共犯论处。事实上对于那些虽然没有亲自实施符合构成要件的实行行为,但是,对构成要件的实现在幕后进行操纵的人,仅以共犯论处,显然不利于对间接正犯的处罚。于是,主张形式客观说的学者就不得不想方设法说明间接正犯也是正犯。比如,有观点认为,对实行行为应当进行规范性、整体性评价,据此间接正犯也是正犯。但这有自相矛盾之嫌⑤,因为这种解释本身已经属于实质性解释。也就是说,形式客观说坚持实行行为的观念,对于坚守罪刑法定立场具有特殊意义,但略显僵化,其可能将间接正犯以教唆犯处理,将共谋共同正犯排除在正犯之外,以帮

---

① 柯耀程:《变动中的刑法思想》,中国政法大学出版社 2003 年版,第 163 页以下。
② [日]井田良:《刑法总论的理论构造》,成文堂 2006 年版,第 295 页。
③ [韩]裴锺大:《刑法总论》(第 8 版),弘文社 2005 年版,第 565 页。
④ 王光明:《共同实行犯研究》,法律出版社 2012 年版,第 45 页。
⑤ 张明楷:《外国刑法纲要》(第 2 版),清华大学出版社 2007 年版,第 302 页。

助犯处理,造成帮助犯和共谋共同正犯的区分困难,明显不妥当。① 可见,这种主张并不可取。

主观说的缺陷是:第一,作为主观说之基础的因果关系等价条件理论本身就是不正确的。② 主观说中的"主观的判断究竟是将判断的重点置于何处? 系从行为人主观上判定? 或是以审判者主观认定为基准? 则显得相当游移不定"③。第三,就主观说中故意理论而言,针对所谓的正犯意思和共犯意思,欠缺实质客观基准,这一"空转模式"也导致实务部门可以任意倒转"正犯"与"共犯"的概念,以至于会造成"不是参与者的角色决定可能判处的刑罚,而是希望判处的刑罚决定参与者的角色"④。第四,就主观说中利益说来讲,缺陷也是明显的。因为根据该说,行为人受嘱托杀人的、为了第三者的利益而盗窃、抢劫的,都不可能成立正犯,丈夫为了讨妻子的欢心,而为妻子窃取金银首饰的,也不可能成立正犯。这显然不合理。另外,当行为人同时具有为了实现他人的利益和自己的利益而实施犯罪行为时,或者直接为了他人的利益间接为了自己的利益或者相反而实施犯罪行为时,可能无法区分正犯与共犯。⑤ 第五,主观理论在其最为重要的结论上,即亲自的和负完全责任的行为人也可能成为帮助犯,如果他不想将行为视为"自己的",是与现行法律相矛盾的。⑥ 第六,主观说所主张的"正犯意思"本身难以把握,该说是在允许法官在审判过程中的恣意,因为在刑法分则的规定中,既有为他人利益就足矣的规定(比如日本刑法第 100 条、第 101 条、第 103 条、第 104 条、第 247 条),共犯通常也是为自己而参与实施犯罪的。⑦ 由此可见,这种主张同样不可取。

(2)重要作用说之展开

有关正犯与共犯的区别基准的分类,在中外刑法理论界,除了前述之四种分类之外,还有形式客观说、实质客观说、主观说、行为支配说、主观客观择一标准

---

① 周光权:《刑法总论》,中国人民大学出版社 2007 年版,第 296 页。

② [日]大谷实著,黎宏译:《刑法总论》,法律出版社 2003 年版,第 298 页。

③ 柯耀程:《变动中的刑法思想》,中国政法大学出版社 2003 年版,第 162 页。

④ [德]冈特·斯特拉滕韦特、洛塔尔·库伦著,杨萌译:《刑法总论 I——犯罪论》,法律出版社 2006 年版,第 290 页。

⑤ 张明楷:《外国刑法纲要》(第 2 版),清华大学出版社 2007 年版,第 301 页。

⑥ [德]汉斯·梅因里希·耶塞克、托马斯·魏根特著,徐久生译:《德国刑法教科书》(总论),中国法制出版社 2001 年版,第 787 页。

⑦ [日]齐藤信治:《刑法总论》(第 4 版),有斐阁 2002 年版,第 248 页。

说、规范的综合判断理论六种分类法①和形式客观说、主观说、实质客观说(包括行为支配说)三种分类法等。② 本文认为,正如有观点所指出的那样,"犯罪事实支配理论和重要作用说,尽管称谓不同,但二者都主张,某一参与人是正犯抑或共犯,应以参与人对共同引起的法益侵害结果所做的实质性贡献或者实际作用的大小作为标准加以判断。如此一来,在实行行为与正犯的关系上,二说均放弃了正犯的认定完全受制于实行行为概念之思路。从实质的客观立场来看,二说并无本质上的差异"③。也就是说,行为支配说"实际就是正犯理论中的客观实质说"④。理由是:第一,行为支配体现了犯罪事实支配说与实质客观说一样是以承认客观说的基本命题为起点的。第二,犯罪事实支配说中的意思支配论实际上类似于实质客观说中的优势说。第三,功能支配说则最为直接而明显地体现了实质客观说的特性。因此,可以毫无偏颇地说,目前德国刑法正犯主流理论实际上也是客观实质说。⑤ 基于此,在以下论证中,本文将行为支配说归类为实质客观说的一种。

本文认为,在实质客观说内部中的不同主张中,必要性说将对犯罪行为的实施给予"必不可少的加功行为的人"界定为正犯,而什么是必不可少或者是不可或缺的加功行为显然都是有争议的;加功行为对犯罪行为的完成往往都具有一定的作用,在众多原因导致结果发生的过程中,很难说何种加功行为是必不可少而何种又是可以缺少的,这一判断似乎主要取决于判断者对是否必不可少的理解,因此,必要说明显地披上了主观主义的外衣,为此,必要说并不可取。而同时性说以是否参与正在实行的犯罪行为这一时间点作为界定正犯与共犯的标准,这似乎只解决了共同正犯的正犯性,但是对于其他的加功者譬如说间接正犯,却根本无法解释;再如,对于事中共犯(比如事中帮助犯)也无法解释;该理论还将事前给予加功的人才定性为共犯,这对于事后共犯似乎也有不加区分的否认之意,所以,同时性说既不是一个规范的标准,也不是一个先于法律的区分标准,可见,这种学说同样不可取。优势说将对犯罪的实行起到优势地位的加功作为区分正犯与共犯的基准,其缺陷更为明显,比如,何谓优势说中所有的优势就缺乏一个确定可见的标

---

① 任海涛:《大陆法系正犯与共犯区分理论评述——兼谈对我国共犯形式客观说之反思》,《中国刑事法杂志》2006年第3期,第45页;前引注[34],第44页以下等。
② [日]曾根威彦、松原芳博编:《重点课题刑法总论》,成文堂2008年版,第215页;[日]井田良:《刑法总论的理论构造》,成文堂2006年版,第294页以下等。
③ 钱叶六:《双层区分制下正犯与共犯的区分》,《法学研究》2012年第1期,第132页。
④ 刘艳红:《论正犯理论的客观实质化》,《中国法学》2011年第4期,第79页。
⑤ 刘艳红:《论正犯理论的客观实质化》,《中国法学》2011年第4期,第80页以下。

志,"套用一个流行的客观描述",优势说缺乏"在相当广的范围内缺乏可操作性以及法律上的判断基准","作为一个法律上的概念形象它应该被抛弃,作为区分正犯与共犯的基准它不能被采纳"①。而行为支配说中的"行为支配"的意义不仅不够明确,在刑法分则中,也有不能以"行为支配"的有无区分正犯与共犯的犯罪类型(比如有关职务犯罪中的义务犯、亲手犯)。另外,在身份犯、目的犯中,由于身份和目的也属于正犯性要素,因此,以"行为支配"为基准区分正犯和共犯,显然缺乏说服力。② 可见,这种主张同样不可取。与此相比,重要作用说以共同犯罪的参与人是否对犯罪结果的发生起到了客观外在可见的作用为判断基准,重视的是被实现的犯罪事实,从而克服了必要说中主观揣测的弊端。重要作用说综合整个犯罪过程以及犯罪实现过程中参与人贡献的大小,因此,可以克服同时性说以机械的时间点为基准,人为地排除间接正犯等一些不具有同时性的正犯的缺陷。重要作用说在判断不同参与人针对犯罪结果发生所起的重要作用时,仍然站在以实行行为为基准的实质意义上来考虑犯罪实现的客观参与的重要程度,因此,重要作用说当然可以克服无法把握并不易操作的优势说的缺陷。③ 另外,根据重要作用说,同样可以避免行为支配说无法解决的身份犯、亲手犯、义务犯、目的犯中难以解决的缺陷。

共同犯罪中的重要作用,主要包括以下几种情形:④

第一,在共同犯罪中,虽然没有直接参与实行行为,但在背后策划、组织、指挥整个犯罪过程。比如,在不道德的商事行为中,即以公司的名义实施欺诈行为时,组织、策划整个犯罪的公司经理并不具体实施诈骗行为,具体欺诈行为往往是由部下来实施,也就是说,幕后者并不参与具体的实行行为。但是,公司经理是这类有组织犯罪的主谋者,部下无非是在执行上司的命令。如果将主谋者的策划、组

---

① 转引自刘艳红:《论正犯理论的客观实质化》,《中国法学》2011年第4期,第82页以下。
② [日]齐藤信治:《刑法总论》(第4版),有斐阁2002年版,第247页。
　　针对行为支配说的上述缺陷,主张行为支配说的观点认为:当然,针对身份犯和亲手犯,行为支配能否成为正犯性的基准,有待探讨。在身份者利用非身份者的间接正犯这一犯罪形态中,直接行为者欠缺完全不法性,由于身份者之背后行为人为实现自己的犯罪而利用无身份者,因此,也可以将这种情形包括在行为支配的范畴之中。就亲手犯而言,其正犯性也可以以行为支配来说明(即通过亲手实施符合构成要件行为,支配犯罪事实的直接行为者是正犯),不过,针对规定的解释,也可以将其理解为特别的构成要件意义上的制约。(参见[日]井田良:《刑法总论的理论构造》,成文堂2006年版,第297页。)
③ 刘艳红:《论正犯理论的客观实质化》,《中国法学》2011年第4期,第81页。
④ 有关这一问题的详细情况,可参见郑泽善:《论共谋共同正犯——与中国共同犯罪论之比较研究》,《中京法学》第36卷第2号,第78以下。

织、指示等行为进行规范性理解,所发挥的作用远远大于具体实行行为,因此,可以将这种重要作用根据价值、规范意义理解为"实行行为"。

第二,即便没有出现在犯罪现场,针对实行行为者具有指导作用,这一作用在价值、规范意义上,实质上已经达到可以评价为实行行为的一部分之程度。比如,抢劫集团的主谋者,默认部下准备实施抢劫的犯罪计划,在此基础上,针对人员调整、分工等具体指示、指挥。在上述情况下,抢劫集团的主谋者即便没有直接参与策划、组织犯罪计划,如果没有主谋者的首肯,部下就无法具体实施犯罪计划,由于犯罪计划基于主谋者的指示而付诸实施,因此,在价值、规范意义上,主谋者的指示、指导便相当于实行行为的重要作用。

第三,参与共谋,虽然没有具体实施实行行为,但为了实现"自己的犯罪"而协助具体实行行为的实施。比如,A 计划走私毒品,准备在国内大赚一笔不义之财,苦于资金不足,于是向有吸毒经历的 B 谈及此事。并承诺,不仅可以以便宜价格购买毒品,还有可能赚一笔,同时要求 B 提供一笔资金,于是 B 参与此事。在这种情况下,A 一个人由于资金问题无法实施犯罪计划,正是由于 B 的协助而完成该犯罪计划。B 的行为,在价值、规范意义上,相当于实行行为。

第四,在共同犯罪中,虽然积极参与提案和计划,但没有具体参与实行行为,只是旁观。比如,A、B、C 三人是要好的朋友关系,三人均同 X 的关系不好,其中,A 与 X 是死对头关系。后来,基于偶然原因,B、C 与 X 的关系也变成了死对头。知悉这一关系后的 A,怂恿 B、C,让 B 和 C 痛打 X,导致 X 的重伤。在这种情况下,A 只是在现场旁观,但是,如果没有 A 提案,不会导致 X 的重伤,因此,即便 A 没有直接参与实行行为,由于所发挥的作用绝不亚于亲手实施的实行行为,因此,理应成为故意伤害罪的共同正犯。

第五,望风行为。望风行为,一般是为了防止所实施的犯罪被发现、排除妨碍犯罪的实施,即实施实行行为时不可缺少的行为。需要注意的是,并非所有的望风行为都成立共同正犯,在某些情形下,有可能成立帮助犯。具体而言,①本来完全可以实施实行行为,作为分工而自愿承担望风行为,那么,这种情况下的望风行为人应当成立共同正犯;与此相比,并非基于平等而承担望风行为,以望风的意思(帮助)参与犯罪的情况下,应立从犯。②在有组织的实施犯罪的情形下,可以放宽上述基准而成立共同正犯的几率相对大,不过,针对第一次参与者,可以以从犯定罪。③在强奸罪、赌博罪等亲手犯的情形下,参与共同犯罪的行为人有可能轮番担任望风,那么,理应成立共同正犯;不过,如果没有资格或能力实施实行行为而担任望风行为,可以以从犯论处。①

第六,在共同犯罪中,处于主谋、召集角色的人。比如,在平等型临时组合起来实施的犯罪过程中,充当主谋或召集角色的行为人,与其他处于从属性地位的行为人相比,成立共同正犯的可能性就大于其他行为人。

总之,所谓共同犯罪中的重要作用,是指即便没有直接参与实行行为,所实施、参与的策划、组织、指挥、指导等行为,在价值、规范意义上相当于或超越实行行为的情形。另外,为实现"自己的犯罪"而协助、犯罪计划的建议、处于主谋者地位、召集者地位等,相当于或超越实行行为的情形。由于现实生活中的犯罪现象千差万别,因此,在界定重要作用时,应当根据价值、规范意义上是否相当于或超越实行行为为基准进行综合判断。

(3)实质客观说(重要作用说)与我国主、从共犯理论体系之关系

虽然我国现行刑法并没有"正犯"概念,但是在条文中暗含着,理论界仍然使用正犯(实行犯)概念。② 本文认为,在共同犯罪中,正犯与主犯是按照不同的分类标准针对共犯所做的划分。正犯是按照共同犯罪人在共同犯罪中的分工或者行为的形式所做的划分,与其对应的是教唆犯、组织犯和帮助犯;而主犯是按照共同犯罪人在共同犯罪中所起作用进行的划分,与其对应的是从犯、胁从犯。二者的界限是分明的,区别是明显的,但是,大陆法系刑法学家将共同犯罪中的实行犯称为正犯,依主从论时,则称为主犯。德国、日本、韩国等国考虑到正犯在量刑时的作用和国民将正犯作为最恶劣犯罪形态的法感情,基本放弃了形式客观说,而日益根据犯罪行为人在共同犯罪中的作用之大小划分正犯范围。特别是日本的重要作用说和德国、韩国的行为支配说,将起主要作用的或具有支配性地位的犯罪行为人认定为正犯,其正犯在事实上类似于作用分类的主犯。③ 也就是说,正

---

① [日]西原春夫:《共谋共同正犯》,载中义胜编著:《论争刑法》,世界思想社 1976 年版,第 228 页。

② 吴光侠:《主犯论》,中国人民公安大学出版社 2007 年版,第 78 页。

③ 大谷实教授认为:"中国刑法典在规定对共同犯罪的处罚时,按照行为人在其所参与的共同犯罪中所起的实质性作用,而分别作为主犯或者从犯来处罚,因此,中国刑法中的主犯与从犯可能分别相当于日本刑法中的正犯与从犯。"([日]大谷实著,王昭武译:《日本刑法中正犯与共犯的区别——与中国刑法中的"共同犯罪相比照"》,载《法学评论》2002 年第 6 期,第 115 页。)需要注意的是,根据我国刑法的规定,我国刑法理论上认为"起次要作用的"从犯,实施的是实行行为,只是在共同犯罪中的作用是次要的,因此,也包括在日本刑法规定"正犯"概念之中,并不完全等同于其刑法规定实施帮助行为(非实行行为)"从犯"概念。

犯与主犯存在趋同的地方，但是，只要不对正犯、教唆犯、帮助犯体系进行修改，正犯仍然是分工分类法划出的共犯种类，其以构成要件为中心、有利于定罪的优势比较明显。我国刑法理论中的通说认为，正犯就是实行犯，所以正犯不承担衡量刑事责任大小的功能；主犯是法定的共犯类型，承担衡量刑事责任大小的功能，存在有利于量刑的优势。英美法系刑法中的主犯即实行犯，相当于大陆法系刑法中的正犯，而与我国刑法中的主犯不同。在我国刑法中正犯（实行犯）只有起主要作用的，才是主犯，否则是从犯，主犯可能是组织犯、教唆犯或者实行犯。①

由此可见，我国刑法中的主犯与正犯是不同分类中的概念，二者有相似之处，存在交叉重合部分，主犯不一定是正犯，正犯中的主要实行犯才是主犯，交叉部分就是主要实行犯。二者也有差异，正犯既包括共同犯罪人（共同正犯），又包括单独犯罪人（单独正犯、间接正犯）；既包括主要实行犯，又包括次要实行犯。主犯是共同犯罪人的一种，包括组织犯、主要实行犯和教唆犯，不包括单个人犯罪的直接正犯和间接正犯。

四、余论

有关正犯与共犯的区分问题，在我国的刑法理论界，目前主要有规范性实行行为说和实质客观说的争论。通说主张规范性实行行为说（实行行为说），即在正犯和共犯的区分上，应当以行为人是否亲自实施了实行行为为基准进行判断。在间接正犯的情形下，行为人并不是单纯地引起他人的犯罪意愿或者为他人犯罪提供方便，而是根据自己的意思，将他人作为犯罪工具加以利用，以实现自己的犯罪目的。这种假他人之手实现犯罪目的的行为，与自己亲手实施犯罪没有本质上的区别，因此，也属于正犯。② 倾向于规范性实行行为说的观点进而认为，通说将（直接）正犯理解为亲自实施基本构成要件行为、直接引起法益侵害的犯罪类型；共犯是以教唆、帮助等行为对正犯予以协力、加功，并通过正犯行为间接地引起法益侵害后果的犯罪类型。另外，规范性实行行为说与我国刑法有关正犯与共犯的旨在解决定罪，主、从犯的界分旨在解决量刑的双层区分制的共犯体系完全一致。在具体问题的思考上，一方面，以刑法分则条文类型性地规定的构成要件行为为

---

① ［日］大谷实著，王昭武译：《日本刑法中正犯与共犯的区别——与中国刑法中的"共同犯罪相比照"》，载《法学评论》2002 年第 6 期，第 79 页。

② 黎宏：《刑法总论问题思考》，中国人民大学出版社 2007 年版，第 101 页。陈兴良：《本体刑法学》，商务印书馆 2001 年版，第 527 页以下。马克昌主编：《犯罪通论》，武汉大学出版社 2000 年版，第 546 页等。

基准,具有直观、简洁、明快的优点,便于司法实践操作;另一方面,根据规范性实行行为说,针对没有参与构成要件行为的实行但在共同犯罪中发挥重要作用的参与人,即使不能认定为正犯,也丝毫不会妨碍其按照主犯加以严惩;相反,针对虽参与构成要件行为的实行但在共同犯罪中所做的贡献不大或者起的作用较小的,即使认定为正犯,也不影响对其按照从犯加以处罚。①

与此相反,主张实质客观说的观点认为,按照结果无价值论的观点,犯罪事实支配理论与重要作用说并没有明显区别。因为,针对犯罪事实的支配,应当理解为对构成要件事实的支配,尤其理解为对法益侵害、危险结果的支配。因此,从实质上来看,对侵害结果或者危险结果的发生起支配作用的就是正犯。反之,就是共犯。② 基于此,倾向于行为支配说的观点认为,于共同犯罪领域亦维持实行行为之定型意义,进一步承认正犯概念外延大于实行犯概念,而采行为支配论认定正犯,于正犯认定之后再认定主犯,此思路并不违反我国现行法条规定,同时又能借助正犯概念为主犯之认定提供一中间标准予以衡平、调节,进而能避免主犯认定过程模糊化之弊病。③ 但须注意的是,采行为支配论后成立正犯的,亦不能完全成立主犯,此需从两个层次把握:首先,因行为支配论亦承认"亲自实现构成要件之人,构成正犯无疑"这一观念,则亲自实现构成要件之人中亦有一小部分不成立主犯,这与采形式客观说时结论一致。其次,未亲自实现构成要件之人中,由于对犯罪进程达到了机能性支配因而成立正犯的,基本可以评价为构成主犯。④ 也有观点认为:"对于那些参与犯罪同时实施了犯罪构成要件实行行为的人,在我国是被认定为主犯的;对于那些参与共同犯罪但并未实施构成要件实行行为而又所

---

① 钱叶六:《双层区分制下正犯与共犯的区分》,《法学研究》2012 年第 1 期,第 134 页。

② 张明楷:《刑法学》,法律出版社 2011 年版,第 357 页。

③ 在我国的司法实践中,对主犯、从犯作区分认定的比例不仅明显偏低,也非常普遍。要贯彻我国参与犯处罚的"主、从关系"原则,一个前提性的要求就是能够结合案件实际情况确定参与者在犯罪过程中具体作用的大小。如果根本无法确认共同犯罪中谁主谁从,或无法确定诸共犯者之间作用相当,"主、从关系"处罚原则就无法贯彻。因此,主、从地位不明确就对我国传统共犯制度的处罚原则适用逻辑提出了直接的挑战。更为重要的是,作为直接导向于罪刑均衡原则实现的立法设定,主、从地位不明确直接造成在共同犯罪中难以充分体现罪刑相适用原则的要求的状况,不利于对犯罪人的教育改造。……针对这一问题,放弃我国"主、从关系"参与犯处罚原则才是解决问题的根本出路。(参见王志远:《共犯制度的根基与拓展——从"主体间"到"单方化"》,法律出版社 2011 年版,第 106 页以下。)

④ 任海涛:《大陆法系正犯与共犯区分理论评述——兼谈对我国共犯形式客观说之反思》,《中国刑事法杂志》2006 年第 3 期,第 49 页。

起作用巨大之人,在我国也是按照主犯处罚的。这意味着,我国刑法中的主犯概念实际上发挥着德日刑法中正犯概念的作用,我国的主犯概念是以行为人参与共同犯罪所发挥的实际作用之大小来决定的;据此逻辑去思考,根据实质客观说,将那些参与但没有实施构成要件实行行为的人作为正犯对待,反倒可以实现主犯与正犯概念的统一化,并有利于我们精确区分正犯与共犯。"①

如前所述,在中外刑法理论界,由于形式客观说存在诸多缺陷,因此,实质客观说便应运而生,并成为德、日、韩等国家和地区的通说或主流观点。在我国的刑法理论界,形式客观说虽然仍处于通说地位,但是,近年来,倾向于实质客观说的观点越来越多,并成为有力说。然而,在我国主、从共犯体系之下,实质客观说并非完美无缺,正如有观点所指出的那样:"用实质客观说将正犯概念予以主犯化,实现主犯与正犯概念的统一,但这并不符合我国刑法中共同犯罪立法体系的实际,同样存在着混淆不同刑法语境下正犯的概念和功能之弊。……在我国共犯体系之下,依据实行行为说可以将没有直接参与构成要件行为的实施但发挥巨大作用的人评价为主犯,从而做到对共犯人惩处的罪刑相适应。……主张重要作用说……而忽视中外共犯人分类差异的'拿来主义'做法,对于具体问题的思考和解决并无多大实意,反而有违反罪刑法定原则之嫌。……重要作用标准主要考虑的是参与人对不法事实的参与程度和对结果的发生所起的作用的大小,很显然,这一标准对于解决共犯人的刑罚轻重具有直接意义,这恰恰是主、从犯的区分标准,而非正犯与共犯的区分基准。"②上述对实质客观说的批判,虽然不能全面肯定,但也不应否定某种程度上的合理性。本文认为,在主、从犯共同犯罪体系和共犯、正犯共犯论体系这一不同语境之下,无论是我国的通说还是行为支配说、重要作用说,均是一种无奈之举,因为在没有正犯概念的前提下,谈论正犯和共犯的区别以及间接正犯等问题本身有违罪刑法定原则之嫌。这一问题的根本解决,只能通

---

① 刘艳红:《论正犯理论的客观实质化》,《中国法学》2011 年第 4 期,第 82 页。
② 钱叶六:《双层区分制下正犯与共犯的区分》,《法学研究》2012 年第 1 期,第 136 页。

过刑法条文的修订或完善。①

其实,"正犯本系我国古代法律用语,指触犯正条的犯罪人。正条即刑法中规定罪状和法定刑的条文。正犯是欧陆刑法和旧中国刑法中的概念。正犯又称实行犯,是与侠义共犯(即教唆犯和从犯)相对的概念,指直接实施犯罪构成客观要件的行为人(称为直接正犯),或者利用他人作为工具实行犯罪行为的人(称为间接正犯)"②。我国现行刑法虽然没有明确规定正犯或实行犯的概念,但在我国刑事立法的历史中曾经使用过正犯与实行犯的概念。如1950年中央人民政府法制委员会制定的《中华人民共和国刑法大纲草案》将共同犯罪人分为正犯、组织犯、教唆犯与帮助犯四类。在1957年全国人大常委会法律室草拟的《中华人民共和国刑法草案》(初稿)即第22稿中,对共同犯罪人实行三分法,即分为正犯、教唆犯和帮助犯。第22稿规定:直接实行犯罪的,是正犯。③ 由此可见,我们在修订刑法条文时,使用正犯概念并没有什么障碍。只有这样,才能厘清主、从犯和正犯的关系,进而构筑精致的共犯论体系。

---

① 在我国的刑法理论界,有观点主张,我国刑法条文可以修订成:第一条:二人以上共同实行构成要件行为、教唆他人为构成要件行为、帮助他人为构成要件行为,分别为正犯、教唆犯、帮助犯。第二条:间接教唆、帮助或共同教唆、帮助,亦属可罚。第三条:加功于他人行为之上,虽他人不知情者,亦属可罚。第四条:因身份而成立犯罪,其共同实行、教唆或帮助者,虽不具有该身份,仍以正犯或共犯论。但可以根据其情节从轻、减轻处罚。第五条:共同犯罪中起主要作用的,为主犯。共同犯罪中,起次要作用的,为从犯。对于从犯,应当从轻、减轻或者免除处罚。第六条:对组织、领导犯罪集团者,从重处罚。(参见任海涛:《共同犯罪立法模式比较研究》,吉林大学出版社2011年版,第198页。)

② 吴光侠:《主犯论》,中国人民公安大学出版社2007年版,第76页。

③ 陈兴良:《共同犯罪论》(第二版),中国人民大学出版社2006年版,第159页以下。

第三章　共谋共同正犯

一、问题的提出

所谓共谋共同正犯是指二人以上共谋实施某种犯罪,但实际上只有部分共谋者实施该犯罪时,包括没有实施实行行为的人在内,所有的共谋者都成立共同正犯的情形。共谋共同正犯理论源于日本大审院时期的判例,此后逐渐被学界所接受,影响逐渐扩大到韩国等国家和地区。近年来,在我国的刑法理论界也有不少学者主张应借鉴、采纳共谋共同正犯理论。

一般认为,共同正犯是指二人以上基于共同的犯罪故意,共同实施犯罪构成客观方面行为的犯罪形态。因此,共同正犯的成立必须具备两个要件,即主观上要有共同实行犯罪的故意,客观上要有共同实行犯罪的事实。这两个要件相辅相成,缺一不可。而所谓共谋共同正犯理论认为,没有具体实施实行行为的人也能成立共同正犯,这有悖于传统的共同正犯理论。那么,缘何会出现这种理论呢?

日本学者认为,共谋共同正犯理论的思想渊源来自中国古代刑法中"造意者为首"的观念,①这种观念的具体化即认为"在共犯关系中起主要作用的应当成为正犯",更具体的表现就是所谓"黑幕重罚论"。日本刑法规定教唆犯处以正犯之刑,因此,将没有实施实行行为的人作为教唆犯处罚,可以处以与正犯相同的刑罚,不会轻纵犯罪行为人。但是,司法实务上的感觉仍然认为,教唆犯不过是按照正犯之刑处罚而已,最该处罚的还是正犯。操纵实行行为者的幕后大人物,是共同犯罪中的中心人物,理应作为正犯处罚。在具体实行者的背后谋划犯罪、发出指令、指挥、监督的幕后大人物往往比具体实行者发挥更重要的作用,如果将这些

---

① ［日］川端博、西田典之、日高义博:《共同正犯论的课题与展望》,《现代刑事法》2001 年第8 号,第25 页。

人作为教唆犯或帮助犯处罚，很难处以与正犯相同或更重的刑罚。作为"主犯"的背后操纵者应当是正犯。另外，在数人参与犯罪的情形下，现实的犯意的形成与其说是教唆、帮助、实行的形态，不如说是"共谋"的形态更多一些。

在日本的刑法理论界，有关共谋共同正犯，有否定说和肯定说之争。在肯定说中，早期只有立论于团体主义原理的共同意思主体说，当时的通说是否定说。然而，现在的主流观点基于个人主义原理均倾向于肯定说，在其内部有行为支配说、间接正犯类似说、优越支配正犯说、实质性共同正犯说之争。当然，否定说仍有相当影响力。

我国刑法第310条第2款规定："犯前款罪，事前通谋的，以共同犯罪论处。"刑法第156条和第349条也有类似的规定。我国刑法的这些规定，与日本的共谋共同正犯理论有不少相似之处。问题是，"如何判断事前通谋共同犯罪，这在中国学界还是一个理论盲区，在有限的研究中，学界也仅限于对德、日等国共谋共同正犯的研究，并有将两者混同的学术倾向"①。另外，部分观点又将共谋共同正犯和我国刑法理论中的主犯进行等同化的倾向。鉴于这种理论现状，本文拟在概观、评析相关中外理论的前提下，就这一问题进行系统的梳理和探讨。

二、共谋共同正犯之理论基础

（一）否定说

如前所述，在日本的刑法理论界，共谋共同正犯否定说曾经处于通说的地位。否定说的理论依据是：①共同正犯属于正犯；②正犯是实施实行行为的人；③单纯的共谋者并不是实行行为者。也就是说，正犯是实施实行行为的人，既然共同正犯也是正犯的一个种类，有必要具体实施实行行为。但是，共谋共同正犯中的单纯共谋者，并没有实施符合正犯构成要件的实行行为，因此，并不属于共同正犯。由此可见，作为共同正犯的基准，否定说认为必须具备符合构成要件的行为，即具体实施实行行为的一部分，这种主张又称形式性共同正犯论，这种主张的特点在于否定没有具体实施实行行为者的共同正犯性。否定说的立场也不尽相同，香川、福田从犯罪共同说的立场出发，基于对现行刑法的解释否定共谋共同正犯。②中山、浅田、山中从行为共同说的立场出发，基于个人主义责任原则否定共谋共同

---

① 姜涛：《事前通谋与共同犯罪成立——兼评我国有关"事前通谋"的司法解释》，载林维主编：《共犯论研究》，北京大学出版社2014年版，第548页。

② ［日］香川达夫：《刑法讲义总论》（第3版），成文堂1995年版，第374页；福田平：《全订刑法总论》（第4版），有斐阁2004年版，第273页。

正犯。① 曾根则从共同意思主体说的立场出发,主张从法益侵害的直接性视角来看,没有实施实行行为的人,不能被视为起了重要作用的人而作为正犯(共同正犯)处罚。②

在韩国的刑法理论界,主流观点均否定共谋共同正犯理论。然而,理论依据却不尽相同:①肯定共谋共同正犯的成立,是对刑法第 30 条之共同正犯是"二人以上共同犯罪"这一条文的不合理的扩大解释,因此,违反罪刑法定主义原则;③如果肯定共谋共同正犯理论,将无法区分共同正犯、教唆犯、从犯概念;④根据肯定说,没有参与实行行为的共谋者,基于与结果无关的单纯犯罪意思而受到处罚,这有悖于刑法第 17 条关于因果关系的规定。⑤ 共谋共同正犯否定说的可取之处在于,根据严格的实行行为概念,能够准确区分共同正犯、教唆犯和帮助犯。

那么,这种形式性共同正犯论的理论依据究竟在哪儿呢? 依据之一是,日本刑法第 60 条将"具体实施"犯罪行为的人视为"正犯",第 61 条将"唆使他人实施犯罪的人"(自己并没有具体实施犯罪行为)视为"教唆犯",可见,日本刑法明确区分"实施犯罪行为的人"和"唆使他人实施犯罪行为的人",如果将共谋者这种并没有实施犯罪行为的人视为犯罪"实行者"的话,不得不否定共同正犯和教唆犯的区别。主张有必要实施实行行为的形式性共同正犯论,将第二个理论依据求之于"无责任则无刑罚"这一责任主义原则。也就是说,作为责任主义的内容,不应否定个人责任原则。而所谓个人责任原则,是指只有对自己实施的行为以及由此引发的结果负刑事责任。在日常社会生活中,确实存在针对他人实施的行为以及由此引发的结果负"连带责任"的情形。然而,在刑法领域,这种连带责任作为有悖于责任主义原则的团体责任而受到禁止。否定说之所以主张共同正犯中的共同行为人应当实施实行行为,是因为考虑到个人责任原则。既然具体实施了实行行为,那么,针对所发生的法益侵害结果(他人的实行行为和自己的实行行为竞合而发生的),即便负刑事责任也不属于团体责任。但是,针对没有具体实施实行行为者而言,让其承担刑事责任则有悖于个人责任原则。⑥

① [日]中山研一:《刑法总论》,成文堂 1982 年版,第 467 页;浅田和茂:《刑法总论》(补正版),成文堂 2007 年版,第 418 页;山中敬一:《刑法总论》(第 2 版),成文堂 2008 年版,第 877 页。

② [日]曾根威彦:《刑法总论》(第 4 版),有斐阁 2008 年版,第 255 页。

③ [韩]郑荣锡:《刑法总论》(第 5 全订版),法文社 1987 年版,第 256 页。

④ [韩]权文泽:《论共谋共同正犯》,《考试界》1977 年第 6 期,第 29 页。

⑤ [韩]申东旭:《共谋共同正犯若干问题研究》,《考试研究》1975 年第 12 期,第 57 页。

⑥ [日]大塚裕史:《刑法总论的思考方法》(新版),早稻田经营出版 2006 年版,第 486 页。

本文认为,上述之形式性共同正犯论,由于过度重视形式性而与现实生活中发生的各种形式的共犯现象发生脱节。尤其是在发生有组织的、集团犯罪时,在背后策划、指挥犯罪整体的幕后操纵者,针对犯罪的实现发挥重要作用,等同甚或远远超过了具体实施实行行为的人,因此,已经具备了作为共同"正犯"的当罚性。日本和韩国的判例①一直肯定共谋共同正犯,主要理由正在于此。肯定共谋共同正犯的成立,确实有扩大共同正犯成立范围之嫌,然而,并不是在肯定本不应以共犯处罚的行为的可罚性。而是以作为共犯处罚为前提,探讨究竟属于何种形式的共犯问题(共犯形式的区别问题)。因此,"与其重视区别共犯之间的明确性问题,不如优先处罚的具体妥当性,这正是处罚共谋共同正犯的理论依据"②。当然,即便肯定共谋共同正犯,也有必要明确处罚的范围。

(二)立论于团体主义原理的学说

立论于团体主义原理的学说是指共同意思主体说,这种学说认为,共犯是一种特殊的社会心理现象。在共谋的基础上,原本异心别体的个人,为实现一定犯罪的共同目的而形成同心一体,形成共同意思主体。如果其中一人将共同意思付诸实行,那么,这个行为就应被当作共同意思主体整体的行为。因此,具体实行者的行为就是没有参与具体实行的其他共谋者的行为。但是,在责任的归属上,因为共同意思主体是为了实现犯罪目的的违法的一时性存在,不能让其承担刑事责任。根据民法组合理论的推论以及刑法将刑罚科予个人的原则,应由构成共同意思主体的各个行为人承担整体责任。共同意思主体说由当时担任大审院大法官的草野豹一郎博士创立,此后由其学生之齐藤、下村、西原等学者继承和发展。③

针对共同意思主体说,在日本的刑法理论界,批判主要集中在:①日本刑法第60条将共同正犯的要件规定为"二人以上共同实行犯罪",也就是说,即在共同实行的意思之下,要求有共同实行的事实,承认共谋共同正犯则不适当地扩大共同正犯的概念,违反罪刑法定原则。②共同意思主体说立论于团体责任原理,违反近代刑法所确立的个人责任原理。③犯罪是由超个人存在的共同意思主体来实施,而承担责任的则是个人,这是转嫁责任,违反刑法的责任论原理。④承认共谋共同正犯,将无法区别共同正犯与教唆犯、从犯概念。⑤将共谋者作为正犯处罚,

---

① 韩国的判例依据共同意思主体说,一直肯定共谋共同正犯的成立。详细情况可参见[韩]朴相基:《刑法总论》(第6版),博英社2004年版,第395页。

② [日]大塚裕史:《刑法总论的思考方法》(新版),早稻田经营出版2006年版,第486页。

③ 陈家林:《外国刑法通论》,中国人民公安大学出版社2009年版,第546页。

不仅缺乏实质性根据,也缺乏必要性。①

本文认为,共同意思主体说所依据的团体主义原理,确实能够合理地说明有组织的集团犯罪。因为在有组织的、集团犯罪的情形下,集团心理的影响极强,需要有强硬的团体组织力,因此,容易利用这种组织力。然而,在团体成员相对少的情形下,集团的影响力相对薄弱,集团成员的个性往往处于优势。在现行的中外刑法规定中,共犯一般是指"二人以上",因此,最低限度地说明共犯现象,用这种"团体"理论解释显然不尽合理。个人的集聚往往形成超越个人的"集团",各成员往往受到某种约束,这便是团体主义原理,根据这种原理,团体共同实施某一项犯罪,每一个成员失去个性而发挥着零部件作用。也就是说,团体主义原理说明基于某种犯罪目的而组织起来的犯罪集团,作为一个有机的整体实施犯罪这一共犯现象,可以说是极有说服力的学说,但是,用它来说明一般共同犯罪,显然缺乏说服力。由此可见,共同意思主体说,立论于团体主义原理,过度强调作为共犯的团体现象的一面,忽视人数不多的共犯现象,因此,并不可取。② 其实,用共同意思主体说来说明我国刑法第 26 条的规定,③可以说有一定的说服力。

(三)基于个人主义原理的相关学说

基于个人主义原理的有关共谋共同正犯的学说包括行为支配说、间接正犯类似说、优越支配共同正犯说、实质性共同正犯说。

(1)行为支配说

行为支配说又可以分为两种观点。第一种观点是目的性行为支配说,这种观点认为:要成立正犯,只要对构成要件的行为有目的性支配就足够,没有必要亲自实施实行行为。因此,在共同正犯的情形下,只要对整体的构成要件的实行行为有共同的行为支配,就可以肯定具备了共同实行的要件。所以,共谋共同正犯即便自己并不亲自实施,也能通过支配他人的行为而完成犯罪。从极端上说,即便自己根本没有亲自着手实行,只要支配他人的行为,如果能认为是自己的犯罪,就可以成立共同正犯。④ 这种学说的缺陷是,首先,什么情形下具有行为支配,其判

---

① [日]佐久间修:《刑法总论》,成文堂 2009 年版,第 363 页等。

② [日]川端博:《共谋共同正犯的理论基础与成立要件》,载板仓宏博士古稀祝贺论文集编纂委员会编:《现代社会型犯罪之诸问题》,劲草书房 2005 年版,第 254 页以下。

③ 我国刑法第 26 条规定:[主犯]组织、领导犯罪集团进行犯罪活动的或者在共同犯罪中起主要作用的,是主犯。三人以上为共同实施犯罪而组成的较为固定的犯罪组织,是犯罪集团。对组织、领导犯罪集团的首要分子,按照集团所犯的全部罪行处罚。对于第三款规定以外的主犯,应当按照其所参与的或者组织、指挥的全部犯罪处罚。

④ [日]平场安治:《刑法总论讲义》,有信堂 1952 年版,第 155 页以下。

断基准不够明确。行为支配的概念原本就不明确,根据不同的立场,教唆行为、帮助行为也不能说就没有行为支配。其次,在参与者的关系对等的情形下,判断谋议者及望风行为的行为支配极为困难。再次,行为支配是一个开放的概念,具有多重含义。行为支配这一概念本身具有非常多的含义,即使在以行为支配作为共谋共同正犯根据的学者之间,也没有共通的含义。总之,行为支配概念的伸缩自在虽然具有诸多便利,但却没有实际内容。① 第二种观点是团藤说。团藤博士以针对符合构成要件事实具有支配能力的人,即针对实现符合构成要件事实,具有主宰能力的人便是正犯作为正犯概念为前提,认为,"所谓正犯,是指实现符合基本构成要件事实的人。这一点,不仅符合单独正犯,也符合共同正犯。不过,在单独正犯的情形下,如果不是亲自实施实行行为(符合基本构成要件且显示构成要件性特征的行为)的人的话,就无法满足该要件。但是,在共同正犯的情形下,即便没有亲自实施,在某些情况下也可以将其视为实现了符合基本构成要件的事实。换言之,让共同参与犯罪行为的他人实施实行行为,如果按照自己的意图得到具体实施,自己成为实现犯罪的主体,那么,在这种情形下,不仅被利用者作为具体实行行为人成立正犯,让他人具体实施实行行为的本人,作为符合基本构成要件事实的共同实现者,应当成立共同正犯"②。

这种主张的不足在于,可以合理地说明支配型(教唆型)共谋共同正犯,却无法说明分担型(帮助型)共谋共同正犯。③

(2)间接正犯类似说

这种观点认为,共谋者之间就实行犯罪达成合意,在互相利用实现犯罪结果的意义上,与间接正犯中的利用行为是同一性质的,因而应当承认共谋共同正犯。也就是说,基于共谋而实施实行行为者,是受到共同意志的心理约束,而共谋者正是通过这种心理约束对实行者施加影响,即共谋者是利用实行者来实现自己的犯罪意志。④ 也有观点认为,共犯的本质在于共犯者之间存在的"相互利用关系",在共谋共同正犯中同样存在这种关系。这种利用关系作为整体来考虑,无非就是犯罪的"分工、分担",由于共谋者也分担任务,因此,在共谋共同正犯中可以认定

---

① [日]大塚仁:《刑法概说》(第4版),有斐阁2008年版,第280页以下;村井敏邦:《共谋共同正犯——基于否定说的立场》,载《刑法杂志》第31卷第3号,第328页以下。

② 《刑集》第36卷第6号,第698页。

③ [日]中野次雄:《视为共谋共同正犯的事例(尤其是团藤裁判官的意见)》,载《警察研究》第56卷第1号,第81页。

④ [日]藤木英雄:《共谋共同正犯》,载《可罚的违法性理论》,有信堂1967年版,第335页以下。

其正犯性。这种相互利用关系,针对各个构成人员来说就是类似于作为单独正犯的间接正犯中的利用关系。①

这种主张的特色在于,试图用间接正犯的模式来说明共谋者的正犯性,从而在共同正犯中也维持作为共同正犯客观成立要件的实行行为性。针对实行行为的内容,这种主张并不以传统的构成要件为出发点,而是以行为支配这种实质性概念为基准。这种观点的意义在于,"认为各个共同正犯就是正犯——即实行行为者,从而不变更通说的基本思想——即维持限制的正犯概念,通过个人责任的原理——给共谋共同正犯的可罚性奠定基础"②。

这种观点的不足是:第一,从共同意思主体说的立场来看,共犯与单独犯不同,刑法之所以在单独犯之外还要规定共犯,就是因为无法用单独犯的法理来说明共犯。第二,"间接正犯中利用者和被利用者之间的关系,与共谋共同正犯中单纯的共谋者与实行行为者之间的关系是有明显差别的。前者的内容是对被利用者的工具性身体活动的支配与被支配关系,后者则是以本来在法律上即处于平等关系的同伙者的共谋关系为基础"③。第三,"将其他共同者作为工具支配、制约是不可能的,如果真的能够进行支配与制约,那就已经不是共同正犯,而是单独的间接正犯了。这一理论实际上是在否定共同正犯"④。第四,共谋共同正犯有两种形态:一种是就像犯罪组织中体现的上下主从、支配制约型的形态(支配型共谋共同正犯);另一种是平等相互利用依存型的形态(分担型共谋共同正犯)。因此,在后者的情形下,按照间接正犯类似说的观点进行解释显然不尽妥当。第五,如果承认对有责任能力人的利用可以成立间接正犯的话,那么,也就可以承认对教唆犯的行为支配,这会导致无法区分教唆犯与共同正犯概念的结局。⑤

(3)优越支配共同正犯说

这种观点认为,在实行行为者的背后存在着大人物,将这些大人物作为正犯处罚是正当的。但是,如果这些人物仅仅是单纯的共谋者,那就不能理解为刑法第60条所规定的"共同实行犯罪",因此,应当否定共谋共同正犯概念。"没有担当实行的共谋者,当其在社会观念上针对实行担当者而言处于压倒性优越地位,针对实行担当者给予强烈的心理约束,使其实行时,从规范性观点就可以说存在

① [日]川端博:《刑法总论讲义》(第2版),成文堂2006年版,第557页。
② [日]西原春夫:《判例刑法研究》(第2卷),有斐阁1981年版,第133页。
③ [日]大塚仁:《犯罪论的基本问题》,有斐阁1982年版,第338页以下。
④ [日]中义胜:《刑法总论》,有斐阁1971年版,第254页以下。
⑤ [日]西原春夫:《犯罪实行行为论》,成文堂1997年版,第299页。

共同实行,可以肯定成立共同正犯。"①

这种主张的缺点是,共谋共同正犯和优越支配共同正犯之间并不存在值得说明的明确的区别。共谋共同正犯并非"共同实行犯罪人",因此就优越支配共同正犯而言,亦属于同样情况。另外,优越行为支配者对实行行为者施加强烈的心理制约,使其实施实行行为,因之这里就存在支配、被支配关系,不适合以对等关系为特征的共同正犯的本质。②

(4)实质性共同正犯说

①应从主客观两个方面来明确与限定共谋共同正犯的成立范围。作为共谋共同正犯的成立要件,首先,需要有作为意思沟通的共谋。共谋共同正犯不仅仅要有意思的沟通,并且还要求其是实行行为建立在共同意思基础之上的被称之为有"意思方向"的人。而且,这个意思方向并非仅仅是主观的,而必须对犯罪的实行有客观的重要影响力。其次,共谋者中至少有一人实行了实行行为(共同正犯的实行从属性)。这时,其他共谋者也需要有能够成为正犯者的正犯行为。针对共同正犯来说,正犯行为是与实行行为分离而论的。③

②在共谋共同正犯的情形下,共谋者内部只要有一人有客观的实行行为,那么,要把该客观行为归责于其他没有实施实行行为的人,如果该行为者有作为正犯者的意思以及有关犯罪计划的共谋,那么,唯一成为问题的就是该共谋是否充分。只要认为,共同正犯对并非自己所引起的结果之所以承担责任,重视的是参与者相互之间心理性影响。那么,以强烈的心理因果性为基础,针对并没有具体实施实行行为的人也可以将客观的实行行为归责于他。共谋共同正犯的成立,第一,需要参与共谋的人中有人着手实施实行行为。第二,认定共同实行性,唯一的要件是看其是否发挥了重要作用,而是否发挥了重要作用,要根据谋议时发言的内容以及其后的行为等从客观上加以判断。第三,参与者必须有正犯者的意思。问题的重点,不在于是否有共谋,而在于是否发挥了重要作用。即便有共谋,并且共谋者中有人着手实施了行为,但如果不存在发挥重要作用的人,那么,仍然不成立共谋共同正犯。④

③共同正犯明显是与单独正犯不同的共犯,所以其处罚根据应当在与犯罪结

---

① [日]大塚仁:《刑法概说》(第4版),有斐阁2008年版,第307页。

② [日]村井敏邦:《共谋共同正犯——基于否定说的立场》,载《刑法杂志》第31卷第3号,第347页。

③ [日]平野龙一:《刑法总论Ⅱ》,有斐阁1975年版,第401页。

④ [日]前田雅英:《刑法总论讲义》(第4版),东京大学出版会2006年版,第440页。

果之间的物理性、心理性的因果关系中寻找。因此,从处罚共犯的具体的妥当性的观点出发,从共谋者(非实行者)与实行分担者之间的支配关系、作用分担关系来判断,可以把共同正犯的范围扩展到对犯罪的实现起了与实行相当的重要作用的共谋者。如果仅仅是参加共谋而已,并不能直接作为共同正犯处理,否则就是把共谋的所谓共犯原理直接置换为正犯原理,是不妥当的。共谋共同正犯的基础是,实现了与实行相当的重要的作用。①

④共谋共同正犯之所以成为正犯,是因为通过"共谋",设定相互的利用关系和依存关系,将他人的行为作为自己的手段,即实行行为化。这与间接正犯类似说的区别在于,对判例做出分析后,至少现在,在司法实务上,对二人以上参与一个犯罪,其中有人没有实施实行行为的情况,是应该认定为共谋共同正犯,还是认定为教唆犯、帮助犯,其判断基准并非共同意思主体说,而是看有没有分担实行行为者,将该犯罪视为自己的犯罪还是他人的犯罪。而自己的犯罪与他人的犯罪的区别在于,在意思联络的过程中,如果各自持有自己的犯罪意识,并相互认识到这种意识的存在,那么全部成员就都是共谋共同正犯,而在如果有人持有他人的犯罪意识,他人也了解这一点的情况下,那就不是共谋共同正犯。②

⑤需要引入系统论的思想,考虑单独正犯与共同正犯共通的正犯性。比如,伪造货币罪,单独犯是"人——机系统",共同正犯则是"人——人系统"。需要注意的是,支配、驾驭该系统的人就是正犯,单独犯也好,共同正犯也罢,行为主体都是系统。在共同正犯的情形下,首先,对社会的外界,如果系统本身存在违法行为,那么,系统本身就是责任主体。其次,与系统内部构成者的地位、作用相应,确定个人的责任,立足于限制正犯概念,对共同正犯,也应与单独正犯作共通的系统性思考。因此,在共谋共同正犯的情形下,形成"共谋系统"是必要的,共谋者为了取得正犯性,必须分担系统全体的现实的实行行为。共谋者的谋议,对系统全体的态度决定以及态度的方向奠定基础,或者说,对态度必须具有支配力的影响力。为了能称之为共谋,需要有对犯罪目的、犯罪计划的认识和了解,从而对自身所需

---

① ［日］西田典之:《关于共谋共同正犯》,载《平野龙一先生古稀祝贺论文集》(上卷),有斐阁 1990 年版,第 366 页以下。

② ［日］松本时夫:《共谋共同正犯与判例、实务》,《刑法杂志》第 31 卷第 3 号,第 315 页。

起的作用有认识并接受该作用,进而作为客观要件,还需要实现该作用。①

本文基本倾向于实质性共同正犯说。即肯定共谋共同正犯应当以部分行为全部责任为基础的心理因果性为依据,并不要求形式性实行行为,如果参与共谋的行为人对具体实施实行行为人,能够施加强烈的心理影响力或心理支配力,针对犯罪的实现发挥重要作用,而这种重要作用可以匹敌于实行行为的话,就应肯定共谋共同正犯的成立。具体而言,共同正犯者并不一定要实施具体的实行行为,只要实施了能够作为正犯处罚的相当于实行行为的某种行为即可,即参与共谋的行为人,针对犯罪的实现,发挥的重要作用相当于实行行为,那么,就可以肯定共谋共同正犯的成立。这种观点又可以称之为价值、规范性实行行为说。②

三、共谋共同正犯的成立要件

共谋共同正犯的成立,作为主观要件,应当具备共同实行犯罪的意思。作为客观要件,还应具备互相利用他人的行为,依此来将各自的犯罪意思付诸实施的谋议(共谋的事实),在此基础上,共谋者中的部分行为人实施具体的犯罪行为。

（一）主观要件

日本的判例认为,之所以参与共谋,没有具体实施实行行为,共谋者也能成立共同正犯,是因为,针对参与共谋者而言,该犯罪属于"自己的犯罪",本质上可以将共谋视为与共同实行等同之故。与此相比,"他人的犯罪"是指,比如唆使他人使之产生犯意,基于这种犯意使其实施犯罪行为,在这种情形下,成立教唆犯。如果能够使实行行为之外的犯罪行为容易得以完成,即帮助他人时,就成立帮助犯。"自己的犯罪"与"他人的犯罪"的区别,与参与该犯罪的行为人的主观方面有密切的关联性。也就是说,犯罪行为人在意思联络的过程中,分别具有实施"自己的犯罪"这一意识,彼此间相互认识到这种各自的意识,那么,就可以说,全体行为人在某种范围内已经具备了作为共谋共同正犯的要件。然而,当行为人中的部分人

---

① ［日］松村格:《共谋共同正犯》,载阿部纯二等编:《刑法基本讲座》(第4卷),法学书院1992年版,第201页。上述之实质性共同正犯论中的各种学说,均强调行为人要成立共同正犯,必须在共同犯罪中起重要作用,同时,基于因果犯论,强调"有力的事实性、心理性因果关系",以此来弥补行为人缺少共同实行这一缺陷。当然,这种主张难免在正犯概念实质化的名义下,无视"行为至少要实行部分实行行为的事实的重要性"的批判。(［日］中山研一:《共谋共同正犯》,载中山研一等编:《现代刑法讲座》(第3卷),成文堂1979年版,第204页。)

② 有关这一问题的详细论证,可参见郑泽善:《论共谋共同正犯》,《中京法学》第35卷第3、4合并号,第142页以下。

只具有"他人的犯罪"意识,其他行为人已经肯定这种意识的情形下,针对基于"他人的犯罪"意识而参与犯罪行为时,就不能成立共谋共同正犯。①

当然,犯罪行为与其他合法的社会行为一样,不应只凭行为人的主观方面界定其性质。虽然不应忽视行为人的主观方面,但是,还要具备从社会一般人的视角看的客观要件。即针对参与某种犯罪的行为人而言,究竟属于"自己的犯罪"还是"他人的犯罪",还应存在区别"自己"和"他人"的客观要件。有关这一点,日本的判例①②和判例②③是基于以下基准的。在判例①中,被告人不仅提供了走私毒品用所需要的部分资金,还答应购买走私进来的部分毒品。另外,被告人对甲的走私毒品能否成功、走私后毒品的处理以及包括经济利益等给予了极大的关注。而在判例②中,被告人不仅对走私能否成功毫无兴趣,即便走私成功,针对怎样处理走私进来的手枪从来不闻不问,在经济利益方面丝毫没有对其进行过关注。由此可见,犯罪行为和结果之间的参与程度,是区别"自己的犯罪"还是"他人的犯罪"的重要基准之一。另外,参与犯罪实行行为的人和没有参与实行行为的人之间的关系(上下、主从、对等),决定是否参与实行行为的各种事项,财产犯情形下的财物(财产性利益)的分配,目的犯情形下的直接、间接目的以及动机等,比照社会一般常识,如果客观上能够评价为行为人的行为,那么,就属于行为人"自己的犯罪"。④

针对上述之主要要件,尤其是对"自己的犯罪"和"他人的犯罪"之间的区别基准问题,有观点认为,判例将有无相互利用关系或相互依存关系,视为区别两者的本质性要素。问题是,在一般共同正犯的情形下,相互利用关系或相互依存关系,以分担具体实行行为的形式客观上能够予以区别。然而,在共谋共同正犯的情形下,相互利用关系或依存关系,有可能是单方面的,即便相互之间存在这种关系,那也是精神意义上的关系而已。没有参与具体实行行为的行为人,作为"自己的犯罪"而利用他人行为时,在其主观上,即便具有实施"自己的犯罪"这种意识,这仍然没有脱离主观共犯论的范畴。⑤ 本文认为,判断"自己的犯罪"或"他人的

---

① [日]松村格:《共谋共同正犯》,载阿部纯二等编:《刑法基本讲座》(第4卷),法学书院1992年版,第320页以下。

② 《刑集》第36卷第6号,第695页。

③ 《判例时报》第1073号,第159页。

④ [日]小林充:《共同正犯与狭义共犯之区别——基于司法实务的视角》,《法曹时报》第51卷第8号,第14页以下。

⑤ [日]西田典之:《共谋共同正犯》,《刑法杂志》第31卷第3号,第324页。

犯罪"确实有必要有一个明确的客观基准,但是,与区分故意杀人罪和故意伤害罪一样,如果不考虑行为人的主观方面,根本无法区分两者,因此,在共同正犯的情形下,考虑行为人的主观方面,在此基础上界定两者并无不当之处。① 在共同犯罪中,参与共同犯罪的行为人的参与形式千差万别,只参与共谋,并没有参与具体实行行为的形式也多种多样。因此,区别"自己的犯罪"还是"他人的犯罪"的具体要件很难细化或类型化。这一问题的根本解决,只能依靠司法实务上的经验——判例的积累,即根据具体情形,以个案的形式予以解决。②

(二)客观要件

(1)共谋的认定

共谋共同正犯之所以负刑事责任,是因为行为人之间有共同实施犯罪的合意,也就是说,需要有成立共谋时点时的合意。达成合意过程中的共谋行为本身,并不是共谋者作为共同正犯追究刑事责任的要素。共谋共同正犯的刑事责任,并不是基于参与共谋过程而得以追究,而是基于作为谋议的结果,达成共同实施犯罪的合意,各个行为人在确定共同实施犯罪的意思的基础上,作为犯罪意思的实施,具体实施实行行为时才予以追究。换言之,基于达成的合意,各个共犯者在确定共同实行的意思的基础上,担当实行行为的行为人,通过实行行为实现自己实施犯罪的意思。担当实行行为的行为人同时实现其他共犯者的犯罪意思,其他共犯者则"引导"担当实行行为者的犯罪意思的实现,通过具体担当实行行为人共同实行犯罪行为时,只参与共谋的行为人作为共同实施了犯罪行为,追究其共同正犯的刑事责任。即便没有具体实施实行行为,基于共谋而发挥重要作用而受处罚的法理正在于此。

作为追究共同正犯刑事责任的根据,关键是实行行为时对共同实施犯罪的合意的存在。共谋行为,作为合意存在的逻辑前提,确实是证明合意存在的一个重要要素,但是,不应将其视为追究共谋共同正犯刑事责任的要件。共谋共同正犯要件之共谋,是指有关共同实施犯罪的合意。所谓有关共同实施犯罪的合意,是指参与共谋的行为人彼此间协力,就实施特定犯罪具有共同意思,在此基础上,相互之间取得意思上的联络。也就是说,参与共谋的行为人,分别通过自己或其他共谋者,基于共同实施犯罪的意思(并不是基于偶然的并存),存在相互利用、相互帮助的意思上的联络。一般地说,决定具体实施犯罪的日期、决定具体分工等有

---

① [日]藤木英雄:《共谋共同正犯》,载《可罚的违法性理论》,有信堂1967年版,第342页。

② [日]藤木英雄:《共谋共同正犯》,载《可罚的违法性理论》,有信堂1967年版,第344页。

时也属于合意的内容,但是,如果不存在针对共同实施犯罪的合意的话,并不能作为共谋共同正犯的处罚根据肯定共谋关系的存在。共谋的成立要件,应当以存在合意为基准,有必要严格加以限定。①

首先,比如有参与共谋的事实,并不能依此肯定共谋关系的存在。这是因为,即便参与犯罪计划的谋议,有可能没有赞成共同实施犯罪,在这种情形下,就不能肯定与其他共谋者达成了合意。同时,针对上述参与谋议的行为人,有时甚至很难追究教唆或帮助的刑事责任。即便知悉共同实施犯罪计划,基于没有阻止为理由,认为强化了担当实行行为者的犯罪意图,因此,即便援引不作为犯的理论,恐怕也很难追究共同正犯的刑事责任。

其次,不仅参与共谋,同时也参与有关犯罪计划的商谈,即知悉犯罪计划,同样不能肯定共同正犯成立要件之共谋的存在。即便知悉犯罪计划,由于并没有通过担当实行行为的行为人产生共同实施该犯罪的决意,因此,有可能追究参与人的教唆或帮助的刑事责任,而不应追究共同正犯的刑事责任。这是因为,在这种情形下,并不存在针对共同实施犯罪的意思上的一致。由于在这种情形下,不仅知悉犯罪计划,也参与了有关实施犯罪的商谈,因此,可以肯定精神上帮助的存在,并通过这种精神上的帮助,强化担当实行行为者的实施犯罪的决意并使之付诸具体实施,有可能成立教唆犯。换言之,这种形式的参与者,属于达成共同实施犯罪合意的行为人的外围,因此,不应以共同正犯追究刑事责任。

第三,即便行为人受邀为实施共同犯罪提供协助而应允,并不能将这种情形均视为成立共谋。这是因为,即便受邀为共同犯罪的实施提供协助而应允,虽然可以将这种情形视为有共同实施犯罪的意思,但是,如果应允者对共同犯罪的关键部分并不知情,那么,就不能肯定针对共同实施犯罪达成合意,只是在帮助的限度内达成了合意,因此,可以成立帮助犯而无法成立共同正犯。②

共谋是指针对实施共同犯罪的一种合意,基于这种合意,当部分行为人具体实施实行行为时,只参与共谋的行为人成立共同正犯,应当以共谋本身是否在犯罪整体起重要作用为基准,价值、规范性地把握共谋,共谋是否能够超越或相当于实行行为为基准进行界定。由此可见,共谋并非单纯的意思上的联络,是针对共同实施犯罪的一种合意,因此,各个共谋者与其他共犯者在协力的基础上,基于具有亲自实施犯罪的意思而结合在一起时才能成立。单纯参与他人犯罪的意思或

---

① 〔日〕藤木英雄:《共谋共同正犯》,载《可罚的违法性理论》,有信堂 1967 年版,第 346 页。
② 〔日〕松本时夫:《共谋共同正犯与判例、实务》,《刑法杂志》第 31 卷第 3 号,第 314 页。

具有引发他人犯意的意思,并不能肯定共谋的存在。共谋是数人通过意思上的联络、谋议、通谋或商谈,制定犯罪计划、日期、分工等协议时,才能成立。需要注意的是,基于通常的意思的转达而没有直接协议,依次共谋、暗谋等,即便共谋者并不知道详情,也不影响共谋的成立。另外,针对实行行为的具体实施,委托给具体实行行为者的判断时,并不影响共谋的成立。也就是说,合意的具体方法虽然不同,在全体参与共同犯罪的行为人之间只要存在合意,那么,就应肯定共谋的成立。

简言之,共谋共同正犯的成立要件是,需要整合主观和客观之结果的"共谋",在此基础上需要有具体的实行行为。可见,单纯的意思联络或对他人犯罪行为的认识、容忍并不属于"共谋",在此基础上,必须具备意识到正在实施"自己的犯罪"这一更加积极的意思。在共谋的具体认定过程中,应当综合考虑共谋者与具体行为人的主从关系、犯罪动机、针对犯罪行为的积极程度、对犯罪结果的利害关系、犯罪准备阶段、犯罪实行完毕后的利益分配等过程中发挥的作用等诸多因素。

(2)重要作用的界定

所谓重要作用是指:

第一,在共同犯罪中,虽然没有直接参与实行行为,但有在背后具体策划、组织、指挥的情形。比如,在利用公司的名义实施诈骗的情形下,策划整个犯罪计划的社长等主谋人员虽然没有直接参与具体诈骗行为,而是由部下们根据主谋者的指示具体实施,在这种情形下,如果规范性地把握主谋者有关犯罪的策划、指示,所发挥的作用,完全可以将其视为属于远远超过具体实行行为的"实行行为"。

第二,即便没有亲临犯罪现场,但针对具体实行行为者发挥了指导性作用,这种作用完全可以评价为分担实行行为的一部分,那么,就可以认定发挥了重要作用。① 比如,抢劫集团的头目,在同意部下们拟定的抢劫计划的同时,针对具体人员的调整、分工等指示、指挥就属于这种情形。在这里,抢劫集团的头目并没有直接参与策划、组织等,如果没有头目的首肯,该犯罪计划就无法付诸实施。部下们根据头目的指示具体实施抢劫的情形下,基于规范性考虑,指导、指挥行为,完全可以评价为相当于实行行为而可以认定发挥了重要作用。

第三,只参与共谋并没有具体实施实行行为,但是,为了实现"自己的犯罪"而协力实施实行行为的情形。比如,A打算走私一批毒品大赚一把,由于资金不够,于是向有吸毒经历的B求援。B认为,只要成功不仅能够买到便宜毒品,或许还

---

① [日]松本时夫:《共谋共同正犯与判例、实务》,《刑法杂志》第31卷第3号,第314页。

能赚一笔,于是向 A 提供了一笔资金。A 一个人从资金面上考虑,无论如何也无法完成该走私犯罪,正是基于 B 提供资金才能完成毒品的走私,在这种情形下,正是由于 B 提供了资金,因此 B 的提供资金行为,从规范性视角考虑的话,就相当于实行行为而可以认为发挥了重要作用。

第四,在共同犯罪中,提案并积极推进犯罪计划的实施,却没有参与实行行为而只是旁观。比如,A、B、C 三人是自小相识的好友关系,三人均与 X 有隔阂,其中,A 与 X 处于敌对关系状态。后来 B、C 与 X 之间也因琐事发展成敌对关系。知悉这些情况的 A,让 B、C 教训一下 X,于是,有一天 A 将 B、C 召集到一起,让他们痛打 X。在这种情形下,即便 A 并没有直接参与殴打 X 的行为,只是旁观,由于没有 A 的提议,不可能导致 X 受伤。因此,即使没有直接参与殴打行为,由于 A 发挥了相当于实行行为的重要作用,因此,理应承担共同正犯的刑事责任。

第五,望风行为。共同犯罪中的望风行为,是为了防止犯罪行为被发觉或排除妨碍犯罪的顺利实施,属于顺利完成实行行为的重要一环。需要注意的是,并非所有望风行为都属于共同正犯,有时可以成立从犯。具体而言,①作为分担实行行为的一环而分担望风行为的,属于共同正犯。并非基于平等立场分担望风行为,而是基于望风形式参与共同犯罪的情形下,则属于从犯。②在有组织的共同犯罪的情形下,可以适当放宽上述基准,成立共同正犯的几率较大,当然,针对刚刚参与有组织的共同犯罪的新人,有可能成立从犯。③在强奸、赌博等亲手犯的情形下,如果参与实行行为的成员依次望风,一般属于共同正犯,从一开始,没有资格参与具体犯罪的行为人,只承担望风行为时,一般成立从犯。①

第六,在共同犯罪中,处于领导者或负责人地位。比如,临时纠集在一起处于平等地位的共同犯罪中,处于临时负责人地位的行为人,与其他处于从属地位的行为人相比,成立共同正犯的可能性较大。

由此可见,所谓重要作用,是指在共同犯罪中,即便没有参与实行行为,如果组织、策划、指挥、指导共同犯罪,由于从价值、规范意义上看,这些行为已经超越了实行行为。另外,为了实现"自己的犯罪"而协助具体实行行为,提议犯罪的具体实施、处于领导者或负责任地位的话,这些行为相当于或超越实行行为而可以认定为发挥了重要作用。犯罪现象尤其是共同犯罪千差万别,因此,应根据具体案情判断价值、规范意义上是否与实行行为相当或超越,依此基准综合判断是否起到了重要作用。

---

① 郑泽善:《论共谋共同正犯》,《中京法学》第 36 卷第 2 号,第 79 页。

四、共谋共同正犯与我国刑法理论中的共同犯罪

在我国现行共犯论体系之下,虽然不存在共谋共同正犯(实行犯)概念,但是,针对司法实践中存在的共谋而未实行的情形如何处理,在我国的刑法理论界,争议极为激烈。主要有以下几种观点。

第一种观点认为,共谋不是共同犯罪行为。共谋而未实行,意味着缺乏共同犯罪行为,因此,不能构成共同犯罪。比如,甲、乙共谋杀害丙,相约翌日到丙家共同下手将丙杀死;甲如期到丙家,而乙未去,甲一人将丙杀死。甲、乙虽然有共同杀害丙的故意,但缺乏共同行为。甲应单独构成故意杀人罪的既遂。乙参与密谋杀人,只应对杀人的预备行为负刑事责任。①

第二种观点认为,共谋是共同犯罪行为,参与共谋即使未实行也构成共同犯罪。因为共同犯罪行为包括犯罪的预备行为和实行行为。而犯罪的预备和犯罪的实行是两个紧密相连的阶段,共谋属于犯罪预备,不能把犯罪的预备同犯罪的实行之间的密切联系割裂开来,而把甲、乙共谋杀丙的行为视为与甲单独杀丙这一犯罪活动的全过程无关的、以外的行为。这种主张在肯定共谋而未实行的构成共同犯罪之后,进一步指出,共谋而未实行者,属于共同犯罪中的预备。②

第三种观点认为,未实行者应当构成"共犯",而不能只负预备行为的刑事责任。这种主张进而认为,即使是主谋而未实行者在共同犯罪中的地位、作用,也应当以是否实施属于刑法分则规定的实行行为来决定其是否成立"共同正犯",因为所谓"实行行为",就是指实施刑法分则具体犯罪客观方面的行为,主谋者既然没有实施刑法分则规定的实行行为,自然就不成立"共同正犯"。对其应当按照其他共谋者实施犯罪的情况以及自身没有参与实行的主客观表现,或者以预备论处,或者是既遂、未遂,或者属于中止。③

第四种观点认为,在部分人仅仅参与共谋而未实行、部分人实施了实行行为的情况下:A,如果实行行为是犯罪既遂(当实行犯为二人以上时,只要部分实行犯的行为具备全部构成要件要素,共同犯罪即成立既遂,即使有的实行犯自动放弃犯罪、中止自己的行为也无妨)或未遂,对参与共谋而未实行者都应当与实行犯一样按既遂或未遂犯处罚,不论参与共谋者因何种原因未实施实行行为。因为即便

---

① 高格:《关于共同犯罪的几个理论问题的探讨》,《吉林大学社会科学学报》1982 年第 1 期,第 76 页。

② 邓定一:《共谋而未实行,不构成共同犯罪吗?》,《法学》1984 年第 6 期,第 37 页。

③ 阴建峰、周加海:《共同犯罪适用中疑难问题研究》,吉林人民出版社 2001 年版,第 17 页以下。

是自动中止预备行为的单纯共谋犯,也毕竟只是中止了自己的"行为",而没有中止与其相互联系的实行者的行为,共同犯罪行为毕竟已经进入实行阶段。B,当实行犯为二人以上时,如果部分实行犯的行为导致犯罪既遂,其他实行犯的行为因意志以外的原因或行为人"中止"而未至构成要件要素齐备,共谋而未实行者与所有实行犯均应按照犯罪既遂处罚,这是"部分行为全部责任"原则的要求;如果部分实行犯自动放弃实行行为,其他实行犯因意志以外的原因而未至行为达到犯罪既遂状态,对自动放弃实行行为者以中止犯处罚,对其他实行犯按未遂处罚,对仅参与共谋者一般按未遂处罚,但对于自动放弃犯罪预备行为而未参与实行者,应按预备阶段的中止犯处罚。①

第五种观点认为,根据我国刑法的规定,总结司法实践经验,在共同谋议实行犯罪的场合,不论其是否直接参与实行行为,都应根据其在共同犯罪中所起的作用处罚,即所起的作用是主要作用,按主犯从重处罚,所起的作用是次要作用,则按从犯处罚。②

第六种观点认为,参与共谋而未直接实施刑法分则规定的构成要件行为的共谋共同正犯,在我国刑法中,可以有以下几种情况:①在集团犯罪和聚众犯罪中起组织、策划指挥作用的犯罪分子,即首要分子。②刑法分则以首要分子为构成要件的犯罪,其首要分子可以成立共谋共同正犯。③刑法明文规定或者其他事前通谋,事后实施帮助行为之人,可以成立共谋共同正犯。④刑法明文规定由单位构成的犯罪,并规定对直接负责的主管人员予以处罚的,其直接负责的主管人员应当视为具有共谋共同正犯的性质。这种主张最后认为,根据我国刑法的规定,共同犯罪中的实行犯,有"起主要作用"的主犯和"起次要作用"的从犯,所以,即使在其他共同犯罪形式中,被评价为共谋共同正犯的行为人,作为共同犯罪中的实行犯,也存在成立从犯的可能性,不应当一律以主犯认定。③

第七种观点认为,①共谋的内容是组织与策划,而该内容又在刑法分则条文中作了具体规定,那么,共谋就是该种犯罪的实行行为,应直接根据刑法的规定进行处罚。②在有组织犯罪或犯罪集团中,行为人与他人实施共谋,共谋的内容是组织、领导、策划犯罪的分工或具体实施,如负责组织犯罪集团、网罗集团成员、制定犯罪计划,这就属于总则所规定的组织行为。行为人虽未实施实行行为,但应

---

① 龚培华、肖中华:《刑法疑难争议问题与司法对策》,中国检查出版社 2002 年版,第 112 页。

② 马克昌主编:《犯罪通论》,武汉大学出版社 1999 年版,第 529 页。

③ 林亚刚:《共谋共同正犯问题研究》,《法学评论》2001 年第 4 期,第 41 页。

认定为组织犯,按照主犯进行处罚。③在一般共同犯罪中,如果共谋的内容是教唆他人实行犯罪,那么,行为人就构成教唆犯,应当适用我国刑法关于教唆犯的规定,其所起的作用是主要作用时,应按主犯处罚,是次要作用时,应按从犯从轻、减轻或者免除处罚。④在一般共同犯罪中,如果共谋的内容是帮助犯罪,那么成立帮助犯,按其在共同犯罪中所起作用,分别作为主犯或者从犯处理。这包括两种情况:一种是明确地表明自己帮助的意思,那自然是帮助犯;另一种情况是共谋的内容是行为人之间互相商议如何实施犯罪,那么,应当认为共谋者对实行者构成精神帮助,也应当按照帮助犯进行处理。①

第八种观点认为,共谋行为在本质上是一种与教唆、帮助、实行或组织不同的行为,共谋犯应属于一种独立的共犯类型。在日本,由于刑法对共犯只规定了共同正犯、教唆犯与帮助犯三种类型,故对不属于这三种类型的共谋犯,只能勉强归入其中一类。但是在我国,刑法总则中既有关于组织犯的规定,司法解释中也有关于“共谋”“通谋”等规定,理论上也普遍承认组织犯、帮助犯等概念,因此,对于共谋者完全可以像承认这些概念一样,直接以共谋犯定性,没有必要强行归入其他类型。②

第九种观点认为,从解释论的角度来说,也完全可能将我国刑法第26条规定的主犯解释为正犯,将第27条规定的从犯解释为帮助犯。③“我国刑法学上所谓的分工分类法与作用分类法并无本质不同,二者完全可以同一起来。如果说有不同,也只是历史用语习惯的不同。换言之,大陆法系习惯上称正犯、帮助犯、教唆犯,我国刑事立法习惯上称主犯、从犯、教唆犯而已。……如果用图示化的表达方式,可以得出以下结论:正犯＝主犯,帮助犯＝从犯(还包括胁从犯),即我国刑法规定了正犯(主犯)、帮助犯(从犯)、教唆犯三种共犯形态及共犯人类型。”④正犯与共犯的区别,实际上判断谁是对犯罪结果应该首先承担责任的主犯(核心人物)的问题;归根到底,共同正犯与狭义共犯的区别,只能根据在犯罪中所发挥作用的重要性来判断;中国刑法将作用的大小作为区别主犯与从犯的标准,在此意义上,

---

① 陈家林:《共同正犯研究》,武汉大学出版社2004年版,第149页。

② 周铭川:《共谋共同正犯与共谋犯》,《同济大学学报》(社会科学版)第23卷第6期,第116页。

③ 张明楷:《刑法学》(第4版),法律出版社2011年版,第405页。

④ 杨金彪:《分工分类法与作用分类法的同一——重新划分共犯类型的尝试》,《环球法律评论》2010年第4期,第98页。

我认为完全有可能把中国的"主犯"和日本的"共同正犯"放在一个平台上加以探讨。①"德日共犯论中的正犯其实相当于我国的主犯。"②这些主张,可以说是近年来我国刑法理论中的主流观点。

本文认为,上述第一种主张一方面认为共谋不是共同犯罪行为,否定共谋者构成共同犯罪。另一方面又认为共谋者应当对杀人的预备行为负责,而预备行为也是犯罪行为,共谋者既然实施了犯罪行为,又和实行者具有共同的犯罪故意,怎能说共谋者的行为不是共同犯罪行为,共谋者不构成共同犯罪? 也就是说,这种主张有自相矛盾之嫌。

第二种观点认为,这种情形属于共同犯罪行为中的预备行为,问题是,犯罪预备是指尚未着手实施犯罪的情形,共谋后的部分行为人已经着手实施犯罪,那么,怎能说是预备行为呢? 可见,这种主张很难令人信服。

第三种观点认为,没有参与实行行为者应当成立"共犯",但对此处"共犯"的含义并没有加以解释。另外,这种观点认为主谋者既然没有实施刑法分则规定的实行行为,自然就不成立"共同正犯",说明论者注意到了既遂、未遂、预备问题与是否成立共同正犯是完全不同的两个问题,即意识到了应当区分"共谋"而未实行者的"共犯"的法律性质与"共谋"而未实行者的刑事责任。但是,随后又认为,对行为人"应当按照其他共谋者实施犯罪的情况以及自身没有参与实行的主客观表现,或者以预备论处,或者是既遂、未遂或者属于中止"。这便推翻了前面的主张,回到了刑事责任问题上。无论是共同正犯还是教唆犯、帮助犯都存在既遂、未遂和预备问题,这里首先要解决的是行为人的行为属于何种共犯形态,才能探讨既遂、未遂或预备问题。③ 可见这种观点缺乏说服力。

第四种观点引用了"部分行为全部责任原则",而此原则一般公认为是有关共同正犯的原则,这似乎意味着论者认为共谋而没有参与实行可以成立共同正犯,即认同共谋共同正犯概念。不过,这只是一种推论,论者并没有言明,也没有对为何能够采用"部分行为全部责任"原则做出任何说明。此后论者集中精力论述既遂、未遂、中止等问题,问题是,在没有说明行为人的行为是何种犯罪形态的前提下,如何能够论证既遂、未遂或中止问题,令人费解。

第五、六、七种观点有很多相似之处,即参与共谋而未实施者,可以根据在共

---

① 金光旭:《日本刑法中的实行行为》,《中外法学》2008 年第 2 期,第 92 页。
② 陈洪兵:《共犯论思考》,人民法院出版社 2009 年版,第 248 页。
③ 陈家林:《共同正犯研究》,武汉大学出版社 2004 年版,第 145 页。

同犯罪中所发挥的作用,分别作为主犯或从犯处罚。这种主张与本文所主张的观点有不谋而合之共同点。即,共同正犯者并不一定非要实施具体的实行行为,只要实施了能够作为正犯处罚的相当于实行行为的某种行为即可,即参与共谋的行为人,针对犯罪的实现,发挥的重要作用相当于实行行为,那么,就可以肯定共谋共同正犯的成立。也就是说,单纯的意思联络或对他人犯罪行为的认识并不属于"共谋",在此基础上,必须具备意识到正在实施"自己的犯罪"这一更加积极的意思。在共谋的具体认定过程中,应当综合考虑共谋者与具体行为人的主从关系、犯罪动机等因素。

第八种观点认为,"共谋是一种与教唆、实行、帮助或组织行为均不同的行为,宜单独列为一种共犯行为,在刑法中单独规定共谋犯"。然而,完全可以将共谋解释为实行行为,根据共谋在共同犯罪中所起的作用,分别以主犯、从犯处罚的现实条件下,通过立法规定共谋犯并没有说服力。这一点,其实也是我国刑法理论研究中的一大软肋,不少观点动辄主张通过立法解决疑难问题,如果将所有疑难问题通过立法解决,只能导致我国刑事立法的无限膨胀。

第九种观点可以说是近年来我国刑法理论中的主流观点,这种观点将我国刑法中的"主犯"与德日刑法中的"正犯"等同化并用"正犯"概念代替"主犯",即"主犯正犯化"的倾向。但是,在犯罪参与体系上,德日刑法采取的是区分正犯与共犯的区分制,而我国刑法采取的是将共同犯罪人分为主犯与从犯的单一制,这就决定了"主犯"与"正犯"概念有重要差异,不能用"正犯"代替"主犯"。主犯正犯化的思想根源是认为单一制存在缺陷,有必要用区分制的观念来解释我国刑法的相关概念和规定。① 虽然我国现行刑法并没有使用"正犯"一词,但是在条文中暗含着,理论界仍然使用正犯(实行犯)概念。在共同犯罪中,正犯与主犯是按照不同的分类标准对共犯所做的划分。正犯是按照共同犯罪人在共同犯罪中的分工或者行为的形式所做的划分,与其对应的是教唆犯、组织犯和帮助犯;而主犯是按照共同犯罪人在共同犯罪中所起的作用进行的划分,与其对应的是从犯、胁从犯。二者的界限是分明的,区别是明显的。可见,我国刑法中的主犯与正犯是不同分类中的概念,二者有相似之处,存在交叉重合部分,主犯不一定是正犯,正犯中的主要实行犯才是主犯,交叉部分就是主要实行犯。二者也有差异,正犯既包括共同犯罪人(共同正犯),又包括单独犯罪人(单独正犯、间接正犯);既包括主要实行犯,又包括次要实行犯。主犯是共同犯罪人的一种,包括组织犯、主要实行

---

① 刘明祥:《主犯正犯化质疑》,《法学研究》2013 年第 5 期,第 113 页。

犯和教唆犯,不包括单个人犯罪的直接正犯和间接正犯。①

五、余论

在我国的刑法理论界,部分观点认为,我国刑法没有必要引入共谋共同正犯概念,类似于日本某些在共同犯罪中幕后起重大作用的指挥者、策划者在中国本来就是主犯;而我国的主犯概念充分保证了对起主要作用的犯罪人的严惩;②立足于中日两国共犯体系与立法上的差异,主张由于我国有以作用分类法为基础的主犯概念,可以将幕后大人物这一类在日本刑法理论中作为共谋共同正犯处罚的人作为主犯处罚,完全可以实现罪刑相适应原则,而不必担心放纵罪犯。从量刑上分析似乎如此,但是,这种主张满足于解决共谋而未实行者的量刑问题,而止步于准确回答"各个共谋者的性质"问题。③

德、日、韩等国家的共犯论体系是以正犯为中心建立起来的,共犯是以正犯为其前提的概念。刑法以分工分类法对共犯人进行分类,正犯不仅是其中的核心概念,也是共同犯罪定罪、量刑的中心。因此,在共犯论中,最基本的问题便是怎样区分正犯与共犯。在我国的刑法理论中,并没有正犯概念,我国刑法将参与共同犯罪的行为人分为组织犯、主犯、从犯、胁从犯和教唆犯。有关正犯与共犯的区分问题,在我国的刑法理论界,有规范性实行行为说和实质客观说之争,虽然重要作用说具有相对合理性。但是,在共犯论体系不同的语境之下,探讨两者的区分,可谓无奈之举。

"从正犯概念优于主犯概念的定型性、规范性及其与罪刑法定原则的契合性,应该实现我国共犯体系'主犯'中心到'正犯'中心之转变。"④如前所述,在内涵上,正犯和主犯区别很大。正犯是实施了构成要件中的实行行为的人,主犯则是在共同犯罪中发挥了主要作用的人。判断行为是不是正犯,根据刑法分则有关具体犯罪的构成要件类型即可。即是否具体实施了杀人、抢劫、盗窃等实行行为。回答行为人是不是主犯,则需要根据共同犯罪,整体考察行为人在其中是不是发挥了重要作用。实施符合构成要件的行为人,有可能因所发挥的作用很小而构成帮助犯,也有可能基于所发挥的作用较大而构成主犯;没有实施符合构成要件实

---

①　吴光侠:《主犯论》,中国人民公安大学出版社 2007 年版,第 78 页以下。

②　李洁:《中日共犯问题比较研究概说》,《现代法学》2005 年第 3 期,第 56 页。

③　[日]大谷实著、王昭武译:《日本刑法中正犯与共犯的区别——与中国刑法中的"共同犯罪"相比照》,《法学评论》2002 年第 6 期,第 24 页。

④　刘艳红:《共谋共同正犯论》,《中国法学》2012 年第 6 期,第 117 页。

行行为的人,比如教唆犯有可能因所发挥的作用较大而构成主犯,也有可能基于所发挥的作用较小而构成帮助犯。很显然,主犯的判断并不依赖构成要件中实行行为的定型性,而依赖于其功能性的大小。在外延上,正犯与主犯相似,但有很大的区别。

正犯概念以构成要件为出发点客观定型,因此容易把握,有利于充分实现罪刑法定原则中的人权保障机能。主犯概念由于以所发挥的作用的大小为核心,因此,主观抽象流于随性而不利于定罪,只利于量刑。正犯是规范刑法学意义上的概念,主犯则更像是刑事政策意义上的词语。① 由是否在共同犯罪中发挥重要作用这一实质性要素引导出的中国刑法中的"主犯",在犯罪成立方面并不重要,以罪刑法定主义原则中的构成要件观念为基础,一贯强调实行行为比其他任何要件都重要得多的德日刑法,采取正犯概念更为可取。② 当然在客观实质正犯论背景下,德日刑法针对正犯的考虑,似乎愈加重视行为人在共同犯罪中所发挥的作用而界定其成立范围,这似乎表明正犯与主犯有趋同之处。但是,不容否定的是,"只要不对正犯、教唆犯、帮助犯体系进行修改,正犯仍然是分工分类法划分出的共犯种类,其以构成要件为中心,有利于定罪的优势比较明显"③。

从分工分类法由于作用分类法的人权保障色彩,应当实现我国共犯论体系从"主犯"为中心到"正犯"为中心的转变。侧重于刑法的保护机能是我国刑事立法的传统,由此导致的立法形式和立法内容也就必然渗透这种精神。这种保护功能在共犯论中的表现,就是主要着眼于对共同犯罪的控制和惩罚,而不是对共犯者合法权益的保护。其具体表现就是规定共犯者的类型时,以在共同犯罪中所发挥的作用的程度,即对社会的危害程度来规定共犯人的种类和设定刑罚,以体现刑法的主要功能。作用分类法远离了针对构成要件的把握,只考虑行为人在共同犯罪中的组织、策划或种种所作所为的社会危害性的大小,因此,往往主观而随意。司法实践中,常有以具有社会危害性为由,判定某人的行为在共同犯罪中所发挥的作用较大,从而将不少本不应认定为主犯的认定为主犯,或者在需要的时候,比如"严打""清网"运动中认定为主犯,在不需要的时候则不认定为

---

① 刘艳红:《共谋共同正犯论》,《中国法学》2012 年第 6 期,第 118 页。
② [日]大谷实著、王昭武译:《日本刑法中正犯与共犯的区别——与中国刑法中的"共同犯罪"相比照》,《法学评论》2002 年第 6 期,第 24 页。
③ 吴光侠:《主犯论》,中国人民公安大学出版社 2007 年版,第 79 页。

主犯。①

我国研究共犯问题是以社会危害性为基本出发点的。在我国,研究共犯的基本思路是:犯罪具有社会危害性,应受刑法惩罚性、违法性的行为。社会危害性可以说是犯罪的最根本的特征。根据这样的前提,共犯研究必然集中在共同犯罪人社会危害性的大小之上。与此相比,德、日刑法理论中共犯研究的思路是以构成要件为其逻辑出发点。犯罪是符合构成要件、违法且有责的行为,构成要件是成罪的前提。构成要件是对行为自身的规定,只有符合构成要件的行为才有成罪的可能。因此,共犯的研究重点在于,没有实施符合构成要件行为的行为人,基于什么理由成立犯罪。② 构成要件天然具有的人权保障机能,决定了共犯问题上的"构成要件思路"比"社会危害性思路"更具保障人权的优势。根据"构成要件思路"分析正犯,必须恪守"是否实施了构成要件中的实行行为"这一客观基准。这种恪守即便受到客观实质说的冲击,并且发展到共谋共同正犯理论,但那毕竟是围绕形式客观说以及在克服其缺陷的基础上,对实行行为所作出的进一步深化和发展,而这种实质客观说也是以客观行为为前提的,因此,决定了它并非可以随意"实质化"。③

我国的共犯论体系,既不同于单一正犯体系,也不同于正犯、共犯区分体系。正如有观点所指出的那样,西方历史上共同犯罪理论萌生于中世纪意大利刑法学家对犯罪构成要件的解释。凡是充足构成要件的是正犯,除此以外的是共犯。因此,通观大陆法系各国的共同犯罪理论,基本上是沿着正犯与共犯两条线索建立起来的。因而,理解正犯与共犯的关系,就成为揭示共同犯罪性质的关键。关于正犯与共犯的关系,在刑法理论上出现过五花八门的学说,主要是存在共犯从属性与共犯独立性的聚讼。我国刑法否定了区分正犯与共犯的共同犯罪理论的传统格局,建立了统一的共同犯罪的概念。但我国刑法中的共同犯罪,从构成要件来分析,仍然存在符合刑法分则规定的构成要件的实行犯与在刑法分则规定的构成要件的基础上刑法总则加以补充规定的非实行犯的区别。因此,确立实行犯与非实行犯的关系,对于认识我国刑法中的共同犯罪的性质具有重要意义。……我国刑法关于共同犯罪的立法规定,以统一的共同犯罪概念为基础,采用作用分类法为主的共同犯罪人的分类方法,在很大程度上偏离了德日刑法学传统的关于共

① 刘艳红:《共谋共同正犯论》,《中国法学》2012 年第 6 期,第 118 页。
② 李洁:《中日共犯问题比较研究概说》,《现代法学》2005 年第 3 期,第 56 页。
③ 刘艳红:《共谋共同正犯论》,《中国法学》2012 年第 6 期,第 119 页。

犯的立法格局。在这种情况下,如果不采用德日关于共犯的理论加以补救,则司法上的许多难题是难以解决的。例如,间接正犯、①片面共犯、身份犯的共犯等问题。②

---

① 所谓间接正犯,是指将他人作为犯罪工具加以利用,实施自己犯罪的情形。间接正犯与直接正犯一样,也是正犯的一种表现形式,但是,在以他人的行为为中介侵害或威胁法益这一点上,又和教唆犯极为相似。因此,间接正犯这一犯罪形态,可以说是处于作为正犯的直接正犯和作为共犯的教唆犯的边界上的一种形态。由于我国刑法对共同犯罪人的分类没有采用大陆法系的分工分类法,即正犯与共犯的区分;而是采用作用分类法,即分为主犯、从犯与胁从犯,教唆犯只是一种补充。我国刑法中既然没有正犯概念,当然也就没有间接正犯概念。

② 陈兴良:《刑法的知识转型》(学术史),中国人民大学出版社 2012 年版,第 451 页。

第四章　共谋之射程

一、问题的提出

所谓共谋共同正犯是指二人以上共谋实施犯罪,实际上只有其中的一部分共谋者具体实施犯罪行为,其余没有担当实行行为的共谋者也应成立共同正犯的情形。共谋共同正犯概念源于日本的司法判例,随后逐渐为学术界所接受。[①] 一般认为,共同正犯是指二人以上共同实行犯罪,因此必须存在共同实行的事实。而所谓共谋共同正犯,主张没有实施实行行为的人也成立共同正犯,这显然与共同正犯的传统理论相悖,那么,缘何会出现这种理论呢?

日本学者认为,共谋共同正犯概念的思想渊源来自中国古代刑法中"造意者为首"的观念,[②]这种观念的具体化即认为"在共犯关系中起主要作用的应当被认为是正犯",更具体的表现就是所谓的"黑幕重罚论"。日本刑法规定对教唆犯处以正犯之刑。因此,将没有实施实行行为的人作为教唆犯处罚,可以处以与正犯同样的刑罚,不会轻纵犯罪行为人。但是,司法实践中的感觉仍然认为,操纵实行行为者的幕后人物,是犯罪的中心人物,应当作为正犯处罚。在实行者的背后筹划犯罪、指挥的大人物比实行者无形中起更重要的作用,如果将这些人作为教唆犯或帮助犯处罚,难以处以与正犯同样或更重的刑罚。作为"主犯"的背后者应当是正犯。另外,在数人参与犯罪的情形下,现实的犯意形成与其说是教唆、帮助、实行的状态,不如说是"共谋"的形态更多一些。实行、教唆、帮助这些类型,在现实的犯意形成过程中并非必然清晰。实行、教唆、帮助的区别在于,教唆者事先怀

---

① 陈家林:《外国刑法通论》,中国人民公安大学出版社 2009 年版,第 544 页。

② [日]川端博、西田典之、日高义博:《共同正犯论的课题与展望》,《现代刑事法》2001 年第 8 号,第 25 页。

有犯意,正犯因教唆而产生犯意,正犯产生犯意以后,其他人强化这种犯意是帮助,这是理论的模型,但是,在现实生活中,在交谈中互相影响而形成犯意的情况很多,也就是说存在很多所谓相互教唆、相互精神帮助的复合的类型。这说明对这种实际情况,"共谋"这一概念最为合适。①

共谋共同正犯的成立要件是,二人以上共谋实施犯罪,共谋者中的一人"基于共同意思"实施犯罪行为,因此,作为共谋之内容的犯罪事实与实行行为者实施的犯罪事实之间是否存在同一性或连续性,在界定共谋共同正犯成立范围时具有重要意义。有关这一问题,德、日刑法理论中的通说认为,由于共犯的处罚根据是以其他犯罪参与者为媒介间接地侵害法益(因果共犯论或惹起说),因此,共谋共同正犯的成立,必须具备共谋和实行行为者的实行行为或结果之间存在因果性,即只有在"心理意义上紧密关联"或存在"较强的心理因果性"时才能成立。② 当然,教唆行为、帮助行为和正犯的实行行为或结果之间,比如诈骗罪中的欺诈行为与骗取结果之间等,刑法意义上是否存在"心理因果性"(psychische Kausalität)往往成为问题。作为处罚共犯的前提要求惹起犯意或强化犯意的因果性,当然有它的合理性一面。德国刑法学家麦兹格(Mez - ger)认为,"智慧意义上的惹起"(intellektuelle Urheberschaft)之教唆,由于利用的是自由而有意识地行动的人,因此,与结果之间存在"以心理为媒介的因果性"(psychisch vermittelte Kausalität);恩格修(Engi - sch)则认为,心理因果性可以通过"合法则的条件理论"进行判断。但是,现在一般认为,在某一事项成为一个人行为的动机这一层意义上的"基于动机的关联性"(Motivationszusammenhang),基于几乎想象不到有其他动机这一盖然性而予以证明,那么,就可以认定心理因果性的存在。因此,能够肯定共谋共同正犯成立的"较强的心理因果性"究竟包含哪些内容,即有必要探讨它的实质内涵。③

鉴于这种理论现状,本文拟在探讨共谋共同正犯的构成要件以及"共谋"意义的基础上,就共犯者之间的共谋究竟在怎样一个范围内波及到所实施的犯罪行

---

① [日]平野龙一:《刑法总论 II》,有斐阁 1975 年版,第 400 页。
② [日]前田雅英:《刑法讲义总论》(第 4 版),东京大学出版会 2006 年版,第 440 页等。
③ [日]铃木彰雄:《共谋共同正犯中"共谋的射程"》,载川端博等编:《立石二六先生古稀祝贺论文集》,成文堂 2010 年版,第 510 页以下。

为,即共谋的射程问题,结合德、日刑法中的相关理论以及我国刑法第 310 条第 2 款①和相关司法解释,②进行系统的梳理和探讨。其实,这一问题还和共谋与实行以及结果之间发生龃龉时,只参与共谋的行为人是否具有犯罪的故意问题发生关联。虽然共同实行的意思和共同实行的事实间的同一性、连续性问题,在其他共犯形态中同样成为问题,限于篇幅,本文只在共谋共同正犯的范畴内予以探讨。

二、"共谋"之意义

在日本的判例中,有关"共谋"的意义有多种表述。①针对"共同犯罪的认识"。"所谓共谋,是指数人之间对共同犯罪的认识,如果只是对他人的犯罪有所认识,那么,知情者并不属于共谋者。"③②"意思上的联络"。"刑法第 60 条中的'二人以上共同实行犯罪'中的'共同'以及第 207 条中的所谓'共同者',是指二人以上的行为人之间有意思上的联络。"④③"谋议"。"参与贿选谋议的行为人,

---

① 我国刑法第 310 条规定:"明知是犯罪人的而为其提供隐藏处所、财物、帮助其逃匿或者作假证明包庇的,处三年以下有期徒刑、拘役或者管制;情节严重的,处三年以上十年以下有期徒刑。犯前款罪,事前通谋的,以共同犯罪论处。"刑法第 156 条和第 349 条也有类似的规定。第 156 条规定:"与走私犯通谋,为其提供贷款、资金、账号、发票、证明,或者为其提供运输、保管、邮寄或者其他方便的,以走私罪的共犯论处。"

刑法第 349 条规定:"包庇走私、贩卖、运输、制造毒品的犯罪分子的,为犯罪分子窝藏、转移、隐瞒毒品或者犯罪所得的财物的,处三年以下有期徒刑、拘役或者管制;情节严重的,处三年以上十年以下有期徒刑。缉毒人员或者其他国家机关工作人员掩护、包庇走私、贩卖、运输、制造毒品的犯罪分子的,依照前款的规定从重处罚。犯前两款罪,事先通谋的,以走私、贩卖、运输、制造毒品罪的共犯论处。"另外,根据 2002 年 7 月 8 日最高人民法院、最高人民检察院、海关总署《关于办理走私刑事案件适用法律若干问题的意见》第十五条,刑法第一百五十六条规定的"与走私犯通谋"中的通谋,是指犯罪行为人之间事先或者事中形成的共同的走私故意。下列情形可以认定为通谋:(一)对明知他人从事走私活动而同意为其提供贷款、资金、账号、发票、证明、海关单证,提供运输、保管、邮寄或者其他方便的;(二)多次为同一走私犯罪分子的走私行为提供前项帮助的。

② 刑法第 312 条规定:"明知是犯罪所得及其产生的收益而予以窝藏、转移、收购、代为销售或者以其他方法掩饰、隐瞒的,处三年以下有期徒刑、拘役或者管制,并处或者单处罚金;情节严重的,处三年以上七年以下有期徒刑,并处罚金。单位犯前款罪的,对单位判处罚金,并对其直接负责的主管人员和其他直接责任人员,依照前款的规定处罚。"但是,最高人民检察院 1995 年 2 月 13 日颁布的《关于事先与犯罪分子有通谋,事后对赃物予以窝藏或者代为销售或者收买的,应如何适用法律的问题的批复》却规定:"与盗窃、诈骗、抢劫、抢夺、贪污、敲诈勒索等其他犯罪分子事前通谋,事后对犯罪分子所得赃物予以窝藏、代为销售或者收买的,应按犯罪共犯追究刑事责任。事前未通谋,事后明知是犯罪赃物而予以窝藏、代为销售或者收买的,应按窝藏、销赃罪追究刑事责任。"

③ 《刑集》第 3 卷第 2 号,第 113 页。

④ 《裁判集》(刑事)第 7 号,第 109 页。

即便没有直接参与提供资金或收取报酬,也应负共同正犯之刑事责任。"①④"通谋"。"数人共谋欺诈他人以骗取财物,其中,部分行为人之间虽然没有意思上的联络,既然存在共谋之事实,通过其中部分人的中介而有了通谋之意思,那么,即便其中的部分行为人单独实施欺诈行为,其余参与者同样要承担共犯之刑事责任。"②⑤"商议"。"根据原审之事实认定,两名被告人'商议'杀害被害人,其中的 X 亲自下手,Y 则在旁边助威并掩护,后来,即便 X 一人实施杀害行为,Y 也要负共同正犯的刑事责任。"③⑥"商谈"。"共犯者商谈部分行为人实施暴力、胁迫行为,部分人在外望风并付诸实施,在这种情形下,所有参与人均成立刑法第 60 条规定的共同正犯。"④由此可见,在日本的判例中,有关"共谋"的表述多种多样,因此,有观点认为,判例中的"共谋"是指针对"共同犯罪的认识"⑤。

另外,日本的判例还肯定了"默示的意思联络"——"暗谋"。比如,①"明知委托人是基于行使的目的而伪造股票,行为人受托而印刷股票的行为,即便不存在有关伪造行使的谋议,同样构成有价证券伪造罪的正犯"⑥。②"数名抢劫犯人即便事前并没有明谋实施抢劫,事前暗暗地相互了解抢劫一事的话,或者尽可能实施盗窃,但在万不得已时可以实施抢劫,也可以将这种情形视为基于共谋的抢劫。"⑦③"被乙打成轻伤的甲,在乙的住所与其商谈私了一事,七八名甲的部下聚集在乙的住处附近,暗谋如果甲和乙谈不成就痛打乙,在等待过程中,突然从乙的住处传来声响,几名被告人以为甲和乙已经开打,于是涌进乙的住处,其中一人在伤害乙的过程中,由于用力过度导致乙的死亡,在这种情形下,即便甲和乙并没有开打,被告人均成立故意伤害致死罪的共同正犯。"⑧由此可见,在日本的判例中,有关"默示的意思联络"——"暗谋"的认定范围极为宽泛。

在日本的刑法理论界,作为共谋共同正犯成立的客观要件,主流观点认为:①要有相互利用对方的行为,以便实施各自犯罪意思为内容的谋议(共谋的存在),②基于共谋,共谋者中的某人实施犯罪行为(实行行为的存在),在此基础上,作为区别共谋共同正犯与狭义共犯的主观要件;③所有参加共谋的行为人,具有共同

---

① 《刑集》第 12 卷,第 623 页。
② 《刑集》第 2 卷,第 490 页。
③ 《刑録》第 19 辑,第 217 页。
④ 《裁判集》(刑事)第 4 号,第 463 页。
⑤ [日]下村康正:《共谋共同正犯与共犯理论》,学阳书房 1975 年版,第 142 页。
⑥ 《刑集》第 5 卷,第 584 页。
⑦ 《裁判集》(刑事)第 14 号,第 503 页。
⑧ 《刑集》第 4 卷第 6 号,第 1096 页。

实施犯罪的意思(正犯意思或共同意思的存在)。① 根据这种主张,作为客观要件的共谋,应当以能够影响外界的"行为"而予以实施,共谋本身属于基于严格证明得以证实了的"某种客观态度"(客观说或客观谋议说)。最高裁判所就"练马事件"的判旨,体现的正是这种旨趣:共谋共同正犯的成立,必须具备"二人以上的行为人为实施特定犯罪,基于共同意思成为一体而相互利用对方的行为,以将各自的犯罪意思付诸实施为内容进行谋议,基于此,存在具体实施犯罪的事实"②。然而,在日本的司法实务界,也有观点将共谋作为犯罪构成要件的主观要件,认为共谋无非是"直到具体实施犯罪行为时点所形成的内心的意思状态",即将共谋理解成一种心理事实(主观说或主观谋议说)的主张也颇有影响力。③ 也就是说,共谋共同正犯处罚的并非共谋本身,处罚的是基于共谋的实行行为,因此,并不存在将共谋视为合意形成行为的必然性,共谋者的行为等客观事项不过是认定共谋的间接事实。比如,暴力团的主要负责人对自己的保镖持枪护卫行为并没有直接指示,但不影响共谋共同正犯成立的最高裁判所斯瓦特事件④的判旨认为,即便没有具体"谋议行为",并不影响共谋共同正犯的成立,采纳的正是这种主张。

德国刑法第 25 条第 2 款规定:"数人共同实施犯罪的,均以正犯论处(共同正犯)。"从该规定可以看出,共同正犯的成立,主观上必须有"共同决意(Tatentschluβ)"或"共同计划(Tatplan)",客观上则必须具备"共同实现构成要件"或"共同实行"。针对并没有直接实施实行行为的行为人能否成立共同正犯问题,德国的有力说认为,应当具备"实行阶段中的参与",然而,通说和司法实务却并不要求。比如,联邦普通裁判所(BGH)的判例认为,盗窃罪的共同正犯的成立"并不以各个共犯者亲手实施该罪的法定构成要件为前提……只要共同正犯者在精神意义上参与,并在这一时点上,具有将犯罪行为的所有结果作为自己的犯罪而共同惹起的意思,那么,可以将其视为精神上的参与,或通过实行前的帮助语言对实施实行行为的共犯者进行鼓励,也可以用其他方法,即无论是在哪一时段,只要能够起到强化窃取财物的意思,那么,即便是预备行为,也不影响共同正犯的成

---

① [日]前田雅英:《刑法讲义总论》(第 4 版),东京大学出版会 2006 年版,第 440 页以下;[日]川端博:《共谋共同正犯的基础与成立要件》,载板仓宏博士古稀祝贺论文集编委会编:《现代社会型犯罪之诸问题》,劲草书房 2004 年版,第 264 页以下等。
② 《刑集》第 12 卷第 8 号,第 1718 页。
③ [日]上野智:《共谋之认定》,《判例 Times》第 254 号,第 14 页等。
④ 《刑集》第 57 卷第 5 号,第 507 页。

立"①。也就是说,某一参与者不只是通过自己的贡献(Tatbeitrag)试图促进他人的行为,而是这种贡献程度达到了能够成为共同行为的一部分,那么,就可以肯定共同正犯的成立。在这种情形下,不可或缺的是,参与者应当意欲到自己的贡献作为他人行为的一部分,同时,也要意欲到他人的行为不过是自身参与的一种补充。某一参与者是否具备这种密切关系的基准是,根据被告人表象所包含的整体进行评价,在评价过程中,最为关键的是,犯罪结果能否给行为人带来利益、参与犯罪行为的范围以及行为支配、或者至少有行为支配的意思等,因此,行为的完成和结果的出现,根据被告人的意思而受到重大影响。② 由此可见,德国判例的立场是,即便没有具体实施实行行为,如果在共同犯罪中发挥重要作用,那么,就可以肯定共同正犯的成立。

那么,在德国的刑法理论中,究竟怎样理解和把握"共同决意"或"共同计划"呢? 主流观点认为,之所以将共同正犯视为"正犯",即他人对犯罪的贡献宛如自身的所为那样相互归属,是因为存在分工实施犯罪的"行为支配"(Tatherrschaft)——也有学者称之为"机能性行为支配(funktionelle Tatherrschaft)"之故,这种支配关系的存在则需要"行为支配的意思",即需要分工实施犯罪的意思。因此,所谓的"共同决意"是指共同实施某一行为,即作为处于平等地位的伙伴(als gleichberechtigter partner)分别实施的决意。这种决意,有时也可以基于默示而成立,不过,只是知道他人引发的状况、肯定或利用还不够。近来,有观点认为,可以缓和地理解"共同决意"的意义,即便并没有直接参加实行行为,参与与犯罪有关事项的相关人员,只要有将自己的贡献与实行行为者的所为联系起来的决意(Einpassungsentschluβ),即便具体分工等并不是在合意的基础上形成的,也不影响共同正犯的成立。③

根据德国的主流观点,不能将某一参与者的过剩(Exzeβ)归属给其他参与者。比如,数人共谋故意伤害和抢劫,其中一人突然杀害了被害者,故意杀人的刑事责任只能由实施杀害行为的行为人承担。由此可见,"共同计划"不仅仅是共同正犯成立的基础,同时也有限制共同正犯成立的机能。这时,犯罪计划没有必要涉及

---

① 转引自[日]铃木彰雄:《共谋共同正犯中"共谋的射程"》,载川端博等编:《立石二六先生古稀祝贺论文集》,成文堂 2010 年版,第 512 页。

② [日]铃木彰雄:《共谋共同正犯中"共谋的射程"》,载川端博等编:《立石二六先生古稀祝贺论文集》,成文堂 2010 年版,第 513 页。

③ [日]铃木彰雄:《共谋共同正犯中"共谋的射程"》,载川端博等编:《立石二六先生古稀祝贺论文集》,成文堂 2010 年版,第 513 页。

所为的细节。根据具体情况,将具体行为委托给具体行为人的自由判断时,符合犯罪计划的所有的行为样态均可视为共同正犯者之间的合意。另外,比如窃取的不是现金而是能够换成金钱的财物时,能够在犯罪计划中预想得到,而又符合其他共同正犯者的利益,那么,即便与原计划有所脱节,并不影响共同正犯的成立。如果这种脱节符合加重构成要件或另外一个犯罪构成要件的话,限于其他参与者未必故意①的范畴内,或者在一开始就表明同意脱节的范畴内,可以将其视为基于共同计划的行为。

当"共同计划"和"共同实行"之间发生龃龉时,究竟怎样判断同一性便成为问题。有关这一点,德国刑法并没有明文规定,因此,主流观点认为,可以类推适用共犯的中止未遂规定(德国刑法第 24 条第 2 款之 2),即参照"行为……是否与行为人之前的参与行为没有关联而实施的"之规定。然而,怎样理解和把握具体判断基准,在学界则有不同观点的对立:有观点认为,可以通过适用"自然行为的单一"(natürliche Handlungseinheit)概念来重视时间性、场所性的同一性;也有观点认为,除了时间性、场所性的同一性之外,还应考虑行为样态的同一性;还有观点认为,应当重视侵害的客体(对象)以及行为样态的本质上的同种性(Gleichartigkeit);也有观点主张应当综合评价犯罪现象的时间性、场所性的同一性,侵害客体的同一性以及侵害样态的类似性(Vergleichbar – keit)。② 可见,如果不否定"共同决意"具有限定共同正犯成立范围的机能的话,完全可以将这一问题作为"共谋射程"来进行探讨。

有关共同正犯的主观要件和客观要件的关系,德国刑法学家 Küpper 认为:所谓客观构成要件中的"客观",正如威尔泽尔(Welzel)所说的那样,并非与主观不同性质的"客观",而是客观化了的意义上的"客观"。因此,犯罪的实质性基础不过是"外部行为中的意思的客观化"。有关这一点,学界原则上达成了共识。罗克辛(Roxin)也主张,构成要件性行为,不过是外部诸要素和内心诸要素的统一体。这一点同样可以适用于共同正犯。"正犯者意思"并非某种意义上的有意的主观状态,而是反映在客观现象当中的目的性机能(威尔泽尔),"行为支配"中的主观构成部分和客观构成部分,无法从体系上分别予以评价,二者是"支配"概念中不可分割的构成部分(罗克辛)。"共同决意"这一概念也同样,应当将其理解为综

① 德日刑法理论中的未必的故意,相当于我国的间接故意。
② [日]铃木彰雄:《共谋共同正犯中"共谋的射程"》,载川端博等编:《立石二六先生古稀祝贺论文集》,成文堂 2010 年版,第 514 页。

合外部诸要素和内部诸要素基础上的,"表明在实行行为中的共同决意"。换言之,共同正犯需要的是"将集团意思作为行为整体的基础而予以客观化"①。

如果以这种理解为前提的话,共谋不应限于共同正犯的主观要件,它同时又属于与形成共同犯罪意思有关联的客观要件,只有将两者结合起来后作为"构成犯罪的事实",才能成为严格证明的对象。② 由此可见,完全可以将前述之日本主流观点的要件③之"正犯意思"或"共犯意思",合并到作为要件①之"共谋",即主观要件当中,将其视为不可分割的一体性要件。也就是说,共谋共同正犯的成立要件是,需要整合主观和客观之结果的"共谋",在此基础上需要有具体的实行行为。由此可见,单纯的意思联络或对他人犯罪行为的认识、容忍并不属于"共谋",在此基础上,必须具备意识到正在实施"自己的犯罪"这一更加积极的意思。在共谋的具体认定过程中,应当综合考虑共谋者与具体行为人的主从关系、犯罪动机、针对犯罪行为的积极程度、对犯罪结果的利害关系、犯罪准备阶段、犯罪实行完毕后的利益分配等过程中发挥的作用等诸多因素。③

三、共谋之射程

基于上述严格限制的共谋概念界定共谋射程的话,共谋共同正犯的成立范围根据共谋的具体内容而严格得到限制。一般而言,所参与的分工协议、实行方法的详细计划等内容越具体,共谋射程就越狭小,反之,在某种限度内越是抽象,共谋射程也就越宽泛。在具体认定时,应当综合考虑参与共谋的犯罪和所实行的犯罪之间罪质上区别的基础上,两者在时间、场所的同一性,侵害客体的同一性以及侵害样态的类似性等内容。具体而言:引起最终结果的行为是不是基于当初的共谋而实施。对此,可以从客观和主观两个因素来判定。客观因素包括:①行为人在共谋阶段中的影响力的大小;②最初的共谋和引起最终结果的行为在内容上的共同性和关联性;③对引起最终结果的行为本身的参与程度等。主观因素则包括:①犯意的单一性或持续性;②动机、目的的共同性;③对行为及其结果的预测可能性程度等。④ 其中,应主要考虑法益的同质性、动机或目的的共同性以及行

---

① [日]铃木彰雄:《共谋共同正犯中"共谋的射程"》,载川端博等编:《立石二六先生古稀祝贺论文集》,成文堂 2010 年版,第 517 页。
② [日]西原春夫:《刑法总论(改订准备版)下卷》,成文堂 1993 年版,第 390 页。
③ [日]小林充:《共同正犯与狭义共犯的区别》,《法曹时报》第 51 卷第 8 号,第 1857 页。
④ [日]十河太郎:《论共谋之射程》,载川端博等编:《理论刑法学之探索》(3),成文堂 2010 年版,第 101 页以下。

为人在共谋阶段中的影响力的大小。①

（一）客观因素

（1）行为人在共谋阶段中的影响力的大小

行为人在共谋阶段中的影响力的大小往往直接决定共谋的射程。比如，作为组织、领导犯罪集团的首要分子，以及对犯罪计划的提出、决定发挥主导作用的其他主犯，或者提供了关键信息等帮助者，一般会通过共谋对其他共犯施加影响，相对容易认定共谋射程及于实行行为；反之，诸如胁从犯或从犯，则更容易得出否定的结论。这一点也符合我国刑法关于主犯、从犯、教唆犯以及胁从犯的归责范围的规定。②

（2）最初的共谋与引起最终结果的行为在内容上的共同性和关联性

对此，还应考虑以下几个因素：第一，被害人的同一性。这里有必要注意被害人是不是当初共谋中所预定的被害人。比如，在针对侵害生命、身体法益的情形下，被害人的个别性（指不同人）尤其重要，如果针对的是与最初共谋不同的被害人，原则上可谓之为基于新的共谋或犯意的行为。与此不同，针对财产法益的情形下，即便被害人不同，基本上可以评价为是基于最初的共谋而实施。第二，侵害法益的同质性。当初共谋所预定侵害的法益，与实际侵害的法益属于同种性质的，相对容易得出结果在共谋射程之内的结论。因为，如果所侵害的法益具有同质性，轻罪行为往往会类型性地导致重罪结果的发生。比如，共谋实施伤害，部分共犯却实施了杀人行为，或者共谋实施盗窃或敲诈勒索，部分共犯却实施了抢劫的，"死亡""非法占有财物"这种结果就在共谋射程之内，"致人死亡""取得财物"这种行为就属于"共同行为"，没有实施杀人行为、抢劫行为的其他共犯成立故意伤害致人死亡罪、盗窃罪或敲诈勒索罪的既遂。反之，共谋实施盗窃，部分共犯却强奸或杀害了被害人，这种属于不同性质的法益的情形下，"强奸""致人死亡"这种行为就不属于共谋射程之内的行为，"奸淫"或"死亡"这种结果也不在当初共谋的射程之内，其他共犯仅成立盗窃罪。③ 第三，行为样态的类似性。主要考察犯罪手段与方法的性质和强度、日期、地点等方面的类似性，如果与当初共谋的内容并没有本质上的不同，那么，一般可以肯定处于共谋的射程之内。比如，抢劫罪尽管与盗窃罪的手段性质不同，但在违反对方意志转移占有这一点上并无不同，

---

① 王昭武：《论共谋的射程》，《中外法学》2013 年第 1 期，第 164 页。

② 王昭武：《论共谋的射程》，《中外法学》2013 年第 1 期，第 165 页。

③ 王昭武：《论共谋的射程》，《中外法学》2013 年第 1 期，第 165 页。

因此"取财行为"就属于共谋射程之内的行为。不过,根据当初的共谋多大程度上具体商定了行为样态,结论也可能有所不同。如果特别商定了行为方式,比如具体时间、地点、方法等,并且这种特别商定具有重要意义,比如,为了特别报复某人或者为了取得特定财物而实施盗窃,那么,共谋射程就会受到限制;反之,并没有特别商定的,或者这种商定并没有多大限制意义的,在特定时间、地点等之外实施的行为,也有可能处于共谋射程之内。第四,随同性。引起最终结果的行为是否一般与当初所共谋的犯罪随同发生。比如,共谋伤害甲,却在现场伤害了试图阻止的乙,像这种即便被害人不同,但属于在实现当初共谋内容过程中极有可能随同出现的事态,因此可以将这种情形视为在共谋射程之内;反之,在共同实施伤害行为的现场,看到与自己素来不和的某人路过而趁势伤害的,就应排除在共谋射程之外。第五,基于当初共谋的行为与引起最终结果行为之间的关联性。主要考虑时间和地点上的连续性以及机会的同一性。就前者而言,基于当初共谋的行为与引起最终结果的行为,在时间上、地点上越接近,当初共谋的影响力就越能持续,因而也更容易被认定为在共谋射程之内。①

(3)对引起最终结果行为本身的参与程度

行为人本人虽未参与新的共谋,如果其行为客观上影响了引起最终结果的行为,那么,也会影响到共谋射程的认定。比如,甲和乙共谋教训丙,见到丙之后,相互对骂,且发生肢体冲突,在此过程中,乙被丙的态度所激怒,抄起路边的砖头,猛砸丙的脑袋,致丙当场死亡。在该案中,在乙砸死丙的行为当时,甲也在现场,至少客观上起到了威慑对方或者给乙壮胆的作用,可以说,甲直接参与了乙出于杀人故意所实施的"攻击行为",该行为是基于当初的共谋而实施,因此理应包含在共谋射程之内。

(二)主观因素

主观因素一般包括以下几点。

第一,应考虑犯意的同一性、持续性。一般来说,即便客观上只是由部分共犯的行为导致了最终结果,如果其他共犯对此并没有采取相应措施,原则上可以说同一犯意仍在持续,该行为处于共谋射程范围之内。比如,甲和乙在酒馆喝酒,因对丙的态度感到愤怒,于是商定制裁丙的不敬,并将其带至乙的住所实施殴打。大约一个半小时后,甲对乙说,"我走了",既没有要求乙不再殴打,也没有要求乙

---

① [日]十河太郎:《论共谋之射程》,载川端博等编:《理论刑法学之探索》(3),成文堂2010年版,第103页。

将丙送往医院。甲走后没多久，乙再次被丙的言行所激怒，最终施暴过度导致其死亡。在该案中，在甲离开的时点，尽管存在乙继续暴力制裁之虞，却没有采取相应措施以制止该危险，而是放任事态的发展，因此，可以说乙单独实施的暴力行为仍然是基于先前的犯意而实施，属于共谋射程范围之内的行为，不能认定甲成立共犯的脱离，应承担伤害致死罪的刑事责任。①

第二，还应考虑动机、目的的共同性。一般情况下，共犯是出于某种目的而进行共谋，即便是与共谋内容不一致的行为，如果能够评价为是为实现共谋目的而实施，那么，仍然可以认定共谋射程及于该行为；反之，诸如尽管达成了抢劫的共谋，部分成员临时产生强奸犯意，对被害人实施了暴力行为的情形那样，即便共谋内容似乎能包容暴力行为，仍应以目的完全不同为由否定强奸行为处于共谋射程范围之内。比如，为了在谈判中处于有利地位，暴力团头目指示手下乙等，不惜使用暴力也要将丙绑架过来。乙等人一度在路上伏击，但未能成功，乙深感颜面尽失。翌日，乙等人谋议直接杀害丙，于是闯入丙家将其砍死。对此，裁判所认为，杀害丙的行为不是基于当初的共谋，判定甲仅成立故意伤害罪，就杀人行为及其结果不承担任何刑事责任。理由是：乙之所以杀害被害人，已经不是为了甲，而是为了表现自己作为暴力团"二当家"的"男人气概"，行为的目的和动机已经发生变化；而且，有关绑架的共谋是以拘禁、伤害为内容，而不以杀害为内容，与乙等人所进行的有关杀害的共谋不具有犯意的同一性、持续性。②

第三，还需要附带考虑对引起最终结果的行为及其结果的预测可能性程度。是否存在预见或者能否预见，是判断行为人有无主观罪过的材料，与作为客观事实的共谋射程处于不同理论层次。比如，在实行过限中，一般是部分共犯未经征询其他共犯的意见，而自行实施了超出共谋范围的犯罪，其他共犯往往对此并无预见或认识，这原本是探讨实行过限问题的事实前提；相反，要解决的问题应该是，在超出预见或认识范围的行为之中，可以认定哪些行为属于共谋射程范围之内的行为。例如，甲乙共谋入室盗窃，乙负责望风，因室内有人，甲转而实施暴力抢劫的，应该说，盗窃犯遇到抵抗之时，为了抗拒抓捕或确保赃物，往往会实施暴力，这完全可以预见，但是，一般认为，甲不构成抢劫罪，但构成盗窃罪的既遂。因此，共谋者所预见到的内容并非就是共谋的射程，不能以有无预见作为认定共谋

---

① 《刑集》第 43 卷第 6 号，第 567 页。
② 《判例 Times》第 620 号，第 214 页。

射程的直接根据,但可作为判断因素之一予以附带考虑。① 具体而言,预测越是困难,就越容易得出行为之结果处于共谋射程范围之外的结论,反之亦然。

四、共谋射程与我国刑法中"事前通谋"的关系

对于仅参与共谋而没有着手犯罪实行行为的,或者实施的是其他犯罪实行行为,应如何定罪处罚? 我国刑法及司法解释有明确规定,比如,刑法第 310 条第 2 款规定:"犯前款罪,事前通谋的,以共同犯罪论处。"而刑法第 156 条和第349 条等也有类似的规定。此外,刑法第 312 条虽然没有这样的规定,但是,最高人民检察院 1995 年 2 月 13 日颁布的《关于事先与犯罪分子有通谋,事后对赃物予以窝藏或者代为销售或者收买的,应如何适用法律问题的批复》规定:"与盗窃、诈骗、抢劫、抢夺、贪污、敲诈勒索等其他犯罪分子事前通谋,事后对犯罪分子所得赃物予以窝藏、代为销售或者收买的,应按犯罪共犯追究刑事责任。事前未通谋,事后明知是犯罪赃物而予以窝藏、代为销售或者收买的,应按窝赃、销赃罪追究刑事责任。"这确立了"事前通谋"在盗窃、诈骗、抢劫、抢夺、贪污、敲诈勒索等共同犯罪成立中的规范意义。但是,由于刑法第 312 条规定了"掩饰、隐瞒犯罪所得、犯罪所得收益罪"的情况下,对于诸如"你盗我销"一条龙的案件,应当如何正确处理"事前通谋与共同犯罪成立"之间的关系,在司法实践中存在严重分歧。其实,这种分歧的出现,与"共谋"的理解和共谋射程的把握有密切的关联性。

案例 1:程某某、程某、孙某某共同从事个体废品收购。一天,王某某问程某某收不收废铁、电焊机,二人表示收。于是,王某某让二人于次日早晨 5 点,到某大桥等候。当夜,王某某盗窃了一家电气焊门市部的电焊机、焊把线等物,并用自行车载到约定地点,卖给了如约前来的程某某两人。此后的 3 个月,王某某盗窃了多家电气焊门市部。每次盗窃的前一天,他都与程某某、程某、孙某某约定好次日早晨等候的地点,程某某等 3 人则现场验货付款。然后,程某某等人将赃物运回卖废铜铁,从中获利。孙某某除没有参与前两起收赃外,参与了其他的收购活动。不久,王某某被抓获,并交代出了程某某等 3 人的犯罪行为,公安机关遂将程某某等 3 人抓获。北京市平谷区人民法院以盗窃罪判处王某某有期徒刑 8 年,以收购、销售赃物罪[这一罪名已经被刑法修正案(六)修改成为掩饰、隐瞒犯罪所得、

---

① 王昭武:《论共谋的射程》,《中外法学》2013 年第 1 期,第 168 页。

犯罪所得收益罪]分别判处程某某、程某、孙某某有期徒刑2年零6个月至2年。①

案例2:吴某某、徐某某、马某某等共同从事个体船舶运输业务。一天,黄某某(另案已经以盗窃罪定罪处罚)问吴某某愿不愿意收铁矿石,吴某某表示同意,并与对方谈好价格。后黄某某利用给甲公司运输铁矿石的便利,打电话给吴某某让其开船到某大桥下等候,后吴某某让徐某某、马某某开船去拉货,并将买来的铁矿石以高价卖给王某。此后的两个月内,吴某某等人以相同方式总共低价收购铁矿石200多吨,交易金额达90余万元,3人共获利20余万元。后因甲公司发现运输的铁矿石被偷盗,遂向公安机关报案,黄某某被抓获,并交代出了吴某某等3人的犯罪行为,公安机关遂将他们抓获。镇江市京口区人民法院以盗窃罪对吴某某、徐某某、马某某分别判处有期徒刑12年、9年和5年。②

两个大致相同的案件,法院最后认定的罪名不同,前一案例被判决认定不具有共同犯意,而以收购、销售赃物罪(掩饰、隐瞒犯罪所得、犯罪所得收益罪的前罪名)定罪处罚,后一案例则以具有事前通谋为由,被判决认定构成了盗窃罪的共同犯罪,从而带来不同的法律效果。针对司法实践中对"盗销一条龙"案件的不同定罪以及相关司法解释,在我国的刑法理论界,有观点认为,可以将司法解释规定的"犯前款规定之罪,事前通谋的,以共同犯罪论处"等纳入共谋共同正犯的范畴。③也有观点认为,对于组织犯、教唆犯及其他谋议者,通过共谋共同正犯的类型也能进行有意义的评价,因此,可以借鉴、引进共谋共同正犯理论。④也有观点认为,我国"刑法中的事前通谋共同犯罪与德、日判例及理论上确立的共谋共同正犯不同。……事前通谋共同犯罪是一个特有的中国问题,一方面,如果我们照搬德、日共谋共同正犯理论,则必然勉为其难,难以合理确定事前通谋共同犯罪的成立范围,毕竟,中国需要解决的问题不只是共谋是否为实行行为及可否与正犯同价的

① 王铁铭:《在盗窃案件中形成事前通谋必须有共同协商行为》,转引自姜涛:《事前通谋与共同犯罪成立——兼评我国有关"事前通谋的司法解释"》,载林维主编:《共谋论研究》,北京大学出版社2014年版,第540页。本文认为,法院的判决缺乏说服力,由于王某某和程某某等人之间的共谋已经成立,并且在共谋的基础上多次实施"你盗我销"行为,因此,应当成立盗窃罪的共犯。
② 参见江苏省镇江市京口区人民法院(2007)京刑初字第272号刑事判决书,转引自姜涛:《事前通谋与共同犯罪成立——兼评我国有关"事前通谋的司法解释"》,载林维主编:《共谋论研究》,北京大学出版社2014年版,第540页。
③ 林亚刚:《共谋共同正犯问题研究》,《法学评论》2001年第4期,第35页。
④ 童德华:《正犯的基本问题》,《中国法学》2004年第4期,第138页。

问题,而且涉及事前通谋者与正犯之间是否构成共同犯罪的问题;另一方面,由于中国刑法对具有事前通谋的买赃者、窝藏包庇者等规定了轻罪名,如何处理盗窃等重罪与窝藏包庇罪等轻罪之间的关系,成为刑法理论必须解决的问题"①。在此基础上,这种观点进而认为:"针对司法实践中最常见的'盗销一条龙'现象,1997 年《刑法》以及之后进行的八次刑法修正过程中,并没有在《刑法》第 312 条中设置'犯前款罪,事前通谋的,以共同犯罪论处'这一注意规定,而是任由司法解释'自由发挥'。……然而,在刑法没有注意规定的前提下,司法解释径行对此作出规定,这既不合法,也不合理。"②

本文认为,与德、日等国的刑法理论不同,"我国在划分共犯时,采用的是混合分类法,即同时采用分工分类与作用分类方法,而以作用分类法为主。这样,我国刑法中的共犯可以分为两类:第一类,以分工为标准分为组织犯、正犯(实行犯)、帮助犯、教唆犯;第二类,以作用为标准分为主犯、从犯、胁从犯。因此,在我国,正犯与主犯的概念与功能是分开的。正犯只意味着行为人实施了分则所规定的犯罪构成客观方面的实行行为,而并不说明犯罪人在共同犯罪中的作用大小。正犯自然可能是主犯,但却无一一对应关系,而教唆犯、帮助犯同样也有可能是主犯。正犯与主犯的分离使正犯概念简单化、正犯功能单一化,这就充分确保了实行行为的定型性,也充分保证了对起主要作用的犯罪人的严惩。可见,我国刑法理论中的正犯与德、日等国刑法上的正犯有着本质的差异"③。我国刑法理论中的共犯论体系与德、日刑法理论中的共犯体系是有不同,但这并不影响我们借鉴德、日刑法理论中处罚共谋共同正犯的法理。正如有观点所指出的那样,"实际上,在共谋所产生的心理影响,能够切实支配各个行为人的场合,就可以说共谋和实行并没有实质上的不同。从间接正犯概念中就可以清楚地看出,刑法上的正犯并不一定限于亲自动手实施实行行为的人,在背后对实行者进行操纵的人,尽管不亲自动手,也仍然可以作为正犯对待。如此说来,在共谋者就一定犯罪事项进行谋议,所得出结论对直接实行人员具有强烈影响,支配了其行动的场合,将这种参与谋议的人,和直接实施实行行为的人同等看待,作为正犯处理,也不是不可以的。我国刑法也承认了这一点。如刑法第 310 条第 2 款规定:犯窝藏、包庇罪的犯罪分

① 姜涛:《事前通谋与共同犯罪成立——兼评我国有关"事前通谋的司法解释"》,载林维主编:《共犯论研究》,北京大学出版社 2014 年版,第 548 页以下。

② 姜涛:《事前通谋与共同犯罪成立——兼评我国有关"事前通谋的司法解释"》,载林维主编:《共犯论研究》,北京大学出版社 2014 年版,第 560 页。

③ 陈家林:《共同正犯研究》,武汉大学出版社 2004 年版,第 148 页。

子'事前通谋的,以共同犯罪论处'。即二人以上共谋实行犯罪,其中有的人着手实行了犯罪,有的人未实行犯罪(只是窝藏或者包庇实行犯),对其中参与共谋而未实行者也要'以共同犯罪论处'。只是,共谋和实行毕竟还是有一定差别,对能够看作为实行的共谋的成立范围必须加以限定。在实行共同正犯当中,各个参与人之间所存在的相互利用、相互补充、互为因果的关系为共同正犯性的成立提供了基础,以此类推,在欠缺共同实行行为的共谋共同正犯中,共谋行为必须对实行行为人具有强烈影响,客观上对其行为实施起到了重大作用,二者之间存在实行共同正犯程度的强烈的因果(支配)关系。这种关系是如此强烈,以至于不仅在共谋人和实行行为人之间处于支配与被支配关系的场合(支配刑),即便在二者之间处于对等关系,分担实现犯罪的场合(作用分担型),只要能够认可这种关系,就能肯定共谋共同犯罪"①。

其实,在我国指导性案例中,针对"盗销一条龙"案件,就有以共同犯罪处罚的先例,其判决理由与前述之共谋射程理论有不谋而合之处。比如,1997 年 10月,被告人经俊杰通过其兄被告人经俊义得知被告人陈家鸣能"卖车"后,即分别伙同经俊义和被告人王建勇在天津市窃得大发牌汽车 2 辆,共价值人民币3.2 万元,开往沈阳交由陈家鸣销赃。陈销赃后未将赃款分给经氏兄弟。1998年 1 月,被告人陈家鸣在沈阳的朋友得知陈能弄到"便宜"车,便托其购买 2 辆黑色桑塔纳 2000 轿车。陈用电话与经俊义联系,提出要 2 辆黑色桑塔纳轿车。因上次销赃之事,经氏兄弟对陈产生不满,不愿与其合作。陈便于当月下旬到天津找到经氏兄弟,提出要"买"车,经氏兄弟碍于朋友情面,表示按其要求在当月给陈弄到车。为盗窃桑塔纳轿车,经俊杰先窃得 1 辆价值人民币 2.6 万元的大发牌汽车作为作案工具,后伙同经俊义、王建勇于 1 月 22 日晚在天津市体院北居民区,窃得价值人民币 14.72 万元的黑色桑塔纳 2000 型轿车 1 辆。经氏兄弟让陈家鸣验车,并欲告知此车来源,陈阻止并言明"别告我车是怎么来的,我只管卖车"。后陈家鸣让王建勇随同到天津提车的买主同往东北将卖车款带回,当王建勇一行途经辽宁省开原市时被当地交警查获。随后,公安机关于 2 月 23 日将经俊义抓获。经俊杰、陈家鸣闻讯后潜逃。负案在逃的经俊杰认为,陈家鸣仍有汽车销路,又分别于 1998 年 2 月 23 日窃得价值人民币 2.6 万元的大发牌汽车 1 辆,2 月 16日窃得价值人民币 11 万元的灰色桑塔纳轿车 1 辆,全交由陈家鸣销赃。陈家鸣将大发汽车卖掉,留下桑塔纳轿车自用待卖。同年 3 月 3 日经俊杰窃得价值人民

---

① 黎宏:《刑法学》,法律出版社 2012 年版,第 276 页以下。

币 3 万元的大发牌汽车 1 辆为作案工具,在天津市和平区陕西路窃得黑色桑塔纳 2000 型轿车 1 辆,价值人民币 16.4 万元,通过陈家鸣联系到东北买主。经俊杰与买主将车开往东北,途径天津市宁河县时被交警查获。后公安机关于 3 月 9 日将陈家鸣抓获。天津市第二中级人民法院以盗窃罪分别判处被告人 7 年至 15 年有期徒刑。

本案被告人经俊杰、经俊义、王建勇犯盗窃罪和被告人陈家鸣犯销赃罪的事实清楚,定性无异议。但对被告人陈家鸣事先与经氏兄弟联系"购买"黑色桑塔纳轿车,事后为其销赃的行为是否构成盗窃罪共犯,在审理中有三种不同意见的对立:第一种意见认为,陈家鸣是替人购买汽车,案件中并没有他与经氏兄弟预谋盗车的具体情节,经氏兄弟也未明确告诉过陈是为他去偷车,陈家鸣只是明知或应知所购的是赃车,故仅应按销赃罪来论处。第二种意见认为,陈家鸣明知经氏兄弟不经营汽车交易,也根本没有正当的现货或货源,却要经氏兄弟为其提供 2 辆"廉价"桑塔纳轿车。此前,陈已替经氏兄弟销赃 2 辆汽车,已知经氏兄弟只会通过盗窃获取其所要的"廉价"轿车,且亲往天津"督办"。陈实际上是用暗示的方式让经氏兄弟去盗窃所要的轿车,以便自己从销赃中获取利差。此时,陈与经氏兄弟在内心已经形成默契,主观已产生意思联络,即完成了你盗我销的事先通谋,故对此应以盗窃罪的共犯论处。经俊杰潜逃后继续实施盗窃机动车辆,并交陈家鸣销赃的行为,是继续完成他们事先通谋,陈家鸣在潜逃后继续为经俊杰销赃的行为,亦应以盗窃罪的共犯论处。第三种意见,同意第二种意见中关于陈家鸣主动到天津"要车"一节以盗窃罪共犯论处的意见,但对经俊杰潜逃后盗车并交付陈家鸣销赃的行为,却持相反意见,即认为此是经俊杰单独的犯意行为,然后找陈家鸣销赃,现没有证据证明二人是在为继续完成以前的"通谋",进行犯罪活动,陈与经俊杰在潜逃后的几次盗车行为中,没有形成事先的通谋,因而就此节而言,对陈不能以盗窃罪的共犯论处,仍应认定为事后的单纯销赃行为。这也是本案第一、二审判决所采纳的观点。①

　　与盗窃犯事先通谋,事后实施赃物犯罪行为的,以盗窃罪的共犯论处的原理,是普遍适用,还是仅适用于特定种类的赃物,在我国的刑法理论界和司法实务界,有不同意见的对立。分歧意见源于现行法律和司法解释的规定。如前所述,刑法第310条第2款规定:犯窝藏、包庇罪,事前通谋的,以共同犯罪论处。但是,刑法第312条的窝藏、转移、收购、销售赃物罪,却未作类似规定。最高人民法院、最高人民检察院1992年12月11日《关于办理盗窃案件具体应用法律的若干问题解释》第8条第3款曾有"与盗窃犯罪分子事前通谋事后对赃物予以窝藏或代为销售或者购买的,应以盗窃共犯论处"的规定,而"两高"1998年3月17日新的《关于审理盗窃案件具体应用法律若干问题的解释》又没了类似的规定。由此,有一种观点认为,"与盗窃犯罪分子事前通谋事后对赃物予以窝藏或代为销售或者购买的,应以盗窃共犯论处"的精神已不再适用。② 本文认为,不能否认司法解释或

---

①　裁判理由:刑法第312条规定的窝藏、转移、收购、销售赃物罪,刑法理论上称之为"赃物犯罪"。为区分盗窃罪与赃物犯罪,理论上,又把前者称为"本犯",后者称为"加入犯"。两罪的区别是明显的:①从主体上看,赃物犯罪的主体只能是盗窃罪本犯以外的人。盗窃罪的"本犯"自己窝藏、销售、转移该项赃物的,属刑法理论上所讲的"事后不可罚行为",仅构成盗窃一罪,不再单独构成窝赃、销赃等赃物犯罪;②从客观上看,赃物犯罪的行为人(加入犯)事前没有参与过盗窃犯(本犯)的盗窃行为,包括事先没有实施过教唆、组织、帮助本犯以及参与盗窃的实行行为仅是在本犯完成犯罪之后,单纯地加入窝赃、销赃等赃物犯罪的行为。如果事先有过上述行为,则属于在本犯未完成犯罪之前已经加入,则应以盗窃共犯论处,也不再单独构成窝赃、销赃等赃物犯罪;③从主观上看,窝赃、销赃等暂无犯罪行为人(加入犯)事先与盗窃本犯无实际的通谋,仅是事后明知或应知是赃物,如果事先有通谋,事后代为窝赃、销赃、转移、收购的,则应以盗窃罪的共犯论处,也不再单独构成窝赃、销赃等赃物犯罪。可见,区分是加入犯还是本犯的共犯,就要本着主客观相统一的原则,一看加入犯是否与本犯在本罪未完成之前有过意思联络,二看加入犯是否在本犯未完成犯罪之前有过参与行为。如果已加入本犯行列,则应与本犯同罪,即共同犯罪,不另成立赃物犯罪;反之,仅成立赃物犯罪。(参见中华人民共和国最高人民法院刑事审判第一、二、三、四、五庭主办:《中国刑事审判指导案例4》(侵犯财产罪),法律出版社2012年版,第284页。)

②　中华人民共和国最高人民法院刑事审判第一、二、三、四、五庭主办:《中国刑事审判指导案例4》(侵犯财产罪),法律出版社2012年版,第284页。

许有漏洞,①不过,这种主张也缺乏说服力。首先,尽管刑法和司法解释没有明确规定,但是,1998 年 5 月 8 日最高人民法院、最高人民检察院、公安部、国家工商管理局联合签发的《关于依法查处盗窃、抢劫机动车案件的规定》第 4 条却规定"本规定第二条和第三条中的行为人事先与盗窃、抢劫机动车辆的犯罪分子通谋的,分别以盗窃、抢劫罪的共犯论处"。而该条所称的行为人就是指案件中的窝赃和销赃人。由此可见,在盗窃、抢劫机动车辆案件中,是盗窃共犯还是赃物犯罪的加入犯,在主观上以有无"事前通谋"为区分标准,仍是有明确根据的。同是盗窃与赃物犯罪,没有理由说,在其他种类的赃物犯罪方面,这一标准就不能适用。其次,更为重要的是,事前通谋即表明本犯与加入犯之间有共同犯意联络,有共同犯罪故意,而事后实施赃物犯罪行为,又表明二者有共同犯罪行为,这完全符合共同犯罪的特征,根据共同犯罪的理论,也应以共同犯罪论处,不必非得有更具体的刑法规定或司法解释才可。也就是说,即便刑法和司法解释没有对机动车辆外其他种类的赃物犯罪,作上述明确的规定,完全可以援引刑法第 25 条第 1 款关于共同犯罪的规定,做出以本犯共犯论处的判决。

具体到本案,争议的焦点主要涉及对"事先通谋"应如何理解。本文认为,根据前述之共谋射程理论,认定事前通谋的共犯,必须同时具备两个要件:第一,加入犯必须在本犯未完成犯罪之前与其有意思上的联络;第二,加入犯必须在事后实施了赃物犯罪构成要件的行为。行为人仅仅知道某人可能要盗窃,但事前未与其形成意思上的联络,事后与之共谋销赃的,或者虽与盗窃犯有事前意思上的联络,但事后未再实施销赃等行为的,均不能构成盗窃罪的共犯。所谓"事前通谋",

---

① 鉴于刑法规定和司法解释的不尽完善,有观点主张:①在未来刑法修正中,在刑法第 312 条中增加第 2 款:"犯前款罪,事前通谋的,以共同犯罪论处。"②废除 1992 年 12 月 11 日最高人民法院、最高人民检察院颁布的《关于办理盗窃案件具体应用法律的若干问题的解释》第 8 条、1995 年 2 月 13 日最高人民检察院《关于事先与犯罪分子有通谋,事后对赃物予以窝藏或者代为销售或者收买的,应如何适用法律的问题的批复》和 1998 年 5 月 8 日最高人民法院、最高人民检察院、公安部、国家工商行政管理局联合颁布的《关于依法查处盗窃、抢劫机动车案件的规定》第 4 条的规定。③针对刑法中的"犯前款罪,事前通谋的,以共同犯罪论处"这一注意规定,单独颁布一个司法解释,即把那些有事前通谋,并有共同犯意和共同犯行的情况,作为共同犯罪处理,而把具有事前通谋,但并没有形成共同犯意或共同犯行的情况,以窝藏包庇罪或掩饰、隐瞒犯罪所得、犯罪所得收益罪等定罪处罚。而区分的关键乃是上文提到的事前通谋的三种类型及其不同的处置模式,即支配型、对等型和协作型的事前通谋,构成盗窃罪、诈骗罪等重罪的共同犯罪,而虽然有联系但仍然属于分离型的"事前通谋",则成立刑法规定的窝藏包庇罪,掩饰隐瞒犯罪所得、犯罪所得收益罪等轻罪。(参见姜涛:《事前通谋与共同犯罪成立——兼评我国有关"事前通谋的司法解释"》,载林维主编:《共犯论研究》,北京大学出版社 2014 年版,第 561 页以下。)

通常表现为与本犯在本罪的准备阶段或实行之前就形成了意思上的联络。"通谋",经常表现为双方有明确的关于"你盗我销"等类似内容的约定,但也不限于此,"通谋"的本质在于双方已经形成了意思上的联络或沟通,而意思上的联络或沟通的方式,既可以是相互明示的,也可以是默示的、双方心照不宣的。需要注意的是,对于事先通谋、事后销赃的共犯来说,并不要求其对犯罪的时间、地点、方法、目标等具体情节都参与共谋或了解,只要其与实行犯共谋了特定的犯罪行为,并事后进行销赃,就可以说双方已经形成了"事先通谋",即已形成共同盗窃的故意。

五、结语

共犯论的核心问题是解决归责问题,归责的前提是确定哪些行为可以评价为"共同行为",这也是解决所有共犯问题的前提。长期以来,刑法理论界和司法实务界大多根据因果关系的有无来界定归责的范围。但是,因果共犯论原本是作为共犯的处罚根据而提出来的理论,解决的是归责的根据问题,能否据此确定归责的范围,不无疑问。要将现实生活中发生的某一结果归责于行为人,在单独犯的情形下,必须是行为人"自己的行为"引起了该结果。同样,在共同犯罪的情形下,虽然可以适用"部分行为全部责任"的原则,但根据责任主义原理,归责的范围仍然限于行为人"自己的行为"所造成的结果。可以归责于行为人的首先是行为人自己实施的行为,或者虽然是由其他共犯所实施,但能够评价为是包括行为人在内的所有参与者的"共同行为"。要将引起最终结果的行为评价为"共同行为",这一行为就必须是在"共同实行的意思"支配下的行为。共谋射程理论的目的是,判断行为是否属于行为人所参与的"共同实行的意思"支配下的"共同行为",进而具体界定所有参与者的归责范围。①

共同犯罪的成立要件是"二人以上"有"共同行为"和"共同实行的意思",而共谋射程理论所要解决的是,引起最终结果的行为是不是由"共同实行的意思"支配下的"共同行为"所引起。共同犯罪成立要件和共谋射程理论尽管在内容上存在交叉,但性质并不相同。共同犯罪成立要件的旨趣在于说明成立共同犯罪,"共同实行的意思"和"共同行为"作为两个独立的要件缺一不可。共谋射程理论的内容本身尽管包含"共同行为"和"共同实行的意思",但其意义在于:首先,只有"共同行为"是在行为人所参与的"共同实行的意思"支配下实施,行为人才有可能就

① 王昭武:《论共谋的射程》,《中外法学》2013 年第 1 期,第 161 页。

此"共同行为"成立共同犯罪,才能将这一"共同行为"所引起的结果归责于行为人;其次,共同犯罪成立要件所要解决的是,共同犯罪是否成立这一"质"的问题;而共谋射程理论所要解决的是,在怎样一个范围内成立共同犯罪这一"量"的问题。①

　　基于严格限制的共谋概念界定共谋射程,共谋共同正犯的成立范围根据共谋的具体内容而得到严格的限制。一般来说,所参与的分工、实施方法的计划等越具体,共谋射程就越狭小;反之,在某种限度内越是抽象,共谋射程也就越宽泛。在具体认定过程中,应综合参与共谋的犯罪和所实施的犯罪间罪质上区别,在此基础上,考虑两者在时间、场所上的同一性,侵害客体的同一性和侵害样态的类似性等内容。

---

　　①　王昭武:《论共谋的射程》,《中外法学》2013年第1期,第164页。

第五章　间接正犯与教唆犯之区别

一、问题的提出

所谓间接正犯，作为与直接正犯相对应的犯罪形态，是指利用他人作为犯罪工具来实施犯罪的一种正犯形态。部分国家的刑法明文规定间接正犯，比如，德国刑法第 25 条规定："自己实施犯罪，或通过他人实施犯罪的，依正犯论处。"日本改正刑法草案第 26 条第 2 款也规定"利用非正犯之他人实行犯罪的，也是正犯。"①韩国刑法第 34 条第 1 款规定："教唆或帮助基于某种行为不受处罚的人或以过失犯论处的人，致使发生犯罪结果的，参照教唆或帮助的相关条款予以处罚。"该条第 2 款规定："教唆或帮助受自己指挥、监督的人，致使发生前项规定之结果；属于教唆的，以正犯之最高刑或在最高处罚额的基础上再加二分之一予以处罚，属于帮助的，则以正犯之刑处罚。"②

然而，日本等多数国家的现行刑法并没有明文规定间接正犯，那么，缘何在刑法理论上会出现间接正犯这一概念呢？从历史渊源上看，间接正犯这一概念原本是一个补充性概念。即按照通说的限制正犯概念，只有亲自实施符合构成要件行为的人才是正犯。而按照曾经处于通说地位的极端从属性说，教唆犯、帮助犯这一狭义共犯的成立以正犯的行为具备构成要件符合性、违法性和有责性为条件。这样就会出现一个处罚的空隙，即如果利用无刑事责任能力的人实施犯罪，由于行为人并没有亲自实施符合构成要件的行为，因此，不能成立正犯，被利用者由于无刑事责任能力而无法成立共犯。但是，不处罚这种行为又不符合人们的法律情

---

① 陈家林：《外国刑法：基础理论与研究动向》，华中科技大学出版社 2013 年版，第 238 页。日本刑法改正草案，是指 1974 年 5 月 29 日经日本法制审议会审议通过的刑法改正案，由于各界的强烈反对而未能提交国会审议，实际上已经成了废案。

② ［韩］裴锺大：《刑法总论》（第 8 版），弘文社 2005 年版，第 630 页。

感,为了满足这一处罚要求,刑法理论上便出现了间接正犯这一概念。间接正犯将他人的行为作为媒介侵害法益或威胁法益这一点上,形式上与教唆他人实施犯罪的教唆犯极为相似,因此,究竟以怎样一个基准区分间接正犯与教唆犯,自然成了各国刑法理论中争论不休的难题之一。我国刑法没有采用大陆法系的共同犯罪的分工分类法——正犯与共犯的区分,而是采用作用分类法,即分为主犯、从犯和胁从犯,教唆犯只是一种补充。我国刑法中既然没有正犯概念,当然也就不可能有间接正犯概念。但是,尽管间接正犯并不是我国实定法上的概念,但这一概念不仅在学界得到广泛承认,司法实践也肯定过间接正犯的成立。

在犯罪形态的确立上,究竟以间接正犯处罚还是以教唆犯处罚,这涉及处罚范围的分配问题,而在这一点上两者通常是此消彼长的关系:即间接正犯成立范围的扩大,意味着教唆犯成立范围的缩小,反之亦然。在刑事责任的轻重程度上,两种犯罪形态之间,则以间接正犯更重。我国刑法第 29 条第 1 款前段规定,针对教唆犯,应按照其在共同犯罪中所起的作用进行处罚。换言之,教唆犯在共同犯罪中既可能是主犯也可能是从犯。而在间接正犯的情形下,中介者不过是其借以实施犯罪的工具,真正的正犯(实行犯)是背后者,针对中介者引发的犯罪结果,由背后者完全负责,这样就排除了间接正犯可能像教唆犯那样按照从犯予以从宽处罚的余地。由此可见,准确界定间接正犯与教唆犯的区别,针对正确认定行为人的行为性质进而合理地解决行为人刑事责任轻重问题,具有十分重要的意义。①

二、间接正犯的法律性质

所谓间接正犯,是指将他人作为犯罪工具加以利用,实施自己犯罪的情形。从间接正犯的这一概念可以看出,间接正犯与直接正犯一样,也是正犯的一种表现形式,但是,在以他人的行为为中介侵害或威胁法益这一点上,又和教唆犯极为相似,因此,间接正犯这一犯罪形态,可以说是处于作为正犯的直接正犯和作为共犯的教唆犯的边界上的一种形态。间接正犯同时具有共犯和正犯的特征,有关间接正犯的成立范围,在大陆法系的刑法理论界之所以有激烈的争论,原因正在于此。

如前所述,从刑法学说史的视角而言,间接正犯是为了弥补限制正犯概念和极端从属性结合后的处罚间隙,作为一种补充性概念而出现的。② 有关正犯和共

---

① 钱叶六:《间接正犯与教唆犯的界分——行为支配说的妥当性及其贯彻》,《刑事法评论》第 28 卷,第 356 页以下。

② [日]大塚裕史:《刑法总论的思考方法》(新版),早稻田经营出版 2006 年版,第 66 页。

犯的区分基准问题,在大陆法系的刑法理论界,曾经有限制正犯概念和扩张正犯概念之间的对立。限制正犯概念立论于客观主义,试图在较为狭窄的范围内把握正犯,认为所谓正犯就是亲自动手实施构成要件行为,原本就值得刑罚处罚的直接行为人,相反,所谓共犯就是亲自动手实施构成要件的外围或周边行为,原本不值得刑罚处罚的间接行为人。按照这种理解,所谓共犯,就是将处罚范围扩张到原本不值得刑罚处罚的人为止的一种"刑罚的扩张事由"。与此相反,扩张正犯概念基于主观主义立场,主张凡是造成或引起法益侵害的人都是正犯,教唆犯和帮助犯对侵害或威胁法益也有影响,原本属于正犯范围之内,由于现行刑法将这两种情形规定为共犯,因此,二者才成为可以从轻处罚的共犯。按照这种理解,所谓共犯,就是将原本应当作为正犯处罚的情形限制性地缩小为共犯,属于从轻处罚的"刑罚的限制事由"。现在,由于客观主义刑法观盛行,因此,在正犯概念的理解上,限制正犯概念处于通说的地位。[①] 根据这种理解,只有亲自动手或被评价为亲自动手实施犯罪行为的人才是正犯,而利用他人实施犯罪行为的人,原则上只能构成共犯。

　　既然只有亲自动手或被评价为亲自动手实施犯罪行为的人才是正犯,而利用他人实施犯罪行为的人是共犯,那么,共犯的成立只能从属于正犯,即只有在正犯行为成立犯罪的时候,共犯才能成立,这就是所谓共犯从属性问题。在共犯从属性问题中,正犯究竟需要何种程度的要件便是要素从属性问题,有关这一问题,主张正犯需要具备"符合构成要件、违法、有责行为"的极端从属性说曾经是有力说。但是,根据这种主张,唆使缺乏刑事责任能力的未成年人实施符合构成要件、违法行为,由于正犯不具备责任要件而无法成立教唆犯。问题是,不处罚这种行为又不妥当,因此,学说和判例试图将这种情形以"间接正犯"予以处罚。

　　但是,比如,将教唆中学生实施盗窃行为的背后行为人以间接正犯处罚,有不当扩大正犯性(实行行为性)之嫌。因为在物理意义上利用他人行为的情形下,即便取限制正犯概念,也有可能将这种情形解释为"自己亲自动手"的余地,但是,如果超出物理意义上利用的范围,将其解释为具备正犯性不尽妥当。于是,为了将这种情形以教唆犯予以处罚,就有必要缓和要素从属性。现在,在德、日、韩等国的刑法理论界,主张正犯者只要实施"符合构成要件、违法"行为就可以的限制从

---

① ［日］大塚裕史:《刑法总论的思考方法》(新版),早稻田经营出版 2006 年版,第 67 页。

属性逐渐成为有力说,并成为通说。① 这种主张以"违法是连带的,责任是个别的"作为命题,换言之,违法性属于客观方面的问题,因此,同样适用于正犯和共犯;刑事责任的有无应当根据个人的情况,这是这种主张的理论根据。其特征是,即便正犯欠缺刑事责任能力,也不影响共犯的成立。

然而,即便限制从属性说成为通说,未必能够解决所有问题。通说认为,根据限制从属性说,如果仍然无法以教唆犯处罚,那么,可以以间接正犯处罚。但是,由于不能以教唆犯处罚,才按间接正犯处罚这种主张本身缺乏说服力。② 由于间

---

① 陈家林:《外国刑法:基础理论与研究动向》,华中科技大学出版社 2013 年版,第 235 页。有关这一问题,由于对共犯的处罚根据,本文倾向于介于纯粹引起说和修正引起说之间的折中引起说。因此,本文认为,既然共犯的处罚根据是由于共犯通过正犯的实行行为而间接地引起法益侵害或危险。那么,共犯的成立,不仅要有正犯实行行为的存在,而且还要以该实行行为引起法益侵害或危险为必要。也就是说,以正犯者符合构成要件而引起法益侵害或危险为必要,而未必以正犯具有违法性为必要,即有关要素从属性问题,取限制从属性形式与最小从属性形式之间的立场相对合理。(参见郑泽善:《刑法总论争议问题研究》,北京大学出版社 2013 年版,第 401 页。)

② 有关这一问题,有观点认为:第一,根据客观主义刑法理论,从共犯与正犯的关系来看,应当先有正犯概念,然后才有共犯概念。间接正犯既然被冠以"间接"之名称,但是,由于它是将他人作为工具而利用的犯罪形式,因此,本质上仍然是正犯。由此可见,有关间接正犯与共犯的关系,正确的思考方式应当是:只有在不构成(间接)正犯的情形下,才考虑有无成立共犯(教唆犯)的可能,而不是由于不构成较轻的共犯——教唆犯,所以才要将其考虑为较重的(间接)正犯。因此,补充论完全颠倒了正犯和共犯的主次顺序。第二,间接正犯的成立,并不取决于被利用者有无刑事责任。因为教唆不满 14 周岁的人盗窃,被教唆人产生盗窃念头并付诸实施的情形下,被教唆者,即正犯因为没有达到刑事责任年龄而不承担刑事责任,并不意味着教唆者也因此而不成立共犯。教唆者和被教唆者之间在主观责任方面不具有连带性,二者是否成立犯罪,应当分别考虑。就被教唆者而言,在其实施盗窃行为的情形下,可以基于没有达到刑事责任年龄而不成立犯罪,但就教唆者而言,因为"违法具有连带性",在被教唆者产生盗窃念头并付诸实施的情形下,受被教唆者盗窃行为的违法性的连带影响,教唆者客观上也具有了盗窃罪的违法性,和被教唆者之间成立共犯,此时,教唆者如果具备其他条件,那么,就应当单独成立犯罪。因此,补充论主张的被利用者不成立犯罪,利用者也不成立犯罪的主张,显然违反了共犯的基本原理。第三,根据补充论,"共犯成立与否,取决于正犯是否具有责任"。这显然抹杀了共犯作为独立犯罪形态,具有犯罪一般特征的原则。实际上,共犯也是一种犯罪类型,在判断其是否成立犯罪的时候,只要考虑共犯本身是否具备成立犯罪的一般条件即可,而不必考虑其他内容。同时,补充论也会背离间接正犯的正犯特点。间接正犯,顾名思义,属于正犯范畴,即属于行为人将他人作为完全无人类意识的动物或器物加以利用,实现自己犯罪的情形。未满 14 周岁的人尽管认识和辨别能力较低,但对于杀人、盗窃等大是大非界限极为分明的犯罪,应当说是有认识和辨别能力的。其在受他人指使而实施侵害法益的情形下,也是具备罪过这一主观要件的,只是因为年龄尚小而不承担刑事责任而已。在这种情形下,被利用人即未满 14 周岁的少年,在实施犯罪这一点上,可以说是基于自己的意愿,完全是在自己的意思支配下实施的,利用者的教唆只是为其犯罪意思的产生提供了一个契机而已,此时,很难说被利用者完全是一个工具。因此,将教唆未满 14 周岁的人犯罪的,一律作为间接正犯处罚,并不完全符合间接正犯所特有的将他人作为工具利用的特征。(参见黎宏:《刑法总论问题思考》,中国人民大学出版社 2007 年版,第 96 页以下。)

接正犯具有正犯性,于是称其为间接"正犯",因此,肯定间接正犯,就有必要确定它的"正犯性",而非"非共犯性"。①

由此可见,围绕间接正犯论,之所以有那么多学说的激烈争论,是因为,间接正犯的法律性质在于:既然取自己亲自动手实施犯罪行为才是正犯这一限制正犯概念,缘何将他人作为工具利用的情形下仍然成为正犯,同时为何有必要进行这种理论构建这一点上。基于限制正犯概念,间接正犯是对正犯概念的一种规范意义上的扩大。如果坚持严格的限制正犯概念,大部分间接正犯可以消解在教唆犯中。然而,正像大陆法系的通说、判例与我国的学界主流倾向和司法实践那样,在一定范围内肯定间接正犯的成立,就有必要充分论证间接正犯的正犯性问题。

三、间接正犯的正犯性

(一)学说概观

现在各国刑法理论的通说均承认间接正犯概念,这意味着有必要充分论证间接正犯的正犯性。间接正犯不成为共犯所以才是正犯,这种思考顺序有欠妥当,有必要积极地为间接正犯的正犯性提供理论依据。② 有关间接正犯的正犯性问题,在中外刑法理论界,主要有以下几种学说的争论。

(1)间接正犯否定说

这种学说又可以分为两种观点。第一种观点立论于共犯独立性说,主张针对实现犯罪给予某种条件的行为人,就是作为征表行为人的危险性而实施符合构成要件之实行行为的人(扩张正犯概念)。因此,可以将刑法典中的共犯规定视为限制刑罚的事由,间接正犯当然就是正犯。第二种观点从彻底贯彻限制正犯概念的立场出发,主张只有亲自动手直接实现构成要件的行为人才是正犯。因此,有关共犯的规定可以将其视为刑罚的扩张事由,原则上,间接正犯概念应当包含在共犯概念之中。③

(2)工具说

这种学说认为,可以将被利用者的行为视为器械等工具。既然利用各种器械实施犯罪的行为是正犯行为,那么,也应肯定利用他人实施犯罪的行为也是正犯行为。德国刑法学家凯斯特林、迈耶、日本的泷川幸辰等倾向于这种学说。"正像

---

① [日]大塚裕史:《刑法总论的思考方法》(新版),早稻田经营出版2006年版,第68页。
② [日]高桥则夫:《刑法总论讲义案》,成文堂2006年版,第180页。
③ [日]立石二六编著:《刑法总论27讲》,成文堂2004年版,第235页。

利用工具或自然力不妨碍其属于行为人自己的行为一样,利用没有责任的人也不妨碍其属于行为人自己的行为。从法律的角度来观察,利用具有灵魂的工具与利用没有灵魂的工具没有差异,因此,它们都可以被称为单纯的工具。"①

(3)实行行为说

这种学说认为,间接正犯的正犯性根据在于存在与直接正犯性质上相同的行为性。也就是说,从背后利用者的行为中,可以看出主观上具备实行的意思,客观上具有利用被利用者实现某一犯罪的"现实危险性"。② 这是日本传统的通说。

(4)行为支配说

行为支配说立论于目的行为论,主张间接正犯的正犯性根据在于利用者对被利用者行为的目的性支配与统制。"他人的举动缘何被视为自己的行为,是因为(行为人)将他人的举动作为自己行为的一部分进行利用支配。""为实现自己的犯罪意思而亲自操纵事态的演变(行为支配)的人,就应当承担正犯的责任,这就是符合事理的正犯观。从这一观点出发,能够认为间接正犯也是正犯。"不过,现在更多学者是从反对目的行为论的视角主张行为支配说。例如,罗克辛认为,间接正犯的正犯性标志是意思支配。"能够将构成要件行为归之于没有参与实行的背后者,是因为背后者以其优越的意思对事态进行支配,即其将结果的引起掌握在自己的手中,于是,与直接正犯'行为的支配'相对,作为支配犯的间接正犯,其共通的基准是'意思支配'。对间接正犯的各种形态,需要根据这个指导原理,考虑到法律上价值的判断以及各种情况的特殊性来加以论述。"日本学者林干人也指出,"支配这一概念更适合于表现人与人之间的这种(间接正犯)关系。因此,我认为应以行为支配作为间接正犯正犯性的根据。不过,'行为支配'的内容仍然是不明确的,恐怕应当在考虑背后者与直接行为者的精神关系的基础上,认为直接行为者遵从背后者的意思而行为有很高的事实上的可能性时,能够认可行为支配"③。这种学说是韩国的通说。④

(5)规范障碍说

所谓规范障碍,是指"针对有违法性辨识能力的人,只要其对犯罪事实有认

---

① 前引注[1],第239页。陈家林:《外国刑法:基础理论与研究动向》,华中科技大学出版社2013年版,第238页。

② [日]大塚仁:《刑法概说(总论)》(第4版),有斐阁2008年版,第160页。

③ 转引自陈家林:《外国刑法:基础理论与研究动向》,华中科技大学出版社2013年版,第240页。

④ [韩]朴相基:《刑法总论》(第6版),博英社2005年版,第411页。

识,法秩序就能期待他避免实施该违法行为而实施适法行为(规范责任论)。从法秩序的视角来看,这种期待可能的人,如果实施犯罪行为,那么,就有'规范障碍'"。①这种观点认为,间接正犯虽然与共犯相似,但它仍然是正犯的一种形态,因此,间接正犯的成立范围应当从"非共犯性与正犯性"两个方面加以探讨,并且其成立界限应在两者相一致的范围之内。划定这种界限的标准就在于从规范的角度看,意图利用的他人是否成为犯罪实现的障碍。从规范的角度看,意图利用的他人(被利用者)不成为犯罪实现的障碍,在这一点上可以区分间接正犯与共犯。即如果行为人没有规范障碍,就等于与器械等工具一样被人利用,因此,成立间接正犯。与此相反,如果存在规范障碍,那么,行为人应成立共犯。另外,"规范障碍说基准明确,具有分析可能性,下位基准也有体系化的可能,是妥当的"②。这是日本的有力说。

(6)溯及禁止论

溯及禁止论又称自律决定论,这种观点认为,被利用者对该构成要件的结果存在自律决定时,应否定背后者的间接正犯性。如果不存在自律决定,那么,只要具备相当因果关系,背后者就是间接正犯。③倾向于这种观点的学者认为,要承认正犯性,行为人必须对引起构成要件结果的原因具有支配。这种正犯性的基本理解是,充分认识、预见并直接引起构成要件结果的人是正犯,只是对结果的发生给予间接原因性、因果性的背后的行为人原则上不具有正犯性。这种理解意味着不能追究故意行为之前的引起结果的正犯责任,因而可以被称为溯及禁止论。不过,如果对直接引起结果的故意行为人具有强制性时,也例外地有追溯承认故意行为之后行为的正犯性的余地。据此,在介入他人的行为而引起结果发生的情形下,应当分析他人对结果的答责性(自律性)。如果介入者对结果的发生能够排除他人的支配,即具有答责性的话,则属于介入者自己引起的结果。④这种观点将间接正犯的正犯性作为结果的归属程度、因果关系的强度问题加以把握。根据背后者"行为后介入的情况"的性质进行事后判断,决定间接正犯性的有无。过去的学说往往只着眼于背后者的行为性质,而此说根据自己答责原理,溯及禁止论从

---

① [日]曾根威彦:《刑法总论》(第4版),有斐阁2008年版,第236页。
② [日]山中敬一:《刑法总论》(第2版),成文堂2008年版,第810页。
③ [日]岛田聪一郎:《正犯.共犯论的基础理论》,东京大学出版会2002年版,第117页以下。
④ [日]山口厚:《刑法总论》(第2版),有斐阁2007年版,第67页以下。

结果出发进行考察,这是这种主张的特色。①

(二)规范障碍说之提倡

在上述不同学说中,间接正犯否定说中的立论于共犯独立性说的不足是:不仅其立论基础有欠缺,②无法区分共犯与正犯更是其致命缺陷。与此相比,彻底贯彻限制正犯概念的主张,不得不将正犯概念限定在物理意义上的范围之内,因此,不尽妥当。另外,根据否定说,比如,身为公务员的丈夫让知情的妻子代收他人的贿赂,丈夫成立受贿罪的教唆犯,妻子则成立受贿罪的从犯,这样就不得不肯定"没有正犯的共犯",问题是,其结论有悖于共犯从属性原则。③

工具说是有关间接正犯理论基础的最原始的理论,也是最为形象生动的说法,但是,是不是"像工具一样加以利用"的描述,实在是一种过于质朴直感的比喻,以其说明间接正犯的正犯性,有过于模糊之嫌;同时,正如利用他人的毁坏财物行为来实现自己杀人目的一样,成为工具的被利用人在被他人利用的当时,并非完全是一个没有任何个人意志的物品或者工具,也有按照其自主意思进行活动(毁坏财物)的一面,只是这种意思和利用人的意思(杀人意思)不一致而已。具体而言,比如,在利用他人的故意毁坏财物行为来实现自己的杀人目的的情形下,利用人的意思是较重的故意杀人,而被利用人的意思是较轻的故意毁坏财物。④另外,这种观点的"其工具性的判断究竟具有什么样的内容并不明确。也就是说,存在究竟是事实判断还是规范判断问题"⑤。

实行行为说的缺陷是,"实行行为"概念本身内容含糊、范围宽泛,对其有多种理解,仅仅根据"实施了实行行为的是正犯,而为实施实行行为提供方便的是共

---

① 陈家林:《外国刑法:基础理论与研究动向》,华中科技大学出版社2013年版,第242页。
② 共犯独立性说是主观主义刑法理论的产物,这一学说在共犯论问题上采用行为共同说,因此否定间接正犯的成立。主观主义刑法理论认为,所谓共犯是犯人的反社会性性格通过与他人共同实施某种行为而被发现的,犯人只要参与了犯罪事实,无论参与的方式是直接还是间接,与参与者的责任没有任何关系,因为已经征表了犯人的"危险性格"。因此,教唆犯和帮助犯(从犯)的可罚性在于教唆、帮助行为本身,与正犯者的实行行为毫无关联,这便是共犯独立性说的理论根据。其结果,教唆犯与间接正犯在"法律性质上"完全等同,因此,就不存在构筑间接正犯理论的必要性。本文认为,首先从理论的角度来看,认为共犯行为本身已经具备了可罚性并同法秩序期待正犯者的适法行为之理念相矛盾,因此,共犯独立性理论主张的,在正犯着手实行犯罪行为之前,即法益侵害的危险性尚未达到可罚程度阶段就主张处罚共犯的犯罪性有欠妥当。另外,大陆法系各国的刑法在规定教唆犯和从犯的基础上又规定了正犯,这充分说明了共犯从属性的相对合理性。
③ [日]立石二六编著:《刑法总论27讲》,成文堂2004年版,第237页。
④ 黎宏:《刑法总论问题思考》,中国人民大学出版社2007年版,第98页。
⑤ [日]高桥则夫:《规范论与刑法解释论》,成文堂2007年版,第139页。

犯"这一基准，无法区分正犯和共犯。也就是说，"这一见解，如果不能明确其实行行为性的内容，那么，就有可能被批判为不过是以问答问而已。因此，这种主张有必要提示实质性解释基准。但这又是极为困难的课题"①。

行为支配说的不足是：第一，行为支配概念不够明确。"行为支配"的观念过于含糊，无论如何也无法像论者所意图的那样成为正犯性的一般标志。另外，行为支配概念同样会产生是以"事实的"行为支配为志向，还是以"规范的"行为支配为志向的问题。第二，行为支配说具有和工具说一样的缺陷。论者们经常认为由于被利用者缺乏"行为支配"，所以背后者就是间接正犯。这实际上就是根据中介者的性格而直接决定背后者的正犯性，与曾经的工具说同样具有独断性。第三，行为支配说具有和实行行为说相同的缺陷。另外，这种主张还有何种情形下具有"支配性"问题。结果上就不得不展开利用者是否具有实行行为性的议论。第四，行为支配说的具体结论不尽合理。按照行为支配说的主张，被利用者在强制、错误、有故意等情形下都会成为间接正犯，但是，是否妥当不无疑问。②

溯及禁止论的不足是，溯及禁止效果为何只限于被利用者的故意行为，过失行为难道不可能有自由意思决定（自律决定）之疑问？③另外，故意行为的介入未必能否定背后者有成立间接正犯的可能。例如，养父利用12周岁的养女实施盗窃的情形下，养女对盗窃主观上是有故意的，事实上，即便是该养女已满14周岁，利用者仍然可以成立间接正犯。因此，否定背后者成立正犯的理由并不是故意行为的介入，而是"自有意思的决定的介入"④。

本文倾向于规范障碍说，⑤理由是：首先，间接正犯之所以是正犯，是因为其完全具备正犯的实行行为性。在大陆法系的刑法理论界，如何区别正犯与共犯

---

① ［日］高桥则夫：《规范论与刑法解释论》，成文堂2007年版，第139页。

② 陈家林：《外国刑法：基础理论与研究动向》，华中科技大学出版社2013年版，第240页以下。

③ ［日］立石二六编著：《刑法总论27讲》，成文堂2004年版，第237页。

④ 金光旭：《日本刑法中的实行行为》，《中外法学》2008年底2期，底243页以下。

⑤ 针对规范障碍说的批判是：第一，即便存在规范障碍，但如果像帮助的工具那样只有单方的支配、利用关系，也不妨碍间接正犯的成立。第二，规范障碍说实质上以极端从属性说为前提，不过是将重点放在利用行为的非共犯性上而已。第三，所谓规范障碍的判断，其内容不够明确。这一主张虽然希望以规范责任论来区分正犯和共犯，但是，作为其区分基准只列举规范责任论，显然不够充分。另外，在利用"无身份而有故意的工具"和被利用者有其他较轻的犯罪故意时，即利用有规范障碍的人时，也有可能成立间接正犯，因此，以规范障碍的存在与否区分正犯与共犯缺乏说服力。（参见陈家林：《外国刑法：基础理论与研究动向》，华中科技大学出版社2013年版，第241页等。）

（狭义）主要有主观说、客观说和行为支配说的对立。主观说认为从行为的客观层面无法区分正犯与共犯。由此主张应从行为者的主观方面区分正犯与共犯，即主观上为自己实施犯罪的是正犯，为他人或参与他人犯罪的则是共犯。客观说则将正犯与共犯的区别基准求之于行为的客观意义上。客观说的内部又分为形式客观说和实质客观说。形式客观说认为正犯与共犯的区别应以定义本身作为区别的基准，即实施符合基本构成要件的行为（实行行为）者是正犯，而通过实施其他行为容易使构成要件得以实现的则是共犯。这一学说可以说基本上是妥当的，但是，在具体适用其基准时应当有一个何谓实行行为以及其他行为的具体标准。实质客观说则根据参与行为的危险性程度的大小区分正犯与共犯。行为支配说在理论上是客观说和主观说的折衷，认为如果有目的性行为支配结果的发生，那么，行为的支配者是正犯（间接正犯），而并没有支配行为的参与者则是共犯（教唆犯）。这一学说虽然力图把行为人的主观方面和客观方面综合加以考察，但将目的性行为论作为行为学说本身就不够科学，因为它只能说明故意行为而不能说明过失行为和不作为行为，如果依此学说为立论基础说明正犯与共犯的区别也就很难提出有说服力的根据。本文认为，在共同实施的犯罪过程中处于支配性地位或同等地位时是正犯，处于从属性地位时则是共犯。因此，即使没有具体实施实行行为，如果处于支配地位或同等地位时就是正犯，反过来，即使具体实施了实行行为，如果处于被支配地位或从属地位时则是帮助犯。需要注意的是，就后一个情况而言，背后操纵者就应定为间接正犯，这时的背后操纵者应当完全控制或支配直接实施实行行为者。也就是说，在间接正犯的情形下，并不是单纯地引起他人的犯罪意愿或为他人犯罪提供方便，而是根据自己的意思，对他人的动作或行为进行支配和操纵，实现自己的犯罪目的，即，将他人作为自己的犯罪工具加以利用。正因为如此，通过他人之手来实现自己犯罪目的的间接正犯，与自己亲自动手实施构成要件行为的直接正犯之间并没有本质上的区别。

其次，在间接正犯与共犯的区分基准上，以是否存在"规范障碍"为基准。间接正犯，本质上就是将他人作为犯罪工具来实现自己犯罪的一种形式，只是由于作为工具被利用的他人有辨别是非能力或控制自己行为的能力，因此，其与通常将器物作为犯罪工具的情形有所不同。在将他人作为犯罪工具的情形下，有可能存在被利用者并没有丧失辨认或控制能力，而是按照自己的意思实施某种犯罪的情况，在这种情形下，被利用人按照自己的意思，实施了自己的犯罪，因此，不能说是充当了他人的犯罪工具。可见，在什么样的情形下，界定被利用的他人是与器物一样的犯罪工具，成为区分正犯与教唆犯之类的共犯的关键。本文认为，区分正犯与教唆犯可以以是否存在"规范障碍"为基准。所谓"规范障碍",是指行为人了解犯罪事实,形成抑制违法行为的反对动机的一种可能性。如果一个人对实施没有认识,或者根本不可能辨认犯罪事实的性质而形成抑制违法行为的反对动机,那么,这个人就和通常作为犯罪工具的器物等没有区别,可以视其为纯粹的犯罪工具;与此相反,如果行为人能够对事实有认识,或者能够形成辨别是非和控制自己行为的能力,就不能说行为人具有"规范障碍",其在被他人利用于犯罪的情形下,与利用人之间只能形成共犯关系,而非间接正犯。规范障碍说从间接正犯是利用他人作为工具实施犯罪这一特点入手,以被利用的他人是否存在规范障碍作为两者区分的基准加以论证有一定的说服力,虽然这一学说对规范障碍缺乏清楚的说明是一欠缺点,但这一问题是完全可以通过个案解释来解决。

四、间接正犯之类型

(一)利用无刑事责任能力者实施犯罪

这是间接正犯最典型、最基本的形态。大陆法系的刑法学者认为,具有责任能力是刑事责任的前提条件,从而无责任能力者的行为是无责任的行为,利用无责任行为的情况,就成为解释间接正犯的根据。例如,教唆精神病人伤害自己的仇人,或教唆幼年人偷窃别人的财物等,都是间接正犯。因为被利用者的精神状态有严重障碍或者还不成熟,因而缺乏辨别是非的能力,其身体的活动,只不过是被人作为一种工具来使用,所以利用者具有正犯性。① 但是,利用已经达到与成年人同样成熟程度的未成年人实施犯罪行为能否成为间接正犯呢? 例如,让 13 岁的少年去盗窃,由于这一年龄段的少年不仅对盗窃行为的违法性有辨别能力,而且已经具备了控制自己行为的能力,即由于存在规范障碍,这时的盗窃行为的唆使者应定为教唆犯。在日本的司法实践中,确有唆使 12 岁的少年实施犯罪而被判为间接正犯的案例。之所以唆使 12 岁的少年实施犯罪而被判为间接正犯,是因为行为者致使少年陷入了畏惧状态而控制了少年的自由意思,裁判所并没有否定被利用者缺乏是非辨别能力。② 有关这一问题,在德、日、韩等国的刑法理论界,有倾向于成立间接正犯的主张,③同时也有成立教唆犯的主张。④

---

① 也有观点认为,在上述情形下,可以以直接正犯处罚。
② 《刑集》第 37 卷第 7 号,第 1070 页。
③ [德]耶塞克、魏根特著,徐久生译:《德国刑法教科书》,中国法制出版社 2001 年版,第 808 页等。
④ [韩]任雄:《刑法总论》,法文社 2002 年版,第 436 页等。

有关这一问题,我国的通说认为,教唆不满14周岁的人犯罪,"由于被教唆人未达法定刑事责任年龄,缺乏成为犯罪主体的条件,他们实施的刑法规定为犯罪的行为则不构成犯罪,因而教唆者不能成为教唆犯,实际上他是把被教唆者当作犯罪工具来达到自己的犯罪的目的,完全符合间接正犯的特征,应当按照间接正犯(实践上即按照实行犯)处理并从重处罚"①。在我国的司法实践中,利用不满14周岁的人犯罪,也是按间接正犯处罚的。比如,被告人刘某因与丈夫金某不和,离家出走。一日,其女(当时12周岁)前来刘某住处,刘某便指使其女用家中的老鼠药毒杀金某,其女回家后,即将老鼠药拌入金某的饭碗中,金某食用后中毒身亡。对此,最高人民法院审判长会议经讨论认为,本案被告人刘某唆使不满14周岁的人投毒杀人,由于被教唆人不具有刑事责任能力,所以,唆使人与被教唆人不能形成共犯关系,刘某不成立教唆犯,而成立间接正犯,故对刘某不能直接援引有关教唆犯的条款来处理,而应按其女实行的故意杀人行为定罪处罚。② 本案根本没有考虑12周岁的人针对向他人饭碗里投放老鼠药的性质和结果有无认识问题。在12周岁的小孩完全不了解自己投放的是老鼠药的情形下,当然可以这样理解。因为这时小孩既没有故意,也没有过失,纯粹作为犯罪工具被利用。但是,在向12周岁的小孩说明其在别人饭碗当中所投放的是能够导致人死亡的老鼠药时,说该小孩完全不了解自己行为的性质,恐怕没有说服力。在这种情形下,即便说背后的利用者的行为构成间接正犯,也不是因为被利用人对自己行为性质和后果不理解,仅仅是因为刑法有规定而无法处罚而已。也就是说,此时的背后利用者的行为定性,并非取决于其是否将一个没有辨认控制能力的人作为犯罪工具,而是取决于被利用者是否要承担刑事责任。"这种理解显然偏离了间接正犯是将他人作为犯罪工具的本来意义。"③

本文认为,基于间接正犯是正犯这一立场,从被利用者是否充当犯罪工具这一视角——而非是否具有刑事责任能力这一视角——来考虑利用者是否成立间接正犯的前述之国外的主张,更有说服力。因此,在背后者利用没有达到刑事责任年龄的人实施犯罪的情形下,如果被利用者确实因为年幼无知,不了解自己行为的性质,可以说被利用人没有规范障碍,与一般的器物等犯罪工具没有本质上

---

① 高明宣、马克昌主编:《刑法学》(第5版),北京大学出版社、高等教育出版社2011年版,第178页。

② 最高人民法院第一庭、第二庭编:《刑事审判参考》(第16辑),法律出版社2001年版,第74页以下。

③ 黎宏:《刑法总论问题思考》,中国人民大学出版社2007年版,第104页。

的区别,利用者的行为构成间接正犯。与此相反,在被利用者虽然没有达到刑事责任年龄,但对一些大是大非有认识,完全能够认识到自己行为的性质,就可以说被利用者具有规范障碍,与一般的器物等犯罪工具具有本质上的不同,因此,此时利用者的行为不应构成间接正犯,而应构成教唆犯。当然,这种理解和解释的前提,不仅有待于我国刑法中犯罪概念的修正,①甚或与犯罪论体系的改造密切相关。②

(二)利用没有故意的人实施犯罪

这种情况又可分为被利用者没有过失(利用无过失行为)和被利用者虽然没有故意却有过失(利用过失行为)两种情况。利用不知情的第三者实施盗窃行为属于前一种情况,医生利用护士的过失给患者注射毒药则属于后一种情况。在前一种情形下,即被利用者在没有过失的情形下,背后的利用者成立间接正犯一般没有过多的争议。但是,在第二种情形下,即医生利用护士过失的情形下,则有两种观点的对立:第一种观点认为,护士成立过失致死罪,医生成立故意杀人罪的间接正犯。理由是:从规范的观点来看,医生的利用行为可以评价为实行行为。另外,如果说医生不成立故意杀人罪的间接正犯,那么,只能将其评价为针对护士过失致死罪的教唆犯。医生尽管有杀人的故意,却只能按过失犯处罚,显然不尽合理,③这是日本的通说。与此相反,第二种观点则认为,护士成立业务过失致死罪,医生则成立故意杀人罪的教唆犯。理由是:医生的杀人意图只能通过护士的过失行为才能变为现实,由于过失是只要具有通常的注意,就能加以避免的情况,所以,从医生所设想的杀人计划,很容易为护士所发现而中止,不具有直接正犯场

---

① 有关这一问题,在我国的刑法理论界,有观点认为:在我国现行刑法当中,有必要提倡一种和行为人是否要实际承担刑事责任无关,只要行为人在罪过心理支配下引起了侵害或者威胁法益的结果即可的犯罪概念。理由是:第一,有树立这种犯罪概念的必要。第二,也有设立这种犯罪概念的可能。第三,现行刑法的规定中,也暗含有这种犯罪概念。(详细可参见黎宏:《刑法总论问题思考》,中国人民大学出版社2007年版,第106页以下。)

② 在我国,有观点认为,"基于前述的笔者主张的共犯从属性或者违法层面上共犯成立理论的立场,共犯的成立只要在违法性上具有共同性,亦即,只要二人之间具有共同的侵害法益事实即可,至于各行为人的责任情况如年龄、精神状态等情况如何一般并不影响共犯的成立,而只涉及是否需要承担责任和受处罚的问题。所以,在利用、诱致十二三周岁的少年实施杀人、强奸、抢劫、盗窃等危害行为的场合,由于不能否定他们行为的违法性,所以,二者应成立共同犯罪,背后者成立教唆犯,该少年成立正犯,但因少年未达法定刑事责任年龄,缺乏有责性,不负刑事责任。"(参见钱叶六:《间接正犯与教唆犯的界分——行为支配说的妥当性及其贯彻》,《刑事法评论》第28卷,第368页。)

③ [日]西田典之著,刘明祥等译:《日本刑法总论》,中国人民大学出版社2007年版,第272页等。

合一样的确定性,因此,不能将其认作为实行行为。① 即如果护士注意的话,就应考虑有过失行为的存在,由于有回避结果的可能性,所以,认定医生成立间接正犯是有疑问的,妥当的结论便是医生成立故意杀人的教唆,护士成立业务上的过失致死罪(当然,这是以承认对过失犯可以实施故意的教唆为前提的)。② 有关这一问题,我国刑法理论界的主流观点倾向于成立间接正犯。③

本文认为,在利用过失行为的情况下,从承认过失共犯的角度而言当然有成立教唆犯的余地。但是,被利用者即使有过失,如果缺乏作为认识事实的结果而意识到行为的违法性,那么对于背后的利用者来说被利用者并不存在规范障碍,因此,不能成立教唆犯。另外,假设 X 为了达到杀害屏风后 A 的目的,命令并不知情的 Y 向屏风后开枪,这时被利用者 Y 并不存在利用者 X 想要实现的针对杀人这一构成要件的故意,而即使存在对其他构成要件——故意毁坏财物的故意,Y 只是在故意毁坏财物的限度内存在规范障碍,因此,X 就应当负杀人罪的间接正犯的刑事责任。其实,有关这一问题,之所以有成立间接正犯和教唆犯之争,其本质在于通过扩大实行行为概念广泛承认间接正犯,还是缓和教唆犯的成立要件而扩充教唆犯的成立范围之争。如前所述,有关间接正犯的正犯性,本文倾向于规范障碍说,因此,医生利用护士过失行为实施故意杀人的情形下,由于护士对故意杀人并没有规范障碍,因此,背后利用者之医生理应成立故意杀人罪的间接正犯。

(三)利用有故意的工具实施犯罪

这种情况包括"利用没有目的而有故意的工具""利用没有身份而有故意的工具""利用具有较轻的犯罪故意的行为"以及"利用有故意的帮助工具"四种情形。冒充学校用教材印刷纸币构成伪造货币罪(伪造货币却没有行使的目的)属于第一种情况;有国家工作人员身份的丈夫让妻子出面替自己受贿(受贿罪的构成要件之一是具备国家工作人员身份)属于第二种情况;X 基于杀害屏风后 A 的目的,命令不知情的 Y 向屏风开枪,导致屏风后 A 的死亡属于第三种情况;被利用者有犯罪的故意,客观上也实施了符合构成要件的行为,但是,主观上并不是为了自己,而是为了帮助他人,比如,毒贩甲不想和企图购买毒品的乙见面,于是让丙将毒品转交给乙则属于第四种情形。

在刑法的相关规定中,部分犯罪的成立,除了行为人必须具有特定故意之外,

---

① [日]中义胜:《讲述犯罪总论》,有斐阁 1980 年版,第 235 页。
② [日]内藤谦:《刑法讲义总论》(下),有斐阁 2002 年版,第 1340 页。
③ 陈兴良:《中国刑法新境遇》,中国政法大学出版社 2002 年版,第 449 页等。

还要求行为人必须具有特定目的,如果缺乏这种特定目的,就不成立犯罪。这种犯罪就是所谓目的犯。背后的利用者根据目的犯的这种特点,利用有实施特定犯罪的故意,却没有这种目的的人实施犯罪行为时,就可以成立间接正犯。比如,我国刑法第 192 条规定的集资诈骗罪,其成立以行为人具有"非法占有目的"为条件,因此,利用不具有"非法占有目的"的行为人非法集资,由于被利用者并没有"非法占有目的",不符合该罪的构成要件,因此,背后的利用者构成间接正犯。在这种情形下,即利用没有目的的工具实施犯罪时,由于被利用者没有目的,因此,可以否定规范障碍的存在。这一点,在中外刑法理论界,基本不存在争议。

但是,在第二种之"利用没有身份而有故意的工具",比如,具有国家工作人员身份的丈夫,让没有国家工作人员身份的妻子出面收受贿赂的情形下,就有不同观点的争论。第一种观点认为,由于妻子缺乏符合受贿罪构成要件的身份,无论采用何种从属性说,丈夫都不能成立教唆犯。因此,丈夫构成受贿罪的间接正犯,妻子成立帮助犯。这种主张是日本、韩国以及我国的主流观点。① 第二种观点认为,没有身份的人虽然不具有犯罪构成所需要的身份,但是,具有犯罪的故意,可以认定其存在规范障碍,完全可能形成抑制自己行为的反对动机,因此,丈夫构成教唆犯,妻子构成帮助犯。② 第三种观点则认为,由于在这种情形下,作为国家工作人员的妻子能充分理解自己行为的意义,很难说是在丈夫的支配下实施该行为,因此,应当构成共谋共同正犯。③ 本文认为,从间接正犯是利用没有规范障碍的他人实施犯罪的正犯立场来看,第一种观点不尽妥当。既然不具有国家工作人员身份的妻子对利用丈夫职务之便的受贿事实有足够的认识,而且也明知利用其丈夫的国家工作人员身份收受丈夫的职务对价,即接受贿赂的行为是违法的,怎能说妻子在丈夫的受贿行为当中,是不具有形成抑制违法行为动机的"规范障碍",而仅仅看作为其丈夫手中的一个"工具"呢? 第二种观点实际上肯定了"没有正犯的共犯",因此,同样不妥当。因为根据限制从属性理论,共犯不法对正犯不法具有从属性,也就是说,正犯不成立意味着共犯也不能成立,肯定"没有正犯

---

① ［日］大谷实:《新版刑法讲义总论》,成文堂 2000 年版,第 169 页;［韩］朴相基:《刑法总论》(第 6 版),博英社 2005 年版,第 423 页;陈兴良:《本体刑法学》,商务印书馆 2001 年版第 543 页等。

② ［日］中山研一:《刑法总论》,成文堂 1991 年版,第 476 页;［韩］任雄:《刑法总论》,法文社 2002 年版,第 389 页。

③ ［日］西田典之著、刘明祥等译:《日本刑法总论》,中国人民大学出版社 2007 年版,第 272 页等。

的共犯"实质上就是否定共犯从属性理论,有悖于刑法客观主义立场。本文原则上倾向于第三种观点,即在具有国家工作人员身份的丈夫和不具有该身份的妻子相互协力,共同完成受贿犯罪的情形下,比如,丈夫实施职务行为,为他人谋取利益,指示、授意、默认妻子收受贿赂,妻子发挥重要作用时,应当以共同正犯处罚。但是,如果能够证明丈夫单方面地支配了妻子行为的情形下,丈夫可以成立间接正犯,妻子则成立帮助犯。①

在上述之第三种情形,即"利用具有较轻的犯罪故意行为"的情形下,中外刑法理论界的主流观点认为,背后者的行为应当构成故意杀人罪的间接正犯,②不过,也有观点认为应当构成故意杀人罪的教唆犯。③ 本文倾向于成立间接正犯的主张,理由是:教唆犯是引起他人犯罪意图的犯罪行为,因此,所教唆的犯罪和受其教唆而引起的正犯行为至少在犯罪构成上一致。但在上述例子中,"被教唆者"并没有产生与教唆者相一致的杀人意图,只具有故意毁坏财物的意图,因此,将教唆者评价为故意杀人罪的教唆犯,并不符合教唆犯的基本原理。就被利用者而言,只有在故意毁坏财物的范围之内具有规范障碍,对教唆者的故意杀人意图并不知道,只是单方面被利用而已。因此,显然不应以教唆犯予以处罚。

有关第四种情形,第一种观点认为,丙属于典型的有故意的帮助工具,因此,背后的乙构成购买毒品的间接正犯,丙则构成购买毒品的帮助犯。④ 理由是,在这种情形下,被利用者的行为无非是利用者的单方面利用而已,虽然被利用者亲自实施了犯罪行为,但这种犯罪行为不过是作为利用者单方面机械性事务处理而被利用,因此,背后利用者应当构成间接正犯。第二种观点则认为,这种情形下,利用者和被利用者构成共同正犯。⑤ 本文倾向于第二种观点,理由是:在这种情形下,被利用者主观上有实现构成要件的意思,客观上同样实现了构成要件,因此,应当构成正犯。如果像第一种观点所主张的那样,即使实施实行行为也不构成正犯,那么,正犯与共犯的区别只能依据为自己实施犯罪还是为了帮助他人实施犯罪这一主观说,由于这种根据主观判断成立正犯还是共犯,不仅缺乏明确性,也有悖于法的安定性,因此,不尽妥当。两者的区别,应当根据客观上有无实行行为以及因果性寄予程度来区别。当然,在量刑上被利用者可以从轻考虑。

---

①　黎宏:《刑法总论问题思考》,中国人民大学出版社 2007 年版,第 111 页。

②　[日]大谷实:《新版刑法讲义总论》,成文堂 2000 年版,第 168 页等。

③　[日]中义胜:《讲述犯罪总论》,有斐阁 1980 年版,第 233 页等。

④　[日]大谷实:《新版刑法讲义总论》,成文堂 2000 年版,第 170 页等。

⑤　[日]内藤谦:《刑法讲义总论》(下),有斐阁 2002 年版,第 1339 页。

（四）利用适法行为实施犯罪

适法行为指的是原本不构成法律规范禁止对象的行为，即不具备构成要件要素的行为和原本是禁止的对象而在特殊情况下被正当化了的行为，即存在违法阻却事由的行为。前一种情况构成间接正犯固不待言，后一种情况一般也成立间接正犯。行为人利用被利用者的正当防卫行为时，被利用者的行为虽然没有违法性，但利用这种行为的行为依然具备违法性，因此成立间接正犯。这是中外刑法理论中的通说。① 比如，X 欲想利用 Y 的正当防卫行为杀害仇人 A，于是诱导 A 去袭击 Y，Y 对 A 实施正当防卫行为并导致其死亡。不过，也有观点认为，诱导 A 去袭击 Y，X 利用的是被利用者近乎反射动作之正当防卫行为，X 主观上的杀人的故意，从确定性的视角而言，与 X 直接杀害 A 有很大区别。也就是说，导致被害人死亡结果的发生有很大的偶然性，因此，不应成立间接正犯，而应成立教唆犯。②

将利用他人适法行为的行为认定为间接正犯，是从间接正犯属于教唆犯的弥补处罚间隙的立场得出的结论，这种见解严重偏离了本文所主张的间接正犯是正犯的立场。不过，在"正犯"，即被利用的他人实施适法行为的情形下，将与此有关的"共犯"，即背后利用者的行为一概认定为违法也不尽妥当，这样会导致"没有正犯的共犯"的结局，违反共犯从属性原则。因此，上述两种观点均存在缺陷。本文认为，在利用他人适法行为的情形下，只有在一定条件下，才能成立间接正犯。这里的"一定条件"，是指背后利用者事实上支配整个行为因果流程，按照自己的预设，引起了自己所追求的危害结果的发生。就前述之举例而言，X 成立间接正犯，应当具备以下条件：首先，X 对被害人 A 的教唆，必须达到将 A"像工具一样加以利用、支配"的程度（年幼者或精神病人，完全顺从利用者的意志或处于绝对支配之下）；其次，被利用者 Y 的反击行为，客观上有可能导致对方死亡，实现背后利用者的预想（被利用者事先的准备达到足以制服被害人）。只有在背后利用者、被利用者与被害人的行为均符合上述条件，背后利用他人适法行为实现自己犯罪目的的行为，客观上可以与正犯行为同等看待，可以成立间接正犯。③

---

① ［日］立石二六编著：《刑法总论 27 讲》，成文堂 2004 年版，第 241 页。
　　马克昌：《犯罪通论》，武汉大学出版社 1999 年版，第 548 页等。
② ［日］中义胜：《讲述犯罪总论》，有斐阁 1980 年版，第 236 页。
③ ［日］大塚裕史：《刑法总论的思考方法》（新版），早稻田经营出版 2006 年版，第 81 页。

五、余论

我国刑法中没有间接正犯的概念,我国刑法理论界对间接正犯的研究也是晚近才开始的。由于我国刑法对共同犯罪人的分类没有采用大陆法系的分工分类法,即正犯与共犯的区分,而是采用作用分类法,即分为主犯、从犯与胁从犯,教唆犯只是一种补充。在这种情况下,我国刑法中既然没有正犯的概念,当然也就没有间接正犯的概念。不仅在立法上没有间接正犯的概念,而且在解释论上也往往否认间接正犯的概念。

本文认为,在主、从犯共同犯罪体系和共犯、正犯共犯论体系这一不同语境之下,即在没有正犯概念的前提下,谈论正犯和共犯的区别以及间接正犯等问题本身有违罪刑法定原则之嫌。这一问题的根本解决,只能通过刑法条文的修订或完善。① 其实,正犯本系我国古代法律用语,指触犯正条的犯罪人。正条即刑法中规定罪状和法定刑的条文。正犯是欧陆刑法和旧中国刑法中的概念。正犯又称实行犯,是与侠义共犯相对的概念,指直接实施犯罪构成客观要件的行为人,或者利用他人作为工具实行犯罪行为的人。② 我国现行刑法虽然没有明确规定正犯或实行犯的概念,但在我国刑事立法的历史中曾经使用过正犯与实行犯的概念。如 1950 年中央人民政府法制委员会制定的《中华人民共和国刑法大纲草案》将共同犯罪人分为正犯、组织犯、教唆犯与帮助犯四类。在 1957 年全国人大常委会法律室草拟的《中华人民共和国刑法草案》(初稿)即第 22 稿中,对共同犯罪人实行三分法,即分为正犯、教唆犯和帮助犯。第 22 稿规定:直接实行犯罪的,是正犯。③由此可见,未来在修订刑法条文时,使用正犯概念并没有什么障碍。需要注意的是,在我国的刑法理论界,近年来出现了将我国刑法中的"主犯"与德日刑法中的"正犯"等同化并用"正犯"概念代替"主犯",即"主犯正犯化"的倾向。但是,在犯

---

① 在我国的刑法理论界,有观点主张,我国刑法条文可以修订成:第一条:二人以上共同实行构成要件行为、教唆他人为构成要件行为、帮助他人为构成要件行为,分别为正犯、教唆犯、帮助犯。第二条:间接教唆、帮助或共同教唆、帮助,亦属可罚。第三条:加功于他人行为之上,虽他人不知情者,亦属可罚。第四条:因身份而成立犯罪,其共同实行、教唆或帮助者,虽不具有该身份,仍以正犯或共犯论。但可以根据其情节从轻、减轻处罚。第五条:共同犯罪中起主要作用的,为主犯。共同犯罪中,起次要作用的,为从犯。对于从犯,应当从轻、减轻或者免除处罚。第六条:对组织、领导犯罪集团者,从重处罚。(参见任海涛:《共同犯罪立法模式比较研究》,吉林大学出版社 2011 年版,第 198 页。)

② 吴光侠:《主犯论》,中国人民公安大学出版社 2007 年版,第 76 页。

③ 陈兴良:《共同犯罪论》(第二版),中国人民大学出版社 2006 年版,第 159 页以下。

罪参与体系上,德、日、韩等国的刑法采取的是区分正犯与共犯的区分制,而我国刑法采取的是将共同犯罪人分为主犯和从犯的单一制,这就决定了"主犯"与"正犯"概念有重要差异,不能用"正犯"代替"主犯"。"主犯正犯化的思想根源是认为单一制存在缺陷,有必要用区分制的观念来解释我国刑法的相关概念和规定。"①如前所述,本文认为,通过解释恐怕无法解决这一问题,而只能通过刑法的修改和犯罪论体系的重新构建才能解决。

---

① 刘明祥:《主犯正犯化质疑》,《法学研究》2013 年底 5 期,第 113 页。

第六章 共犯与身份

一、问题的提出

原则上,任何人都可以实施犯罪行为,即其主体并没有特别的限制,这是中外刑法规定中的惯例。但是,有些犯罪主体却受到限制,行为人的地位、个人属性或资格,往往作为构成要件的内容而予以规定。这便是刑法规定中的身份犯。比如,日本刑法第134条之泄露秘密罪,其犯罪主体限定在医生或律师等具有某种身份的范围之内。不具备上述身份的行为人,即便在其业务关联上,将所知悉的秘密泄露给他人,也不能成为该条处罚的对象。①

这种限定犯罪主体的理由可以有多种,其中,最为重要的理由可举,只有一定范围内的行为人才能直接侵害法益这一点。比如,我国刑法第385条受贿罪所要保护的法益是,国家工作人员职务的廉洁性以及社会对它的信赖,由于只有国家工作人员才能侵害这种法益。这是针对具备某种身份者所赋予的特别义务,将其视为独立的保护法益而予以规定的,身份犯的大多数属于这种类型;然而,针对不具备身份的行为人,如果参与有身份者的犯罪行为,也可以构成共犯。这时,不具备身份的行为人是通过具备身份的行为人间接地侵害了法益,因此,在此限度内,身份可以发生连带效果。

有关身份犯与共犯,大陆法系部分国家的刑法总则中有明文规定,例如,德国刑法第28条规定:"正犯的法定刑取决于特定的个人要素,共犯(教唆犯或帮助犯)欠缺此特征时,依第49条第1款减轻处罚。法定刑因行为人特定的个人要素而加重、减轻或免除时,其规定只适用于具有此特征的行为人(正犯或共犯)"。日本刑法第65条规定:"加功于因犯人身份而构成的犯罪行为时虽无该身份,仍以

---

① ［日］井田良:《刑法总论的理论构造》,成文堂2006年版,第388页。

共犯论。因身份致刑有轻重时,无身份者科以通常之刑。"①韩国刑法第33条规定:"因身份关系成立之罪,其参与者虽不具此等身份关系,仍适用前三条之规定。"②我国刑法总则中,并没有有关身份犯与共犯的规定。不过,我国刑法分则以及相关司法解释中,有不少有关身份犯与共犯的规定,比如,我国刑法第198条第4款规定:"保险事故的鉴定人、证明人、财产评估人故意提供虚假的证明文件,为他人诈骗提供条件的,以保险诈骗罪的共犯论处。"2000年6月30日最高人民法院《关于审理贪污、职务侵占案如何认定共同犯罪几个问题的解释》第1条规定:"行为人与国家工作人员勾结,利用国家工作人员的职务便利,共同侵吞、窃取、骗取或者以其他手段非法占有公共财物的,以贪污罪的共犯论处。"第2条则规定:"行为人与公司、企业或者其他单位的人员勾结,利用公司、企业或者其他单位人员的职务便利,共同将单位财物非法占为已有,数额较大的,以职务侵占罪的共犯论处。"

共犯论是大陆法系刑法理论中最为复杂的领域,而共犯与身份的关系则是其中尤为困难的话题。由于这一问题与行为共同说、犯罪共同说、共犯的从属性与独立性、共犯的处罚根据等具有密切的关联性,因此围绕这一问题的争论异常激烈,学说纷纭,莫衷一是。例如,根据共犯从属性,有身份者与无身份者之间可以成立共犯关系,刑罚上也没有加减之必要。与此相反,根据共犯独立性说,有身份者与无身份者之间不可能成立共犯关系,因此,在纯正身份犯的情形下,无身份者参与有身份者的行为并不构成犯罪。前述之韩国刑法第33条规定的内容,可以说取的是折中的立场。即韩国刑法第33条规定,无身份者参与有身份者的行为时,可以成立身份犯的共同正犯、教唆犯和从犯。但是,但书中规定的,基于身份关系存在刑罚的轻重时,以轻刑予以处罚,这是基于共犯独立性说的规定。③ 日本刑法第65条也属于这种情形。④ 我国刑法理论中的共同犯罪,虽然与大陆法系的共犯理论不同,但是,司法实践中出现的问题具有相似性。

二、身份之含义

有关"身份"的含义,《辞海》解释为"人的出身、地位或资格"。⑤ 从法律意

---

① 日本1974年制定完成的《改正刑法草案》第31条规定:"加功于因身份构成之犯罪时,无身份者仍以共犯论。但得减轻其刑。因身份而致刑有轻重时,无身份者科通常之刑。"

② 关于共同正犯、教唆犯、从犯之规定。

③ [韩]裴锺大:《刑法总论》(第8改订版),弘文社2005年版,第674页。

④ [日]井田良:《刑法总论的理论构造》,成文堂2006年版,第390页。

⑤ 《辞海》,上海辞书出版社2002年版,第1637页。

上讲,身份的实质在于表明一个人的法律地位。身份一旦作为法律调整的内容,便成为法律身份。法律身份是公民在社会生活中相对稳定的地位或资格,是一定法律关系的体现。由于法律部门的不同,法律身份可以分为民法身份、刑法身份等。① 有关刑法身份,尽管许多国家的刑事立法都有规定,但在具体表述上却不尽相同。比如,德国刑法称之为"特定的个人要素";日本和韩国刑法直接称之为"身份";瑞士刑法称之为"特殊身份关系、资格及情状";意大利刑法则称之为"身份资格关系"。②

根据德国刑法第28条的规定,特定的个人要素分别为纯正身份犯与不纯正身份犯的要件。有关特定的个人要素,根据该法第14条的规定,是指"特定个人本身的属性、关系或事态",所谓属性,是指如性别、年龄等状态,而与个人(自然人)不可分离的精神上、身体上及法律上的特征;所谓关系,是指如担当公务员、法官等资格、与他人的委托关系等;所谓事态,是指属性、关系以外的所有人的要素,如动机等。③

在德国的刑法理论界,并非将所有的有关行为主体的属性与事态都认为是特定的个人要素。另外,通说认为,虽然目的、动机、心情等一时性的心理状态也包含于特定的个人要素之中,但并非所有的主观要素都被理解为特定的个人要素。④ 之所以这样理解,其法律根据在于所谓的特定的个人要素之"特定"这一法律规定。⑤

根据日本最高裁判所的解释,所谓身份,并不限于男女性别、本国人还是外国人、是否具有公务员资格之类的关系,而是泛指与一定犯罪行为有关联的犯人的人际关系的特殊地位或状态。⑥ 可见,日本的判例取的是相当宽泛的定义,从而肯定构成身份,比如,受贿罪中的公务员、强奸罪中的男性,以及肯定加减性身份,比如,常习赌博罪中的常习性,甚至包括《麻药取缔法》第64条第2款规定的"以

① 隋光伟:《刑法身份与身份刑法》,《当代法学》1992年第4期,第45页。
② 李成:《共同犯罪与身份关系研究》,中国人民公安大学出版社2007年版,第11页以下。
③ 陈子平:《论刑法第31条之身份或其他特定关系》,载台湾刑事法学会编著:《共犯与身份》,学林文化事业有限公司2001年版,第9页。
④ [日]十河太郎:《身份犯与共犯从属性》,《爱媛法学会杂志》第25卷第1号(1998年),第136页以下。
⑤ 陈子平:《论刑法第31条之身份或其他特定关系》,载台湾刑事法学会编著:《共犯与身份》,学林文化事业有限公司2001年版,第10页。
⑥ 《刑集》第6卷第8号,第1083页。

营利为目的"。① 在日本的刑法理论界,多数学者基本倾向于判例的立场。

然而,针对以下几种问题是否属于身份,在日本的刑法理论界,则有不同观点的争论。

第一,刑法中的目的是否属于身份? 对此,肯定说认为,身份之所以在刑法中成为问题,是与人的要素和是否成立犯罪以及刑罚轻重有关,虽然说目的是暂时性的东西,但由于是和犯罪行为有关的人际关系的特殊状态,因此,目的应当包含在身份当中。② 相反,否定说则认为,从身份的文理解释来看,要求其具有继续性,无持续性的目的并不属于身份,因此,主观心理要素不应包含在身份概念之中。③

第二,常习赌博罪中的常习性是否属于身份? 主流观点认为,应当将常习性视为刑法第 65 条第 2 款中的加减性身份,因此,常习赌博者参与非常习赌博者的赌博行为时,可以成立常习赌博罪而科以该罪之刑。④ 也有观点认为,常习犯不仅因属于行为者类型要素而与一般的身份犯不同,而且因具有行为类型的性质而与普通的身份犯相同,因此,常习犯也属于身份犯之一种而适用第 65 条第 1 款,从而非常习赌博者教唆常习赌博时,该非常习者应依第 65 条第 1 款成立常习赌博罪,并依第 2 款科以单纯赌博罪之通常之刑。⑤

第三,事后抢劫罪中的盗窃犯人是否属于"身份"? 如果是,那么,事后抢劫罪是属于纯正身份犯还是不纯正身份犯? 对此,日本的判例本身有意见分歧。有判决认为:"事后抢劫罪是以具有盗窃身份者为其主体的身份。"⑥该判例最终依刑法第 65 条第 2 款针对无身份之被告人科以通常之刑,由此可见,该判例将事后抢劫罪视为不纯正身份犯。然而,也判决认为:"即便针对无盗窃身份之人,应适用刑法第 65 条第 1 款、第 60 条而成立抢劫致伤罪的共同正犯。"⑦可见,该判例将事后抢劫罪视为纯正身份犯。针对这一问题,在日本的刑法理论界,同样存在纯正身份犯说和不纯正身份犯说的对立:前者基于事后抢劫的基本罪质属于财产犯罪的观点,主张事后抢劫罪系无盗窃犯人则无法成立的犯罪类型;⑧后者则认为,

---

① 《刑集》第 21 卷第 2 号,第 417 页。
② ［日］大谷实:《刑法总论讲义》,成文堂 1994 年版,第 339 页。
③ ［日］曾根威彦:《刑法的重要问题》(总论),成文堂 1993 年版,第 347 页。
④ ［日］前田雅英:《刑法总论讲义》,东京大学出版会 1998 年版,第 448 页。
⑤ ［日］大塚仁:《刑法概说总论》(第 3 版),有斐阁 1998 年版,第 317 页。
⑥ 《判例时报》第 1172 号,第 155 页。
⑦ 《判例时报》第 1253 号,第 141 页。
⑧ ［日］前田雅英:《刑法总论讲义》,东京大学出版会 1998 年版,第 442 页。

在非盗窃犯人施以强暴、胁迫的情况下,仅成立暴行罪、胁迫罪,而盗窃犯人依第228条所定目的而施以强暴、胁迫者,以事后抢劫罪处罚之。①

有关身份的含义,韩国刑法理论界的主流观点认为:身份作为事关犯罪的一种特别的人的标识,意味着犯人的性质、地位以及状态。具体而言:①犯人的性质包括性别、年龄、身心障碍等人的精神、肉体以及法律意义上的特征。②犯人的地位包括公务员、医生、亲属关系等社会地位或关系。③犯人的状态是指无法包含在上述两种情形下的,作为犯人的特别标识之业务性、常习性。②

有关这一问题,我国刑法理论界的主流观点认为:刑法中的身份是指行为人所具有的影响定罪量刑的特定资格或人身状况。所谓特定资格,指实施某种犯罪所要求的一定资格。所谓人身状况,指有关行为主体的事实情况。③

身份有广义和狭义之分,广义的身份是指行为人本身所具有的特定资格或情况,即使临时具有的特定资格也包括在内;而狭义的身份是指行为人终身或在一定期间内具有的特定资格或情况。④ 刑法身份是指行为人在身份上的特殊资格,以及其他与一定的犯罪行为有关的、行为人在社会关系上的特殊地位或者状态。⑤

三、身份犯的分类

如前所述,在日本刑法理论中,由于有有关共犯与身份的具体规定,因而学者们均围绕这一规定展开论述身份犯的类型。具体可分为形式性分类和实质性分类。⑥

---

① [日]藤木英雄:《注释刑法》(第6卷),成文堂1993年版,第117页。
② [韩]裴锺大:《刑法总论》(第8改订版),弘文社2005年版,第674页。
③ 马克昌主编:《犯罪通论》,武汉大学出版社1999年版,第579页。
④ 高铭暄主编:《中国刑法学》,中国人民大学出版社1989年版,第119页。
⑤ 张明楷:《刑法学》,法律出版社2003年版,第179页。
⑥ 也有观点将身份犯分为三种学说,第一种学说认为,日本刑法第65条第1款是通过构成性身份犯与加减性身份犯而就共犯的成立所作出的规定,第2款则是特别就加减性身份犯对刑法的个别作用所做出的规定。第二种学说认为,第65条是基于"违法连带作用、责任个别作用"这一原理所做的规定,第1款是有关行为违法性的规定,因而是针对违法的连带性的规定;而第2款则是就身份为责任规制要素之时所做的针对责任个别作用的规定。第三种学说则认为,第1款与第2款分别就构成性身份与加减性身份规定了身份的连带作用与身份的个别作用。(参见[日]大谷实著,王昭武译:《共犯与身份》,《法学评论》2005年第4期,第124页。)

（一）形式性分类

根据日本刑法第65条的规定，将身份犯分为纯正身份犯与不纯正身份犯是最常见的分类形式，部分学者倾向于这种分类，也是判例所取的立场。所谓纯正身份犯，又称真正身份犯或构成性身份犯，是指在构成要件中规定的犯罪主体限于有一定身份者的情形，比如受贿罪、贪污罪等，即刑法第65条第1款中所说的"因犯人的身份而构成的犯罪行为"。不纯正身份犯，又称不真正身份犯或加减性身份犯，是指刑法一般没有限制犯罪主体，但由具有一定的身份者实施时规定较重或较轻刑罚的情形，比如保护责任者遗弃罪、常习赌博罪等，即刑法第65条第2款中所说的"因身份而致刑有轻重"的情形。①

韩国刑法理论中的通说取的是形式性分类方法，是基于韩国刑法第33条的传统分类方法。根据身份影响犯罪的具体情况，又可以分为构成性身份、加减性身份。构成性身份，是指身份成为犯罪的构成要件。构成性身份不可或缺的犯罪就是纯正身份犯。比如受贿罪中的公务员或仲裁人；伪证罪中宣过誓的证人；提供虚假诊断书罪中的医生、助产士；侵占罪中的代为保管他人财物者；背信罪中负责处理他人事务者等。不具备这种构成性身份者，无法成为这些犯罪的主体。加减性身份，是指不具备身份虽然可以成立犯罪，但根据身份，可以加重或减轻刑罚的情形。符合加减性身份犯罪的就是不纯正身份犯。②

（二）实质性分类

由于日本刑法中的"共犯与身份"条款最终解决的是身份犯的共犯问题，在引入"共犯与身份"专条第1、第2款后段的"无身份者加功有身份者"的共犯处理规则之后，前述之形式性理解出现了调整，形成了带有实质性意义的类型。"共犯与身份"专条第1款后段所确立的共犯处理规则是"也是共犯"，这大致体现了"共犯的从属性"或"违法的连带性"；第2款所确立的共犯处理原则是"科处通常的刑罚"，这大致体现了"共犯的独立性"或"责任的独立性"。围绕这样的处理原则，形成了以下三种具有代表性的观点：③第一种观点认为，A是纯正身份犯、B是不纯正身份犯，纯正身份犯受第1款"共犯从属性"的制约，不纯正身份犯则受第2款"共犯独立性"的制约，在否认"极端从属性"而主张最小限度的从属性与限制从属性之折中的前提下，认为纯正身份犯都是违法性质的身份犯，不纯正身份犯

---

① ［日］野村稔著，全理其、何力译：《刑法总论》，法律出版社2001年版，第94页。

② ［韩］裴锺大：《刑法总论》（第8改订版），弘文社2005年版，第675页。

③ ［日］大塚裕史：《刑法总论的思考方法》（新版），早稻田经营出版2006年版，第559页以下。

都是责任性质的身份犯。第二种观点认为,A包括纯正身份犯和不纯正身份犯,B仅指不纯正身份犯,对A依据"违法的连带性"处理,对B则依据"责任的独立性"处理,认为不纯正身份犯包括责任性质的不纯正身份犯和违法性质的不纯正身份犯,纯正身份犯仅是违法性质的身份犯。第三种观点认为,A包括纯正身份犯和不纯正身份犯,B仅指不纯正身份犯,对A适用"也是共犯"处理的是定罪问题,对B适用"科处通常的刑罚"处理的则是量刑问题,从第1款是"违法的连带性"、第2款是"责任的独立性"的实质性内容看,认为纯正身份犯是违法性质的身份犯,不纯正身份犯是责任性质的身份犯。

在韩国的刑法理论界,受奥地利刑法第14条的影响,部分观点主张可以适用实质性分类方法,不过,这种主张仍处于少数说的地位。这种主张认为,与违法性发生关联的身份属于违法身份,与法律意义上的非难相关联的身份则属于责任身份。①

另外,在德国的刑法理论界,很少有学者主张将身份犯分为纯正身份犯和不纯正身份犯,大多数学者主张以违法身份与责任身份的区别为前提解决共犯与身份的问题。罗克辛教授是主张将身份犯划分为纯正身份犯和不纯正身份犯的少数学者之一。② 大多数学者是基于身份犯中身份的本质是违法的考量还是非难可能性的考量,将身份犯一分为二。由于正犯以外之任何参与行为,因为其违法性可以从正犯之违法性导出,故该种理论之结论,乃以正犯行为之违法性(法益侵害性)为基础,而加重或减轻之一切情状亦同样的影响其他参与者之可罚性。③

在意大利的刑法理论界,身份犯虽然也有纯正身份犯与不纯正身份犯之分,但在内容上与其他国家不同。其中,纯正身份犯又称"排他性身份犯",是指只能由具有某种身份的人亲自实施的犯罪。而不纯正身份犯指的是可以由具备特定身份的人与其他人共同实施的情况,也就是犯罪主体即使不亲自实施某罪之犯罪构成要件的行为,而是教唆或帮助他人来实施,但该主体仍然构成该罪之正犯的情况。④

---

① [韩]裴锺大:《刑法总论》(第8改订版),弘文社2005年版,第676页。
② [德]克劳斯·罗克辛著,王世洲译:《德国刑法学总论》(第1卷),法律出版社2005年版,第223页。
③ 陈子平:《论刑法第31条之身份或其他关系》,载甘添贵等编:《共犯与身份》,学林文化事业有限公司2001年版,第66页。
④ [意]杜里奥·帕多瓦尼著,陈忠林译:《意大利刑法学原理》,法律出版社1998年版,第90页。

在我国的刑法理论界,主流观点认为:在刑法理论上,通常还将以特殊身份作为主体构成要件或者刑罚加减根据的犯罪称为身份犯。身份犯可以分为真正身份犯与不真正身份犯。真正身份犯是指以特殊身份作为主体要件,无此特殊身份该犯罪则根本不可成立的犯罪。例如,刑法第109条叛逃罪的主体必须是国家机关工作人员,因此,如果行为人不是国家机关工作人员,其行为就不可能成立叛逃罪。不真正身份犯,是指特殊身份不影响定罪但影响量刑的犯罪。在这种情况下,如果行为人不具有特殊身份,犯罪也成立;如果行为人具有这种身份,则刑罚的科处就比不具有这种身份的人要重或轻一些。例如,刑法第243条诬告陷害罪的主体,不要求以特殊身份为要件,即任何年满16周岁、具备刑事责任能力的自然人,均可构成本罪;但是,如果主体具备国家机关工作人员身份,依照刑法第243条第2款的规定,则应从重处罚,换言之,国家机关工作人员身份虽然不是诬告陷害罪的主体要件,但这种特殊身份却是诬告陷害罪从重处罚的根据。本节中论述的犯罪主体的特殊身份,既包括真正身份犯中的特殊身份,也包括非真正身份犯中的身份。① 也有观点认为,"我国刑法总则没有关于共犯与身份的直接规定(可以认为存在间接规定),但刑法分则存在部分规定(参见刑法第382条第3款)。综合总则与分则的规定,大体也能解决共犯与身份的问题"②。

四、与共犯处罚根据之关系

立论于责任共犯论,由于共犯的罪名从属于正犯的罪名,因此,构成性身份犯(纯正身份犯)属于犯罪成立的问题,加减性身份犯(不纯正身份犯)则属于科处刑罚的问题。与此相比,基于行为无价值或违法二元论的不法共犯论,构成性身份犯是事关结果无价值(法益侵害或危险)而发生连带作用,加减性身份犯则事关行为无价值(违反义务等)的身份或责任身份而发挥个别作用。立论于结果无价值的不法共犯论,由于违法连带而责任个别化,因此,构成性身份犯属于违法身份,加减性身份犯则属于责任身份。

具体而言,有关构成性身份犯的连带性与加减性身份犯的个别性之实质根据,应当求之于共犯的处罚根据。这时,由于责任的个别性问题不言自明,因此,这一问题自然属于违法性问题。这一问题的实质性解决,与怎样理解违法性的本

---

① 高铭暄、马克昌主编:《刑法学》(第3版),北京大学出版社、高等教育出版社2007年版,第107页以下。
② 张明楷:《刑法学》(第4版),法律出版社2011年版,第396页。

质(行为无价值和结果无价值)和共犯的不法内容具有密切的关联性。将共犯的处罚根据与正犯所实现的结果进行分离,忽视共犯因果性(责任共犯论、不法共犯论)的观点,原则上肯定共犯应当从属于正犯的身份。如果将共犯的处罚根据求之于与正犯共同引发结果(引起说、因果共犯论),而主张共犯之不法源于正犯之不法,即取修正引起说,那么,应当彻底贯彻违法的连带性,共犯自然从属于正犯身份。与此相反,如果取共犯不法完全独立于正犯不法的纯粹引起说,由于不得不贯彻违法的相对性,其结果,共犯应当从正犯身份独立出来。① 之所以区分共犯与正犯身份发生连带类型和不发生连带两种类型,是因为,将共犯的处罚根据求之于折中引起说(混合引起说)之故。根据这种观点,共犯不法对正犯不法部分从属、部分独立,具体可以分为,共犯的法益侵害从正犯行为引发出的类型和共犯具有独立、固有的法益侵害性类型。

五、身份犯的成立范围

（一）身份之含义

如前所述,有关身份的含义,在中外刑法理论界,有不同观点的对立。其中,日本的判例对身份的定义,取得是相对宽泛的立场。本文认为,在国外部分国家的刑法规定中,确实存在构成性身份犯(纯正身份犯)与加减性身份犯(不纯正身份犯)之间的矛盾关系,不过,为了处理好共犯与身份之间的关系,有必要限定身份的含义。也就是说,有必要限定身份概念的范围。即,针对构成性身份犯和加减性身份犯,有必要将身份限定在"在社会意义或法律意义上,人与人之间所存在的关系中,具有特定义务的地位或资格"。根据上述定义,常习赌博罪中的"常习性"自然不属于身份,由于在身份概念中,不可或缺地需要持续性,因此,像"目的"这种一时性心理要素,自然排除在身份概念之外。在日本的刑法理论界,部分观点将身份分为违法身份和责任身份而宽泛地把握身份概念,这种主张不仅无限制地把握身份概念,与日本刑法第 65 条第 2 款之"因身份致刑有轻重时"发生矛盾,因为该款意味着根据身份致法定刑有轻或有重,因此,不尽妥当。另外,就事后抢劫罪中的"盗窃犯人"而言,在日本的判例和学说中,有纯正身份和不纯正身份之争,但是,根据上述定义,其身份性本身理应予以否定。②

---

① ［日］高桥则夫:《共犯与身份》,载阿部纯二等编:《刑法基本讲座》(第 4 卷),法学书院 1992 年版,第 173 页。

② ［日］高桥则夫:《共犯与身份》,载阿部纯二等编:《刑法基本讲座》(第 4 卷),法学书院 1992 年版,第 172 页。

（二）身份犯的分类

如前所述,有关身份犯的分类,在中外刑法理论界,有形式性分类和实质性分类之争。其实,针对形式性分类和实质性分类,可以将其归纳为以下三种学说:第一种学说,构成性身份犯(纯正身份犯)是通过构成性身份犯与加减性身份犯而就共犯的成立所作出的规定,加减性身份犯(不纯正身份犯)则是特别就加减性身份犯对刑法的个别作用所做出的规定。第二种学说,构成性身份犯与加减性身份犯是基于"违法连带作用、责任个别作用"这一原理所做的规定,构成性身份犯是有关行为违法性的规定,因而是针对违法连带性的规定;而加减性身份犯则是就身份为责任规制要素之时所做的针对责任个别作用的规定。第三种学说,构成性身份犯与加减性身份犯分别就构成性身份与加减性身份规定了身份的连带作用与身份的个别作用。

在上述三种学说中,第一种学说认为,加减性身份犯也属于"基于犯人的身份而构成的犯罪行为",并且,日本刑法第 65 条第 1 款的"亦为共犯"这一规定意味着非身份者同样可以构成身份犯的共犯。因此,第 65 条第 1 款是通过构成性身份犯和加减性身份犯而就共犯的成立所作出的规定,由于第 2 款规定"处通常之刑",因此,这是特别针对加减性身份犯的科刑所做的规定。① 根据这种学说,在并不具有常习性的 A 教唆具有常习性的 B 实施赌博行为的情形下,B 成立日本刑法第 186 条第 1 款的"常习赌博罪"的正犯,A 则根据第 65 条第 1 款的规定成立"常习赌博罪"的教唆犯,然后再根据第 2 款的规定适用第 185 条的"单纯赌博罪"的刑罚。另外,在 A 教唆 B 遗弃 B 的老父的情形下,B 为"保护责任者遗弃罪"的正犯,A 则根据第 65 条第 1 款的规定构成"保护责任者遗弃罪"的教唆犯,然后再根据第 2 款的规定,在"单纯遗弃罪"的教唆犯的范围内适用刑罚。

第一种学说是站在"犯罪共同说"的立场理解共犯本质的。即,共犯的本质在于为实现特定的犯罪而共同实施或参与。比如,要成立"保护责任者遗弃罪"的共犯,必须是为实现该罪而共同实施实行行为,或者以教唆、帮助等形式实施参与行为,从而构成"保护责任者遗弃罪"的共同正犯、教唆犯或帮助犯。由此可见,不管共犯者是不是保护责任者,只要共同实施"保护责任者遗弃罪"的行为,或者通过参与而使正犯实现了该罪,那么,该共犯作为"保护责任者遗弃罪"的共犯,其罪名就必须与正犯的罪名相同。在共犯罪名必须与正犯罪名相同这一层意义上,这种学说又可以称之为"罪名从属性说"。这种主张基于罪名从属性的立场,认为第

---

① ［日］团藤重光:《刑法纲要总论》(第 3 版),创文社 1990 年版,第 418 页。

65 条第 1 款与第 2 款之间并不矛盾。二人以上成立同一犯罪,必须就像共同正犯那样,共同实施特定的构成要件行为,由于教唆犯或帮助犯是通过参与身份者的犯罪行为而得以实现特定的犯罪,因此,无论是构成性身份犯还是加减性身份犯,一概"亦为共犯"。这种学说之所以主张构成性身份犯无共同实行行为可言,以及第 65 条第 1 款并不包含共同正犯,正是因为严格贯彻了犯罪共同说的宗旨。比如,由于非公务员不可能实施"受贿罪",因此,非公务员与公务员也不可能共同实现"受贿罪",进而不能认定构成性身份犯的共同正犯。这种学说的最终结论是:第 65 条第 1 款并不考虑该身份犯究竟是构成性身份犯还是加减性身份犯,而只是就身份犯的共犯,即,就教唆犯与帮助犯的成立所做的规定。基于此,能够对第 1 款的构成性身份犯和第 2 款的加减性身份犯进行统一的解释,但是,究竟如何解释第 2 款中的"处通常之刑",这种学说语焉并不详。

这种学说的致命缺陷是:第一,正如前有所述之"保护责任者遗弃罪"的例子那样,缘何将犯罪的成立和科刑予以分离? 也就是说,就不纯正身份犯而言,所成立的犯罪与成为予以处罚基础的犯罪不同,其结果,与刑罚应当基于所成立的犯罪而科处,这一刑法的基本原则相抵触。第二,这种学说依然没有解决第 1 款和第 2 款之间的矛盾。即,这种学说即便在罪名问题上彻底贯彻身份的连带性,但是,在科处刑罚这一点上,既然主张身份的个别化,那么,仍然未能解决固有的矛盾。① 正是上述缺陷,使得这种学说渐渐失去了支持者。

第二种学说立论于违法身份、责任身份的立场,试图对第 1 款和第 2 款之间的矛盾予以合理的解释。这种学说认为,认定第 1 款的连带作用、第 2 款的个别作用,并非出于是构成性身份还是加减性身份这一理由,而应基于"违法的连带作用、责任的个别作用"这一命题来解决。也就是说,由于违法是以法益侵害为本质,而法益侵害可以由二人以上连带引起,因此,第 1 款是就违法身份而言,规定犯罪的成立与处罚可以连带性地发挥作用;与此相反,第 2 款则是就责任身份而言,规定犯罪的成立与处罚只能个别地发挥作用。换言之,作为法益侵害的违法与形式上是规定为构成性身份还是加减性身份没有关联,由于所有参与者可以连带实现犯罪,因此,犯罪的成立可以理解为连带作用。反之,每一个犯罪参与者的责任则作为个人独有的问题而可以个别评价,因此,以身份为基础的责任即责任身份无论是构成性身份还是加减性身份,往往只是个别地发挥作用,那么,"针对不具有身份者,处通常之刑"就是指对责任身份者与非身份者分别按照各自的法

---

① ［日］大塚裕史:《刑法总论的思考方法》(新版),早稻田经营出版 2006 年版,第 558 页。

定刑予以处罚。由此可见,如果认为第 65 条第 1 款是有关违法身份的规定、第 2 款是有关责任身份的规定,那么,即便是构成性身份犯,在其身份是属于有关责任的身份之时,该犯罪并不连带作用于非身份者;相反,即便是加减性身份犯,在该身份是有关法益侵害的身份之时,则连带性地发挥作用。这种学说以实质性根据为基础,试图解消第 1 款与第 2 款之间的矛盾。

第二种学说的缺陷主要有以下两点:第一,即便是构成性身份犯,只要属于责任身份犯,那么,就会出现与前述例子相同的问题,即共犯并不能受到处罚,可以说,这种结论不尽妥当,同时也不合乎刑法的规定。正如"常习强行要求会面罪"的例子所反映的那样,如果没有非身份者的参与便不会有正犯行为的实施,却以不能认定非身份者存在任何责任而决定不可罚,显然不合理。由于并不存在单纯强行要求会面罪这一构成要件,那么,适用第 65 条第 1 款,将非身份者作为"常习强行要求会面罪"的共犯予以处罚,显然更为自然。第二,这种学说以违法身份与责任身份之间的区别不言自明为前提,但这一前提本身就有问题。具体而言,日本刑法第 202 条的"同意杀人罪"以同意的存在为要件,而将刑罚减轻至 7 年以下有期徒刑,其根据可能在于,因对方已经同意,因而杀人行为的违法性得以减少这一层意义上的违法身份,以及杀害同意者的行为其责任得以减轻这一层意义上的责任身份。从这一意义上看,究竟是违法身份还是责任身份不仅难以区别,而且也不应忽视政策性考虑,因此,可以说这种学说的前提本身就存在问题。①

本文倾向于第三种学说,理由是:第一,这种主张针对条文如实进行解释,认为第 65 条第 1 款是有关构成性身份犯的规定,而第 2 款是有关加减性身份犯的规定。虽然我国刑法没有直接规定,但比较符合我国的实际情况。根据这种主张,针对"受贿罪"这一构成性身份犯,如果非身份犯参与该犯罪,由于身份发挥连带作用,则非身份者构成"受贿罪"的共同正犯、教唆犯或帮助犯,可以在"受贿罪"的刑罚范围内予以处罚。另外,作为责任身份犯的"常习强行要求会面罪",由于非常习者所实施的强行要求会面行为并不受处罚,因而属于构成性身份犯,如果非常习者参与该罪则构成共犯,同样可以在该罪刑罚范围内予以处罚。第二,如果非保护义务者参与保护义务者所实施的遗弃需要扶助者的行为,正犯构成"保护责任者遗弃罪",同时作为加减性身份犯而适用第 65 条第 2 款,参与者构成"单纯遗弃罪"的共犯。反之,如果保护义务者参与非保护义务者的行为而实施"遗弃

---

① ［日］大谷实著,王昭武译:《共犯与身份》,法学评论 2005 年第 4 期,第 126 页。

罪"，正犯则构成"单纯遗弃罪"，参与者构成"保护责任者遗弃罪"的共犯。①

（三）与共犯处罚根据之关系

有关共犯的处罚根据，本文倾向于因果共犯论（引起说）中的折中引起说。具体而言，违法性的实质是偏离社会相当性的法益侵害或者危险，共犯的违法性不仅仅是侵害法益的结果无价值，侵害法益的方法、形态之类的行为无价值也必须考虑在内，因此，共犯的处罚根据，仅仅是和正犯引起的法益侵害结果具有因果关系还不够，还必须是以帮助、教唆的方法，为正犯侵害法益做出了贡献。即共犯的违法性，一半以正犯行为为基础，一半以共犯行为本身的违法性为基础。② 折中引起说一方面承认共犯不法的独立性，另一方面，从限制正犯概念的立场出发，又强调共犯本身并不能直接侵害法益，它必须通过正犯的行为，才能侵害法益。即认为由共犯行为所引起的法益侵害的危险性是抽象的危险犯或预备行为的危险性，必须有正犯行为所引起的法益侵害的具体危险存在之后，才能形成共犯的结果无价值。由此可见，正犯的不法限定共犯不法的上下限，在这一层意义上共犯从属于正犯。这种从属性不是单纯事实上的依存性，而是具有法律意义上的决定性性质。它使分则构成要件的内容限制总则共犯规定的成立范围，从而有效地防止刑罚的过度扩张。

折中引起说把要求正犯符合构成要件的不法行为或者理解为"基于构成要件明确性的法律意义上的依赖性"，或者作为"共犯行为的法治国家的限定"看待。在这种情况下，共犯的处罚根据在第一层意义上是因为引起"符合构成要件的结果"，或者"侵害对共犯也应受保护的法益"。这种学说借助明确性、限定性要求，通过要求"存在正犯不法"制约共犯的处罚范围。因此，被杀者实施的嘱托杀人的教唆因为没有引起"他杀"是不可罚的；犯人实施的隐灭证据的教唆既然没有"由正犯实施的对他人证据的隐灭"，这一共犯也是不可罚的。而且，这种学说所说的共犯对正犯符合构成要件不法的"从属"，只具有制约处罚共犯的"必要条件"的

---

① ［日］大谷实著，王昭武译：《共犯与身份》，法学评论 2005 年第 4 期，第 126 页以下。当然，这种主张并非十全十美，只是相对合理而已。正如批判的观点所指出的那样，这种主张也有以下缺陷：第一，正如难以区分违法身份犯与责任身份犯那样，区分构成性身份犯与加减性身份犯也有难度。第二，构成性身份犯中的连带作用与加减性身份犯中的个别作用，其实质性根据并不十分明确。第三，就"保护责任者遗弃罪"而言，在保护义务者参与并不具有保护义务的人所实施的遗弃需要扶助者的情形下，按照这种学说，保护义务者构成"保护责任者遗弃罪"的共同正犯、教唆犯或帮助犯，但这种结论如果不取共犯独立性说，很难令人接受。

② ［日］大谷实著，黎宏译：《刑法总论》，法律出版社 2000 年版，第 300 页以下。

意义,不带有"连带作用"的意思。①

六、结论

如前所述,在因果共犯论(引起说)的内部,就怎样理解和把握违法性的相对性而分成三种观点。在这里,共犯者引起的不法事态并不等于正犯者引起的不法事态。纯粹引起说重视共犯的不法,因此,将共犯的不法视为共犯的处罚根据。修正引起说则重视正犯的不法,因此,如果能够肯定正犯的不法,就可以以从属的形式肯定共犯的成立。折中引起说则以共犯引起违法事态为中心,同时要求引起正犯的不法。

围绕正犯不法和共犯不法的认定与处罚,具体存在二种情况。

第一,是否应将作为正犯无法处罚的行为者以共犯加以处罚,即无身份者参与只有身份者才能构成犯罪的身份犯之罪的问题。比如,就日本刑法第134条泄露秘密罪而言,如果非身份者之护士教唆身份者之医生泄露患者的秘密时,由于泄露秘密罪的保护法益并不限于个人的秘密,同时还包括针对医生这一职业的信赖,因此,护士完全可以通过医生侵害上述法益。非身份者所实施的泄露秘密行为本身虽然不属于可罚的违法性行为,但是,如果非身份者通过有身份者泄露秘密时,针对教唆者来说,可以说引发了刑法意义上的违法事态。② 因此,护士的行为构成泄露秘密罪的教唆犯。另外,以强盗犯人为犯罪主体的强盗杀人罪(日本刑法第240条)也属于身份犯,而且一般认为是不纯正身份犯,当甲教唆乙实施强盗杀人行为时,由于甲本身也通过乙侵害了强盗杀人罪所保护的法益,因此,构成强盗杀人罪的教唆犯。与此相比,以具有身份为由的有关刑罚加重的事例中,在没有独立保护法益的情况下,非身份者之共犯只成立通常的犯罪,这便是折中引起说的结论。比如,没有保护责任的非身份者教唆保护责任者遗弃被害者的情形下,保护责任者这一身份本身虽然属于违法要素,但在共犯关系上,由于没有实现保护责任者遗弃这样一个处罚更重的违法行为,因此,只成立单纯遗弃罪的教唆犯。这便是违法性的相对化,所谓违法性的相对化,是指某一法益对正犯者来说是被保护的,但对共犯者来说并没有被保护,即根据法益性质的不同而被相对化。比如,X教唆Y伤害X自己的身体的情况下,X的身体这一法益对Y来说是受到保护的,但是从X的角度来说并不受到保护。因此,Y的行为虽然有可能违法,X

---

① 　[日]松宫孝明:《刑事立法与犯罪体系》,成文堂2003年版,第283页。
② 　[日]井田良:《刑法总论的理论构造》,成文堂2006年版,第320页。

的行为并不违法(无共犯之正犯)。① 需要注意的是,根据人的主观要素,正犯与共犯之间的违法性的相对化在较为宽泛的范围内得到肯定,违法性的连带性只限于原则意义上。

我国刑法规定的贪污罪是身份犯,没有国家工作人员身份的人不能单独构成贪污罪,但是,如果没有国家工作人员身份的人教唆国家工作人员进行贪污,就可以以贪污罪的教唆犯论处。对此,我国刑法第382条第3款规定:"与前两款所列人员勾结,伙同贪污的,以共犯论处。"有关这里的"伙同贪污",最高人民法院《关于审理贪污、职务侵占案件如何认定共同犯罪几个问题的解释》第1条指出:"行为人与国家工作人员勾结,利用国家工作人员的职务便利,共同侵害、窃取、骗取或者以其他手段非法占有公共财物的,以贪污罪共犯论处。"这一司法解释仍然没有对伙同的具体行为方式加以描述,也未指明共犯的具体类型,但在刑法理论上一般认为,这里的以共犯论处,包括教唆犯,因而伙同贪污包含教唆国家工作人员贪污的情形。② 又比如,强奸罪也是身份犯,强奸罪的正犯只能是男子,妇女不能单独构成强奸罪(有可能构成间接正犯),但妇女可以构成强奸罪的教唆犯。最高人民法院、最高人民检察院《关于当前办理强奸案件中具体应用法律的若干问题的解答》第7条规定:"妇女教唆或帮助男子实施强奸犯罪的,是共同犯罪,应当按照她在强奸犯罪活动中所起的作用,分别定为教唆犯或从犯,依照刑法有关条款论处。"由此可见,无论是根据我国刑法的相关规定还是司法解释,对于无身份者教唆有身份者实施身份犯之罪,对无身份者都应以身份犯的共犯论处。

第二,有身份者教唆无身份者实施无身份者不能构成之罪。针对有身份者教唆、帮助无身份者实施不纯正身份犯的情况,由于各国刑法均无明文规定,因此,有关这一问题,在中外刑法理论界有较大的争议。有关这一问题,在日本的刑法理论界,有两种观点的对立:第一种观点认为,有身份者成立不纯正身份犯的共犯,无身份者成立非身份犯的正犯。比如,在儿子教唆第三人杀害自己父亲的情况下,按照这种观点,儿子构成杀害尊亲属罪的教唆犯,第三人则构成故意杀人罪的正犯。第二种观点认为,这种情况可以直接适用共同犯罪的一般理论即可。因此,作为教唆者的儿子,构成一般杀人罪的教唆犯。③ 有关这一问题,在我国的刑法理论界,也有两种观点的对立:第一种观点认为,教唆犯按照他所教唆的犯罪定

---

① [日]井田良:《刑法总论的理论构造》,成文堂2006年版,第321页。
② 陈兴良、周光权:《刑法学的现代展开》,中国人民大学出版社2006年版,第343页。
③ [日]山口厚:《问题探究刑法总论》,有斐阁2001年版,第248页。

罪处罚,帮助犯按照他所帮助的实行犯实施的犯罪定罪处罚。具有特定身份的人教唆没有特定身份的人实施某一犯罪行为,在两者可以构成不同犯罪的情况下,具有特定身份的人只能构成没有特定身份的人的犯罪的教唆犯,而不能构成法律要求犯罪主体具有特定身份的犯罪的教唆犯。比如,邮电工作人员教唆非邮电工作人员毁弃邮件,对非邮电工作人员自应以侵犯通信自由罪论处,对邮电工作人员则应以侵犯通信自由罪的教唆犯论处,而不应视为毁弃邮件罪的教唆犯。① 第二种观点则认为,具有特定身份的人教唆没有特定身份的人实施某一犯罪行为,在两者可以构成不同犯罪的情况下,具有特定身份的人可以构成法律要求犯罪主体具有特定身份的犯罪的教唆犯,而不能构成没有特定身份的人的犯罪。例如,邮政工作人员教唆非邮政工作人员毁弃邮件,对邮政工作人员应以毁弃邮件罪的教唆犯论处,非邮电工作人员则构成侵犯通信自由罪。②

本文认为,在有身份者教唆、帮助无身份者实施无身份者不能构成之罪的情况下,由于无身份者所实现的构成要件中,已经包含了身份犯的构成要件,因此,有身份者成立身份犯的共犯。具体而言,共犯从属性说在本质上认为,在共犯关系的结构中,教唆行为、帮助行为通过实行行为间接地实现了犯罪,其犯罪性虽然来源于自身,但却通过实行行为侵害法益,因此,这种从属性是法益侵害的从属性。当然,针对实行行为所侵害的法益的考察不能从共犯关系中拆开来单独考察,而应综合整个共同犯罪的情形来理解。③ 按照这种逻辑,在儿子教唆他人杀害自己父亲的情况下,如果他人认识到了父子关系这种事实,仍然实施杀人行为,那么,其作为正犯者所侵害的就是故意杀害尊亲属罪的正犯,儿子应作为故意杀害尊亲属罪的教唆犯。

---

① 马克昌主编:《犯罪通论》,武汉大学出版社1999年版,第592页。
② 吴振兴:《论教唆犯》,吉林人民出版社1986年版,第167页。
③ 阎二鹏:《共犯与身份》,中国检察出版社2007年版,第241页。

第七章　片面共犯

共同犯罪的成立,主观上需要有共同犯罪的故意,即构成共同犯罪必须二人以上具有共同的犯罪故意。而所谓共同犯罪故意,是指各共同犯罪人认识到他们的共同犯罪行为会发生危害社会的结果,并希望和放任这种结果发生的心理态度。从犯罪客观方面来看,构成共同犯罪必须二人以上具有共同的犯罪行为。所谓共同的犯罪行为,指各行为人的行为都指向同一犯罪,互相联系,互相配合,形成一个统一的犯罪活动整体。① 所谓片面共犯,是指共同行为人的一方有与他人共同实施犯罪的意思,并协力于他人的犯罪行为,但他人却不知道其给予协力,因而缺乏共同犯罪故意的情况。② 有关片面共犯是否能够成立,即这种片面行为是否按共犯处理,在中外刑法理论界,存在激烈的争论。在司法实践中,大量存在着片面共犯的事实,刑法理论上如果否定片面共犯是共同犯罪,就割裂了片面共犯与其所配合的犯罪行为的联系,使得司法实践中的片面共犯行为因找不到法律依据而无法予以处罚,从而放纵犯罪;如果以共犯处罚,则缺乏理论上的依据。因此,这类现象的出现给共犯理论提出了新的思考,也是片面共犯理论发展的前提。

一、片面共犯争论之理论前提

(一)犯罪共同说

犯罪共同说强调构成要件的定型性,主张共犯就是数人共同实施特定的犯罪,比如,就构成要件被特定的盗窃罪而言,二人以上出于实现盗窃罪构成要件的意思,共同实施该犯罪的构成要件行为的情况下,就是共同犯罪。③ 按照这种主

---

① 高铭暄、马克昌主编:《刑法学》(第三版),北京大学出版社、高等教育出版社 2007 年版,第 178 页。
② 马克昌:《犯罪通论》,武汉大学出版社 1999 年版,第 514 页。
③ [日]大塚仁:《刑法概说》(总论)(改订增补版)有斐阁 1992 年版,第 192 页。

张,是否成立共犯,除了应当考虑各犯罪行为人是否具有共同犯罪的意思之外,还应当考虑客观的犯罪事实是否在同一犯罪构成范围之内;各个共犯者的犯罪意思和客观行为如果分属于不同的犯罪构成,那么,无法成立共同犯罪,即各个共犯者所成立的犯罪的罪名必须同一,因此,在这种主张看来,所谓的共同犯罪,就是"数人一罪"。在犯罪共同说的内部,又有完全犯罪共同说和部分犯罪共同说的对立。

完全犯罪共同说认为,数人共同实施一个或者同一的故意犯的情形,才是共同犯罪。具体而言,包括以下内容:首先,强调相同的犯罪事实。如果二人以上共同实施某种行为,但各人的行为意义不同,则不成立共犯。比如,二人共同向被害人所在的方向开枪,其中,一人基于杀人的意思而击中被害人的头部,另一人出于伤害的意思而击中了被害人的腿部,在这种情况下,尽管两个人同时实施了侵害被害人的犯罪行为,由于两个人的犯罪行为的性质不同,因此,两个人之间不能构成共同犯罪,只能分别构成故意杀人罪和故意伤害罪。其次,强调相同的犯罪意思。成立共犯,各个行为人之间必须具有共同的犯罪意思,否则,就不能成立共犯。数人之间,有的出于故意,有的出于过失的情况下当然就不能构成共同犯罪。即便都出于故意,如果各自的故意的内容不同,也不能成立共犯。在共同正犯的情况下,各个人之间除了各自实施行为之外,还必须具有共同实施特定犯罪的意思上的联络,因此,过失共犯也就没有成立的余地。即使数人之间有共同的犯罪行为,如果没有共同的犯罪意思的情况下,则分别成立单独犯而非共犯。比如,A基于伤害的故意,B则出于杀人的故意,共同向 C 施加暴行,将 C 打死的情况下,尽管二人之间具有共同实施暴力的行为,由于在主观上没有共同犯罪的故意,因此不能构成共同犯罪,只能分别以故意伤害罪和故意杀人罪定罪处罚。由于完全犯罪共同说存在上述缺陷,目前,在大陆法系的刑法理论界,有关共犯本质的争论主要集中在部分犯罪共同说与行为共同说之间。

部分犯罪共同说继承了完全犯罪共同说的理念,强调共同犯罪就是数人共同实施具有相同犯罪构成的行为,与完全犯罪共同说的区别在于,部分犯罪共同说并不要求数人所实施的犯罪完全相同,而是只要具有部分一致就够,即数人所共同实施的不同犯罪之间,如果具有构成要件上的重合,那么,在此重合的限度之内,就可以成立共同犯罪,①这是日本的通说。比如,在 A 以伤害的故意,B 以杀人的故意,共同向 C 施加暴行,结果将 C 打死,但无法查清究竟是谁的行为引起了C 死亡结果的情况下,按照部分犯罪共同说,尽管因为 A 并不具有杀人罪的犯罪

---

① 张明楷:《刑法的基本立场》,中国法制出版社 2002 年版,第 268 页以下。

故意,因此不能和 B 一起成立故意杀人罪的共同犯罪,但是,由于在杀人罪的故意中,已经包含有较轻的伤害罪的故意,而在杀人的行为当中,同样包含伤害行为在内,因此,A 和 B 之间,由于在故意伤害(致死)罪的范围之内具有重合性,因此,二者之间可以成立故意伤害(致死)罪的共同正犯。其中,由于 B 的行为超出了 A、B 之间重合的范围,B 除了与 A 一起成立故意伤害罪的共同正犯之外,还要对故意杀人的结果承担责任,即成立故意杀人罪的单独犯。由于 B 的故意杀人罪的实行行为与 A 之间成立的故意伤害罪的共同正犯的实行行为,实际上是一个行为,因此二者之间成立想象竞合,可以依照"从一重处罚"的原则,成立故意杀人罪。按照部分犯罪共同说,在前述的例子当中,A 最终成立故意伤害罪(共同犯罪),而 B 只成立故意杀人罪。本文倾向于这种观点。

(二)行为共同说

行为共同说认为,共同正犯的共同是指行为的共同,也就是说,只要行为人实施了共同的行为,就可以成立共同正犯,并不要求必须是同一或者特定的犯罪,"数人数罪"是这种学说的本质特征。不过,在行为共同说的内部,围绕怎样理解"行为共同"的意义,又有主观行为共同说和客观行为共同说的对立。

主观行为共同说主要为早期的主观主义犯罪论所提倡,比如,主观主义刑法学家牧野英一博士认为:"恶性表现为犯罪时,并不意味着数人共犯一个罪;在主观上理解犯罪时,认为共犯是由数人的共同行为来完成那种犯罪,应该说是妥当的。依照这种思路想下去的话,首先要有共同预谋的事实,并根据这种事实来论述犯罪的成立。共同的事实并不等于所考虑的法律上构成的犯罪事实,这种事实常会跨越几个犯罪事实,或者可能仅限于一个犯罪事实中的一小部分。而且,并非一定需要那些人具有同样的故意。在他们的共同行为中,对于甲的犯意来说,应构成甲罪,而对于乙犯意则应构成乙罪。"[1]也就是说,这种观点认为,客观上首先预定一个"共同的事实",以这一事实为基础讨论犯罪的成立。作为共同犯罪的主观要件,针对各个共犯者来说,只要具有共同的意思就已足够,并不一定要求故意的共同化,因此,故意的共同正犯自不待言,即便是过失的共同正犯,故意犯和过失犯之间的共同正犯都有可能成立。同时,由于犯罪是行为人的社会危险性的征表,因此,共同犯罪中的"共同",就是与构成要件没有关联的自然行为的共同,两个以上的行为人,为了实现各自的犯罪意图而共同实施行为的情况下,既可以

---

[1]　[日]木村龟二主编,顾肖荣、郑树周译校:《刑法学词典》,上海翻译出版公司 1991 年版,第 348 页。

成立共犯。比如,甲出于杀人、乙出于放火的故意而共同实施行为的情况下,不管两个行为是否符合同一的构成要件,二者都是共犯,只是在定罪上,按照各自的主观意思来定各自的犯罪而已。行为共同说的目的在于避免犯罪共同说所带来的团体责任的嫌疑,彻底贯彻近代刑法所坚持的个人主义原则。

客观行为共同说则认为,从参与共同犯罪的不同的个人来看,共犯的本质是共同实行各自的犯罪,各个共犯人之间并不要求具有罪名的同一性,也不要求具有共同的犯罪意思,换言之,共同犯罪并不是因为借用他人的可罚性或者与他人共同担负责任而受处罚,而是因为为了实现自己的犯罪而利用他人的行为,扩大自己的因果性的影响范围,也就是根据行为的共同,相互将他人的行为视为自己行为的延伸而纳入自己的行为,正因为如此,将针对所发生的结果也能全部归责于不同的参与人。因此,针对各个参与者来说,共同实施符合构成要件的违法行为是完全可能的,而不是什么构成要件之前的自然行为的共同。也就是说,行为共同说与构成要件之间并不存在矛盾。成立教唆犯、帮助犯之类的狭义共犯,必须具有符合共犯构成要件的违法行为,这是理所当然的,在共同正犯当中,所有参与者也必须具有符合构成要件的实行行为,因此,在古典的构成要件论的立场上,取行为共同说,并不存在理论上的矛盾之处。① 这种主张是日本刑法理论中的有力说。

根据客观行为共同说,在 A 基于伤害的意思,B 出于杀人的意思,二人共同袭击 C,致 C 死亡,但是,在无法查清谁的行为引起了死亡结果的情况下,既然 A 和 B 二人具有共同加害于 C 的行为,则不问其二人的犯罪意思是否相同,均可以以共同正犯处罚,不过,二人在实施行为时的主观意思不同,因此,A 对 C 要承担故意伤害致死的罪责(因为 A 虽然没有杀人的故意而只有伤害的故意,但伙同他人即 B 对 C 进行砍杀,则表明其处于对 C 的死亡难以预料的状态,对 C 的死亡应当能够预见),B 对 C 应当承担故意杀人罪既遂的罪责。

(三)我国的通说

有关共犯的本质,我国的通说似乎倾向于完全犯罪共同说。比如,有观点认为:"实施犯罪时故意内容不同的,不构成共同犯罪。例如,甲、乙共同用木棍打击丙,甲是伤害的故意,乙是杀人的故意,结果由于乙打击丙的要害部位致丙死亡,由于没有共同的犯罪故意,不能按共同犯罪处理,只能按照个人的主客观情况分

---

① [日]山中敬一:《刑法总论 II》,成文堂 1999 年版,第 751 页。

别定罪,即甲定故意伤害罪,乙定故意杀人罪。"①类似的观点同样认为:"两人以上实施犯罪时故意内容不同的,不构成共同犯罪。共同犯罪故意是二人以上共同实施同种犯罪的故意。如果实施犯罪时故意的内容不同,就背离了共同犯罪的本意。因而也不能构成共同犯罪。例如一人基于伤害的故意,另一人是基于杀人的故意,即使是先后或同时对同一对象实施的,也不能视为共同犯罪,只能按照各自的罪过和行为分别处理。"②另外也有观点基于"共同犯罪的主客观统一说"认为:"只有在两个以上达到刑事责任年龄、具有刑事责任能力的人之间,才能构成共同犯罪","共同犯罪不仅在一个犯罪构成内可以成立,而且在同一犯罪内的数个犯罪构成之间也可以成立。"③

二、有关片面共犯的中外学说

(一)国外的学说之争

(1)否定说

国外的否定说又可以分为全面否定说和部分否定说。

全面否定说既否定片面共同正犯,同时也否定片面帮助犯。立论于犯罪共同说和共同意思主体说的观点,一般主张全面否定说。④ 共同意思主体说,最初是作为说明仅仅参与共谋而没有着手实行犯罪的人也要作为共同正犯处理的所谓"共谋共同正犯"的原理而提出来的,但是,随后迅速遍及其他领域,成为对教唆犯、帮助犯在内的共犯适用的一般原理。这一学说着眼于异心别体的二人以上的人为了实现同一目的而结合成为一体的社会现象,主张共同犯罪就是二人以上的人为了实现一定的犯罪目的,通过共谋而形成的"共同意思主体"。作为共同意思主体的活动,在由此共同体中的一人以上的人在共同目的之下实施犯罪的情况下,就肯定共同意思主体的活动,所有的共同参与人都成为共同正犯,依照民法中的合伙理论,共同意思主体当中的每个人,针对共同意思主体中的其他人所引起的结果,承担共同正犯的刑事责任。因此,就刑事责任的归属而言,本应归于由各个共犯所形成的、超越于各个共犯个人的共同意思主体,但该"共同意思主体"是各个共犯者个人为实现犯罪的目的而暂时形成的违法存在,无法对其论科罪责,

---

① 高铭暄、马克昌主编:《刑法学》(第三版),北京大学出版社、高等教育出版社 2007 年版,第 181 页。
② 王作富主编:《刑法》(第 3 版),中国人民大学出版社 2007 年版,第 185 页。
③ 陈兴良:《共同犯罪论》(第 2 版),中国人民大学出版社 2006 年版,第 56 页。
④ [日]西田典之、山口厚主编:《刑法的争论点》(第 3 版),有斐阁 2000 年版,第 104 页。

因此,只能对构成该"共同意思主体"的个人,追究其罪责。①

比如,倾向于共同犯罪主体说的观点认为,"作为共犯成立要件的意思疏通,必须是相互的,例如甲知道乙的犯意,单方面参与乙的犯罪这种'片面共犯'的场合,不成立共犯;从而甲的参与,除了其本身独立成为某些犯罪的场合之外,甲为无罪。"②根据全面否定说,针对片面共犯现象,要么作为单独犯处理,要么只能是无罪。

部分否定说,是指否定片面共同正犯但肯定片面帮助犯的主张,这是立论于犯罪共同说的一种主张,是日本的通说,也是判例所取的立场。比如,主张犯罪共同说的观点认为,"是否应当承认片面共同正犯的观念,必须以刑法第60条的解释为出发点。根据肯定说,认为是片面共同正犯的情形,必须考虑是否符合同条共同实行的要件。同条规定,共同正犯者'皆为正犯',这是解决问题的关键。即,共同正犯者,不仅对自己所实施的行为,而且对其他共同者所实施的行为,或者由此所引起的结果,都要承担作为正犯者的责任。因此,共同正犯者,必须是适合承担这种共同责任的人。也就是说,共同正犯者应当限于互相利用对方的行为,补充对方行为的不足,共同实行犯罪的人。只有是这样的同伴关系,才有对其他共同者实施的行为也要追究正犯责任的合理性。因此,如果共同者之间只有片面的认识,就处于无法充分利用对方行为的状态,追究这样的人的共同正犯的责任,就有失妥当,所以必须否定片面共同正犯概念。但是,即使否定片面共同正犯,针对肯定说所举的片面共同正犯的事例,在处理上也不会有任何问题……即,否定片面共同正犯,并不与否定片面从犯有直接关联。根据刑法的解释,肯定片面从犯是正确的。刑法规定从犯的要件是'帮助正犯'(第62条),所谓帮助,只是单纯的协助之意思。如果从犯者以帮助的意思对正犯者的实行行为实施帮助行为,只要使正犯者的实行变得容易,就应当成立从犯,并不以从犯者与作为被帮助者的正犯人之间具有意思上的联络为要件。而且,刑法对从犯的处理,也与共同正犯的'皆为正犯'不同,规定的是'从犯比照正犯之刑减轻(第63条)'。从犯者,为了有利于正犯的实行,给予了援助,只不过对自己的帮助行为承担责任,所以承认片面从犯,不会有任何实质性不妥。"③

需要注意的是,立论于犯罪共同说,难以肯定片面共犯;而立论于行为共同

①　黎宏:《刑法总论问题思考》,中国人民大学出版社2007年版,第471页。
②　[日]西原春夫:《刑法总论》(下卷)(改订准备版)成文堂1995年版,第384页。
③　[日]大塚仁:《犯罪论的基本问题》,有斐阁1982年版,第326页以下。

说,相对容易肯定片面共犯。但是,即便立论于行为共同说,也有观点否定片面共犯,比如,"在共同正犯中,共犯者不仅是通过自己的行为,而且还相互利用成为规范障碍的他人的某种意义上的违法的行为去实现各自的犯罪,所以共同正犯的成立必须要有行为者之间对于该违法行为的实施进行充分的了解和意思沟通。因此,片面的共同正犯否定着这一点。在这种场合应理解为承担单独正犯(同时犯)或者片面性从犯的责任"①。

(2)肯定说

肯定说既肯定片面共同正犯,又肯定片面帮助犯。立论于行为共同说的观点,一般倾向于肯定说。比如,有观点认为,"共同正犯的成立要件,只需要利用者有利用被利用者犯罪行动的意思,与被利用者一方的认识与意识完全无关,因此,应当承认片面共同正犯。……以上观点概括地说,即共犯中的一个人与单独犯都是同样的(共犯单独犯说),这一点共谋共同正犯也不例外。在谋议中,自己占据主导地位,制定犯罪的实行计划。而这一计划具有强制力,对其他行为人的行动产生影响,通过这种因果关系,可以因果地利用其他同伴的犯罪行动,这事实上正是自己的犯罪实行行为,正因如此,各人责任的原则,在共犯理论中也可以得到贯彻"②。

肯定说又可以分为无限制说和共同因果过程说。主张无限制说的观点认为:"共同正犯是否以相互的意思联络为必要,也就是说,要使加功者承担'部分行为的全部责任',是否需要有意思上的相互联络,这是由是否承认片面共同正犯所决定的结论,而并非其前提。……针对被认为是直接片面共同正犯的具体事例,需要考察是否真的具有共犯的性格。"③

与此相比,主张共同因果过程说的观点,一方面承认片面共犯,同时试图限制其成立范围。这种观点认为,只有在以下情形下成立片面共犯。比如,强盗犯人B在对行人实施强盗行为,A在B不知情的时候,从别处拿枪瞄准被害人从而抑制其反抗意思,A的行为与B的暴行胁迫相加,促成了强盗行为的完成的场合。在这一事例中,即使B不知道A的参与,A的行为也对B的行为产生了物理性、因果性促进作用,可以说是有因果的共同,因此,A成立片面共同实行犯。④

---

① [日]野村稔著,全理其、何力译:《刑法总论》,法律出版社 2001 年版,第 398 页。
② [日]泽登俊雄:《片面共犯》,载《刑法的判例》(第 2 版),有斐阁 1973 年版,第 115 页。
③ [日]植田重正:《片面共犯》,载《现代的共犯理论》,有斐阁 1964 年版,第 231 页以下。
④ [日]山中敬一:《犯罪总论 II》,成文堂 1999 年版,第 792 页以下。

(二)我国的不同主张

(1)否定说

在我国的刑法理论界,否定说同样可以分为全面否定说和部分否定说。

主张全面否定说的观点认为:①与国外刑法不同,我国刑法明文规定共同犯罪是指两人以上共同故意犯罪,这表明片面共犯成立的必要前提在我国并不存在。① ②如果承认所谓片面共犯,对所谓的片面共犯人的处罚在法律上将无所适从,出现混乱,而且还可能在结果上有悖罪刑相适应的量刑原则。② ③"片面共犯"本身就是一个自相矛盾的概念,共同犯罪只有在两个以上的人共犯某罪的情况下才能成立,而"片面共犯"中的片面,实际上指只有一方是共犯,另一方却不是共犯,而是单独犯罪。这就意味着只有一个人也可以成立共同犯罪。"一人的共同犯罪"是不可思议的。③ ④所谓片面共犯的行为,实际上是利用他人作为工具而实行自己的犯罪行为,应以间接实行犯论。因此,否定"片面共犯"不会放纵罪犯,相反,承认"片面共犯"会导致客观归罪。④

部分否定说虽然否定片面共同正犯,但肯定片面帮助犯。比如,①片面的实行犯没有必要承认为共同犯罪,在现实生活中不可能存在片面的组织犯,但片面的教唆犯和片面的帮助犯应视行为人有单方认识的片面共同故意,应以共同犯罪看待。⑤ ②"教唆犯罪不可能成立片面的共犯,共同实行犯罪也难以成立片面的共犯,暗中给实行犯实施犯罪以帮助,事实上则是可能的。这种行为,就帮助者一方来说,完全具备共同犯罪的要件,应以片面的共犯论处为宜。这与共同犯罪的概念并不矛盾,因为所谓共同故意,并非必须是相互疏通的,只要行为人认识到自己是同他人一起共同实施同一犯罪,那么,就应当认为该行为人具有共同故意。"⑥③立论于犯罪共同说,虽然否定片面共同正犯,但肯定片面帮助犯。⑦ ④立论于行为共同说,在否定片面共同正犯的基础上,肯定片面帮助犯的成立。⑧

① 夏勇:《我国犯罪构成理论研究视角疏议》,《法商研究》2003年第2期,第23页。
② 肖中华:《犯罪构成及其关系论》,中国人民大学出版社2000年版,第333页。
③ 叶高峰:《共同犯罪理论及其运用》,河南人民出版社1990年版,第309页。
④ 何秉松:《刑法教科书》,中国法制出版社1997年版,第373页。
⑤ 陈兴良:《共同犯罪论》(第2版),中国人民大学出版社2006年版,第121页以下。
⑥ 李光灿、马克昌、罗平:《论共同犯罪》,中国政法大学出版社1987年版,第38页。
⑦ 陈家林:《共同正犯研究》,武汉大学出版社2004年版,第163页。
⑧ 黎宏:《刑法总论问题思考》,中国人民大学出版社2007年版,第491页以下。

（2）肯定说

在我国的刑法理论界，肯定说属于少数说。①片面共犯是一种客观存在的现象，是否属于共同犯罪，取决于片面共犯的行为人是否具备共同犯罪的成立条件。虽然与片面共犯相对的犯罪人并不知情，不知道有人配合自己进行犯罪，但是，片面共犯人则完全符合共同犯罪的成立条件，应该属于共同犯罪。从另一个角度，如果否认片面共犯是共同犯罪，势必割裂片面共犯与其所配合的犯罪行为之间的联系，对片面共犯的处理便成为一个难题。有关片面共犯的成立范围，这种观点认为，组织犯、教唆犯、帮助犯和实行犯都可能成立片面共犯。① ②在片面合意的共同犯罪中，不仅帮助犯和教唆犯可以构成片面共犯，实行犯也可以构成片面共犯。因为片面共犯不同于全面共犯，属于单方的共同犯罪人，共同行为人之间没有相互的意思之联络，但它也不同于一般的单独犯，它是单方具有与另一方共同犯罪之故意的，在这种单方具有共同犯罪故意且实施了共同犯罪行为的情况下，其犯罪比单独犯罪具有更大的社会危害性，应当按照共同犯罪来加以处罚。② ③从主观上看，共同犯罪的成立必须要求存在共同的犯罪故意。具有片面实行参与的犯罪中，不知情的一方仅对自己行为的性质、状况、犯罪结果及行为与结果间的因果关系存在认识，并在此基础上，对犯罪构成客观要件事实的实现持希望或放任态度，而对片面实行犯的实行行为不存在认识。与此相反，知情者不仅对自己行为的状况有认识，而且对不知情者行为的性质及危害结果也存在清楚的认识，正是在这种认识的基础上，将对不知情者认识纳入到自己的犯罪故意中，并希望或放任危害结果的发生。此时，知情者与不知情者的个人犯罪故意已经结成一体，对知情者而言，形成了共同犯罪故意。从客观上看，要使行为人承担共同实行犯的责任，不仅自己必须实行构成要件的全部或一部分，而且必须存在利用对方行为补充自己行为的客观事实。片面实行犯在共同犯罪故意支配指导之下，积极利用、加功不知情者的实行行为，进而将不知情者实行行为作为自己实行行为不可分割的一部分，并以此实现了自己的犯罪意图。在此情形下，不知情者实行行为不仅是自身实现犯罪，承担刑事责任的根据，也是片面实行犯承担刑事责任的根据。在参与犯罪的过程中，知情者对不知情者犯罪行为的加功、补充是自觉的，而不是纯客观的，因而具有统一性、一致性。知情者的一方既有共同的犯罪故意，又有参与他人犯罪的共同行为，承认其为单方的共同犯罪，是主客观相统一的犯

---

① 姜伟：《犯罪形态通论》，法律出版社 1994 年版，第 245 页以下。
② 李敏：《论片面合意的共同犯罪》，《政法论坛》1986 年第 3 期，第 48 页以下。

罪构成的当然逻辑结论。①

三、片面共犯之成立范围

（一）基本原则

是否承认片面共犯，关键在于怎样理解共犯的本质，如前所述，有关共犯的本质，在大陆法系的刑法理论界，存在犯罪共同说和行为共同说之争，而两种学说最大的区别不在于具体结论的差异，而在于思考方法的不同。即从何种视角理解共犯，是从整体的视角来考察还是从个别的角度来观察。犯罪共同说主张，共犯是数人互相协力和配合共同实施犯罪，强调从"参与者的一体性""犯罪团体"等视角来理解实行行为的主体，立足点在于实施整体的犯罪。不允许将一个整体的犯罪拆开，分别从各个行为人的视角来个别考量，所以对各自的犯罪不能予以个别地认定。因此，犯罪共同说原则上排斥片面共犯。② 犯罪共同说严格地确定了共同犯罪的成立条件，它要求成立共同犯罪必须具备以下几个条件：①二人以上的有刑事责任能力者；②针对同一犯罪的共同犯罪行为；③针对同一犯罪的共同犯罪意思。否则就不能成立共同犯罪，从而严格地限制了共犯者的构成范围。根据犯罪共同说的基本观点，自然非常逻辑地得出片面共犯不成立共同犯罪的基本结论。事实上，大陆法系国家刑法理论中，持否定说者大多数是以此说为理论前提而展开论证的。

---

① 田鹏辉：《片面共犯研究》，中国检察出版社 2005 年版，第 116 页。林亚刚、何荣功：《片面共同正犯刑事责任的探讨》，《法学评论》2002 年第 4 期，第 23 页以下。

② 陈家林：《共同正犯研究》，武汉大学出版社 2004 年版，第 162 页。需要注意的是，虽然立论于犯罪共同说，也有观点倾向于全面肯定片面共犯。比如，有学者认为："有关片面共犯，之所以有不同学说的对立，是因为，现行刑法是基于个人主义而理解犯罪的，但是，针对现实生活中的共同犯罪这一现象，即怎样调和两者的关系以及以此为前提，共犯的处罚根据究竟在哪里，即，与共犯共同的是什么这一本质论具有密切的关联性。有关共犯的处罚根据，由于不得不承认责任的连带性，因此，共犯这一团体现象，至少在违法层面上应当共同，基于此，倾向于违法共犯论。但是，违法共犯论中的纯粹惹起说认为，共犯与正犯一样，都是因为惹起法益侵害而被处罚，其结果，不得不将共犯个人主义化而无视共犯的团体现象这一层面，因此，笔者倾向于修正惹起说。在修正惹起说的内部，也有不同观点的对立，其中，笔者倾向于违法借用说，即共犯是借用正犯违法的一种，因此，同样倾向于共犯从属性。然而，共犯是将法益侵害这一结果无价值，通过共同正犯、教唆犯、从犯这一行为无价值而实现的，因此，在某种程度上，应当承认共犯的独立性。基于上述理解，有关共犯的本质，原则上虽然倾向于犯罪共同说，但在片面共犯问题上，则倾向于全面肯定说，至于理由，由于篇幅关系，在此不得不省略。"[参见[日]吉田宣之：《片面共犯》，载西田典之、山口厚主编：《刑法的争论点》（第 3 版），有斐阁 2000 年版，第 105 页。]

行为共同说则认为,共同犯罪是各个行为人为了实现自己的犯罪而利用他人的行为,即将他人的行为作为自己行为的手段来实施自己的犯罪,立足点始终在自己的犯罪。所以根据行为共同说,是可以对共同关系分别加以考察,可以把各自的犯罪作为各自的共同正犯来处理。因此,行为共同说一般认同片面共犯概念。根据行为共同说的基本观点,共犯有共同行为的意思为已足,并不一定需要使故意共通化,因而一方有共同犯罪的意思而另一方没有共同犯罪的意思,或者一方是出于故意而另一方是出于过失,均可以成立共犯。① 因此,在行为共同说看来,片面共犯可以成立共同犯罪。在大陆法系国家的刑法理论中,持肯定说者基本上都是以该说为理论前提而展开论证的。在我国的刑法理论界,也有观点立论于行为共同说,论证片面共犯的。这种观点认为,行为共同说所要求的犯罪故意是一种"弱势"的主观联系。它只要求共同行为人对于共同的犯罪行为有认识即可,而不要求这种联系的相互性……行为共同说所要求的主观联系的"弱势性"并没有否定其主观联系的必然性,这种特定的主观联系正是片面共犯独特性之所在,也是片面共犯存在的根本价值。实际上行为共同说是片面共犯的理论基石。②

在此,论者需要论证的就不仅是片面共犯的问题,而首先需要论证行为共同说可以适用于我国。但构成要件的行为共同说无法说明究竟是对何罪成立共同犯罪,也无法解释我国刑法中的犯罪集团。可见在我国并不存在采用行为共同说的理论基础。基础既不存在,其对片面共犯论的论证就成了无本之木。……行为共同说作为一种主观主义的共犯理论,将共同犯罪的认定从规范的领域提前到存在论的领域,极大地放宽了共犯的成立条件,只要求行为主体是二人以上,客观上具有共同行为这两个条件,就可以成立共犯。它不具体考虑每个共同行为人的刑事责任能力、主观罪过形式,并且主要从主观上来区分正犯和共犯,因而具有极大的局限性。行为共同说在一定程度上扩大了共同犯罪的范围,现在一般不为理论

---

① 需要注意的是,是否承认片面共犯,并非一个孤立的问题,而是与共谋共同正犯、过失共犯等问题紧密关联的。也就是说,针对共同正犯的诸问题必须持统一立场,否则,即使在个别问题上似乎言之有理,但是,难免在理论整体上自相矛盾。
② 林亚刚、赵慧:《论片面共犯的理论基础》,《法学评论》2001年第5期,第135页。

所承认。建立在行为共同说基础之上的片面共犯理论必然为我国刑法理论所排斥。①

（二）全面否定说之缺陷

第一，全面否定说忽视了共同正犯和帮助犯的本质区别。也就是说，针对共同正犯，由于受"部分行为全部责任"这一处罚原则的制约，否定片面共同正犯是正确的，但是，如果据此而一并否定片面帮助犯的成立，则显然忽视了共同正犯和帮助犯的本质区别。针对帮助犯，根据中外刑法理论的通说，就其本质来说，只是意味着对实行犯的单纯的协助。针对这种单纯的协助来说，只要帮助者基于帮助的故意，对被帮助者提供了帮助，而这一帮助行为客观上确实使实行犯的实行行为得到了方便，从而使实行犯的实行行为更容易实施，即便被帮助者对此并没有认识，也可以说帮助犯的帮助行为取得了应有的效果，完全可以成立帮助犯。基于此，针对帮助犯的成立来说，并没有必要全面的、双向的共同故意，片面帮助犯也可以成立。基于肯定片面帮助犯的立场而言，根据共同犯罪的原理，当然只能就具有共同犯罪故意的帮助者适用共同犯罪的处罚原则，针对不具有共同犯罪故意的被帮助者不适用共同犯罪的处罚原则，因此，并不存在全面否定说所主张的客观归罪问题。"在片面的帮助犯的情况下，由于只有帮助者构成共同犯罪，因此，'一人的共同犯罪'也并非不可思议。"②

第二，全面否定说在否定片面共同正犯后，针对所谓的片面帮助犯问题的解决，主张以单独犯或间接正犯处理，问题是，这种主张本身存在缺陷。首先，单独犯处罚的主张，未能正确把握片面共犯和单独犯的区别。二者区别的关键在于在实施犯罪过程中，片面共犯一方并没有单独实施犯罪，而是利用即将发生的或者

---

① 田鹏辉：《片面共犯的理论与实践》，科学出版社 2013 年版，第 48 页。也就是说，行为共同说将两种完全不同的犯罪认定为共同犯罪，即只要各参与人的行为符合犯罪构成要件即可，而不需要共同符合某一特定的犯罪构成，这样会导致扩大共同犯罪的成立范围。比如，甲以杀人的故意，乙则以伤害的故意，共同对丙实施暴力导致丙死亡的情况下，根据行为共同说，甲与乙成立共同正犯，但认为甲是故意杀人罪的共同正犯，乙是故意伤害致死罪的共同正犯，其结果与单独犯的结局相同。正如有学者所指出的那样，"这种学说（行为共同说）的基础是，是否成立犯罪，应根据犯人各自的情况单独进行论述，共犯不过是在实施犯罪行为一点上共同而已，所以，共同实行的意思以及共同实行的事实并不重要；对于犯罪结果而言，具有物理或心理上的因果关系的行为，就具有共犯关系的见解"。很显然，行为共同说完全根据行为人自己的犯意认定犯罪，与单独犯并没有什么区别，那么，认定共同犯罪的理由又在何处？可以说，这是这种学说的致命缺陷。（参见郑泽善：《刑法总论争议问题研究》，北京大学出版社 2013 年版，第 414 页以下。）

② 王光明：《共同实行犯研究》，法律出版社 2012 年版，第 129 页。

已经存在的实行行为,并对之进行加功或者补充,其所实施的就是直接参与具体实行行为,使得不知情的一方能够完成某一犯罪。如果以单独犯予以处罚的话,就只能适用刑法分则规定的犯罪构成而非修正的犯罪构成。问题是,基于刑法分则规定的犯罪构成与基于总则而加以修正的犯罪构成是两种不同的刑法评价,因而以单独犯处罚片面帮助犯有悖罪刑相适应原则之嫌。① 其次,在大陆法系的刑法理论中,间接正犯是指利用他人为工具实施犯罪的情形。间接正犯概念最核心的内容就是被利用的对象都是没有故意犯罪或是没有刑事责任能力的人。也就是说,作为间接正犯所利用的对象本身往往没有责任,这也是间接正犯理论的意义所在,即在实行行为人本身没有责任的情形下,如何追究其背后有责主体的刑事责任。② 但是,在片面帮助犯的情形下,暗中协助人利用的是实行犯的犯罪行为,没有共同意思的另一方也是在进行犯罪行为,这一点是间接正犯所不具备的内容。利用间接正犯理论来囊括片面帮助犯问题,必然会导致间接正犯理论的扩大化,从而使间接正犯理论偏离原来的初衷。具体而言,就利用他人实施犯罪这一点来说,片面帮助犯与间接正犯有点相似。但是,在间接正犯的情形下,作为工具而被利用者不构成犯罪,在片面帮助犯的情形下则构成犯罪。主张以间接正犯处罚的观点之致命缺陷正在于此。再次,拓展的间接正犯在说法上可以说是崭新的,是一项有益的探索,针对研究片面帮助犯具有某种意义上的启发性。但是,从客观上讲,由于既存在片面共同正犯,又存在片面教唆犯和片面帮助犯,如何将片面教唆犯和片面帮助犯视为拓展的间接正犯,如何确定拓展的间接正犯的犯罪形态,如何区分片面共同正犯、片面教唆犯和片面帮助犯的刑事责任的大小等问题,有待探讨。如果按此逻辑推演下去,拓展共同犯罪的外延,不同样可以把片面帮助犯纳入到共同犯罪的范畴之中? 更值得注意的是,根据拓展的间接正犯论的主张,有可能否定共同正犯存在的必要性。"因为在共同正犯中,行为人在主观上都有利用对方行为以补充、配合自己行为的意思,在客观上都可能利用对方的行为,因此按照拓展的间接正犯论的观点,共同正犯就只是几个间接正犯的交错,而失去了独立存在的必要。"③

(三)全面肯定说之不足

第一,单从共同故意的概念来说,全面的、双向的故意固然是共同故意,片面

---

① 田鹏辉:《片面共犯的理论与实践》,科学出版社 2013 年版,第 28 页。
② 有关间接正犯的详细情况,可参见郑泽善:《刑法总论争议问题比较研究 I》,人民出版社 2008 年版,第 430 页以下。
③ 田鹏辉:《片面共犯的理论与实践》,科学出版社 2013 年版,第 29 页。

的、单向的故意也属于共同故意,并非没有道理。因此,仅从对共同故意的理解来肯定片面共同正犯,也并非毫无道理。但是,如果据此而得出肯定片面共同正犯的结论,很难说有充分的说服力。针对片面共同正犯问题,重要的并不是共同故意概念问题,而是应当根据共同正犯的"部分行为全部责任"的处罚原则以及共同正犯的本质,来考察成立共同正犯,究竟需要怎样的共同故意问题。① 理由是:由于受"部分行为全部责任"处罚原则的制约,共同正犯的成立,除了在客观上,各共同行为人必须分担实行行为,基于此与所发生的结果之间具有物理意义上的因果关系之外,主观上,还必须通过相互之间的教唆和帮助,强化其犯罪心理,鼓动其犯罪勇气,在共同犯罪之间形成一种气氛和心里纽带,激发出一个人的情况下不可能或不敢具有的犯罪心理,从而客观上增加发生法益侵害结果的可能性。这种共同行为人之间的意思联络,在共同正犯适用"部分行为全部责任"原则的过程当中,起到了关键作用。由于从客观主义立场出发,决定行为人责任之大小的,首先是行为人客观上所引起的危害社会的结果。行为人仅仅实施部分实行行为的情形下,充其量只能作为犯罪未遂或犯罪中止予以处罚。但是,在共同正犯的情形下,不同行为人尽管只是实施了部分实行行为,最终却要以既遂犯处罚,这充分表明行为人之间的共同意思在追究其刑事责任时的关键作用。因此,共同正犯之间的意思上的联络,即心理上的因果关系,是共同正犯的核心。如果不具备这种联络,客观上所存在的共同行为,就是一盘散沙,不同行为人也就是一群乌合之众,在刑法意义上,至多就是一群同时犯。由此可见,"相互之间没有意思联络的人,即便自己单独地具有和他人一起实施共同行为的意思,但在他人没有这种意识的场合,就无法形成共同的意思联络,也无法营造一种强化各个人的犯罪心理的内部气氛,不具备实行'部分行为、全部责任'的条件,因而也不能作为片面共同正犯加以处理"②。

第二,全面肯定说将片面共犯的处罚根据诉诸刑法总则中的共同犯罪制度,避免了全面否定说的困难。其理论根据就是将共同犯罪故意解释为相互认识的全面共同故意和单方认识的片面共同故意两种类型,从而为片面共犯归属于共同犯罪扫除了障碍。问题是,这种主张并不符合我国共同犯罪制度的法律逻辑,我国刑法第 25 条第 1 款对共同犯罪的概念性规定通过对"主体间"的共犯关系的要

---

① 前引注[33],第 127 页以下。王光明:《共同实行犯研究》,法律出版社 2012 年版,第 129 页。

② 黎宏:《刑法总论问题思考》,中国人民大学出版社 2007 年版,第 494 页以下。

求统合限制了助力行为的处罚范围,在这一概念之下,共同故意也应当具有"主体间性",尤其是共同实行犯。由于我国共犯制度根据分工分类法规定了教唆犯,所以可以将教唆犯解释为不受第25条第1款"主体间共犯关系"限制的特殊犯罪样态。①

第三,基于全面肯定说,对何种情况成立片面共同正犯,我国的主张只是强调客观上要有共同的犯罪实行行为,主观上相对于不知情的一方而言,具有大方面的共同犯罪实行行为的认识或放任的意志态度,而没有作进一步详尽的说明。②

(四)部分否定说之提倡

如前所述,片面共犯是指共同行为人的一方有与他人共同实施犯罪的意思,并协力于他人的犯罪行为,但他人却不知道其给予协力,因而缺乏共同犯罪故意的情形。具体包括片面共同正犯、片面教唆犯和片面帮助犯。本文认为,应当否定片面共同正犯(实行犯)的成立,理由是:就共同正犯而言,在双方具有共同实行的意思,即具有意思上的联络时,与只有一方具有共同意思相比,更具危险性和冲击性,因此,有必要区别两种情形。如果肯定片面共同正犯,"所有参与者均成为正犯"而对另一方引发的结果承担正犯之责任,如果否定片面共同正犯的成立,至少可以成立未遂或其他罪名,同时与"共同""所有"这一文理相协调。③ 但是,可以肯定片面教唆和片面帮助犯的成立。

首先,所谓片面教唆,是指教唆者出于教唆的故意而进行教唆行为,但是,被教唆者并没有意识到而产生犯罪意思的情形。比如,教唆者将丈夫与人通奸的照片和一把手枪放在人家的桌子上,妻子看见之后,妒火中烧,产生杀意,于是用该手枪将丈夫杀死的情形。④ 在这种情形下,行为人具有教唆的故意,但被教唆者对教唆者的行为完全没有意识到,因此,行为人单方面的教唆行为,能否成为片面教唆的问题。有关片面教唆能否成立问题,在中外刑法理论界,有肯定说和否定说之争,肯定说是日本的主流观点,⑤而我国的主流观点是否定说。⑥

本文倾向于肯定说,理由是:在共同正犯的情形下,各个行为人之间心理上的

---

① 王志远:《我国现行共犯制度下片面共犯理论的尴尬及其反思》,《法学评论》2006年第6期,第47页以下。

② 陈家林:《共同正犯研究》,武汉大学出版社2004年版,第163页。

③ [日]齐藤信治:《刑法总论》(第4版),有斐阁2002年版,第270页。

④ [日]山口厚:《刑法总论》,有斐阁2002年版,第297页。

⑤ [日]齐藤信治:《刑法总论》(第4版),有斐阁2002年版,第270页。

⑥ 马克昌:《关于共犯的比较研究》,载高铭暄、赵秉志主编:《刑法论丛》(第3卷),法律出版社1999年版,第348页等。

意思联络必不可少,因为正是这种意思上的联络,才使不同共犯人的行为成为一个相互配合、相互支持的有机整体,并实施单独犯的情形下难以完成的严重的犯罪行为。也就是说,共同犯罪人之间互相在心理上的鼓励和支持,提高了犯罪结果发生的可能性,因此,在共同正犯的情形下,行为人只要实施部分行为,就要承担全部责任。但是,在教唆犯的情形下,就不一定要求教唆人与被教唆人之间具有意思上的联络。因为,从教唆犯的本质上看,是使没有犯罪意思的人产生犯罪意图,就被教唆人而言,只要使原本没有犯罪意思的人,主观上产生犯罪意思就已足够,并不要求意识到教唆者是在教唆自己犯罪。换言之,"没有意识到被教唆和被教唆者实际上在心理上受到了影响的情形,二者可以同时存在。片面教唆的场合,被教唆人虽然没有意识到对方即教唆人的行为是教唆行为,但只要受到对方的影响而产生了犯罪的意思,就可以说,对方的教唆行为成立"①。另外,这一问题与共犯本质具有密切关联性。立论于共同意思主体说,由于共犯关系的成立必须具备共同意思主体,因此,没有相互间意思联络的片面教唆犯,理所当然地不会有存在的余地。基于行为共同说,如果取共犯是独立于正犯的共犯独立性,由于教唆行为本身属于利用他人行为的自己犯意的现实化现象,因此,可以成立片面教唆犯。立论于犯罪共同说,认为教唆犯的本质在于以教唆的故意进行教唆,被教唆者决意实施犯罪就已足,那么,即可以肯定片面教唆的成立。② 有关共犯的本质,本文倾向于部分犯罪共同说,因此,肯定片面教唆与共犯本质论并不发生矛盾。

---

① 黎宏:《刑法总论问题思考》,中国人民大学出版社 2007 年版,第 490 页。
② [日]西田典之、山口厚主编:《刑法的争论点》(第 3 版),有斐阁 2000 年版,第 105 页。有关这一问题,从理论对立的基本模式来看,行为共同说对此应当持肯定态度,而犯罪共同说对此应当持否定态度。但是,从现实学说的对比来看,各家的理解似乎并非如此。呈现出"你中有我、我中有你"的错综复杂的局面。比如在主张行为共同说的学者当中,也有观点认为,共犯具有独立性,其处罚独立于正犯,教唆行为是利用他人的行为实现自己犯罪意思的现实体现,因此,片面教唆犯能被肯定。但是,行为共同说当中,也有相反的主张。即认为,如果说从教唆犯的本质来看,被教唆者没有认识到的教唆的情形,在概念上完全不可能存在,或者说,作为片面从犯的事例而存在的、一方故意诱发另一方的过失,或者双方都是故意,但一方出于较重的故意而诱发另一方的故意的场合,是间接正犯的问题的话,就完全没有必要认可片面教唆犯。在犯罪共同说的场合,情况也完全一样。有观点从教唆犯的本质是基于教唆的故意进行教唆,使被教唆者产生犯罪的意图的立场出发,得出应当肯定片面教唆犯的结论。相反,也有观点从被教唆犯罪的特定性以及和共犯从属性说之间的关系出发,得出了应当否定片面教唆犯的结论。由此可见,现在,片面教唆犯的成立与否,和共同犯罪到底应当在什么方面共同的争论之间,似乎并不直接相关。(参见黎宏:《刑法总论问题思考》,中国人民大学出版社 2007 年版,第 488 页以下。)

其次,所谓片面帮助犯,是指帮助人给予帮助的故意而实施帮助行为,但是,被帮助人并不知道有帮助行为而实施犯罪的情形。比如,甲在某一餐厅抢夺被害人的钱包之后逃跑,被害人在后面追赶,正在该餐厅就餐的第三人乙见状,突然将凳子推到被害人面前,导致被害人绊倒,甲顺利逃脱。甲的抢夺行为之所以能够顺利得手,就是由于有乙的帮助,但是,得到暗中帮助的甲并不知情。在这种情况下,乙的单方面的行为,能否成立片面帮助犯? 在中外刑法理论界,有关片面帮助犯问题,有肯定说与否定说之争。日本的主流观点倾向于肯定说①,我国的主流观点则倾向于否定说。②

本文倾向于肯定说,理由是:第一,片面帮助故意应是独立萌生而存在的,而与正犯无犯意的联络。片面帮助的行为是出于帮助的意思,而非出于自己犯罪的意思,即其参与犯罪的原因,仅在于帮助他人犯罪的实现。因此,片面帮助者只要认识到正犯有犯罪的意思与行为,而且由于自己的暗中帮助行为而容易实施或助成其结果的发生,即为已足。至于被帮助者究竟犯何罪,被帮助者究竟为何人,被帮助者所实施的犯罪有无既遂之可能,则无认识的必要。当然,片面帮助犯的帮助行为必须是行为人主观罪过中的帮助行为,且帮助行为与正犯的意思必须一致。③ 正犯意在行窃,而帮助犯暗中供给凶器,该帮助行为即不能构成盗窃罪的帮助犯。片面帮助行为必须在客观上具备有利于正犯实行行为的性质,否则,其帮助行为不能以帮助论处。第二,帮助犯是在其他共犯的犯意已经产生之后而为其他共犯实现犯意提供精神上或物质上的帮助,即帮助犯的行为是有明确的指向。但"明知"与"不确定"并非对立,明知也不意味着确知。帮助者具有不确定的故意时,尽管其对危害结果的具体内容以及犯罪发展过程和趋向的细节的认识并不明确,但对于实行犯的行为会发生危害社会的结果是明知的,而且对这种结果持希望或放任的心理态度,那就属于犯罪故意。当有相应的暗中帮助行为并具

① [日]齐藤信治:《刑法总论》(第4版),有斐阁2002年版,第270页。

② 何秉松:《刑法教科书》,中国法制出版社1997年版,第250页;赵秉志主编:《刑法新教程》,法律出版社1997年版,第282页等。我国刑法理论中的否定说认为,根据我国刑法的规定,不应承认片面帮助犯。因为,他的故意和行为都是单方面的,而不是行为人相互之间的共同故意和相互利用对方的行为,与我国刑法规定的共同犯罪的概念不符。或者说,共同犯罪故意应是双向的、全面的,而不应是单向的、片面的,片面共犯的提法于法无据,于理不符。因此,针对片面共犯以间接正犯处理更为合适一些。(参见黎宏:《刑法总论问题思考》,中国人民大学出版社2007年版,第491页。)

③ 田鹏辉:《片面共犯的理论与实践》,科学出版社2013年版,第91页。

备其他有关条件时,就应追究其刑事责任。① 在这种情况下,帮助犯对实行犯犯罪的暗中故意帮助,体现了其对法益侵害以及社会公共秩序的主观恶性,因此,应当以片面帮助犯论处。第三,片面帮助犯不能以间接正犯论处。所谓间接正犯,就是将他人作为犯罪工具,实现自己犯罪的情形。间接正犯和共同犯罪,在利用他人实施犯罪这一点上有相似之处,但是,二者之间存在极大差别:在间接正犯的情形下,被利用的他人一般不构成犯罪,即便在特殊情况下(比如利用他人过失犯罪行为的情形)构成犯罪,其所构成的犯罪也不可能与利用者所构成的犯罪相同;而在共同犯罪中,被利用的人不仅构成犯罪,而且与利用者构成相同的犯罪。由此可见,在片面帮助犯的情形下,由于利用者与被利用者具有相同的犯罪故意,构成相同的犯罪,因此,与间接正犯具有本质上的区别,而与共同犯罪的特征相符。

四、结语

片面共犯作为一种社会现象是客观存在的,由于刑法学家对共犯的本质以及基本立场所取的立场不同,在片面共犯的归属问题上得出的结论自然就会不同。在大陆法系的刑法理论中,倾向于犯罪共同说的观点原则上否定片面共犯的成立;与此相反,倾向于行为共同说的观点原则上肯定片面共犯的成立。在英美法系国家,片面共犯被称为潜在的同谋犯。② 在我国的刑法理论界,针对片面共犯的研究并不够深入、细致,更没有形成体系性研究。不少学者和通说从共同犯罪的法定理念出发,以片面共犯在刑法理论中不能直接"对号入座"为理由,简单地将其排除在共同犯罪的范畴之外。当然,近年来也有一些观点倾向于部分肯定说。

片面共犯属于共犯论中的基础性问题,直接涉及可罚性共犯的界限问题。片面共犯应该属于共犯理论中的重要组成部分。片面共犯作为一种客观存在的社会现象,不仅是刑事立法如何评价的问题,也是刑法理论如何解释的问题。共同犯罪是非常复杂的社会现象和法律现象,刑法理论的研究,应当从社会现实的复杂性出发,正确认识共同犯罪的本质及其特征。我国的通说对共同犯罪,特别是对共同故意的狭隘理解不尽完整。片面共犯能否成立共同犯罪,既取决于刑法的规定,也取决于对刑法理论的认识和解释。片面共犯与一般共犯是从不同视角考

---

① 韩广道:《论片面帮助犯的成立要件》,《中国刑事法杂志》2002年第1期,第40页。
② 田鹏辉:《片面共犯的理论与实践》,科学出版社2013年版,第12页以下。

察共同犯罪的结果,二者完全可以并存,片面共犯也是行为人参与共同犯罪的一种方式。片面共犯事实的客观存在是片面共犯理论产生的逻辑前提,也是共犯理论发展的契机。特定的主观联系,正是片面共犯独特性之所在,也是片面共犯存在的根本价值。基于这种理由,结合中外刑法理论中的各种学说,本文得出了应当肯定部分片面共犯成立的结论。

第八章　过失共同正犯

一、问题的提出——从国外的一则判例说起

A 与 B 二人,于 1983 年 4 月 21 日下午 6 时 55 分许,自 X 森林小屋返回家的途中,发现 Töss 河右岸山坡上有两块大石头,于是由 A 提议,将大石头推落至山坡下。A 与 B 二人非常熟悉此处的地理环境,特别是对 Töss 河岸经常有渔夫出现的事实非常了解,而且能够意识到大约 50 公斤到 100 公斤以上的大石头滚落山坡时,该地处在危险范围之内以及很有可能有人出现,B 接受 A 的建议,为确认坡道上或 Töss 河岸是否有人,走近绝壁数步后,大声喊道:"下面有人没有?"但是,此时从 B 所处之处无法一眼看清 Töss 河岸的全部情形。B 在没有听到任何回应声后,回到 A 所在之处,用力将超过 100 公斤的大石头滚落至山坡下。随后,A 以同样的方式将重达 52 公斤的大石块推下坡道。两个大石头之一恰巧击中坡道上的渔夫 C,导致 C 死亡的结果,然而,根本无法查清究竟是其中的哪一块石头击中 C。Zurich 州高等法院在判决 B 成立过失致死罪的同时,于 1983 年 7 月 3 日第二审判决 A 成立过失致死罪(刑法第 117 条),判处有期徒刑 3 个月,并宣告缓刑。

A 以高等法院认定其行为与 C 的死亡结果之间具有因果关系系属不当为由,向联邦法院撤销判决部提出上诉。后来,联邦法院基于"行为人如果没有遵守注意义务,且该不注意的行为符合构成要件时,均成立过失犯的正犯。至其他行为人以同样方式共同实行犯罪行为时,亦适用之。换言之,基于过失而引起同一结果之多数行为人,皆应依过失犯的正犯而予以处罚"的理由,驳回了被告人 A 的上诉。

判决书认为:在本案中,两名被告人共同将两块大石头推落坡道的事实明确。在这里,应当判断的问题并非该二人的个别行为与构成要件结果之间是否具有因

果关系,而是能否肯定其共同实行的行为整体与所发生的结果之间是否具有因果关系。在本案中,至少两名被告人是共同决意实施不注意的行为,而且在场所及时间极为接近的情形下共同完成该行为,因此,当时究竟是由谁推落哪一块大石头,应当属于偶然的分工而已。如果可以肯定两块大石头之中的一块导致被害人的死亡,就可以充分肯定上诉人的行为与被害人死亡结果之间具有因果关系。至于两名被告人的实行行为属于没有关联的单独行为,那么,就属于另外一种判断问题。①

在大陆法系的刑法理论界,有关过失共同正犯问题,过去的主流观点一般认为,这一问题与犯罪共同说和行为共同说有密切的关联性。即犯罪共同说取否定说,行为共同说则取肯定说。然而,随着可以将过失犯的客观注意义务视为实行行为,因此,完全可以将共同实施不注意的行为理解为"犯罪的共同"。也就是说,立论于犯罪共同说,不一定能够得出否定过失共同正犯的结论。同样,基于行为共同说,以共同实施自然行为为由,将所实现的不法或结果归责于所有共同者,也没有充分的说服力。与故意共同犯罪一样,需要明确"共同过失"的内容和要件,同时有必要明确"共同过失"与参与者个人过失之间的关系。另外,这一问题与处罚过失犯中的"正犯性",这一理论难题同样具有密切的关联性。即有必要探明"针对他人的过失,是否存在基于过失的教唆和帮助"等问题。也就是说,这一问题不仅与纷繁复杂的共犯问题相关,还和过失犯问题发生关联,因此,在大陆法系的刑法理论界,一直是争论不休的难题之一。② 我国刑法第 25 条第 2 款规定:"二人以上共同过失犯罪,不以共同犯罪论处。"根据这一规定,我国刑法按照共同犯罪追究刑事责任的仅限于二人以上共同故意犯罪,刑法理论界的通说也认为,共同犯罪必须存在共同的主观罪过。因此,通说否认过失共同犯罪。但是,在司法实践中,过失的共同犯罪不仅屡屡发生,且较之单独过失犯的社会危害性更为严重。

---

① Vgl. BGE113(1987),IV58;另参见[日]阿部纯二:《过失共同正犯——从瑞士的一则判例说起》,载《庄子邦雄教授古稀祝贺论文集》,第一法规出版株式会社 1991 年版,第 175 页以下。余振华:《瑞士之过失共同正犯论》,载《刑法深思. 深思刑法》,元山出版公司 2005年版,第 222 页以下。

② [日]井田良:《刑法总论的理论构造》,成文堂 2006 年版,第 370 页。

二、立法现状及判例的立场

(一)立法现状

各国刑法对过失共同犯罪的态度不尽一致,主要有否定例和空白例二种:①否定例,就是在刑法规定中明确否定共同过失犯罪,主要有法国、俄罗斯和我国。例如,法国刑法第 121-7 条规定:"知情而故意给予帮助或协助,为准备或完成重罪或轻罪提供方便者,为重罪或轻罪之共犯。以赠礼、许诺、威胁、命令、滥用权势或职权,挑动或教唆犯罪者,亦为共犯。"俄罗斯刑法第 32 条规定:"两人以上故意共同参加实施故意犯罪,是共同犯罪。"据此,法国和俄罗斯刑法将共同犯罪限定在故意共同犯罪之内,过失共同犯罪自然也就没有成立的余地。与俄罗斯有着很深渊源的我国刑法同样也采纳了否定共同犯罪的立法例。比如,我国刑法第 25 条规定:"共同犯罪是指二人以上共同故意犯罪;二人以上共同过失犯罪,不以共同犯罪论处;应当负刑事责任的,按照他们所犯的罪分别处罚。"据此,我国刑法理论中的通说也明确否定过失共同犯罪的成立。

空白例,是指部分国家刑法条文既不明确肯定,也不明确否定过失共同犯罪,究竟采用何种态度为妥,交由判例和学说去探讨。例如,德国刑法第 25 条第 2 款规定:"如果是多人共同地实施犯罪行为,那么,每一个人都作为行为人处罚。"日本刑法第 60 条规定:"二人以上共同实行犯罪的,都是正犯。"韩国刑法第 30 条规定:"二人以上共同犯罪的,各自以其犯罪的正犯论处。"由于这种立法模式既没有明确肯定,也没有明确否定过失共同犯罪的概念,因此,针对二人以上共同过失行为引发符合构成要件的结果时,能否成立过失共同犯罪,进而适用刑法有关共同犯罪的规定,在理论上存在激烈的争论。部分观点取肯定立场,部分观点则取否

---

① 针对过失共同犯罪明确采纳肯定例的立法,在现行法上还没有适例,不过,在立法史上,我国曾经采纳过这种立法例。比如,我国 1912 年《暂行新刑律》第 29 条规定:"二人以上共同实施犯罪之行为者,皆为正犯,各科其刑。"第 35 条规定:"于过失罪有共同过失者,以共犯论。"第 36 条规定:"值人故意犯罪之际,因过失而助成其结果者,准过失共同正犯论,但以其罪应论以过失者为限。"由此可见,《暂行新刑律》不仅明确肯定过失共同实行犯,而且也肯定了过失的教唆犯和过失的帮助犯。而在随后的 1928 年中华民国刑法中,则取消了关于过失教唆和过失帮助犯的规定,仅将过失共同犯罪限定为过失共同实行犯。比如,该法第 42 条原则上规定:"二人以上共同实施犯罪之行为者,皆为正犯。"第 47 条则规定:"二人以上于过失罪有共同过失者,皆为过失正犯。"接着在 1935 年中华民国刑法中,则删除了关于过失共同实行犯的明确规定,而仅仅保留了关于共同正犯的规定。(参见王光明:《共同实行犯研究》,法律出版社 2012 年版,第 149 页。)

定的立场。

(二)判例的立场

德国的判例过去对过失共同正犯一直持否定的态度,但在最近的一个判决中,也表现出肯定的倾向。比如,德国联邦法院在"某公司制造一款喷雾式皮鞋亮光剂,使用该产品的多数消费者却有导致呼吸困难等身体伤害结果"的案件中,针对该制造公司以及贩卖公司的主要干部,以过失伤害罪与危险伤害罪进行了处罚。针对这一判决,有观点认为,虽然德国联邦法院的判决没有明确使用过失共同正犯的概念,但实质上已经等同于肯定了过失共同正犯概念的存在。①

在日本的司法实践中,既有肯定过失共同正犯的判例,也有否定过失共同正犯的判例。肯定过失共同正犯的判例是:

被告人 A 和 B 共同经营饮食店,对从 C 处购进的(含有超标的甲醇)被称为威士忌的液体,没有对是否含有甲醇作任何的检查,在意思联络的基础上,向 D、E、F 等人贩卖,导致饮用者的死亡结果。原判决认为,A、B 的行为违反了日本有毒饮食物取缔法(有处罚过失的规定,现已废止),符合刑法第 60 条有关共同正犯的规定。A、B 的辩护律师认为过失不存在"意思上的联络"这一共同正犯的要件,提出上诉。最高裁判所驳回上诉,再次肯定过失共同正犯的成立。不过,判决书中也附带了少数人的反对意见。②

被告人 A、B 两人在工作室将木炭放入两个陶制火炉用来煮饭,由于该火炉内的炭火过热而有烧焦火炉下的木板并着火的可能,因此,理应充分注意有无这种危险,在确认没有过热着火的危险后才应使用该火炉。然而,由于两名被告人的不注意,没有做任何调查和确认,而在共同意思联络的基础上使用该火炉,且没有完全熄火后就返回家中,因该炭火过热烧焦木板而着火,造成该工作室建筑物烧毁。裁判所认为,A、B 两人对工作场所的炭火如果过热则有烧焦木板而导致起火的危险应有认识……如果对这种情形不予注意,进而在意思联络的基础上没有采取任何措施回家,也就是说,未能尽到防止结果发生的义务……根据这一点认定被告人二人成立共犯关系,实属相当。③

被告人 A 与原审被告人 B 是医院的外科医生,共同治疗右肩关节脱臼的病人 X。A 提议对 X 实施全身麻醉,并让护士 C 进行注射。结果护士发生错误,注射了

---

① [日]内田文昭:《有关过失共同正犯理论之近况》,《研修》第 542 号,第 31 页以下。
② 《刑集》第 7 卷第 1 号,第 30 页。
③ 《高等裁判所刑事裁判特报》第 3 卷第 21 号,第 1007 页。

另一种药物,导致 X 因心脏衰竭而死亡。原判决认为,A、B 成立业务上的过失致人死亡罪的共同正犯,而辩护人主张,被告人 A 并不是 X 的主治医生,只不过是 B 的辅助者,而且并没有参与静脉注射,所以没有实施过失行为。本案原审判决认为 A、B 是共同正犯,适用刑法第 60 条的规定,但广岛高等裁判所认为,这不过是 A、B、C 过失行为的竞合,并非刑法所说的共犯。本判决认为,进行治疗的所有医生都有过失责任,但只是过失的竞合,而非过失共同正犯。①

韩国的判例立论于行为共同说而肯定过失共同正犯。也就是说,判例认为,刑法第 30 条规定,"二人以上共同犯罪的,各自以其犯罪的正犯论处"。这一条规定意味着,无论是故意还是过失均可以成立共犯,因此,共同正犯主观要件之意思上的联络并不限于故意,故意行为也好过失行为也罢,只要有共同实施某一行为的意思就足矣。也就是说,二人以上基于意思联络上的过失行为引发某种犯罪结果,那么,就可以成立过失共同正犯。因此,尽管由士兵驾驶的吉普车上的军官(搭乘人)具有监督该士兵安全驾驶的责任,却将士兵带到酒吧饮酒,然后让士兵继续驾驶,该士兵因醉酒驾驶出车祸时,该军官(搭乘人)同样构成共同正犯。②

三、中外学说概观

(一)国外的学说

(1)肯定说

德国学者 R. Frank 认为,否认过失犯中有共同正犯存在的见解是以过失犯不能有意思联络的存在为其立论的基础。但是,所谓意思联络的概念,并非绝对与一定结果的招致有关系。例如,有两位劳动者共同将一个屋梁由屋顶抛掷街上,当时因未曾注意街上有行为人通过,以致抛下的屋梁将行人压死,此种情形就可以认为该两位劳动者并不欠缺意思联络。因此,他指出,应将过失犯的共同正犯包括于共同正犯之中,并应该界定为:所谓共同正犯,系个人企图为其构成要件行为,而具有多数人的意思联络的有责的协力作用下而为的法益侵害行为。③

德国刑法学家 C. Roxin 则认为,所谓过失犯,系指行为人并非为了实现自己所欲实现之结果,仅系因为未善尽注意而违反应注意之义务而言。有关过失犯之结果归责,并非基于行为人意欲实现结果之意思,而系以违反注意义务作为归责

---

① 《高等裁判所刑事裁判特报》第 4 卷,第 67 页。
② [韩]朴相基:《刑法总论》(第 6 版),博英社 2005 年版,第 401 页以下。
③ 转引自邹兵:《过失共同正犯研究》,人民出版社 2012 年版,第 55 页。

之理论根据。因此,有关过失共同正犯之理论根据,系基于具有过失犯结果归责价值性之"违反注意义务",亦即"共同违反义务"。换言之,基于过失而共同违反共同注意义务者,即所谓过失共同正犯。①

日本刑法学家大塚仁认为,在过失犯的性质上,针对由二人以上的共同行为产生的结果,当然不能承认共同正犯,因为原则上应该分别就各行为人来论及注意义务的违反。但是,在法律上对共同行为人课以共同注意义务时,如果存在可以认为共同行为人共同违反了其注意义务这种客观事态,就可以说在此存在过失犯的共同正犯构成要件符合性,进而,在同样承认各个共同行为人存在责任过失时,不是就可以认为成立过失犯的共同正犯吗?例如,数名工作人员从大楼屋顶上的工作现场共同向地面扔下粗木材时,他们都被课以应该顾及不伤害地面上行人等的共同注意义务,这种义务不仅是只要各个共同者单独对自己的行为加以注意就够,而且还要对其他同伴的行为加以注意,应该互相确认安全后扔下木材的义务,如果木材砸伤地面的行人,一般可以认为全体共同者违反了注意义务。在此,可以看出作为共同实行的内容的,共同者的相互利用、补充关系,其共同实施这种不注意行为的心情,可以说就是过失犯中的共同实行的意思。②

内田文昭教授则认为,就刑法所关注的过失行为的重点而言,既不是意识部分也不是无意识部分,而是两者的结合点。与限制从属性说相关,在共同正犯问题上也是共同进行违法行为的层次上考虑时,关于前法律事实的意识性、意欲性共动就带有不注意的共有这种契机,由此就符合作为一个整体的构成要件,而且能够成为违法的行为、结果,从而就可以考虑肯定过失共同正犯。也就是说,在过失共动中可以区别出共有不注意的情形和仅仅是不注意的竞合的情形。在共同的不注意的过失共动中,就可以据此将法益侵害结果归责于全体行为人,这就是过失共同正犯的基础。③

韩国的刑法学家认为,过失犯并不需要意思上的联络,只要存在义务的共同和行为的共同,那么,就可以肯定共同正犯的成立。这种主张虽然就共同正犯的本质取的是行为共同说,但是,针对行为的共同,并不要求法律意义上的共同,而是将其理解为构成要件意义上的行为。④

---

① 转引自余振华:《瑞士之过失共同正犯论》,载《刑法深思. 深思刑法》,元山出版公司2005年版,第231页。

② [日]大塚仁:《刑法概说(总论)》,有斐阁2008年版,第296页以下。

③ [日]内田文昭:《刑法中的过失共动理论》,有斐阁1973年版,第61页。

④ [韩]李在祥:《刑法总论》(第5版),博英社2005年版,第457页。

（2）否定说

否定说是德国刑法理论中的通说，这种学说认为在共同实行犯的意思联络中，必须主观上具有对犯罪结果的认识，因此共同正犯仅限于故意犯，而由于过失犯主观上欠缺对结果的认识，充其量仅可成立同时犯。比如，德国学者 M. E. Mayer 认为，共同正犯系以故意为前提，共同实行某种行为之观念，确实可与过失共同行为结合，但共同实行发生结果之行为，其统合部分行为之决意，绝非与共同过失行为可结合。①

日本的团藤重光教授认为：第一，如果说有意识的行为共同是不必要的话，那么，议论就没有意义。第二，如果承认罗克幸所说的"共同义务共同违反"，并以存在论的表现形式加以表述，那就是"以共同义务的存在为前提，共同违反的人格态度"是过失犯的共同正犯的成立要件。也就是说，其一，共同义务的存在是过失犯的共同正犯的成立要件。其二，违反这种共同义务的人格态度的共同是成立要件。……这样，要承认过失的共同正犯，那么其构造就与故意犯的情况有根本的差异。这样，其结论是：考虑到故意犯的共同正犯与过失犯的"共同正犯"在构造上的差异，是无法将刑法第60条的规定适用于后者的。②

西原春夫教授则认为，过失犯的共犯有各种形态。各自基于不注意而实施行为导致结果发生的情况，即使过失行为是共同的，对各人也可以认定为单独犯的过失犯，没有引用共犯规定的必要。认为有必要的场合，大概指的是这样一种情况，即各人在意思联络的基础上向下扔石头，无法证明是谁扔的石头导致被害人负伤的情况。但是，这种情况，让全部成员承担过失伤害罪的责任本身不当，其结论应该是无罪……在过失犯的情形下，不应当援用共犯的规定适用部分行为全部责任的法理，也没有援用的必要。应当否定由过失构成的共犯以及对过失犯的共犯。③

否定说是韩国的主流学说，这种学说认为，过失共同正犯，从外观上看，由于共同违反注意义务，因此，作为一种现象并非不可能存在。然而，所谓的共同，从语义上看，应当意味着合意基础上的相互协力的参与形态。也就是说，共同正犯的成立，要求共同实施犯罪的决意以及基于行为支配说的共同的犯罪支配，由于

---

① 转引自前引注［10］，第211页。转引自余振华：《瑞士之过失共同正犯论》，载《刑法深思.深思刑法》，元山出版公司2005年版，第231页。

② ［日］团藤重光：《过失犯与人格责任论》，载《日冲宪郎博士花甲祝贺论文集》，有斐阁1966年版，第67页以下。

③ ［日］西原春夫：《刑法总论》（改订准备版）（下卷），成文堂1993年版，第385页以下。

这两点在过失共同正犯中并不存在，因此，应当否定过失共同正犯。如果将共同参与的意思视为机能性行为支配的本质要件，那么，更不应将共同违反注意义务理解为共同正犯的主观要件。另外，如果肯定过失共同正犯，有可能超越部分行为人违反注意义务行为以及由此产生的结果而扩大刑事处罚的范围。因此，应当将二人以上共同过失引发的结果视为一种同时犯。①

（二）国内的主张

在我国的刑法理论界，囿于我国现行刑法的规定，即便是肯定过失共同正犯（实行犯）的观点，也是从立法论的角度主张的。比如，数人以共同的过失，相互协力造成同一个危害结果，这毫无疑问是一个共同过失犯罪。那种认为共同过失缺乏共同犯罪所要求的内在一致性的见解，是不正确的。请问，数人之间的共同过失和在共同过失下实施的共同行为，难道不是共同过失犯罪内在的一致性吗？所谓共同过失犯罪，是指二人或二人以上的过失行为共同造成一个或数个危害结果所构成的犯罪。按照分工标准，共同过失犯罪包括过失实行犯，过失教唆犯和过失帮助犯。二人以上的过失实行犯就等于所谓过失共同正犯。② 也有观点认为，从立法论上主张过失的共同正犯的观点具有合理性。首先，认定是否成立共同正犯的重要结局，在于是否适用部分行为全部责任的原则。故意与过失都是责任的要素或形式（种类），故意犯与过失犯都有各自的实行行为，从现实上看二人以上既可能共同实施故意犯罪，也可能共同实施过失犯罪。既然对故意犯的共同实行行为能够适用该原则，就没有理由否认对过失犯的共同实行行为适用该原则。其次，之所以对共同正犯适用该原则，是因为二人以上的行为共同引起了法益侵害，即二人以上的行为均与法益侵害结果之间具有因果性。是否具有这种因果性，应当根据客观的因果法则进行判断，而不是取决于二人以上具有意思上的联络。当然，"意思上的联络"有助于二人以上的行为成立共同行为的资料。但是，意思上的联络不应当限定为犯罪故意的联络，只要就共同实施共同要件的行为具有一般意义的联络即可。因为一般意义的意思上的联络也完全能够起到相互促进、强化对方不履行注意义务的作用，从而使任何一方的行为与他方行为造成的结果具有因果性，因而任何一方对他方造成的事实、结果，只要具有预见可能性，就必须承担责任。③

---

① ［韩］朴相基：《刑法总论》（第 6 版），博英社 2005 年版，第 400 页以下。

② 侯国云：《过失犯罪论》，人民出版社 1992 年版，第 158 页以下。

③ 张明楷：《共同过失与共同犯罪》，《吉林大学社会科学学报》2003 年第 2 期，第 45 页。

否定说是我国的通说,这种观点认为:第一,过失共同犯罪不具有共同犯罪的本质特征——共同犯罪行为是一个统一的有机整体。共同犯罪故意是共同犯罪成立的必要条件。因为正是由于二人以上具有共同犯罪故意,通过互相意思联络,才使各行为人围绕一个共同的犯罪目标而活动,从而才使各个人的行为形成一个不同于个人单独犯罪的行为整体——共同犯罪。而过失共同犯罪,彼此缺乏意思上的联络,不可能使各个行为人的行为形成一个互相支持、互相配合的统一体,因而各个行为人只可能分别构成过失犯,而不可能是共同犯罪。第二,过失共同犯罪不存在行为人在共同犯罪中所具有的那样的分工和所起的不同作用。在刑法总则之中所以规定共同犯罪,是因为各共同犯罪人的行为形态在刑法分则中未加规定,他们在共同犯罪中所起的作用大小也不同,需要特别规定它们的犯罪构成和量刑原则,以便据以对各共同犯罪人定罪量刑。而过失共同犯罪,不存在组织犯、教唆犯、实行犯的分工,也无主犯、从犯、胁从犯的差别,只要根据各人的过失犯罪的情况论罪科刑就可以,不需要按照共同犯罪的规定来处罚。① 也有观点认为,在处于平等法律地位的各个行为人共同实施一项危险行为时,各个行为人不仅需要确认自己的行为不会违反规章制度,造成严重后果的发生,同时还需要督促与确认对方的行为不会发生危害社会结果,据此,主张过失同时犯解消说。根据过失同时犯解消说,对于所谓过失共同实行犯所要解决的问题,按照如下方式予以处理:在两个以上的行为人共同过失实施危险行为时的场合,在各行为人存在平等法律地位时,各个行为人不仅负有防止自己的行为产生危害结果的义务,同时还负有督促共同行动的他人注意防止危害结果发生的义务。因此,即使不将各行为人认定为过失共同实行犯,各行为人也需要对其他行为人所造成的结果承担责任。其他的场合,则分别按监督过失或过失的竞合处理。②

四、过失共同正犯之成立范围

(一)否定说之缺陷

第一,如前所述,过失共同正犯否定说最简单、直接、常见的理由是过失犯中缺乏共同行为决意(gemeinsamer Tatentschluss)或所谓意思上的联络,从而不符合共同正犯的本质要求。这是几乎所有倾向于否定说的观点都会提到的主要理由。具体而言,所谓共同正犯(Mittäterschaft),是通过有意识的和所意愿的共同作用

---

① 马克昌主编:《犯罪通论》,武汉大学出版社 1999 年版,第 518 页以下。
② 叶良芳:《实行犯研究》,浙江大学出版社 2008 年版,第 119 页以下。

(bewuβtes und Zusammenwierken)对犯罪行为的共同实施。① 共同正犯的综合性要素是各共同者想通过互相补充的行为来实现一个结果的决心,这种相互理解的心态只能存在于故意行为之中。而共同过失犯罪,彼此之间缺乏意思上的联络,不可能使各个行为人的行为形成一个互相支持、互相配合的统一体,或者说不可能形成共同犯罪所要求的有机整体性,因而也不需要对他们以共同犯罪论处,而只根据各人的过失犯罪情况分别负刑事责任即可。②

"一种错误观念是设想科学的一切发展都是按照单向推理的战略进行的。这种战略意味着首先提出一般性的理论假设;然后对与假设有关的每个变量确定一个有效的定义。如果有效实验的结果是肯定的,那么,人们就会设想有效定义是令人满意的,并且设想假设得到了证实。反之,如果实验结果是否定的,人们就不会知道定义是不是选错了,或者也不知道假设是不是没有根据的。人们将会指责操作方法,但是保留假设。总之,在这种战略中,理论方案受到过分的保护,资料很少有机会能修改和改进基本假设。"③过失共同正犯否定说,即所谓"欠缺共同的犯罪决意或意思联络"就是沿着这样一个思路进行的——先以刑法规定为前提,将共同正犯等同于故意共同正犯,那么,很自然共同正犯的主观要件便是故意共同正犯的要件,进而反过来以此为大前提,认为不符合这一条件的情形,便不属于或不应当归入共同正犯。不仅如此,当遇到司法实践中出现对现有理论观点形成挑战的案件时,仍然拒绝对这一大前提进行反思与检讨。这固然是一种省力的逻辑,但却在不经意间湮没了变革的可能。④ 也就是说,将共同行为的决意或意思联络等同于故意的意思联络的观点和前提是从故意共同正犯中发展而来的,不能用来统一检验过失犯。这种逻辑实质上是一种有待探讨的单向逻辑。正如有观点所指出的那样,共同行为决意是从故意犯罪发展出来的标准,而不是从共同正犯衍生出来的,过失犯并不需要以故意犯的标准为根据。⑤ 这种区分,在发展过失犯的正犯和共同正犯体系也应该保留,否则整个法律体系会产生矛盾。如前所述,不少国家的刑法典只是规定了"共同正犯是共同实行犯罪",而没有规定是共同"故意"实行犯罪,因此,不能用故意的标准来检验过失犯。另外,即便是通

---

① [德]约翰内斯·韦塞尔斯著,李昌珂译:《德国刑法总论》,法律出版社 2008 年版,第 293 页。

② 陈兴良:《共同犯罪论》(第 2 版),中国人民大学出版社 2006 年版,第 399 页。

③ [法]让. 梅松纳夫著,殷世才等译:《群体动力学》,商务印书馆 1997 年版,第 12 页以下。

④ 邹兵:《过失共同正犯研究》,人民出版社 2012 年版,第 93 页。

⑤ 转引自邹兵:《过失共同正犯研究》,人民出版社 2012 年版,第 93 页。

说,即共同正犯中的意思上的联络之含义同样也有探讨的必要。数行为人各自故意犯罪,但无意思联络的情况下同时向被害人开枪的情形。否认其意思联络,进而否认其成立共同正犯的可能。由此可见,共同犯罪中的意思上的联络应侧重于行为者之间横向的就"一起"(together)实施实行行为的意思表示或联络。这是将本来彼此不相干的行为主体有机结合在一起形成更大合力的决定性因素所在。而对于行为性质的认识以及对结果的态度,则是个体固有之认识,并不必然会因为共同行动而有所损益,不应该成为决定是否成立共同正犯的要素。① 在这一点上,过失犯亦同样。

第二,否定说认为,否认过失犯中也有共同行为的存在,只是因为针对结果的发生没有一致的意愿,无法使行为人的责任互相补充。如果肯定过失共同正犯,将使原本应当依据疑罪从无原则而无罪的人,变为有罪。即"出现这种情况(因不能查明各自独立的因果关系而都不能处罚之情形)确实是人们所不愿意看到,但也是一种无奈的选择"②。然而,此处的关键是,当法益受到侵害时,刑法应当首先站在优先保护法益的立场上。也就是说,如果确定法益受到侵害,甚至出现了相当严重的法益侵害结果,就要尽可能在合理的范围内追究相关人员的刑事责任。在能够认定共同行为是造成危害结果的唯一原因,且各行为人皆有过失的情形下,令其负过失共同正犯的刑事责任并无任何不当。这和单独正犯因证据不足而据"疑罪从无"不处罚的情形不能相提并论。

第三,否定说主张,过失共同正犯肯定论者的目的在于"使得确定个别的过失行为人与损害之间的因果关系成为多余之事"③。但是,首先,因果关系理论不能解决所有刑法问题。其次,共同正犯中的因果关系的侧重点应该是基于共同行为整体与侵害结果之间的因果关系,而不是个别行为与侵害结果之间的因果关系。④ 过失共同正犯概念的主张和借鉴并不是为了取代因果关系,恰好相反,是基于共同的过失实行行为与侵害结果之间的因果关系来主张过失共同正犯。另外,在故意共同犯罪中,当个别因果关系不明时,正是基于行为整体与侵害结果之间的因果关系而归责于整体,这在刑法理论界没有任何异议。那么,缘何在过失共同行为整体与侵害结果之间存在因果关系时,就不能适用共同正犯之"部分行

---

① 邹兵:《过失共同正犯研究》,人民出版社 2012 年版,第 94 页。

② 黎宏:《过失共同正犯质疑》,《人民检察》2007 年第 14 期,第 63 页。

③ [德]普珀著,王鹏翔译:《反对过失共同正犯》,《东吴法律学报》第 17 期第 3 卷,第 344 页。

④ 马克昌主编:《犯罪通论》,武汉大学出版社 1999 年版,第 519 页以下。

为全部责任"的原则呢？其实，比如"甲和乙成立过失犯的共同正犯之际，在不能判明是甲还是乙投下的木料导致了行人负伤的场合下，只要可以确定是由他们当中的行为导致了该结果，就可以理解为他们都为所发生的结果承担责任"①。也就是说，过失共同正犯的确立是以意思联络基础上的共同行为所确定的。确定以后，只要可以确定结果是由其整体意义上的行为——可能是全体，也可能实际由其中一部分直接致害，那么，就可以适用共同正犯的归责原理对其进行归责。

第四，如果否定过失共同正犯的成立，在无法确定共同行为者中谁的不注意行为引发危害结果的情形下，即便可以肯定参与者全体都有违反结果回避义务的嫌疑，均无法处罚所有的参与者，这明显不尽合理，同时也是过失共同正犯否定说的致命缺陷。比如，①X 和 Y 对 A 均有仇恨，有一天，两人在意思联络的基础上，共同向 A 开枪，X 击中 A 导致其死亡。②X 和 Y 基于练习枪法的意思分别射击，其中，X 击中 A 导致其死亡。在事例①的情形下，由于两人有犯罪的故意，因此，即便其中的一人未能击中，也不影响共同正犯的成立。然而在事例②的情形下，如果否定过失共同正犯的话，其中一人甚或（无法证明是由谁的子弹击中）两人均无法处罚。针对这种情形，过失共同正犯否定说认为："根据因果共犯论，理论上肯定过失共同正犯的成立并非不可能，但是，如果肯定过失共同正犯概念，那么，共同正犯的处罚范围不得不极为宽泛，在充满风险的现代社会，不得不导致刑法适用的泛滥。"②也有观点认为，现行刑法原则上只处罚故意犯罪，处罚过失犯罪限于例外情况，因此，即便存在处罚上的漏洞，并不能说不合理。③ 本文认为，处罚共同犯罪本身的目的在于"扩大处罚范围"，因此，在合理的范围内处罚过失共同正犯并无不当之处。只要各个共同行为人，不会因肯定过失共同正犯而受到"意想不到的处罚"，那么，不应否定过失共同正犯的成立。④

（二）肯定说之不足

如前所述，在过失共同正犯肯定说中，部分观点既肯定过失共同正犯，也肯定过失教唆犯和过失帮助犯。本文认为，肯定过失教唆犯和过失帮助犯的主张有待商榷。有关过失教唆犯的类型，一般包括两种类型：其一是过失教唆行为引起他人实施故意犯罪的情形；其二是过失教唆行为引起他人实施过失犯罪的情形。单

---

① ［日］野村稔著，全理其等译：《刑法总论》，法律出版社 2001 年版，第 402 页。
② ［日］西田典之：《过失共犯》，《法学教室》第 137 号，第 20 页。
③ ［日］前田雅英：《刑法之基础总论》，有斐阁 1993 年版，第 427 页。
④ ［日］大越义久：《过失犯之共同正犯》，载《内田文昭先生古稀祝贺论文集》，青林书院 2002 年版，第 273 页。

纯从事实上说,这两种类型在现实生活中都有可能发生,有关过失教唆引起他人故意犯罪的情形可举,比如,甲酒后不注意,当着血气方刚、容易冲动的乙大骂张三"不是东西",结果引起了在座的乙的杀人意图,并将张三杀死。有关过失教唆行为引起他人实施犯罪的例子可举,比如,匆忙赶路的乘客说服出租车司机超速行驶,发生交通事故致行人死亡。① 针对上述过失教唆的两种类型,认定均成立共同犯罪缺乏说服力。理由是:首先,从语义学的角度来说,教唆是使他人产生实施特定犯罪决意的行为。可见,教唆犯是通过实行犯的行为引起法益侵害,进而受到刑罚处罚,而过失的教唆显然难以包括在教唆犯的类型之中。其次,更为关键的是,从处罚的角度来说,肯定过失教唆行为成立共同犯罪同样缺乏合理性。就过失教唆犯的第一种类型而言,即过失教唆行为引起他人实施故意犯罪的情况来看,刑法对教唆犯的处罚是按照其在共同犯罪中所起的作用处罚。具体而言,刑法对其处罚从属于实行犯。比如,在过失教唆行为引起他人故意杀人的情形下,如果肯定过失教唆犯,就应当对其认定为故意杀人罪的教唆犯,进而按照故意杀人罪对其定罪处罚,这显然不具有合理性。就过失教唆犯的第二种类型而言,即过失教唆行为引起他人实施过失犯罪的情形下,如果肯定过失教唆犯,就得对其按照过失犯处罚,这同样不具有合理性。因为,刑法分则规定的过失犯仅限于实行行为,将过失教唆引起他人实施过失犯罪的情况作为共同犯罪处罚,会与刑法总则第15条例外处罚过失犯的规定相抵触。② 针对过失的帮助犯,同样存在上述两个方面的问题。由此可见,肯定过失教唆犯和过失帮助犯均不具有合理性。也就是说,过失共同犯罪,应限于过失共同实行犯(正犯)。

(三)过失共同正犯之成立范围

(1)肯定过失共同正犯的必要性

如前所述,有关过失共同正犯问题,在中外刑法理论界有肯定说和否定说的激烈争论。由于我国刑法第25条第2款明文否定过失共同犯罪,因此,似乎没有必要探讨过失共同正犯的余地和必要性,但是,在现实生活中,有不少类似过失共同犯罪的情形。比如,事例 I,X 和 Y 一起,分别将大石块滚下山崖,大石块恰好击中路过的 A,并导致其死亡,但无法查明究竟是哪一块大石块击中了 A。在事例 I 的情形下,过失共同正犯肯定说主张应当成立过失致死罪的共同正犯;而否定说认为只能成立过失同时犯,如果无法认定 X 和 Y 各自的实行行为与危害结果之间

---

① 王光明:《共同实行犯研究》,法律出版社2012年版,第166页。

② 王光明:《共同实行犯研究》,法律出版社2012年版,第167页。

的因果关系,那么,由于无法归责死亡结果于任何人,因此,只能以无罪处理。由此可见,在过失同时犯的情形下,认定因果关系的存在与否只能分别进行,因此,如果无法认定因果关系,行为人只能成立过失的未遂,即应当以无罪处理。针对这种结论,肯定说主张明显不尽合理,因此,即便无法分别认定因果关系的存在,如果能够证明共同的行为关系和共同的注意义务,可以将两名行为人视为过失的共同而追究相关责任。也就是说,这种"处罚的间隙"正是否定说的致命缺陷。

当然,比如,事例 II,X 和 Y 是猎人,有一天一同去狩猎,由于从树林中传来声响,他们误以为是猎物出现,于是同时朝着有声响的方向开枪射击,不巧 X 击中了在那里采蘑菇的 A,并导致其当场死亡。在事例 II 的情形下,根据过失共同正犯肯定说,即便能够证明击中 A 的是 X,Y 并没有击中,Y 也要负过失共同杀人的刑事责任。也就是说,根据过失共同正犯肯定说,X 和 Y 具有不至于引发他人死亡的注意义务(共同注意义务),由于忽视这种注意义务而轻信所射的对象肯定是猎物,即在这种共同心情之下怠于相互间的注意而导致 A 的死亡结果。由于在这种情形下,可以肯定存在部分行为的全部责任基础之相互利用、补充关系,因此,X 和 Y 可以成立过失致死伤罪的共同正犯。与此相比,根据过失共同正犯否定说,X 和 Y 成立过失致死伤罪的同时犯,其中,由于 X 的行为与 A 的死亡结果之间存在相当因果关系,因此,可以追究 X 的刑事责任。但是,由于 Y 的行为与 A 的死亡结果之间并不存在相当因果关系而无法追究 Y 的刑事责任。有关这一点,倾向于否定说的观点进一步认为,假设 10 人共同进行射击训练,其中一人的子弹击中偶尔路过的行人,根据肯定说,其他 9 人是否也应成立过失致死罪的共同正犯?① 其实,这种诘问并没有说服力,如果其他 9 人均有注意义务,其中一人的误射行为导致死亡,那么,同样可以追究其他人过失共同正犯的刑事责任。②

共同正犯的成立,客观上需要有"共同实行的事实",主观上则需要"共同实行的意思"(意思上的联络)。过失共同正犯肯定说与否定说的争论的焦点在于怎样把握和理解主观要件之"意思上的联络"的内容和程度。如前所述,犯罪共同说认为,共犯是指二人以上的行为人成为一体,为了实现同一犯罪而相互协力的现象,因此,所谓意思上的联络,是指共犯者之间存在实现特定犯罪的意思,也就是说,具有实施特定犯罪的共同的犯意,即故意的共同。由此可见,过失共同正犯的成立,需要共通的针对过失结果的认识,然而,欠缺对结果发生的认识或容认正是过

---

① 〔日〕前田雅英:《刑法之基础总论》,有斐阁 1993 年版,第 426 页。
② 〔日〕内田文昭:《有关过失共同正犯理论之近况》,《研修》第 542 号,第 36 页。

失犯的本质,因此,不可能要求存在故意的共同这一心理要素。这便是传统的犯罪共同说否定过失共同正犯的主要理论依据。①

但是,过失单独正犯的成立并不要求对结果的认识,对过失共同正犯要求对"结果的认识"不仅明显不尽妥当,在某些情况下,即便欠缺针对结果的意思上的联络,也有可能将其称之为"共同"的情形。另外,就需要何种程度的意思上的联络而言,由于它属于共同正犯成立问题,因此,完全可以依据共同正犯处罚根据之部分行为全部责任的法理来解决。② 具体而言,比如在事例Ⅰ的情形下,就滚下大石块的共同认识而言,针对并没有认识到自己的行为将会导致某种危险的共同参与者全体,要求他们承担全部责任当然不尽合理,但是,可以要求他们有一个最低限度的,针对危险性的共同认识。③ 也就是说,要求相互间认识到实施的是具有实质性危险的行为这样一个意思上的沟通。作为其前提,需要存在二人以上共同实施包括可能导致危险结果发生的事态,在这种情形下,法律意义上就赋予行为者以共同行为者中的各人均有共通的防止结果发生的义务。也就是说,参与共同行为的各人,基于违反共通的注意义务的共同行为而导致危害结果时,根据这些参与者过失行为的共同实施引发了该过失犯的构成要件结果,因此,作为过失共同正犯而追究过失的责任。即基于"共同义务的共同违反"而肯定共同参与者的相互利用补充关系,同时可以把这种共同实施不注意行为时的心情视为共同实行的意思。④ 在日本的司法实践中,有基于"共同义务共同违反"而成立过失共同正

---

① [日]大塚裕史:《刑法总论的思考方法》,早稻田经营出版 2006 年版,第 526 页。

② [日]大塚裕史:《刑法总论的思考方法》,早稻田经营出版 2006 年版,第 526 页。

③ [日]前田雅英:《刑法之基础总论》,有斐阁 1993 年版,第 369 页。

④ [日]川端博:《刑法讲义总论》,成文堂 1995 年版,第 531 页。针对这种肯定说,批判的观点认为,第一,主张"共同义务共同违反"的观点不得不忽视意思上的联络问题,只根据客观要素限定共同正犯的成立范围。也就是说,由于过失也可以有实行行为而同样可以共同实施的逻辑,基于实行行为同时存在这一物理意义上的因果性肯定共同正犯的成立。但是,之所以在共同正犯中适用"部分行为全部责任"原则,是因为在共同实行这一事实的基础上,存在共同实行的意思而心理上相互影响,并基于这一相互影响提高结果发生的盖然性,也就是说,心理上的因果性更为重要之故。第二,肯定说的"共同义务共同违反"这一限定法理的理论根据并不明晰。不仅仅是过失行为因果性的共同,而要附加"共同义务共同违反"要件,以此来限定过失共同正犯的处罚范围,这一点当然值得肯定,问题是,从共犯理论中能否符合逻辑地推导出这一结论不无疑问。第三,肯定说将共同义务的内容解释为:共同参与者的各自行为人不仅要注意自己的行为,同时也要注意到其他同伴者的行为,但是,这种情形只能存在于对等关系之中,即在对等关系中相互监督过失的情形,由于这种情形可以以过失同时犯处理,因此不必主张过失共同正犯。(参见[日]大塚裕史:《刑法总论的思考方法》,早稻田经营出版 2006 年版,第 527 页以下。)

犯的判例。即在地下道内检查断线工作的 A 和 B,在退出地下道时由于工作中所使用的喷火焊接器未完全熄灭而燃烧,且无法认定究竟是由 A 还是 B 的焊接器导致了火灾。裁判所认为于社会生活上危险且重大结果的发生能被预想的情况,负有依相互利用、补充所形成的共同注意义务的共同作业者系现实存在,从事共同作业的作业员,对于所携带而各自使用的全部焊接器,应认为对于全体共同作业员课有互相监督确认灯火熄灭的业务上注意义务,于该共同作业者间被认为有懈怠该注意义务的共同行为时,对全体共同作业者肯定过失共同正犯的成立乃属妥适。①

(2)过失共同正犯的成立范围

过失共同正犯的成立,针对参与者而言,必须具备能够归责部分行为全部责任这一法理效果的,具有"共同实行"内涵的行为。这一共同实行的内容则包括参与者之间实施的共同行为的内容。具体而言,在作为犯的情形下,针对结果的发生,在因果意义上所寄予的程度至关重要(因果寄予的重要性)。如果因果寄予的程度很高,基于"共同结果回避义务"(结果回避义务的共有)的存在,在"共同违反"这一回避义务的情形下,就可以肯定"共同实行"(共同过失行为)的存在。与此相比,在不作为犯的情形下,基于共同的排他性支配关系等肯定共同作为义务的存在(作为义务的存在)。如果能够肯定作为义务的存在,那么,基于"共同结果回避义务"(结果回避义务的共有)的存在,在"共同违反"这一义务的情形下,就可以肯定"共同实行"(共同过失行为)的存在。由此可见,不仅在过失不作为犯的情形下,即便在过失作为犯的情形下,基于"共同违反共同的结果回避义务"而肯定"共同实行"的存在。②

过失共同正犯,即二人以上实施的过失行为导致危害结果发生一般包括两种类型。第一种类型是一体性危险创出型,是指行为人分别实施的行为并不存在危害结果发生的危险,但是,二人以上行为人的过失行为发生竞合时,就会引发危害结果的发生。比如,饮酒后的 X 和 Y,基于好奇心,不顾没有驾驶船舶的经验和技能,爬上停留在港湾的一艘小型游船,由 X 来操舵 Y 来辅助,将小型游船开出港湾,由于不会操作,导致小型游船触礁。在上述事例中,X 和 Y 不合作就无法驾驶游船,由于在意思联络的基础上驾驶该游船,可以将这种情形视为二人的参与形成一体引发了危害结果。因此,针对因果寄予程度很高的二人而言,就存在共同

---

① 《判例时报》第 1419 号,第 133 页。
② [日]大塚裕史:《刑法总论的思考方法》,早稻田经营出版 2006 年版,第 530 页。

结果回避的义务。针对类似的事例,日本地方裁判所基于二人存在回避危害结果发生的义务,以过失往来妨害罪肯定共同正犯的成立。①

第二种类型是并行性危险创出型,是指各个行为人虽然均具有引发危害结果的可能性,当二人以上的行为人在相同时机分别实施引发危害结果的行为,但是,无法查明究竟是其中哪一个行为人引发了危害结果的情形。在这种情形下,原则上可以根据各自行为人引发的结果而以过失同时犯予以处罚(过失竞合)。但是,基于各个行为人所实施行为的危险性,在可以肯定共同从事某项作业时,有义务回避对方的行为有可能引发危险结果,同时这种义务赋予全体参与者时,可以不以单独犯的竞合处罚而以共同正犯处罚更具合理性。其典型可举前述之在日本基于"共同义务共同违反"而成立过失共同正犯的判例。该判例之所以肯定 A 和 B 成立过失共同正犯,是因为二人同属于同一公司的职员,并且以同等的地位和身份从事该修复业务,而公司的内部规定中明文规定应注意安全,并且该公司反复对 A 和 B 强调过安全作业的重要性等等。在这种情形之下,作为判断有无共同结果回避义务要素的"相关参与者之间有无平等地位"至关重要。不仅要注意自己的行为,也要让对方遵守注意义务这一结果回避义务,首先就得要求行为人 A 和 B 从事同一内容的作业,其前提便是二人处于平等地位。不过,即便二人处于平等地位,在能够适用信赖原则的情形下,一般不构成过失共同正犯。与此相比,如果参与者之间属于上下级关系,原则上处于上级地位的行为人(作为单独过失犯)存在监督义务,而处于下级地位的行为人不存在这种义务,因此,不存在共同的结果回避义务而否定过失共同正犯的成立。②

另外,在过失作为犯与过失不作为犯竞合的情形下,比如,X 在高层工地现场向下投掷废旧钢材,Y 受 X 的委托,在下方监视是否有行人路过,由于 Y 的疏忽导致行人 A 的死亡。在这种事例中,X 基于投掷废旧钢材的行为创设危险(作为犯),Y 则担任阻止引发危险结果的角色(不作为犯)。在这种情形下,X 的结果回避义务的内容与 Y 的作为义务(结果回避义务)的内容完全不同,即并不存在互换性。因此,不应将二人之间的结果回避义务视为共同义务,即不应成立共同正犯,所参与的行为人只能成立单独过失犯。不过,在过失不作为犯的情形下,比如,X 和 Y 在两人制的岔路控制器平交道从事该交道警备员工作(X 负责走出交道工作室确认列车接近交道口的任务,Y 则在交道工作室负责确认列车接近交道

---

① 《下刑集》第 3 卷第 7、8 号,第 816 页。
② 《下刑集》第 7 卷第 3 号,第 536 页。

口的任务），由于 X 和 Y 怠于确认列车接近的义务，因过失未将遮断器闭锁而使栅栏没有关闭，列车与小汽车相撞并导致小汽车内的司机等两人死亡。在这一事例中，X 和 Y 均有阻止危害结果发生的义务。这种作为义务（结果回避义务），形式上基于法令、契约、条理，实质上只有 X 和 Y 具有阻止危害结果发生的义务，这是因为他们的工作内容就是列车接近时闭锁遮断器。当然，如果 X 和 Y 具有独立的作为义务时（结果回避义务），有可能成立过失单独犯的同时犯（过失竞合）。然而，在上述事例中，由于 X 和 Y 的工作内容本身就是共同注意而阻止危害结果的发生，因此，应当肯定具有共同的作为义务（共同结果回避义务）。针对类似的案例，日本的地方裁判所肯定过二人成立业务上过失致人死亡罪。①

在我国的司法实践中，央视大火案②可以说是较为典型的过失共同犯罪问题。在本案的审理过程中，面对抓捕人员众多、追究刑事责任范围扩大化的质疑，公诉方认为 21 名被告属于共同过失犯罪，都有过错。央视新址为重点消防单位，

---

① 《下刑集》第 7 卷第 5 号，第 855 页。

② 案情及判决概要是：徐威在任央视新址办主任期间，擅自决定在央视新址施工区内燃放烟花。2009 年 1 月初，徐威打电话给沙鹏，让他联系烟花公司。沙鹏通过与央视有业务往来的李小华联系到宋哲元，宋哲元又联系了刘发国。根据沙鹏提出的要燃放大型烟花的要求，某公司设计了包括 A 级烟花在内的燃放方案。但按照规定，A 类烟花属于由专业燃放人员在特定条件下燃放的产品，燃放必须经过北京市政府批准。此后，耿晓卫带领 4 人进入央视新址工地，经徐威同意后，确定了燃放地点后耿晓卫将燃放所需材料告知胡德斌。胡德斌按照徐威的指示通知了田可耕、陈代义协助办理燃放前的相关工作。刘发国于 2009 年 2 月间委托某公司，使用汽车将 A 级烟花及燃放设备从湖南运至河北，将上述烟花及燃放设备存放于刘桂兰具备 C 级仓储资质的仓库内，刘桂兰发现该违规情况后，仍默许存放。当月 6 日，刘发国及曾旭等人在沙鹏的带领下再次进入工地，并向陈代义提出解决燃放烟花相关问题。陈代义即联系李俊义。经李俊义同意后，刘发国伙同宋哲元、薛继伟、张炳建，使用张炳建的货车将烟花及燃放设备于 2 月 7 日凌晨运至央视新址燃放地点。当日，在刘发国的指挥下，曾旭等 7 人在燃放地点进行烟花摆放等工作。2009 年 2 月 9 日，胡德斌按照徐威的指示通知田可耕及高耀寿做好燃放烟花的安全工作。田可耕、高耀寿通知李俊义及陈子俊安排消防、保安工作。陈子俊向刘军汇报该事后，刘军明知施工工地不能燃放烟花，仍未对燃放一予以阻止。当日，安保主管戴剑霄按照邓炯慧指示，为燃放布置相关的防火工作。高宏得知要在央视新址工地内燃放烟花后亦未加制止。王世荣在明知禁止燃放烟花的情况下，在徐威的指示下点火。2009 年 2 月 9 日 20 时许，在烟花燃放过程中，礼花弹爆炸后的高温星体引发火灾。火灾造成 1 名消防队员死亡、8 人受伤，直接经济损失达人民币 1.6 亿余元。法院审理后认为，被告人徐威等 21 人目无国法，违反爆炸性物品管理规定，未经相关部门批准，擅自燃放烟花致发生重大事故，给人民群众的生命、身体健康和国家财产造成严重危害，后果特别严重。上述 21 人的行为已构成危险物品肇事罪，应予依法惩处。（详情可参见高鑫：《"央视大火"危险物品肇事案一审宣判》，载《检察日报》2010 年 5 月 10 日。）

是《北京市烟花爆竹安全管理规定》明令禁止燃放的区域,各被告人应当明知,对此具有共同的注意义务。各被告人过于自信或疏忽大意,都没有尽到应有的注意义务。刘发国、沙鹏等人出于利益违规销售、运输、储存、燃放烟花,央视新址办等单位相关责任人没有阻止烟花燃放,并提供协助,均构成危险物品肇事罪的共同过失犯罪,应当承担相应的法律责任。公诉方将 21 名被告人的责任分为三等。徐威作为第一责任人,全面负责工地安全工作,却无视有关规定和消防责任,滥用权力,擅自决定组织烟花燃放事宜,不听民警劝阻,是造成火灾事故的主要责任人。刘发国、王世荣等 12 人是火灾事故的直接责任人,其中包括 5 名央视员工和两名施工单位项目副经理。余下 8 人的行为被认定为"导致火灾发生"。法院判决对检方的意见基本予以认可,认定全体被告人有罪,在量刑上对各过失行为人的参与程度有所反映。①

在我国的刑法理论界,也有观点认为,央视大火案的 21 名被告人明显是以涉嫌危险物品肇事罪的共犯予以审理的。本案的 21 名被告人以各自的过失行为实现了共同注意义务的违反,构成共同过失犯罪。认为在多人、多原因引发的同一危险物品肇事犯罪中,每个人在犯罪中的行为表现可能差异很大。有的可能表现为积极的作为,如决策、燃放等;有的可能表现为不作为,即消极地放弃自己的职责,比如,负有监管职责的人员疏忽大意或过于自信没有克尽职责。但是,无论采取什么行为方式都属于刑法规定的行为表现形式,都可能构成犯罪行为。关键在于共同注意义务的违反,即行为人不仅要注意自己的行为不要引起危害结果发生,还有义务提醒他人引起注意,行为人之间的注意义务存在互动、协助的关系。但是,正是因为各行为人都没有尽到注意,相互助长了对方的不注意,产生了不注意的共同心理,各行为人都是在相互不注意的共同心理状态下,不履行或者不正确履行共同注意义务,从而引起结果发生。因此,都构成共同过失犯罪。② 而且,共同过失犯罪采取"部分行为全部责任"追究的是各过失行为人的共同责任,却不等于同等责任。在过失共同犯罪中也有必要区分主犯、从犯,根据其在过失行为中所处的地位、针对危害结果发生所起的作用,承担相应的刑事责任。央视大火案中,公诉方将 21 名被告人分为主要负责人、直接责任人和"导致火灾发生"的人三等。其中,主要责任人徐威与直接责任人中的一部分作为主犯处理,"导致火灾

---

① 朱燕:《央视大火案庭审结束部分被告认为指控过重》,载《新京报》2010 年 3 月 26 日。

② 孟庆华:《从央视大火案看共同过失犯罪的成立》,《河南省政法管理干部学院学报》2010 年底 5 期,第 64 页以下。

发生"的 8 人可以作为从犯处理。徐威、沙鹏、李小华、刘发国等人在燃放烟花中"共同确定",因而对火灾的发生起着决定性作用,应当确定为过失共犯的主犯。而除此之外的其他人则为过失共犯的从犯。①

本文认为,针对本案的 21 名被告人能否构成危险物品肇事罪的过失共同正犯不可一概而论。其中,一部分被告人之间有可能构成过失共同正犯,但是,21 名被告人一同构成一个庞大的过失共同正犯却有待分析、探讨。根据过失行为的内容,21 名被告人可以分为五个群组,第一群组包括决定、策划、组织烟花燃放的人,即徐威、沙鹏、李小华。第二群组包括设计超标燃放方案、提供、安装烟花的人,即刘发国、宋哲元、曾旭。第三群组包括针对在防火对象物内燃放烟花负有阻止义务的人,不仅没有阻止还为烟花燃放提供协助的人,央视新址办、国金公司的负责人以及负有安全管理职责的工作人员,即王世荣、高宏、胡德斌、耿晓卫、邓炯慧、戴霄剑。第四群组包括作为施工方负有保证工地消防安全、阻止在工地燃放烟花义务的人,中建央视新址项目部、城建央视新址承包部的负责人以及负有安全管理职责的工作人员,即田可耕、高耀寿、李俊义、刘军、陈代义陈子俊。第五群组包括在烟花的运输、仓储方面为第二群组提供帮助的人,即薛继伟、张炳建、李桂兰。

首先,各个群组内部的人相互之间有可能构成过失共同正犯,由于这些人之间注意义务的共同性和义务违反的相互性相对容易证明。其次,在群组与群组之间也有可能构成过失共同正犯,典型的就是第三群组与第四群组之间,央视一方的安全负责人对上级要求燃放烟花的违法要求不仅没有予以阻止,还要求施工方给予协助,施工方的安全负责人明知施工工地不能燃放烟花,同样没有予以阻止。针对保证施工工地的防火安全这一共同的注意义务,双方的义务违反相互影响、相互助长,引发了火灾结果的发生。同理,在第一群组与第二群组、第一群组与第三群组、第二群组与第五群组的被告人之间,也有可能构成过失共同正犯。不过,第五群组中负责运输的薛继伟、张炳建和提供仓储便利的刘桂兰,是不可能和第一群组的人发生注意义务违反的相互影响和相互助长的。针对第一群组烟花燃放的决策者来说,烟花是由谁驾车运进北京的,在途中曾经在谁的仓库停留,只不过是客观的"经过",对他安全管理义务的履行还是违反不可能起到任何作用。况且,他们的注意义务的内容也不尽相同。薛继伟、张炳建在实施烟花的运输行为时应当履行的注意义务是,按照规定使用具有烟花爆竹运输资质的货车。刘桂兰

---

① 孟庆华:《从央视大火案看共同过失犯罪的成立》,《河南省政法管理干部学院学报》2010年底 5 期,第 69 页。

在实施烟花的仓储保管行为时应当履行的注意义务是,按规定保证使用的仓库具备保存 A 级烟花所需的仓储资质。从客观角度来看,他们的运输、仓储保管行为与结果之间确实存在"没有前者就没有后者"的条件关系,但是,他们的规范违反与结果发生并不存在归责关联。事实上,第五群组的行为人的性质决定了其只有可能与第二群组的人发生注意义务的共同性和义务违反的相互性,与第三、第四群组的人也不可能构成过失共同正犯。此外,徐威在决定放烟花之后就将具体操作交给沙鹏以及央视新址办、国金公司的下属(第三群组)处理,与施工方进行的交涉基本都是由后者完成的,由于第一群组与第四群组之间并不存在义务违反的相互性,因此,很难构成过失共同正犯。① 也就是说,21 名被告人均构成过失共同正犯显然不大可能。

过失单独正犯的成立条件是:注意义务的违反、结果回避可能性(过失犯的因果关系)和预见可能性。共同正犯的成立要件是共同义务的共同违反。基于过失行为人之间很难有意思上的联络这一主观要件,在过失共同正犯的情形下,意思上的联络这一要件可以界定为"注意义务违反的相互性",即各过失行为人的不注意之间存在相互影响、相互助长的关系。② 过失共同正犯是广义的过失竞合中的一种特殊情况,各行为人的过失不是单纯地竞合在一起,而是存在"共同义务的共同违反"这一特殊关系,符合"注意义务内容的共同性"和"注意义务违反的相同性"这两个要件。按照各过失行为人对过失单独正犯成立要件、共同正犯成立条件的满足情况,广义的过失竞合可以分为以下四种类型:第一,各行为人的过失行为都达不到过失单独正犯的成立要件,却满足了共同正犯的成立要件。其典型例子就是两名建筑工人在屋顶上拆瓦时,谁也没有确认下面的情况就决定将拆下的瓦往下扔,但不知道是谁扔的瓦将过路人砸伤。由于每个行为人与结果的因果关系都无法得到确认,对这类案件只有以过失共同正犯才能处罚,不能以过失同时犯予以处罚。第二,各自的行为都符合过失单独正犯成立的所有要件,但行为人之间不存在共同正犯的"共同义务的共同违反"。这在过失竞合的案件中占绝大多数,比如,负责备药的护士误将其他患者用的药备在患者的床头,负责注射的护士没有检查药品名称就直接实施注射。对这类案件只能以过失同时犯予以处罚,因为缺乏注意义务违反的相互性,不构成过失共同正犯。第三,既满足过失单独

---

① 曹菲:《管理监督过失研究——多角度的审视与重构》,法律出版社 2013 年版,第 337 页以下。

② 曹菲:《管理监督过失研究——多角度的审视与重构》,法律出版社 2013 年版,第 338 页。

正犯的成立要件,又满足共同正犯的成立要件,比如,明石步道桥案①中的警察署地域官 A 和保安公司经理 B。第四,既不符合过失单独正犯的成立条件,也不符合共同正犯的成立条件。比如,在大雾的深夜,火车在通过道口时没有鸣笛,公共汽车在接近道口时没有打开车窗确认,两车相撞导致公共汽车上的乘客死亡。但根据事后查明的情况,即使其中一方遵守义务也无法回避结果,必须双方都履行才能回避危害结果的发生。②

在这几类案件中,构成过失共同正犯的只有第一类。过失行为人各自满足除了因果关系之外的过失单独正犯的成立要件,虽然各人的过失与结果之间的因果关系难以确认,但是,确实是各人的不注意相互影响、相互助长,导致结果回避可能性在整体上已经消失。针对第三类情形,既然各人的过失行为与结果之间的因果关系能够得到证明,也就没有必要再以过失共同正犯处罚的必要。因为以过失共同正犯处罚,关注点往往集中在共同正犯的成立要件上。只要义务违反的相互性能够得到证明,过失单独正犯成立的另外两项要件,即注意义务违反和预见可能性,经常处于被忽略的状态。央视大火案中的薛继伟、张炳建、刘桂兰属于第四类的过失竞合,既不符合过失单独正犯的成立要件,也不符合过失共同正犯的成立要件,因此,不能作为犯罪处罚。危险物品肇事罪的构成要件是:"违反爆炸性、易燃性、放射性、毒害性、腐蚀性物品的管理规定,在生产、储存、运输、使用中发生

---

① 案情是:2001 年 7 月 21 日本明石市举办焰火大会,连接大会会场和最近的电车站的步道桥是观赏焰火的最佳场所,因为大量人群长时间滞留发生踩踏事故,造成 11 人死亡、183 人受伤。组织焰火大会的明石市的负责职员 3 人、指挥现场防止踩踏工作的明石警察署地域官兼本次焰火大会现场警备本部指挥官 A、明石市雇用负责现场自主警备的保安公司分公司经理 B,以业务上过失致死伤罪被起诉。明石市 3 名职员的判决已经确定,日本最高裁判所的决定针对的是 A、B 两人。最高裁判所决定认定,晚上 8 时步道桥上的拥挤已经达到了明石市职员和保安公司职员的自主警备所无法控制的程度。此时 A、B 两人就应该容易地认识到,如果不立即请求明石警察署出动机动队对步道桥采取限制进入措施,到了 8 时 30 分焰火表演结束后步道桥内双方向的人流汇集容易发生踩踏事故。在晚上 8 时的时间点,A 负有立即示明石警察署长或者直接要求出动机动队,对步道桥实行进入限制,将踩踏事故发生危险防止于未然的义务。B 负有向明石市的负责人进言要求警察署出动警察,或者代表自主警备一方直接要求出动警察,对步道桥实行进入限制,将踩踏事故发生危险防止于未然的义务。从步道桥周边机动队的部署情况来看,只要在 8 时 10 分以前接到出动命令,踩踏事故就可以避免。A 能够通过明石警察署长或者自己直接要求实行机动队的出动。明石市负责人或者 B 等自主警备一方以自主警备已经无法控制局面为由要求出动警力,警察一方是不会不答应的。因此,如果 A、B 在晚上 8 时的时间点履行了上述义务,实现机动队的出动采取限制进入措施,本案的事故是有可能回避的。(参见《刑集》第 64 卷第 4 号,第 447 页以下。)

② 曹菲:《管理监督过失研究——多角度的审视与重构》,法律出版社 2013 年版,第 339 页。

重大事故,造成严重后果的行为。"①薛继伟、张炳建明知或应知刘发国没有合法的烟花运输证,还为其运送烟花,使用的车辆没有烟花爆竹运输资质。刘桂兰管理的仓库的仓储资质达不到储存 A 级烟花的要求,在知道了刘发国没有合法的烟花运输证之后也没有提出异议。三人的行为虽然都违反了爆炸性物品的管理规定,但在运输、储存中却没有发生重大事故。三人明知或应知三湘公司没有合法的烟花运输证,除了熊猫、燕龙和逗逗三家公司的烟花可以在北京流通,其他公司的烟花都不得在北京销售燃放,还为刘发国运输、储存烟花,其行为与本案的结果只有狭义的共犯的因果关系,而没有正犯的因果关系。将薛继伟、张炳建、刘桂兰三人的过失和决定、实施烟花燃放的人过失一起采取共同正犯构成,是希望将三人过失共犯的因果关系上升为过失正犯的因果关系。但是,这三人不符合相互性的要件。在过失共同正犯中,之所以每一个人的结果回避可能性都十分稀薄,却不影响追究各人的过失责任,就是因为他们的义务违反行为相互之间共同作用,使得结果回避可能性在整体上丧失了。② 但是,在本案中,薛继伟、张炳建、刘桂兰三人的义务违反与徐威、刘发国等人决定、实施烟花燃放的义务违反,并不存在相互性。这三人与其他过失行为人有可能存在注意义务的共同性和义务违反的相互性的,仅限于运输、储存行为。央视大火案中的陈子俊作为施工方城建央视新址承包部安保部的工作人员,接到城建央视新址承包部副经理高耀寿的要求,安排当晚燃放活动的消防、保安工作。陈子俊向自己的上级刘军汇报了此事,提出施工工地不能燃放烟花,但刘军却对燃放一事不予阻止。陈子俊作为施工现场的安全保卫人员存在自身的注意义务违反,又不缺乏因果关系与预见可能性,与施工方的其他负责人还存在注意义务的共同性和义务违反的相互性,似乎属于第三类的过失竞合。但考虑到陈子俊自身拥有的防止结果发生的能力、权限十分有限,只能通过向上司进言来实现义务的履行,但却遭到了上司的拒绝,可以认为陈子俊已经尽到了相应的结果回避义务。

五、结语

过失共同正犯,是指二人以上的行为人,在共同实施某一行为时,由于所有人员的不注意,共同引起过失犯的符合构成要件结果的情形。比如,在建筑工地上,

---

① 高铭暄、马克昌主编:《刑法学》(第三版),北京大学出版社、高等教育出版社 2007 年版,第 410 页。

② 曹菲:《管理监督过失研究——多角度的审视与重构》,法律出版社 2013 年版,第 340 页。

甲、乙二人在没有给予任何警告的情形下,共同从楼顶向地面扔建筑材料,导致地面上无辜行人的死亡。又比如,甲、乙二人一同去狩猎,突然,甲发现森里中有动静,误以为是猎物,于是与乙一起开枪射击,事后发现打死的并非猎物,而是人。由于二人一起射击,又查不清是谁的子弹射中了人。

针对上述两个事例来讲,主张成立过失共同正犯的观点认为,如果按照过失竞合,即按过失同时犯处理不尽合理。因为,在按照过失同时犯处理的情况下,需要查清各个行为人的行为与所发生的构成要件结果之间的因果关系,在无法查清的情形下,根据存疑有利于被告的原则,只能按未遂犯处理,而在刑法对过失的未遂不处罚的情况下,只能对行为人按无罪处理。这种结论在主张过失共同正犯的论者看来,不仅放纵了犯罪,也不利于法益保护,同时又违背国民的法感情,明显不合理。如果按照过失共同正犯处理,就不会出现这种不合理的结论。因为,根据共同正犯的"部分行为全部责任"的处罚原则,即便在无法查清因果关系的情形下,针对上述两种情形,均可以对甲和乙追究过失致死罪的刑事责任。在过失共同正犯的情形下,即使在能够查清因果关系,能够按照过失同时犯予以处罚,由于需要司法工作人员分别予以认定,这在司法实践中有相当的不便之处。另外,如果按照过失同时犯处罚,也只能对造成结果的行为人追究刑事责任,针对其他没有造成结果的行为人,则不能按照共同正犯"部分行为全部责任"原则对其予以归责。①

我国的现行刑法规定,明确否认了过失的共同犯罪,不仅否认过失的教唆犯与帮助犯,而且否认过失的共同正犯。因此,试图从解释论上肯定过失的共同犯罪,几乎不可能。但是,否认过失的共同犯罪的结局,一方面会导致一些应当为犯罪处理的行为(如共同实施过失行为,但不能证明死亡结果由谁的行为造成的)不能当作犯罪处理;另一方面也会导致法官在没有认定为过失的共同正犯的情况下,悄悄地适用"部分实行全部责任"的原则。② 由此可见,有关过失共同正犯问题,有必要从立法的角度重新思考之余地。

---

① 王光明:《共同实行犯研究》,法律出版社 2012 年版,第 147 页。
② 张明楷:《共同过失与共同犯罪》,《吉林大学社会科学学报》2003 年第 2 期,第 45 页。

第九章　承继共犯

一、问题的提出——从一则案例说起

被告人章浩承租泗阳县中亚一店大酒店,因经营不善而严重亏损,遂产生了绑架勒索财物的犯意。经考察,章浩选定了泗阳县摄影个体户吴艺光之子吴迪(本案被害人,7岁)为绑架对象,并对吴迪的活动规律进行了跟踪了解。2000年1月14日上午,章浩向在自己承包的大酒店做服务员工作的被告人王敏提出:有人欠债不还,去把其子带来,逼其还债。王敏表示同意。当日13时10分左右,章浩骑摩托车载着王敏至泗阳县实验小学附近,将去学校上学的被害人吴迪指认给王敏,王敏即跟随吴迪至教室,将吴迪骗出。章浩骑摩托车与王敏一起将吴迪带至泗阳县中亚一店大酒店,用胶带将吴迪反绑置于酒店贮藏室内关押。16时许,章浩电话寻呼被告人章娟(系章浩外甥女),告诉章娟自己绑架了一个小孩,要求章娟帮助自己打电话给被害人家勒索财物,并告知章娟被害人家的电话号码以及勒索50万元人民币和一部手机等条件。章娟表示同意。当日16时至17时许,章娟共3次打电话给被害人家,提出了勒索50万元人民币和一部手机等条件。次日,章浩赶到沭阳县城,再次要求章娟继续向被害人家打电话勒索,章娟予以拒绝。因被害人家属报案,1月17日凌晨,被告人章娟、章浩、王敏先后被公安机关抓获,被害人吴迪同时被解救。

宿迁市中级人民法院认为,被告人章浩以勒索财物为目的,绑架他人,被告人章娟在明知被告人章浩实施绑架行为后,打电话勒索财物,章浩、章娟的行为均已构成绑架罪。其后来虽然拒绝继续实施勒索行为,但不足以防止危害结果的发生,不属于犯罪中止。被告人王敏在被告人章浩谎称扣押人质而索债的认识支配下,非法拘禁儿童,由于其主观上只有非法拘禁的故意,没有绑架的故意,其行为构成非法拘禁罪。章浩、章娟系绑架罪的共犯,其中,章浩系主犯;章娟是在章浩实施绑架行为后,帮助实施勒索行为,属从犯,可依法予以减轻处罚。三被告人给附带民事诉讼原告人造成的经济损失应予赔偿。①

本案的裁判理由是:"明知他人实施了绑架行为后帮助实施勒索行为的,构成绑架罪的共犯……被告人章娟虽然是在被告人章浩绑架行为之后才应邀帮助实施勒索行为的,但她也正是接受并利用了这种绑架行为向被害人的亲属实施勒索行为的,没有前面的绑架也就没有后面的勒索,此时绑架与勒索均在其共同犯意之内。因此,章娟不仅要对勒索行为负责,也应对绑架行为负责,即对绑架罪的整体负责。因此,对章娟应以绑架罪论处。"②不过,也有评析的观点认为:"本案中,被害人是被告人章浩和王敏绑架的,在被告人章娟参与犯罪之前,被害人已被绑架,处于被告人章浩和王敏的控制之下,在取得了与前行为人意思联络后进而向被害人实施勒索财物的行为,被告人章娟的行为显然属于承继的共同犯罪。但是,对于绑架被害人,被告人章娟主观并无犯意,客观上也不是其实施的,自然不应承担(共同实行犯)刑事责任。其实施的给被害人打电话索取财物的行为,实际上属于事中的帮助行为,对于本罪的实施并非起主要作用,因此,被告人章娟应当成立绑架罪的从犯。……在他人实施部分犯罪后,行为人取得与先行行为人意思联络而共同实施犯罪的情形是承继的共同犯罪。在承继共同犯罪的情况下,后行为者不应对共同意思产生之前率先实施的实行行为及其结果承担责任。"③

本案属于典型的承继共犯问题。承继共犯(共同正犯),又称相继的共同正犯,是指对某一个犯罪,先行行为者着手实行后,在行为尚未全部实行终了阶段,与他人(后行行为者)之间产生共同实施犯罪的意思,此后共同实施犯罪实行行为的情形。例如,"甲着手实施伪造货币行为,在中途,觉得一个人完成犯罪十分困难,于是向朋友乙说明情况,邀请参加,乙同意并合作完成犯罪"就是这种情况。承继共犯涉及以下两个问题:第一,是否承认承继共犯概念。第二,后行行为者承担责任的范围。这是有关承继共犯的实质性问题,即后行行为者在怎样一个范围

---

① 《中国刑事审判指导案例》(3)〔侵犯公民人身权利、民主权利罪〕,中华人民共和国最高人民法院刑事审判第一、二、三、四、五庭/主办,法律出版社2012年版,第555页。

② 《中国刑事审判指导案例》(3)〔侵犯公民人身权利、民主权利罪〕,中华人民共和国最高人民法院刑事审判第一、二、三、四、五庭/主办,法律出版社2012年版,第558页。

③ 赵秉志主编:《中国刑法典型案例研究》(第一卷),北京大学出版社2008年版,第355页。本案的裁判理由比较简单,针对此案的评析意见也没有详尽的论证。目前,在我国,无论是人民法院的裁判理由还是学者的评析意见,大多缺乏理论上的深入探讨,因此,不少裁判理由和评析意见往往很难令人信服。

内对先行行为者实施的行为,以及由该行为产生的结果承担共同正犯的刑事
责任。①

一般认为,承继共犯主要发生在结合犯②和结果加重犯中,由于这两种犯罪
均由复合行为构成,因此,有可能在犯罪途中介入进来。问题是,将这类犯罪分开
进行议论本身是否妥当,与应否承认承继共犯具有密切关联性。另外,这一问题
与"完全犯罪共同说""部分犯罪共同说"以及"行为共同说"有密切关联性。与此
相反,在故意杀人罪等单一罪的情形下,由于这类犯罪在结构上难以分割,因此,
肯定承继共犯的成立相对容易。然而,即便是单一行为,是否成立承继共犯,仍有
争议。也就是说,承继共犯成立与否的关键是,结果的发生是基于先行行为者的
行为,还是基于后行行为者的行为,即行为和结果之间的因果关系究竟是由谁的
行为惹起之认定。③ 有关这一问题,在中外刑法理论界,存在肯定说、否定说、中
间说之间的激烈争论。鉴于这种理论现状,本文在概观、评析相关学说的基础上,
就这一问题进行系统的梳理和探讨。

二、有关承继共犯处罚根据的争论焦点

(一)学说

如前所述,有关承继共犯成立与否问题,有肯定说,否定说和中间说之争。在
德国的刑法理论界,肯定承继共犯成立的学者有 Beling、Welzel、Mezger 等。在日
本,则有福田平、藤木英雄、西原春夫等。肯定说认为,后行行为者不仅要对介入
后的行为和结果承担责任,而且还要对介入前的先行行为者的行为和结果承担共
同正犯的刑事责任。在肯定说的内部,又有全面肯定说和修正肯定说的争论。

全面肯定说认为,即便是犯罪途中介入进来的后行行为者,包括先行行为者
的行为和结果在内,理应对犯罪整体负刑事责任。④ 但是,肯定说的理由却不尽
相同,主要有以下几种理由:第一,由于后行行为者不仅理解先行行为者的犯罪意
图,而且利用了先行行为者的犯罪行为,先行行为者和后行行为者之间存在对犯

---

① 陈家林:《外国刑法通论》,中国人民公安大学出版社 2009 年版,第 365 页。
② 结合犯是大陆法系刑法理论中的概念,强盗罪(抢劫罪)、强奸罪、诈骗罪、强盗・强奸罪
是其典型。在我国的刑法理论界,多数学者否定结合犯概念,而将这种情形称之为复行
为犯或复合行为犯。
③ [日]冈野光雄:《承继共同正犯》,阿部纯二等编:《刑法基本讲座》(第 4 卷),法学书院
1992 年版,第 180 页。
④ [日]立石二六编著:《刑法总论 27 讲》,成文堂 2004 年版,第 226 页。

罪整体的犯意,因此,两者均成立共同正犯。① 第二,就单一犯和结合犯这种在构成要件上不可分割的犯罪形态而言,只要存在与先行行为者之间的意思上的联络,那么,理应成立共同正犯。② 第三,基于共犯成立上的一体性、共犯处罚上的个别性观点,可以将后行行为者和先行行为者的结合理解为共同正犯,但在处罚时,根据介入前的行为和结果,依据个人责任原则进行处罚。③ 第四,在恐吓罪(我国刑法条文中没有这种规定——引者)的情形下,先行行为者实施暴力、胁迫行为致使被害者陷入畏惧状态,在知悉这一情况的前提下,后行行为者和先行行为者取得共同恐吓的意思上的联络后,对被害者并没有实施进一步的暴力、胁迫行为,只是强取财物,在这种情形下,介入后的行为本身并不构成犯罪,如果基于否定说,否定承继共同正犯的成立显然不尽合理。④

修正肯定说原则上倾向于肯定说,不过,这种学说认为,在强盗致死伤罪的情况下,应当适当限制后行行为者的刑事责任。比如,B 基于强盗的故意对 C 实施暴力致使 C 受伤,知悉这种情况后的 A 介入,并抢得财物的情形下,A 只是利用了 B 压制被害人反抗状态并取得了财物,因此,在这种情况下,A 应负强盗罪的刑事责任而非强盗致死伤罪的刑事责任。⑤

与此相反,否定说认为,针对后来介入犯罪行为的后行行为者而言,应负的刑事责任只限于介入后的行为之内,也就是说,后行行为者不应对介入前的犯罪行为承担刑事责任。在德国的刑法理论界,Roxin、Stratenwerth 等学者倾向于否定说。在日本,山口厚、山中敬一等学者主张否定说。否定说又可以分为全面否定说和修正否定说。

全面否定说的理由同样不尽相同,主要有以下几种观点的对立:第一,立论于行为共同说的观点认为,就强盗途中只参与夺取被害者财物的行为者来说,即便行为人知悉先行行为者实施暴力、胁迫行为,由于后行行为人并没有参与暴力、胁迫行为,刑事责任的追究不应包含并没有参与的先行行为,因此,并不存在共犯关系。⑥ 第二,基于行为支配说的观点认为,A 出于强盗的意图胁迫 B,明知 A 企图抢劫的 C,在与 A 共同强取被害者的财物情况下,由于 C 并没有支配 A 的胁迫行

① [日]西原春夫:《刑法总论》(改定准备版)(下),成文堂 1994 年版,第 386 页。
② [日]植松正:《刑法概论 I 总论》(再订版),劲草书房 1981 年版,第 354 页。
③ [日]冈野光雄:《刑法要说总论》,成文堂 2001 年版,第 295 页以下。
④ [日]土屋真一:《承继性共同正犯》,《研修》403 号,第 48 页。
⑤ [日]藤木英雄:《刑法讲义总论》,弘文堂 1979 年版,第 291 页。
⑥ [日]立石二六编著:《刑法总论 27 讲》,成文堂 2004 年版,第 227 页。

为,因此,只成立盗窃罪。① 第三,共同正犯的成立,需要有主观上共同实行的意思和客观上共同实行的事实。共同实行的意思可以在部分实行行为完成之后形成。在这种情况下,根据个案虽有不同,在意思联络之后所发生的事实范围之内,可以肯定共同正犯的成立。②

修正否定说原则上可以归类为否定说,不过,这种观点认为,在某些情况下,在一定限度内可以追究后行行为者的刑事责任。即,在先行行为者实施的行为状态仍然持续的情况下,如果后行行为者利用了该状态,那么,后行行为者在所利用的范围之内负刑事责任。③ 例如,立论于犯罪共同说的观点认为,作为共同正犯的成立要件,必须具备主观上共同实行的意思和客观上共同实行的事实。如果后行行为者与先行行为者相互了解的基础上,已经认识到先行行为者所实施的实行行为的意义并企图利用该行为,那么,后行行为者对自己介入之前的先行行为者的行为不负刑事责任,即不成立共同正犯。但是,在强盗罪这种结合犯的情况下,由于暴行、胁迫罪与盗窃罪无法分割,因此,即便后行行为者只参与盗窃行为,该行为也属于强盗罪的实行行为。④ 基于因果共犯论的观点则认为,后行行为者的行为对介入之前的行为没有因果关联,后行行为者只对介入后的正犯行为及结果承担刑事责任,但是,如果先行行为者的行为对后行行为介入后仍然发生效力时,后行行为者就要承担犯罪整体的刑事责任。⑤

中间说则认为,原则上,后行行为者应当在自己所参与的范围内承担共同正犯的刑事责任,不过,如果后行行为者的行为对先行行为者实施犯罪发挥作用(侵害法益),那么,应当作为先行行为者所犯的罪的从犯予以处罚。比如,先行行为者出于强盗故意杀害被害者的情形下,即便后行行为者只参与夺取财物行为,后行行为者构成盗窃罪(有时可以构成占有脱离物侵占罪)的共同正犯和强盗罪(并非强盗杀人罪)从犯的想象竞合犯。⑥

有关承继共犯的成立范围问题,在韩国的刑法理论界,有积极说和消极说的对立。倾向于积极说的观点中,有观点认为,基于共同正犯的部分实行、全部责任的原理,在机能性行为支配可能的范围内,后行行为者包括对先行行为者所实施

① ［日］立石二六编著:《刑法总论27讲》,成文堂2004年版,第227页。
② ［日］团藤重光:《刑法纲要总论》(第3版),创文社1990年版,第391页。
③ ［日］立石二六编著:《刑法总论27讲》,成文堂2004年版,第227页。
④ ［日］大塚仁:《刑法概说总论》(第3版),有斐阁1997年版,第279页以下。
⑤ ［日］平野龙一:《刑法总论II》,有斐阁1975年版,第382页。
⑥ ［日］齐藤信治:《刑法总论》(第5版),有斐阁2003年版,第303页。

的行为在内,承担共同正犯的刑事责任。① 也有观点认为,基于"承继性"概念本身,后行行为者如果有承继先行行为者所实施的实行行为,在肯定已经发生的实行行为的基础上,完成了剩余的实行行为,那么,就应肯定针对犯罪整体成立共同正犯,这样才能符合承继共同正犯的概念。也就是说,承继共同正犯属于独立的共同正犯的一种形态。②

与此相反,消极说则认为,后行行为者对先行行为者所实施的行为,既没有行为支配也不存在因果关系,主观上更没有实施犯罪的意图,因此,后行行为者不应承担先行行为者所实施的行为和结果的刑事责任。③

在我国的刑法理论界,有关承继共犯的关注并不多,一般教材很少涉及这一问题。不过,近年来,部分学者开始关注这一问题,与大陆法系其他国家的学说一样,也有肯定说、否定说、中间说之争。

在肯定说的内部,又有全面肯定说和修正肯定说的对立。

全面肯定说中,有观点认为,在承继共同正犯的场合,后一行为人从形式上是对复行为中后一行为的介入,但实质上,是对整个构成行为的介入,是先行者与后续者的一个完整行为的共同分担……在论及承继共犯时,尽管观点众多,却都忽视了复行为犯独特的客观行为结构这一法定的事实,单纯从因果关系或主观认识上寻找答案,从而对单行为犯的承继共犯很容易接受,而对承认复行为犯的承继的共同正犯反而犹豫不决,复行为犯如此,结合犯也同理。尽管结合犯客观构成行为内部的数行为的独立性较复行为犯中的要强,但在法定一罪这一点上又具有共性,且结合之罪的构成要件,并不是数个原罪的构成要件的简单相加。而是以性质各异的数个犯罪的构成要件为基础,通过刑法的规定将其融合成一个新的独立的构成要件,而原罪中的危害行为经过适当修正或调整后被作为新罪构成要件的有机组成部分,从构成要件行为的角度观察,应视为行为单数。④ 也就是说,如果坚持从实行行为一体性、不可分割性角度这一前提出发,在承继共犯问题上,自然要取全面肯定说。也有观点认为:"后行者只要认识到先行者行为及其事态,又有积极利用的意思,并进行行为与先行行为及其结果有因果影响力或行为支配,那么先行者与后行者双方就全体犯罪成立共犯。"⑤

---

① [韩]郑荣锡:《刑法总论》,法文社 1987 年版,第 252 页。
② [韩]朴相基:《刑法总论》(第 6 版),博英社 2005 年版,第 390 页。
③ [韩]裴锺大:《刑法总论》,弘文社 1999 年版,第 505 页。
④ 王明辉:《复行为犯研究》,陈兴良主编:《刑事法评论》(第 4 卷),第 349 页。
⑤ 岳鹏:《承继犯浅析》,《湖南医科大学学报》(社会科学版),2008 年第 5 期,第 37 页。

在主张修正肯定说的观点中,有观点认为:在简单的实行行为(含继续犯与包括的一罪)与复合的实行行为(含结合犯)范围内,全面肯定后行者对先行者责任的承继。此外,从主观上讲,由于后行者对先行行为出于一种容认,按照社会相当性原理,其容认的程度应以构成基本抢劫罪的危害程度为限,所以,如果造成了特别严重的后果,比如,先行为人的暴力行为致被害人死亡,就不宜让后行为人对此加重结果承担责任,否则,有违罪责刑相适应原则之虞。① 也有观点认为:"后行者要对先行者之前的行为及其结果承担共同正犯的责任,需要其不仅认识到先行者的行为结果,而且需要先行者行为的效果仍在继续,后行者又有积极的利用意思将其作为自己的手段加以运用,只有在这种情况下双方才能就整体犯罪成立共同正犯。"② 还有观点认为:"先行者的行为对于后行者在构成要件实现上有重要影响时,先行者与后行者互相利用、补充一同实现犯罪的,能够认定共同实行的意思与实行行为的共同事实,才成立共同正犯。"③

在倾向于中间说的观点中,有观点认为:"肯定说和否定说都针对继承性共犯应对被继承性共犯先行造成的结果负责,而不讲应否对自己的利用行为负责,这是不正确的。应当跳出就继承性共犯对被继承性共犯造成的结果应否负责争论不休的怪圈,建立继承性共犯应对自己的利用行为负责的理论基础。在这样的理论基础上,继承性共犯除了对其意思沟通之后的行为和结果负责之外,还应对其利用被继承性共犯先行造成的结果的行为负责。这样,他的责任要比被继承性共犯的责任轻,但又比他意思沟通之后参与的行为的责任重。在操作方法上,应当比照被继承性共犯所应承担的责任适当地从轻或者减轻处罚。"④ 也有观点认为:"从犯(帮助犯)是通过正犯的实行行为间接引起法益侵害结果的人,从犯(帮助犯)本身并不需要参与正犯的实行行为,而只要从犯行为在事实上促进了法益侵害结果的实现即为已足。既然后行为者在先行为者实施部分实行行为之后介入到该犯罪行为之中,事实上促进了先行为者(正犯)最终法益侵害结果的实现,那么就能够认定后行为者成立整个犯罪行为的从犯(帮助犯)。此外,应当注意的是,如果后行为者并不只是参与到先行为者已经开始的实行行为之中,而是在介入犯罪之后,积极地实施了实现该犯罪所必需的全部实行行为,那么应当认定后

① 聂立泽:《承继共犯研究》,《云南大学学报》(法学版),2004年第3期,第15页。
② 陈家林:《共同正犯研究》,武汉大学出版社2004年版,第231页。
③ 童德华:《外国刑法原论》,北京大学出版社2005年版,第333页。
④ 侯国云:《刑法总论探索》,中国人民公安大学出版社2004年版,第371页。

行为者与先行为者在后行为者介入之后的范围内成立共同正犯。"①还有观点认为:"在承继的共同正犯上,第一,后行为人不应就包括先前行为在内的全部行为成立共同正犯,当然也不应对先前行为所致结果承担罪责;第二,对于共同实施的行为,如果先、后行为人的故意不同,则成立不同罪名的共同正犯,如果先、后行为人的故意相同,则成立同一罪名的共同正犯。"②

有关承继共犯的处罚范围,在我国,主张否定说的观点并不多。否定说的理由是:在单一行为犯的情况下,首先,于继续犯中,后行者于他人已实施部分举动之状态下,加诸共同体形成后之接续举动,进而造成法益侵害结果,自应承担既遂之责任,而无承担先前举动责任之说。其次,于继续犯中,后行者仅对共同体形成后所实施之共同行为负责,至于先行者先前行为是否造成了法益侵害结果,仅对先行者自身既遂与否有影响,对后行者并无影响。最后,于结果加重犯中,如加重结果为先行者先前行为所导致,则仅由先行者独自承担结果之责任。在复行为犯的情况下,以抢劫罪为例,在先行者致被害人迷醉或者昏迷的情况下,后行者于先行者在盗窃罪的犯罪内成立共同正犯,先行者额外成立抢劫罪;在先行者之暴力致被害人死亡之时,后行者介入一同实施取财行为,应认为后行者侵害了死者继承人之占有,成立盗窃罪;在被害人尚处于清醒状态之情形,后行者应成立抢劫罪。③

(二)相关判例

在日本的判例中,与上述学说中的争论一样,有倾向于肯定、否定和中间说的判例。

(1)肯定判例

①行为人甲基于诈骗的目的,伪造相关证据起诉被害人,赢得了裁判所强制执行的判决,得知这一情况后的乙,中途参与这一骗局,与甲共同骗取了被害者的财物。裁判所认为,甲、乙成立诈骗罪的共同正犯。理由是:"得知先行行为人正在实施诈骗行为,中途参与该诈骗行为,共同骗取被害者财物时,后行行为人与先行行为人均构成诈骗罪的共同正犯。"④

②饮酒后的甲、乙前后行走在马路上,基于抢劫目的的甲,无故殴打行人丙,并要求交出钱财,这时,乙也出于抢劫的故意,在和甲意思联络的基础上,抢得了

---

① 戴波、江溯:《承继的共同正犯研究》,陈兴良主编:《刑事法评论》(第14卷),第460页。
② 周铭川:《承继的共同正犯研究》,《环球法律评论》2008年第5期,第29页。
③ 任海涛:《承继共犯研究》,法律出版社2010年版,第84页以下。
④ 《刑録》第16辑,第113页。

丙的钱财。另外,由于甲的殴打行为,被害人丙受到了伤害。裁判所的判决是:"刑法第 240 条前半部分规定的是强盗罪的结果加重犯,属于单一罪,因此,先行行为人基于强盗的目的,对被害人实施暴力行为,如果后行行为人在认识这一犯罪事实的前提下,决定利用该机会参与犯罪,在和先行行为人取得意思上的联络后,共同抢得财物,即便后行行为人没有认识到先行行为人实施的暴力行为,并不影响强盗伤害罪共同正犯的成立。"①

③有关轮奸事件,裁判所认为:就承继共同正犯成立而言"如果后行行为人已经认识到自己参与之前的先行行为人的行为而介入犯罪,后行行为人就要对包括自己介入前的行为在内,即针对犯罪整体负刑事责任"。基于这种立场,在强奸致伤罪的认定中,当数人共谋强奸被害者并付诸实施,在强奸过程中导致被害人受伤,即便无法证明是由谁的行为导致的,参与强奸罪的所有人作为共同正犯承担强奸致伤罪的刑事责任。②

④针对为索取债务而对债务人施加暴力的故意伤害事件,裁判所认为,被告人 A、B、C 为索取债务,共谋后先由 B 对被害人甲实施暴力行为,在知悉上述情况的前提下,A 对被害人继续施加暴力导致其受伤,在这种情况下,由于被告人之间已有共谋,因此,所有参与人均应负故意伤害罪的刑事责任。也就是说,即便后行行为人没有参与先行行为人实施的暴力行为,作为承继共同正犯,应当追究三人共同正犯的刑事责任。③ 由此可见,针对承继共同正犯的认定,在单一罪的情况下,日本的判例倾向于肯定说。

(2)否定判例

①针对数人共谋轮奸被害者并使其受伤,先行共犯者已经实施轮奸行为后,后行行为者在被害人已无力抵抗的情况下实施奸淫一案,裁判所的判旨是:"先行行为者已经开始实施轮奸行为后,后行行为者中途参与奸淫行为,在这种情况下,由于后行行为者只承担自己介入后的刑事责任,因此,在本案中,被告人应承担与其他被告人成立共谋关系后实施犯罪行为的刑事责任,针对后行行为者中途参与之前的犯罪行为,不必负刑事责任。"也就是说,被告人负被害人轮奸致伤的刑事责任,要有该致伤结果是被告人与先行行为人之间成立共谋关系后实施轮奸行为所致这一证据,在证据上,如果无法证明被害人的伤害结果是哪一阶段引起的,那

---

① 《高刑集》第 6 卷第 7 号,第 859 页。
② 《东高刑时报》第 10 卷第 12 号,第 435 页。
③ 《判例时报》第 806 号,第 108 页。

么,被告人只负强奸罪的刑事责任,对强奸致伤罪整体不负刑事责任。①

②先行行为者基于抢劫的目的对被害者实施暴力、胁迫行为,压制对方反抗后,正要劫取财物时,后行行为人明知被害者处于无法反抗状态,与先行行为者共谋后劫取被害者的财物。裁判所认为:"就先行者行为的暴力、胁迫行为之后介入犯罪行为的后行行为者而言,后行行为者的刑事责任应根据所实施的行为和结果独立进行判断,即后行行为者不必承继先行行为者行为和结果的刑事责任"②。

③被告人 Y 等三名先行行为者,胁迫被害者将 2000 万日元分两次交付给他们,获取其中 1000 万日元后,后来介入该犯罪行为的 X 与先行行为者共谋后,要求被害人将剩余的 1000 万日元打入他们指定的账户,由于被害人没有按要求打入而未能成功。裁判所认为:就 X 来说"X 显然对既成事实无法进行支配,因此,不应追究既成事实的刑事责任"。后行行为者应承担剩余 1000 万日元恐吓罪未遂的共同正犯的刑事责任。③

(3)中间判例

在日本的判例中,既没有取肯定说也没有取否定说的中间判例。案情是这样的:在暴力团的办公室睡觉中的 A,听到有声响而醒了过来,他发现同属于该暴力团的 B 等挟持被害者 C 来到办公室,他在知悉 B 等在挟持 C 的过程中对 C 实施暴力致其受伤的情况下,他和 B 等再次对 C 实施暴力行为。此前,当 A 得知被害者 D 与 B 的情人有暧昧关系而惹怒 B,以此为由,B 胁迫 D 以 30 万日元的代价补偿其精神损失。手头拮据的 A 认为这是一个绝好的机会,于是在和 B 共谋后,共同胁迫 D 拿出 30 万日元消灾,当他们企图再次胁迫 D 20 万日元时,因种种原因而未能得逞。裁判所的判旨:第一,很难赞同有关承继共犯成立的全面肯定说和全面否定说。第二,在先行行为者实施犯罪途中,后行行为者与先行行为者共谋后介入犯罪的情况下,后行行为者需要承担包括先行行为者独自犯罪在内的、犯罪整体共同正犯之刑事责任的实质性根据在于,就后行行为者而言,应将先行行为者的行为作为完成自己犯罪的手段而积极利用,如果没有作为完成自己犯罪的手段积极利用,那么,就不应负犯罪整体的刑事责任。也就是说,所谓承继共同正犯的成立,不应限于后行行为者对先行行为者的行为及结果有认识或容认,应当以作为完成自己犯罪的手段而积极利用的意思支配下,共谋后参与构成实体法

---

① 《高刑集》第 12 卷第 1 号,第 36 页。
② 《下刑集》第 7 卷第 2 号,第 227 页。
③ 《判例时报》第 1084 号,第 144 页。

上的一罪的先行行为者的犯罪行为,并将先行行为者的行为作为完成自己犯罪的手段而积极利用,只有符合这些要件时,才能构成承继共同正犯。第三,即便像强盗罪这种一罪,由于一系列行为才能引发结果,如果后行行为者认识或容认先行行为者的行为等,在此基础上共谋后介入该犯罪时,有可能将先行行为者的行为作为完成自己犯罪手段而积极利用而得出与全面肯定说相同的结论。但是,如果先行行为者在实施犯罪过程中对被害人施加暴力后,后行行为者同样基于暴力的故意,与先行行为者共谋后介入该犯罪的情形下,一个暴力行为原本就构成一个犯罪,由于后行行为者所参与的并非是一个暴力行为,那么,后行行为者除了对被害者施加暴力的目的之外无其他目的,因此,即便后行行为者对先行行为者的行为有认识或容认,除非有其他特殊情况,不应将先行行为者的暴力行为视为为完成自己犯罪的手段而积极加以利用,在这种情形下,后行行为者只能承担共谋、介入后行为的共同正犯的刑事责任。可见,结论上与全面肯定说有所区别。① 这种主张,虽然与学说中的中间说也有不同点,但是,在肯定或否定判例已经成为主流的情况下,从新的角度论证本身有相应的学术价值。

在韩国,有关承继共同正犯的判例并不多。针对"制造毒品一案",韩国的法院认为:"在持续的制造毒品的过程中,途中参与制造毒品的后行行为人,即便已经知悉先行行为者的犯罪行为和结果,应当承担介入之后犯罪行为共同正犯的刑事责任。"②同样,针对"农协违背赊账限度贩卖粮油一案",法院的判旨是:"在持续的经济往来过程中,途中介入犯罪行为的后行行为人,即便已经知悉先行行为者的犯罪行为和结果,只能承担介入之后犯罪行为的共同正犯之刑事责任。"③与此相反,针对"先行行为者诱引、拘禁未成年女子,知悉这一情况的后行行为者向该女子的父母索要财物一案",法院认为:"后行行为者不构成单纯索要财物行为的从犯,而应构成犯罪整体的帮助犯。"④

三、承继共犯的法律性质及成立范围

所谓承继共同正犯,是指"先行行为者已经完成某一犯罪实行行为的一部分,尚未达到既遂阶段时,后行行为者途中介入进来参与实行行为的情形"⑤。承继

---

① 《判例时报》第 1261 号,第 132 页。
② ［韩］河泰勳:《刑法事例演习》(第 3 版),博英社 2009 年版,第 190 页。
③ ［韩］朴相基:《刑法总论》(第 6 版),博英社 2005 年版,第 390 页。
④ ［韩］河泰勳:《刑法事例演习》(第 3 版),博英社 2009 年版,第 190 页。
⑤ ［日］立石二六:《刑法总论》(第 3 版),成文堂 2007 年版,第 311 页。

共犯的争论点在于,后行行为者途中介入犯罪行为,如果以共同正犯予以处罚,怎样才能充足(符合)共同正犯的构成要件? 不符合构成要件,显然不能构成共同正犯,因此,解决该问题的首要问题是"共同正犯"的界定,即何谓共同正犯,这一共犯的成立需要哪些要件。在这一点上,承继共犯与共谋共同正犯、片面共犯以及过失共犯同属一个范畴。也就是说,探讨承继共犯问题,首先从共同正犯入手,从承继的特殊性出发,在怎样一个范围内认定承继共犯的成立,处罚的根据是什么? 另外,承继共犯问题与单一罪和结合犯具有密切的关联性。

（一）单一罪与结合犯

（1）单一罪

在单一罪的情况下,先行行为者着手实行行为,在尚未终了的时段,后行行为者介入该犯罪行为,如果在这个时段两者有共同实施犯罪的意思上的联络,那么,完全符合共同正犯成立要件之共同实施的故意和共同实行的事实,因此,成立共同正犯。之所以将这种情形称之为"承继共同正犯",是因为,后行行为者在先行行为者已经着手实施犯罪的途中介入之故。后行行为者途中介入先行行为者的犯罪行为有这样一层意义,即中途介入、参与先行行为者的犯罪行为,在某些情况下,有可能成立帮助犯。[1] 比如,甲在某公寓内物色盗窃对象时,朋友乙无意中发现甲,原本就有盗窃前科的乙,与甲沟通后,开始一同物色盗窃对象,不过,没有能找到合适财物的乙,只拿了对被害者来说不是损失的一张精美的广告。在这种情况下,如果乙是单独犯,即便成立非法侵入他人住宅罪,由于法益侵害微乎其微而不构成盗窃罪。[2] 但是,根据共犯理论,由于主观上有共同犯罪的故意,客观上又有共同的实行行为而构成共犯。在共犯整体中,发挥重要作用的成立正犯,发挥次要或辅助作用的则成立帮助犯。在上述事例中,乙无论是在主观意图上还是在客观行为上,只能成立帮助犯。也就是说,乙虽然介入先行行为者甲的物色财物的行为,并与甲沟通后,共同物色盗窃对象,但从犯罪整体来看,乙依然属于帮助犯。共同正犯的成立,需要在共同犯罪过程中发挥重要作用,否则成立从犯,之所以以"承继共同正犯"来表示,其意义就在于和从犯的区别上。在单一罪的情形下,后行行为者中途介入先行行为者已经着手而尚未终了的犯罪行为,在和先行行为者取得意思上的联络后共同实施犯罪行为,那么,在这一范畴内,理应构成共

---

[1]　[日]立石二六:《刑法总论》(第3版),成文堂2007年版,第325页。
[2]　根据大陆法系的犯罪构成理论,由于缺乏可罚的违法性而不成立犯罪。

同正犯。① 也就是说,承继共同正犯的成立,不应逾越传统的实施部分实行行为这一法理。

(2)结合犯

由于结合犯的实行行为是由不同行为结合而成,当先行行为者完成部分行为后后行行为者介入进来时,介入者承继先行行为者已经实施的行为,在这种情形下,后行行为者能否构成这一结合犯的共同正犯便成为问题。共同正犯的成立要件包括主观上的意思联络和客观上的实行行为,在承继共同正犯的情况下,后行行为者对先行行为者独自实施的先行行为,并没有共同实施的意思上的联络,因此,怎样理解、解释这一欠缺部分是争论的焦点。具体包括:首先,结合犯的实行行为并不单一,因此,能否分别考虑,即分解是否妥当;其次,从传统共同正犯的视角出发,后行行为者的行为是否与介入之前的先行行为者的行为有关联性。

结合犯是大陆法系刑法理论中的一个概念,一般认为,在一个构成要件中,复数的实行行为以结合的形态存在,这一结合体成为该构成要件的实行行为,即意味着多行为犯罪类型(mehraktige Delikte)②,那么,这种形态就是结合犯。不过,也有观点从法益侵害的视角出发,将结合犯理解为,在一个构成要件中存在复数的法益侵害(比如,结果加重犯)的形态。在此基础上,这种观点认为,在德国的刑法理论界,这种结合犯概念是有力说。③ 也有观点认为,结合犯的德语原文是zusammengesetzte Delikte,因此,与其称之为结合犯,不如称之为复合犯或合成犯。这种观点进而认为,可以将这两种概念合并起来。不过,这里的实行行为,必须是足以侵害这一类犯罪所保护的法益的行为,因为并不存在与法益保护没有关联的

---

① [日]山本雅子:《承继共同正犯论》,《立石二六先生古稀祝贺论文集》,成文堂2010年版,第469页。

② 在日本的刑法理论界,也有观点认为,所谓"多行为犯",是指像诈骗罪那样,一个行为不构成一个罪,只有复数行为才能构成犯罪的犯罪形态。(参见[日]浅田和茂:《刑法总论》(补正版),成文堂2007年版,第473页。)

③ [日]山中敬一:《刑法总论》(第2版),成文堂2009年版,第178页。

实行行为。①

如果从法益侵害的视角看结合犯,比如,在强盗罪的情况下,这种犯罪一般属于威胁生命、身体安全和侵犯财产的犯罪形态。然而,如果进一步探讨就会发现,这种犯罪还涉及意思决定的自由和身体的自由。也就是说,强盗罪这种结合犯并不是威胁生命、身体安全等一系列犯罪(暴行罪、胁迫罪)和夺取财物(盗窃罪)的简单并列、结合。而是以暴行、胁迫为手段,实施抢夺行为的复合型犯罪,因此,不应将这些要件分开来理解。也就是说,应当否定可以分解的结合犯概念本身。结合犯,表面上似乎属于横向并列的犯罪形态,但是,也有像结果加重犯那种纵向重叠的形态,如果将这种行为样态分别进行理解,有损于两者的有机结合。结合犯的实行行为具有不可分割性的缘由正在于此。② 由此可见,结合犯的实行行为应当理解为一个整体,而不应将其分解成不同的符合构成要件的行为,在此基础上探讨中途介入的后行行为者的刑事责任。

(二)承继共犯之成立范围

如前所述,在中外刑法理论界,有关承继共犯的成立与否问题,有全面肯定说、修正肯定说、全面否定说、修正否定说以及中间说的争论。上述几种分类,根据不同论著和作者而不尽相同,尤其是,部分论著将修正肯定说、修正否定说和中间说混为一谈。鉴于此,本文拟以肯定说、否定说、修正否定说的顺序进行探讨。

(1)肯定说之缺陷

在日本,肯定说曾处于主流地位,目前也是有力说之一。但是,随着因果共犯论处于通说地位,倾向于肯定说的学者逐渐减少。如前所述,肯定说的根据主要

---

① [日]山本雅子:《承继共同正犯论》,《立石二六先生古稀祝贺论文集》,成文堂2010年版,第470页。如前所述,在我国的刑法理论界,多数学者否定结合犯概念,而将这种情形称之为复行为犯、复合行为犯。比如,有观点认为,复合行为是由两个或者多个自然意义的行为组合起来构成的危害行为,如抢劫行为由暴力、胁迫行为和非法得财行为两部分构成,其组成部分分割开来仍然是一个行为。复合行为这种结构上的复杂性使得它在行为对象、侵害法益、共犯、罪数等许多方面呈现出不同于简单行为的特征。……复合行为,又称复杂危害行为、双重实行行为等,由其构成的犯罪被称为复合行为犯(Ziveiaktige Delikte)。复合行为或复合行为犯都是大陆法系刑法学中的概念。在英美刑法理论中,虽然没有复合行为犯的明确定义,但是学者们也认为,有些犯罪是由复数行为构成的,比如普通法中的夜盗罪(burglary)是由"破开"(breaking)和"进入"(entering)两个行为构成的。……复合行为,是指两个或两个以上的自然行为相结合而形成的规范的实行行为。(参见刘士心:《刑法中的行为理论研究》,人民出版社2012年版,第539页以下。)

② [日]山本雅子:《承继共同正犯论》,《立石二六先生古稀祝贺论文集》,成文堂2010年版,第471页。

有以下三点：第一，基于犯罪共同说（罪名从属性说），共同正犯的罪名理应相同。第二，犯罪的一体性，即不可分割性。第三，后行行为者认识、利用先行行为者的行为和结果。

在共犯学说史上，这一问题一般以"犯罪共同说肯定承继共犯，行为共同说否定承继共犯"的形式出现过，但是，随着部分犯罪共同说的出现，结合犯（比如，像强盗杀人罪那样，由单独构成犯罪的，两个以上行为结合成符合一个构成要件的犯罪）的一部分也可以成立共犯，因此，也就不再存在立论于犯罪共同说而肯定承继共同正犯的必然性。由于犯罪共同说和行为共同说射程距离不尽明确，目前学界对两者对立的意义逐渐持怀疑的态度，依此为依据理解承继共犯本身缺乏说服力。① 另外，根据犯罪共同（罪名从属）解释承继共犯，由于与共犯本身对自己行为有因果性的结果负责，这一因果共犯论发生矛盾，可见，肯定说的第一个理由缺乏说服力。

肯定说的第二个理由之犯罪的一体性，即不可分割性可以说是第一个根据的一种补充。主要内容包括，既然一个犯罪不可分割，参与部分实行行为的后行行为者，理应对犯罪整体负刑事责任。如前所述，本文并不反对犯罪的一体性，即不可分割性，但是，正如有观点所指出的那样，承继共同正犯的犯罪类型并不限于单一罪，还包括结合犯、结果加重犯等，因此，没有理由将所有的犯罪类型均视为"不可分割"，在承继共同正犯问题上，更为重要的是，即便是一罪，如果途中有可能参与进来，那么，后行行为者对自己介入之前的行为和结果，缘何要负共同正犯的刑事责任？实质性根据又是什么？②

肯定说的第三个理由，即认识、利用先行行为者的行为和结果，这是指后行行为者既然认识、利用先行行为者的行为和结果，那么，从价值、规范意义上与事前有共谋并没有什么区别，因此，理应作为承继共犯负刑事责任，这也是肯定说的关键论据。这是以重视共同实行的意思这一行为无价值为依据，只要分担实行行为的一部分，就应将其视为共同实行，即形式上理解承继共同正犯客观要件的结论。但是，如果某甲一直想杀仇人乙，不知何人恰好杀了乙，即便甲容认杀害乙，也不能视甲为参与杀害乙的行为。也就是说，即便事后认识并容认某一行为和结果，也不应把先行行为人已经实施完毕的行为解释成后行行为人的行为。只要有事后的认识、容认，即便行为人无法左右的结果也要负刑事责任，这是在肯定心情刑

---

① ［日］大塚裕史：《刑法总论的思考方法》（新版），早稻田经营出版 2006 年版，第 510 页。
② ［日］前田雅英：《刑法基础总论》，有斐阁 1993 年版，第 352 页。

法,因此不可取。与先行行为者一同追究责任的心情再强烈,由于不可能从已经实施完毕的伤害结果,推导出后行行为者的因果关联性,因此,应当否定后行行为者的刑事责任。当然,倾向于肯定说的观点会提出:在承继共同正犯的情况下,虽然是一部分,有共同实行的事实;虽然是在事后,也有共同实行的意思,因此,可以在犯罪整体上成立共同正犯。但是,共同正犯的成立,并不是说只要形式上分担实行行为的一部分就可以成立,而是部分行为在共犯者之间通过相互利用客观行为,与整体犯罪的结果具有因果关联性,在此基础上,同时存在相互利用的意思,只有具备这两个主客观条件才能负部分行为的全部责任,这才是负刑事责任的根据。① 本文认为,后行行为不可能与先行行为及其结果具有因果性,根据因果共犯论,不应让行为人对与自己行为没有因果性的事实承担责任,所以,后行行为人不可能与先行行为人就参与之前的行为以及结果成立共犯关系,不应负共同正犯的刑事责任。②

(2)全面否定说之不足

有关承继共同正犯问题,不仅有主张否定说的观点,也有倾向于这种观点的判例。那么,否定说的主要理论根据又是什么呢？ 由于承继共同正犯问题,事关对介入前的先行行为者的行为和结果,后行行为者与先行行为者之间是否存在共同正犯关系问题,因此,这一问题与共同正犯的处罚根据(部分行为全部责任之法理)具有密切的关联性。

众所周知,有关部分行为全部责任的法理依据,相互利用、补充关系以及因果性说是通说。强调共同正犯的"正犯"性,主张共同正犯的处罚根据与侠义的共犯的处罚根据(因果共犯论)不尽相同的,立论于行为无价值论的观点,一般将共同正犯的处罚根据求之于相互利用、补充关系这一点上。也就是说,有关共同正犯的处罚条文(日本刑法第60条等),规定的是不同行为人相互利用、补充而实现某一犯罪时,不同行为人可以作为正犯予以评价,因此,共同正犯的成立必须具备不同行为人之间的相互利用、补充关系。③ 然而,在承继共同犯罪的情形下,后行行为者的行为与先行行为者的行为和结果之间,并不具备相互利用、补充关系,因此,在这种情况下,并不能成立承继共犯关系。

与此相反,强调共同正犯的"共犯"性,主张共同正犯的处罚根据和侠义共犯

① ［日］大塚裕史:《刑法总论的思考方法》(新版),早稻田经营出版2006年版,第511页。
② 陈洪兵:《共犯论思考》,人民法院出版社2009年版,第158页。
③ ［日］大塚裕史:《刑法总论的思考方法》(新版),早稻田经营出版2006年版,第512页。

相同的,立论于结果无价值论的观点,一般将共同正犯的处罚根据求之于"因果性"上(因果共犯论)。也就是说,之所以在共同正犯中适用部分行为的全部责任之法理,是因为,在共同实施犯罪的情况下,不仅客观上共同实施犯罪行为,主观上共同行为人通过意思上的联络相互教唆、帮助。在这种情况下,通过心理上的相互影响能够提高结果发生的盖然性。然而,在承继共同正犯的情况下,针对介入前的先行行为者的行为和结果,后行行为者无论在哪一方面均不能施加影响,因此,后行行为者不应对先行行为者的行为和结果负刑事责任。本文认为,比如,先行行为者 Y 基于强盗的故意,对 A 实施暴力行为并压制对方反抗,知悉这一情况的 X 介入进来,与 Y 一同强取财物的情况下,后行行为者 X 积极利用 Y 实施的压制被害者反抗的既成事实,共同实施了强取财物的行为,针对后行行为者 X 的行为,以盗窃罪的共同正犯予以处罚过于形式而不尽合理。在承继共同正犯的情况下,即便后行行为者中途参与犯罪,如果所实施的行为和结果,与事前取得意思上联络的一般共同正犯的情形具有相同性,那么,根据相同的当罚性和价值、规范性判断,应当以承继共同正犯予以处罚。

全面否定说根据部分行为的全部责任之法理,严格要求因果性和相互利用、补充关系的存在,理论上的一贯性应当予以肯定。但是,根据全面否定说,在诈骗罪、恐吓罪等"单一罪"的情况下,当先行行为者已经实施欺诈、胁迫行为后,后行行为者只参与从被害者那里劫取财物的行为,无法以诈骗、恐吓罪的共同正犯予以处罚,这显然不尽合理。比如,Y 出于诈骗目的虚构事实、隐瞒真相导致 A 陷入错误认识,在这种情形下,X 与 Y 取得意思上联络后,从陷入错误认识的 A 处骗取了财物。在这种情况下,后行行为者 X 骗取财物的行为,是基于 A 的自愿,如果单独予以评价的话,并不成立诈骗罪。但是,X 骗取财物行为,如果从先行行为者 Y 的立场看的话,属于典型的诈骗,既然 X 站在这一可以左右犯罪结果的立场,是否应当负诈骗罪的共同正犯的刑事责任呢?[①] 本文认为,在这种情况下,既然已经实施欺诈行为,因此,后行行为者的介入行为在价值、规范意义上可以评价为欺诈行为,即在骗取财物的时点可以肯定欺诈,那么,后行行为者的行为作为共同实施诈骗罪实行行为而成立诈骗罪的共同正犯。

如前所述,在我国的刑法理论界,倾向于否定说的观点并不多,即便有,其否定的理由也不充分。比如,有观点认为:"因果共犯论是如今德国、日本在共犯处罚根据问题上的通说。根据因果共犯论,行为与法益结果之间具有因果性是承担

---

① [日]大塚裕史:《刑法总论的思考方法》(新版),早稻田经营出版 2006 年版,第 513 页。

刑事责任的一般性原理。根据常识,行为不可能与发生在之前的行为和结果具有因果性,因此,否定说应是因果共犯论的必然归结。但是,以日本学者平野龙一为代表的因果共犯论主张者在承继共犯问题上,提出先行为的效果持续到后行为参与之后的,也能肯定承继的共同正犯的成立,这是不彻底的因果共犯论。按照这种中间说①,利用先行为造成的被害人不能反抗的状态参与共同取财的,成立抢劫罪共同正犯,而不是盗窃罪的正犯。这种观点的致命错误在于,将利用先行为造成的状态与参与引起这种状态的先行行为等同起来,导致理论上不能自洽。"②

（3）修正否定说之提倡

如前所述,修正否定说原则上倾向于否定说,但在某些情况下,肯定承继共同正犯的成立。在其内部,论证的角度和理由却不尽相同。有观点认为,像强盗罪这种结合犯,其本身属于独立的犯罪类型,根据具体情况,总体上应当具备结合犯的各种要素,不应将结合在一起的各种要素分解开来,根据符合分解后的构成要件而论及犯罪的成立与否。③ 针对这种主张,有观点认为,缘何强盗罪属于"不可分割的犯罪类型",其理由又是什么? 如果过分强调结合犯的不可分割性,那么,不得不肯定强盗杀人、致伤罪的承继共同正犯,这明显不合理。④ 由于这种主张否定强盗杀人、致伤罪的承继共犯,因此,与其强调形式上的结合犯的特殊性,不如强调认识到先行行为者的暴力、胁迫行为的基础上,基于利用先行行为者行为的意图下,与先行行为者一同劫取被害者财物的行为,相当于强盗罪实行行为之"劫取"。然而,即便积极利用处于压制反抗状态,也不应将这种情形评价为介入了抢劫的实行行为。因为积极利用压制对方反抗状态,不过是基于"价值、规范意义上等同于参与暴力、胁迫"而成立强盗罪的共同正犯而已。

于是出现了根据共同正犯的处罚根据（部分行为的全部责任之法理）,构筑修正否定说的学说。这种观点认为,部分行为全部责任的法理,可以理解为相互利用、补充关系,与后行行为者行为没有关联的先行行为者的行为和结果,并不存在相互利用、补充关系,如果后行行为者将先行行为者的行为等主观上作为实现自己犯罪的手段的意思,在此基础上,中途介入犯罪而利用先行行为者的行为等,那么,就可以肯定相互利用、补充关系的存在而肯定承继共同正犯的成立。⑤ 比如,

---

① 本文将部分论著中的所谓"中间说",最后归类为修正否定说。
② 陈洪兵:《共犯论思考》,人民法院出版社 2009 年版,第 185 页。
③ ［日］大塚仁:《刑法概说总论》（第 3 版）,有斐阁 1997 年版,第 280 页。
④ ［日］前田雅英:《刑法基础总论》,有斐阁 1993 年版,第 356 页。
⑤ ［日］大谷实:《刑法讲义总论》（新版）,成文堂 2000 年版,第 447 页。

基于抢劫意思的 Y 对 A 施加暴力并压制对方的反抗,知悉这一情况的 X,出于一同抢劫财物的意图而途中参与进来,与 Y 一起抢得了财物。Y 的暴力行为导致了 A 的轻伤。根据上述观点,X 在知悉 Y 的暴力行为导致 A 无法反抗状态,在和 Y 有意思联络的基础上共同劫取了财物,Y 和 X 之间具有相互利用、补充关系,由于 X 共同实施了劫取财物行为,因此,应当成立强盗罪的共同正犯。但是,X 只是在 Y 实施的压制被害者反抗的状态下劫取财物,并没有利用伤害结果,因此,并不成立强盗伤害罪的共同正犯。

还有一种用因果性解释部分行为全部责任之法理的观点(因果共犯论)认为,后行行为者的行为对参与之前的行为当然没有因果性,不过,即便是先行行为者实施的行为,如果不属于处于发生且已结束状态的结果(比如被害者的伤害或死亡),后行行为者介入时尚处于持续状态(比如抢劫罪中压制对方反抗),后行行为者介入犯罪行为后,利用处于持续状态中的先行行为者行为的效果,并与先行行为者一同引发结果,那么,后行行为者就应负承继共同正犯的刑事责任。本文倾向于这种观点。根据这种观点,在上述事例中,针对 Y 一个人实施的伤害结果不存在承继关系,由于暴力行为导致的压制反抗状态持续,因此可以承继 Y 的暴力行为,因此,X 应当承担抢劫罪共同正犯的刑事责任。

针对修正否定说的上述主张,批判的观点认为,第一,即便针对压制对方反抗状态,由于这种状态本身发生在事前,主张事后给予因果性影响或肯定"相互"利用、存在补充关系是否过于牵强? 第二,明确区分承继"状态"和没有承继的"结果"不仅不可能,还会导致处罚范围的不明确。第三,如果根据暴力、胁迫后所产生的劫取财物的意思,否定强盗罪的成立的话,出于均衡,是否也应否定承继强盗罪,针对后行行为者,以盗窃罪的共同正犯予以处罚是否更为合理?[①]

本文认为,首先,后行行为者将先行行为者的行为和结果作为实现自己犯罪的手段,基于利用该行为和结果的目的而加以利用的情况下,可以将这种情况视为后行行为者利用、补充先行行为者的实行行为。其次,共同正犯通过重视共同这一点来扩大正犯的成立范围,因此,与单独正犯相比,因果性的要求可以适当缓和,即便并没有亲手实施暴力行为,在另一个共同行为人引起的(共犯关系成立后持续的情况下)压制对方反抗的状态下,完全有可能在价值、规范意义上视为共同实施了抢劫行为。也就是说,虽然针对压制对方反抗这一行为本身不能给予因果性影响,但是,针对介入后仍然持续的压制反抗状态给予因果性影响,而提高结果发生的

---

① ［日］大塚裕史:《刑法总论的思考方法》(新版),早稻田经营出版 2006 年版,第 516 页。

盖然性,因此,在价值、规范意义上可以将其视为参与暴力行为而成立共同正犯。

另外,承继共同正犯的成立,应限定在先行行为者的行为影响后行行为者行为的范围内,从后行行为者的立场来看,是否利用了先行行为者的行为和结果这一基准并非不明确,是否明确,应当具体问题具体分析。

最后,在承继共同正犯的情形下,介入的是他人的抢劫行为,而压制对方反抗后强取财物的行为,往往作为单独犯予以评价,将前者评价为抢劫,将后者评价为盗窃或侵占并不矛盾(前述第三个批判的观点)。在单独犯的情况下,暴力行为并没有指向夺取财物,暴力行为缺乏手段性而成立盗窃罪,但在承继共同正犯的情况下,先行行为者这一"他人"的暴力行为指向强取财物,在知悉这一情况的前提下利用先行行为者的行为,与先行行为者一同强取了财物,因此,理应将其评价为抢劫罪中的"劫取",也就是说,两种情形在本质上不同而得出的结论也就不同。

四、结语

有关承继共同正犯的成立范围,本文倾向于修正否定说:第一,根据犯罪共同解释承继共犯,由于与共犯本身对自己行为有因果性的结果负责,这一因果共犯论发生矛盾。第二,既然一个犯罪不可分割,参与部分实行行为的后行行为者,理应对犯罪整体负刑事责任。但是,承继共同正犯的犯罪类型并不限于单一罪,还包括结合犯、结果加重犯等,因此,没有理由将所有的犯罪类型均视为"不可分割",在承继共同正犯问题上,更为重要的是,即便是一罪,如果途中有可能参与进来,那么,后行行为者对自己介入之前的行为和结果,负共犯责任的实质性根据是什么? 第三,后行行为不可能与先行行为及其结果具有因果性,根据因果共犯论,不应让行为人对与自己行为没有因果性的事实承担刑事责任,所以,后行行为人不可能与先行行为人就参与之前的行为以及结果成立共犯关系,不应承担共同正犯的刑事责任。第四,全面否定说根据部分行为的全部责任之法理,严格要求因果性和相互利用、补充关系的存在,理论上的一贯性应当予以肯定。但是,根据全面否定说,在诈骗罪、恐吓罪等"单一罪"的情况下,当先行行为者已经实施欺诈、胁迫行为后,后行行为者只参与从被害者那里领取财物的行为,无法以诈骗、恐吓罪的共同正犯予以处罚,这显然不尽合理。

基于上述理由,本文认为,承继共同正犯的成立范围,应当限定在:后行行为者将先行行为者的行为和结果作为实现自己犯罪的手段,基于利用该行为和结果的目的而加以利用的情况下,可以将这种情况视为后行行为者利用、补充先行行为者的实行行为,具体判断应以价值、规范意义上的等同性为基准。

根据修正否定说的观点,本文开头案例中,被害人是被告人章浩和王敏绑架的,被告人章娟参与犯罪之前,被害人已被绑架,处于被告人章浩和王敏的控制之下,绑架罪已经既遂。在与先行行为人取得意思上的联络后,向被害人实施勒索财物的章娟的行为,属于承继共犯。但是,对于绑架被害人,被告人章娟主观并无犯意,客观上也不是其实施的,自然不应承担共同实行犯的刑事责任。她电话索取财物的行为,属于帮助行为,对于本罪的实施并没有起到重要作用,因此,章娟应当成立绑架罪的帮助犯。

第十章 犯罪预备与共犯

一、问题的提出

犯罪的预备形态,即预备犯,①是指行为人为了实施犯罪而开始创造条件的行为,由于行为人意志以外的原因而未能着手实行犯罪的一种停止形态。成立预备犯,要求行为人已经实施了犯罪预备行为。在突发性的直接故意犯罪中,不存在犯罪的准备阶段,行为人没有实施犯罪预备行为而直接着手实施犯罪的实行行为,因而不存在成立预备犯的可能性。而在有预谋的直接故意犯罪中,从行为人产生犯罪故意到着手实行犯罪之间有一定的时间上的间隔,在这段时间内,行为人有可能为了顺利完成犯罪而实施犯罪预备行为,因而存在成立预备犯的问题。

在德、日、韩等国的共犯论体系中,并没有有关共同犯罪的一般规定,只是具体规定了共同正犯、教唆犯、帮助犯。针对犯罪预备,刑法总则中也都没有赋予其可罚性,只是在分则中就少数重大犯罪的预备行为规定为预备罪而肯定其可罚性。比如,日本现行刑法总则对犯罪预备未作任何规定,只在刑法分则中明文规

---

① 犯罪预备的法律性质一般在两个层面上成为问题。一是犯罪预备与基本犯罪之间的关系,二是是否应当肯定预备行为的实行行为性。根据怎样理解预备罪的法律性质,有关预备罪的未遂、共犯以及罪数等会得出不同的结论。有关预备罪的法律性质,有以下三种学说的对立:第一,发现形态说。这种学说并不把预备罪视为独立的犯罪类型,而是将其理解为为有效地保护法益而扩张处罚范围的修正了的构成要件形态。又称构成要件的修正形式说,是韩国刑法理论界的多数说。第二,独立犯罪说。独立犯罪说又称独立构成要件说,这种学说将预备、阴谋行为视为具备独自违法性的独立的犯罪行为。第三,二分说。这种学说将预备行为分为类型化了的相当于基本犯罪的情形(比如犯罪团体组织罪、毒品持有罪等)和非类型化了的相当于基本犯罪的修正形式(比如杀人预备罪、强盗预备罪等)两种类型。(参见[韩]朴相基:《刑法总论》(第6版),博英社2005年版,339页以下。)有关这一问题,在我国的刑法理论界,几乎没有学者予以关注。不过,从我国刑法的相关规定来看,似乎与上述第二种学说,即独立犯罪说相近。

定了8种应受处罚的预备罪。即内乱预备罪、外患预备罪、私战预备罪、放火预备罪、伪造货币预备罪、杀人预备罪、强盗预备罪和绑架勒索预备罪。又比如,韩国刑法分则中的预备罪只有内乱罪、间谍罪、利敌罪、爆炸物使用罪、放火罪、溢水罪、妨碍交通罪、伪造货币罪、杀人罪、强盗罪等。因此,针对共同正犯与犯罪预备之间的关系,刑法理论探讨的重点在于:在二人以上共同实施刑法分则所规定的预备罪的情形下,能否成立预备罪的共同正犯。对此,刑法理论上存在激烈的争论,争论的焦点在于对刑法所规定的"共同实行"的含义究竟应当怎样理解,即"共同实行"是只限于基于构成要件的实行行为,还是包括预备罪的"实行行为"。我国有关共同犯罪的规定和预备犯的规定,与上述大陆法系国家的共犯和预备犯的规定有很大区别,但是,司法实践中存在共犯以及犯罪预备是不争的事实,因此,了解和掌握大陆法系国家有关犯罪预备与共犯的相关理论,针对加强和改进涉及共同犯罪预备形态的立法规制与司法运行应当有所裨益。

二、犯罪预备的可罚性

（一）国外刑法中的犯罪预备

犯罪预备,是指为实施犯罪行为而准备工具、创造条件的行为。有关犯罪预备的可罚性问题,不仅中外刑法理论界存在争议,各国的刑事立法也不尽相同。主要有以下三种形式。

第一,对犯罪预备行为一律不予处罚,即在刑法总则和分则中均未规定处罚犯罪预备行为。也就是说,立法上排除了所有犯罪预备行为的可罚性。这种立法模式的理论依据是:针对行为人追究刑事责任,应当以犯罪的实行行为为起点,以犯罪客体(指对象,以下同)受到侵害或面临直接侵害为条件。犯罪预备是实施犯罪的前提,其仅是为犯罪的实施创造了可能的条件,并没有对犯罪客体造成直接侵害或侵害的危险,因而缺乏承担刑事责任的根据。何况,某种犯罪预备行为,究竟属于犯罪预备还是正当行为,有时很难确定。预备行为的这种模棱两可的性质,不能说明行为已经进入实施犯罪的阶段,也不能说明行为人已经具备了犯罪的意图。比如,购买枪支,既可能是为了实施杀人行为,也可能是为了自杀,还有可能是为了自卫。因此,按照犯罪的主、客观要件相统一的原则,针对尚不明确的行为不应给予处罚。① 除1810年制定的《法国刑法典》外,对犯罪预备行为不予处罚的立法例还有1940年《巴西联邦共和国刑法典》、1954年《格陵兰刑法典》、

---

① 朱华荣主编:《各国刑法比较研究》,武汉大学出版社1995年版,第19页。

1968 年《意大利刑法典》和 1973 年《罗马尼亚社会主义共和国刑法典》等。①

第二,对犯罪预备行为原则上不予处罚,只对严重犯罪的预备行为予以处罚。理论依据是:犯罪预备行为虽然实施于实行行为之前,但它已经超出了单纯表露犯意的阶段,使法益处于随时都有可能遭到侵害的危险状态之中,有时甚至离着手实行犯罪仅一步之遥。如果不是由于行为人意志以外的原因而被迫停止下来,其完全有可能对社会造成侵害。因此,对一切犯罪的预备行为都不予以处罚,会放纵犯罪分子,不利于预防犯罪。但是,与实行行为相比,犯罪的预备行为对法益侵害的威胁毕竟不大,而且,各种犯罪的预备行为,其法益侵害的危险性也有大小之分。如果对法益侵害危险不大的犯罪预备行为,也予以刑罚处罚,则有违反刑法谦抑原则之嫌。因此,刑事立法应以不处罚犯罪预备行为为原则,以处罚预备犯为例外。比如,日本现行刑法典在总则中对预备犯未作任何规定,只在分则中对内乱等 8 种严重犯罪的预备犯规定予以处罚。韩国刑法典在总则第 28 条规定:"犯罪的预谋或者预备行为未达到着手实行阶段,不予处罚。但法律有特别规定的,不在此限。"同时,在分则有关条文中分别规定对 32 种犯罪的预备犯予以处罚。②

---

① 对犯罪预备行为不予处罚,是以客观主义的刑法理论为依据的。这种理论认为,犯罪是实施足以引起损害的符合构成要件的行为,而犯罪的预备行为不可能直接引起损害结果,也不是某种具体犯罪的构成要件的行为,因而不应当作为犯罪予以处罚。比如,刑事实证学派的代表人物,在犯罪论中倾向于客观主义立场的李斯特认为:未遂的本质特征在于,无论是在主观还是在客观关系上均没有发生符合构成要件的对外部世界的改变。离既遂的发生越远,犯罪行为在思想意志活动的越早的阶段中断,此等关系也就越难证明之;也就越不能谈及行为的客观危险性。因此,有必要将离既遂更远的犯罪预备行为与离既遂较近的行为区分开来,前者不处罚,而后者则要处罚。在我国的刑法理论界,也有观点认为,从法益侵害或威胁的角度看,既遂犯对法益造成了实际损害;未遂犯对法益构成了实际威胁;预备犯由于行为人意志以外的因素,在准备工具、制造条件的阶段即被制止了,对法益几乎没有构成威胁。因此,预备犯欠缺对法益的侵害或威胁,因此,一般情况下,不应犯罪化。(参见王志祥:《危险犯研究》,中国人民公安大学出版社 2004 年版,第 269 页。)

② 德国学者认为,犯罪预备原则上是不可罚的,理由是:第一,基于证明技术的要求;第二,基于刑事政策的要求。即一方面,预备大多在刑法上没有意义,原因是对预备犯来说,犯意的证明非常困难;另一方面,法律还要充分地考虑、期待相反的情况。最初虽然是真正的预备行为,但基于行为人的再三考虑,或由于外部的障碍,经过一段时间,改变为别的情况,以致没有发展到未遂领域的还不少。然而,如果预备行为可能给予法的价值以间接威胁,或者由于行为本身的危险性或行为人的人身危险性,引起对法秩序的现实威胁,那么,在有限的场合内,预备犯也被处罚。(参见叶良芳:《实行犯研究》,浙江大学出版社 2008 年版,第 130 页。)

第三,对犯罪预备行为原则上予以处罚。即在刑法总则中明确规定对预备行为均予以处罚。依据是:一切犯罪的预备行为,均具有社会危害性。无论其危害性大小,都会使犯罪客体(法益)遭受不同的侵害。因此,只要证明行为人所实施的是为实行犯罪创造条件的预备行为,就应当令其承担刑事责任。采取这种立法模式的立法例有1960年《苏俄刑法典》以及蒙古、朝鲜等国的刑事立法。①

(二)我国刑法中的犯罪预备

我国1979年刑法第22条第2款规定:"对于预备犯,可以比照既遂犯从轻、减轻或者免除处罚。"而在分则中,则没有任何条文规定处罚预备犯。在修订刑法的过程中,有学者建议,在总则规定犯罪预备形态的特征和对预备犯从宽处罚的原则,并载明处罚预备犯以分则条文有明文规定者为限;再在分则中结合具体犯罪的性质、危害程度和司法实践的需要,择重罪条文规定处罚预备犯。② 遗憾的是,这一建议并没有被立法机关所采纳,现行刑法对预备犯的处罚规定仍然沿用1979年刑法的规定。很显然,我国刑法关于预备行为的可罚性规定,采用的是上述第三种立法模式。

根据我国刑法的规定,哪些犯罪预备行为具有可罚性? 一般认为,我国刑法对所有的预备行为都要予以处罚。比如,有观点认为,我国刑法对犯罪预备的处罚采取的是"积极说",即认为一切犯罪的预备行为,都具有社会危害性。无论其危害性大小,都会使犯罪客体遭受程度不同的侵害。因此,只要证明被告人所实施的是为实行犯罪创造条件的预备行为,就应当令其承担刑事责任。③ 也有观点认为,从我国刑法的规定来看,处罚故意犯罪的预备行为乃是一项基本原则。也

---

① 对犯罪预备行为原则上予以处罚,是主观主义刑法理论在处罚预备犯上的具体表现。这种理论将犯罪人的危险性格即实施或反复实施犯罪行为的危险性作为刑事责任的基础,认为行为只具有征表犯罪人危险性格的意义,行为本身不是刑事责任的基础,而犯罪无非是行为人危险性格的征表。如果预备行为能够征表行为人的危险性格,反映行为人的犯罪意图,而且这种危险性格、犯罪意图与犯罪既遂所征表的危险性格、犯罪意图没有任何的差别,那么,预备行为原则上应具有可罚性。即任何预备行为都要负刑事责任,立法者是把犯罪预备行为看作是对社会有害的、创造了实施犯罪条件的行为,但是这并不意味着立法者认为对一切实施犯罪的预备行为都必须例外地给予刑事处罚。对情节轻微的行为应不以犯罪论处。(参见[苏]H. A. 别利亚耶夫等主编,马改秀等译:《苏维埃刑法总论》,群众出版社1987年版,第205页以下。)

② 赵秉志主编:《刑法修改研究综述》,中国人民公安大学出版社1990年版,第152页以下。

③ 陈兴良:《刑法适用总论》(上卷),法律出版社1999年版,第409页以下。

就是说,一切故意犯罪的预备行为,都为刑法严加禁止,并要承担刑事责任。①

然而,近年来有学者对上述观点提出了质疑,认为根据刑法的规定,并不能得出一切预备行为均具有可罚性这一当然结论。理由是:第一,认为一切犯罪预备行为均具有可罚性,与我国刑法第 13 条"但是情节显著轻微危害不大的,不认为是犯罪"这一但书规定不相协调。按照评价行为的客观危害性的基点即行为所造成的实际损害或造成实际损害的危险,犯罪预备行为的客观危害相对而言是非常轻微的。在这种情况下,犯罪预备行为的社会危害性是否达到应当追究刑事责任的程度就主要依赖于行为人主观恶性的大小。

如果行为人的主观恶性亦相当轻微,就很难说由预备行为者的主观恶性与预备行为的客观危害这两项因素综合起来所评价的社会危害性,就一定达到了构成犯罪所需要的严重程度,而只能认为,尽管这种情况下的犯罪预备行为具有侵害法益的危险性,但这种危险性是非常微小的。这时,就应当发挥但书的除罪化功能,将此类预备行为排除在犯罪圈之外。如果行为人的主观恶性相当严重,犯罪预备行为的社会危害性才有大到追究刑事责任所需要的程度的可能。虽然我国刑法没有像大陆法系不少立法例那样,对犯罪预备行为明确地体现出原则上不予处罚,而只是在总则中笼统地规定了处罚预备犯时应当遵循的原则,尚难以判断出我国刑法对犯罪预备行为的可罚性究竟持何种态度,但联系到刑法第 13 条但书这一规定的存在,相当一部分犯罪预备行为的刑事可罚性被排除了,因而可以得出我国刑法对部分犯罪预备行为采取的是一种接近(近似)于原则上不处罚的态度。如果说,在大陆法系的不少立法例中,犯罪预备行为原则上的不可罚性是通过明示的方式直接实现的,那么,在我国刑法中,对部分犯罪预备行为否定其可罚性就是通过发挥但书的除罪功能间接达到的。第二,我国刑法对预备犯只是在总则中就其处罚原则概括规定,而不在分则中载明对哪些犯罪处罚其预备犯,并不一定就意味着对于刑法分则中的故意犯罪而言,只要存在预备行为,原则上就应以预备犯论处。刑法对预备犯在总则中所做的概括规定要解决的是预备犯的处罚原则问题,而对于分则中的哪些犯罪应处罚其预备犯实际上是一个预备犯的处罚范围问题。因此,以总则中的概括规定为依据来推断刑法处罚预备犯的范围,是有悖于立法规定的主旨的。我国刑法对预备犯的处罚只在总则中做概括规定,与"宜粗不宜细"的立法指导思想、严重不足的立法经验以及不高的立法技术

---

① 谢望原主编:《台、港、澳刑法与大陆刑法比较研究》,中国人民公安大学出版社 1998 年版,第 193 页。

不无关系。①

从我国刑法规定来看,原则上所有预备犯均应受到处罚。然而,正如有观点所指出的那样,我国刑法承袭了苏联刑法,也在刑法总则中确立了处罚预备犯的一般原则。但由于刑法分则中有相当一部分犯罪本身性质并不严重,因而其预备行为极少处罚。只是某些严重的犯罪,例如,故意杀人罪、抢劫罪的预备行为才追究刑事责任。因而,刑法总则关于处罚犯罪预备行为的规定具有一定的虚置性,表现为立法过剩。② 其实,将所有的预备行为宣告为刑事可罚,在刑法的危险递增理论看来,不仅违反刑罚的经济性原则,在实践中无法实行,而且也是没有理论根据的。因为,预备行为对于法益损害的危险本质上是抽象的、间接的,只是在具备特殊原因的情况下,才可以把它宣告为刑事可罚。诽谤、煽动、侮辱等行为预备的可罚,就不可能不处罚思想犯;而且,大多数处于预备阶段的行为主观要件在实践中是无法认定的。这种撒大网似的规范方式不仅是一种立法与理论上的懒惰,而且,它明显具有国家刑罚权滥用的危险。国家在犯罪面前无须如此如临大敌。③ 另外,以总则概括方式规定对于预备犯的处罚,形成预备行为可罚的原则,这不仅不符合实际情况,而且也与国际上通行做法不一致。而且,采取"比照既遂犯可轻"的处罚原则,使预备犯与未遂犯和既遂犯处罚的差距不够明显,距离区别对待思想的要求还有差距,在贯彻罪刑相适应原则上有距离。产生这种局面,其根源在于对犯罪预备性质和危害的认识不够准确,过于看中其主观恶性的层面,而且还在情感上担心疏忽了犯罪尤其是国家安全罪的犯罪预备行为。而事实表明,预备行为总体上仅具有可能的危害(危险),相比已经着手实行犯罪而未遂的情况其危险性要小得多;绝大多数预备行为即使查实也难以纳入诉讼中予以解决。④

本文认为,我国刑法虽然原则上处罚所有的犯罪预备,但在司法实践中,处罚犯罪预备是极为例外的现象。事实上,也应当肯定处罚犯罪预备的例外性。理由是:首先,犯罪预备行为不能直接对法益造成侵害结果与具体危险状态,因而对法益的威胁并不紧迫,在通常情况下没有值得科处刑罚的实质违法性。其次,犯罪预备行为的外部形态往往是日常生活行为(比如为了实施抢劫行为而购买胶带、绳索等)。如果处罚所有犯罪预备行为,就必然导致原本不是犯罪预备行为的日

---

① 王志祥:《危险犯研究》,中国人民公安大学出版社 2004 年版,第 272 页以下。
② 陈兴良:《本体刑法学》,商务印书馆 2001 年版,第 487 页。
③ 李海东:《刑法原理入门(犯罪论基础)》,法律出版社 1998 年版,第 139 页。
④ 邢志人:《犯罪预备研究》,中国检察出版社 2001 年版,第 220 页以下。

常生活行为也受到怀疑,极有可能使一些外部形态类似于准备工具的日常生活行为受到刑罚制裁。① 再次,在犯罪预备阶段,行为人有可能随时放弃犯罪决意。如果处罚所有犯罪预备行为,反而可能促使行为人着手实行犯罪。由此可见,针对犯罪预备的成立范围必须进行严格的限制,即只能将那些实质上值得处罚的犯罪预备作为犯罪处罚。其一,只有从刑事政策的角度来看,需要尽早预防某些犯罪时,才有必要处罚犯罪预备行为。也就是说,只有当某些预备行为的发展,必然或者极有可能造成重大法益受到侵害时,才有必要处罚犯罪预备行为。其二,只有当行为人的犯罪故意确定,确实将实行某一特定犯罪,并实施了相应的预备行为时,才有必要作为犯罪预备行为予以处罚。恐怖主义组织实施的犯罪预备行为,都具备上述特征,因此应当予以处罚。② 至于不符合犯罪预备一般特征的行为,则决不能以犯罪论处。容易与犯罪预备相混淆的是犯意的表示。犯意表示一般是指口头、书面或者其他方法,将真实的犯罪意图表现于外部的行为。其特征是,表示人具有真实的犯罪意图;表示人用口头、书面、手势或其他可以让人知晓的方法向他人表露犯罪意图;犯意表示是犯意的单纯流露,不能为犯罪制造条件。因此,犯意表示无法成立犯罪。

三、有关犯罪预备与共犯的中外学说

(一)犯罪预备与共同正犯

在德、日、韩等国的刑法理论中,这种情形又称预备罪的共同正犯,是指以共同的意思,共同实施犯罪预备行为的情形。应否承认预备罪的共同正犯,在理论界存在激烈的争论,其焦点在于对刑法规定的"共同实行"的含义如何理解和把握。即犯罪的实行是只限于基本构成要件的实行行为,还是包括预备罪的"实行行为"。比如,具有杀人目的的 A 委托 B 提供用于杀人的毒药氰酸钠,B 明知该毒药的用途而承诺提供并将毒药交付给 A,但 A 并没有使用该毒药实施杀人的实行行为。对此,刑法理论界围绕能否成立预备罪的共同正犯,有肯定说、否定说和折中说的对立。

(1)肯定说

这种观点认为,在共同实施犯罪预备行为的情形下,可以肯定预备罪的共同

---

① [德]冈特·施特拉腾韦特、洛塔尔·库伦著,杨萌译:《刑法总论 I——犯罪论》,法律出版社 2006 年版,第 250 页。

② 张明楷:《刑法学》(第 4 版),法律出版社 2011 年版,第 312 页以下。

正犯。理由是:第一,根据行为共同说的观点,只要有行为的共同,就可以成立共同正犯,而预备也完全可能有行为的共同。既然行为是共同的,就能成立预备罪的共同正犯。① 只要二人以上实施的构成要件行为有一部分相同,就成立共同犯罪。因为既然通过共同正犯与其他正犯者引起了侵害法益的危险,那么,共同的对象就没有必要限于"实行行为",而应从实质上考虑是否引起了侵害法益的危险性,在法益重合的限度内承认共同正犯。主张正犯等于实行的观点是错误的,正犯行为与实行行为是可以分离的,因而应当肯定预备罪的共同正犯。第二,实行行为是一个相对的概念,预备罪也具有实行行为性。即便是修正基本构成要件后形成的构成要件,其自身也是独立的固有的构成要件,预备罪就是这样的犯罪构成要件。这样的构成要件也是构成要件,实现这种构成要件的行为也是符合构成要件、实现犯罪的行为即实行行为、刑法第 60 条所说的"实行"也包括修正的构成要件的行为,所以,二人以上的行为人出于实现符合基本构成要件的事实的目的而共同实施该罪的预备行为的时候,就成立预备罪的共同正犯。第三,即便是他人的预备行为,也能成立预备罪的共同正犯。即预备行为以实现基本犯罪为目的,即使是帮助他人实施预备行为,但只要帮助的样态是在预备范围内的共同实行,就可以根据刑法第 65 条第 1 款的规定,成立共同正犯。预备罪是以实施基本犯罪的意思为要件的目的犯。肯定预备罪的共同正犯的主要疑问在于,针对没有作为杀人罪的正犯的意思(共同实行的意思)的人,认定为具有杀人预备罪的共同正犯,是否矛盾? 诚然,成立预备罪必须具有犯基本罪的目的,自己没有犯基本罪的目的而只有帮助意思的人,不可能单独成为预备罪的正犯。但是,在对有犯基本罪的目的的人以预备行为进行参与的情形下,只要能认定其参与样态是在预备范围内的共同实行(客观的预备行为),就可以作为刑法第 65 条第 1 款规定的非身份犯的参与成立共同正犯的一种情况,认定为共同正犯。第四,如果否定预备罪的共同正犯,则会造成产生不协调的问题。比如,在甲、乙具有杀害丙的意思联络,共同实施了杀人的预备行为的情形下,如果否定预备罪的共同正犯,则会形成以下不协调的现象:如果甲、乙共同着手实行了杀人行为,则二人成立杀人罪的共同正犯;如果没有着手实行,那么,尽管共同实施了预备行为,也只能分别以杀人

---

① 在日本的刑法理论界,倾向于肯定说的主要有:佐伯千仞:《刑法讲义. 总论》(四订版),有斐阁 1981 年版,第 182 页;庄子邦雄:《刑法总论》(新版),青林书院 1976 年版,第 454 页;藤木英雄:《刑法讲义总论》,弘文堂 1975 年版,第 293 页;大谷实:《刑法讲义. 总论》,成文堂 1991 年版,第 430 页等。在韩国的刑法理论界和司法实务界,主流观点均倾向于肯定说。

预备罪论处。承认预备罪的共同正犯,就不会产生这样的问题。也就是说,如果不承认预备罪的共同正犯,则存在作为预备罪具有当罚性的行为成为不可罚的问题。

(2)否定说

这种观点认为,预备罪的共同正犯是不成立的,应当加以否定。① 理由是:第一,共同正犯中的"共同实行",是指共同实施符合基本构成要件的实行行为,而不应扩展到共同实施修正的构成要件的行为。刑法第60条共同正犯中的实行与第43条未遂犯中的实行是内涵和外延等同的概念,而预备显然是指第43条的实行之前的行为,因此,共同正犯中的共同实行不包括共同实施预备行为。承认实行行为概念的相对性,将修正的构成要件行为也视为实行行为,必然有违罪刑法定原则。因为共同实行的事实本来是共同地进行作为基本构成要件内容的行为,不应该把共同实行的观念扩大到作为被修正的构成要件而独立规定的预备罪的行为的共同上。从预备行为是实行行为以前的阶段的行为,严格区分二者有助于保障人权的立场来看,不能认为预备行为也是实行行为。第二,预备罪的构成要件没有定型性,其成立范围具有无限性,如果承认预备罪的共同正犯,共同正犯的概念就会变得相当模糊。实行行为,是由基本的构成要件所限定的行为类型,具有定型性。预备行为,则是一种定型性非常稀薄的行为。如果将其纳入实行行为的范畴,那么,将会导致实行行为概念的空洞化。实际上预备行为的范围极其宽泛,不具有作为基本构成要件的内容的实行行为一样的定型性,对其承认共同正犯时,其观念就有变得相当模糊之虞。因而,针对共同进行了预备行为的人,不应该认为是预备罪的共同正犯,而应该成立有关各自行为的预备罪。第三,承认预备罪的共同正犯会造成体系上的混乱。因为,如果承认预备罪的共同正犯,就会造成以下混乱现象:帮助他人实施预备行为的人,如果他人还没有着手实行犯罪,帮助者与他人成立共同正犯;如果他人已经着手实行犯罪,帮助者又成为他人即正犯者的从犯。否定预备罪的共同正犯,则不会出现这种混乱现象。

(3)折中说

这种学说主张将预备罪分为独立预备罪和从属预备罪。② 所谓独立预备罪,

---

① 在日本的刑法理论界,主张否定说的观点主要有:大塚仁:《刑法概说(总论)》(改订版),有斐阁1986年版,第265页;曾根威彦:《刑法总论》,弘文堂1987年版,第305页;佐久间修:《刑法总论》,成文堂2013年版,第376页等。

② 在日本的刑法理论界,倾向于折中说的观点有:福田平:《刑法总论》(全订版),有斐阁1984年版,第193页;西原春夫:《刑法总论》,成文堂1977年版,第274页等。

是指刑法将预备行为规定为独立的犯罪类型的情况。所谓从属预备罪,是指刑法将预备行为作为基本犯罪构成要件的修正形式加以规定的情况。由于独立预备罪是一种独立的犯罪类型,其构成要件是被刑法限定的、类型化了的记述,属于基本构成要件,因此,刑法在文理上虽然使用了"预备"一词,但实际上已经超出了预备的含义,因而独立预备罪的行为具有实行行为性,可以认定为存在共同正犯。从属预备罪则是无定型的、无限定的行为,不存在实行行为性,因此,不能认定为共同正犯。在日本和韩国的刑法中,并不处罚所有犯罪的预备行为。如前所述,日本只处罚 8 种预备罪,而韩国也只处罚 32 种预备罪。正如有观点所指出的那样,实行行为是具有定型性、限定性的行为,在从属预备罪的情形下,其行为无定形性、无限定性,因此,不能认为有实行行为,不能成立共同正犯。在独立预备罪的情形下,其行为则是定型的、限定的,因此,可以有实行行为的观念,可以成立共同正犯。也就是说,就特别重大的犯罪而言,例外地存在将着手实行前的预备、阴谋作为特别构成要件的情形(日本刑法第 78 条、第 88 条、第 113 条、第 201 条、第 237 条),在与基本构成要件的关系上,属于实行行为以前的阶段。但是,内乱预备罪、内乱阴谋罪等本身就是一个构成要件,因此,仍能考虑各自的实行行为。在这一层意义上,实行行为概念是相对的。

在上述三种学说中,肯定说的理由主要是为了解决现实存在的预备罪的共犯而提出来的,即主要是为了实现合目的性或为具体妥当性而提出来的。否定说的理由主要是为了维护刑法概念的统一性、避免体系上的弊端、缩小共同正犯的范围而提出来的。折中说的理由主要是通过对预备罪的分类、对不同类型的预备罪与实行行为的关系进行分析而提出来的。[①] 本文认为,日本、韩国等国的刑法理论界关于共同实施犯罪的预备行为的定性之所以存在如此激烈的争论,与其刑事立法规定有密切的关联性。首先,日本、韩国等国的刑法没有共同犯罪概念,只有共同正犯概念。比如,日本刑法第 60 条规定:"二人以上共同实行犯罪的,皆是正犯。"刑法明文规定,共同正犯必须以"共同实行犯罪"为条件。因此,能否将共同实施预备行为纳入"共同实行"的范畴之内确实存在困难。其次,日本、韩国等国的刑法原则上是不处罚犯罪预备行为的。为了处罚一些犯罪的共同预备行为,在处罚上究竟是按共同正犯处罚,还是按单独犯罪处罚,其结果是不同的。如果按共同正犯处罚,则根据部分行为全部责任的原则,对各行为人均能论以相同的犯罪;如果按单独犯处罚,则对各行为人的处理结果并不相同,可能存在有罪与无罪

---

① 张明楷:《未遂犯论》,法律出版社、成文堂 1997 年版,第 470 页以下。

之分,也可能存在此罪与彼罪之别。问题的症结在于,应当怎样理解和解释实行行为。如果承认实行行为的相对性、法定性,承认实行行为以刑法分则的规定为其特征,则上述争论似乎就没有必要。如前所述,日本刑法关于犯罪的预备行为的处罚范围,仅限于8种犯罪的预备行为,而这8种预备行为均为刑法分则所明文规定。单独看,这8种行为属于基本犯罪的预备行为,但由于刑法分则将其特别规定,不妨均将其视为独立的犯罪。也就是说,这8种预备行为,在立法上已经升格为实行行为,与基本犯罪的实行行为相独立、相并列,具有实行行为性。在各行为人共同实施上述8种预备行为的,可以视为各行为人共同实施的是犯罪的实行行为,因而成立预备罪的共同正犯。① 本文认为,从日本和韩国刑法的规定来看,折中说是可取的。既然部分犯罪刑法已规定为独立的犯罪,那么,虽然被称为预备罪,实际上是一种基本罪,自然应当承认有实行行为的存在。实施这类犯罪的构成要件行为,也就是实施该罪的实行行为,因而能够成立该罪的共同正犯。而对于仅仅是某种犯罪的修正的构成要件的预备行为,因其与实行行为有本质的差别,所以不能认为是实行行为,不能成立共同正犯。②

如前所述,我国的刑法理论与大多数大陆法系国家的规定不同,原则上处罚所有预备犯,因此,没有必要肯定独立预备罪的概念。预备犯中的预备行为都是对基本构成要件进行修正后的行为,与实行行为具有本质上的差异,因此,本文倾向于否定说,主张应当否定所谓的预备罪的共同正犯。③ 理由是:第一,共同正犯,仍然必须坚持实行行为的定型性,即仅指二人以上共同实施实行行为而言。如果将二人以上共同实施预备行为纳入共同实行的范畴,势必造成刑法体系的混乱。第二,在我国,刑法分则中并没有规定任何预备罪,预备罪是在刑法总则中规定的。因此,犯罪的预备行为均属于对刑法分则规定的基本构成要件的行为加以修正后的一种形式,与基本构成要件的行为,即实行行为在本质上不尽相同。第三,否定预备罪的共同实行犯,并不妨碍对共同预备行为的惩处。根据我国刑法第25条第1款的规定,不承认预备罪的共同正犯,并不是说对这种犯罪形态放任不管,而是仍可以根据我国刑法的规定,以共同犯罪的预备犯处罚。

本文认为,应当以共同正犯的预备犯概念替代预备罪的共同正犯概念。所谓

---

① 叶良芳:《实行犯研究》,浙江大学出版社2008年版,第142页。
② 陈家林:《共同正犯研究》,武汉大学出版社2004年版,第276页。
③ 共同正犯的预备犯,是指为共同实行犯罪而共同实施准备工具、制造条件的行为,因意志以外的原因而未能着手实行犯罪的情形。本文否定预备犯的共同正犯,但主张可以成立共同正犯的预备犯。

共同正犯的预备犯,是指二人以上共同实施犯罪时,各行为人均处于犯罪的预备阶段、尚未进入着手即因客观原因而停顿下来的一种犯罪形态。以共同正犯的预备犯替代预备犯的共同正犯概念,可以取得名正言顺的效果。日本刑法理论界之所以对应否承认预备罪的共同正犯存在激烈的争论,与这一概念本身的命名不无关系。① 另外,共同正犯的预备犯与预备犯的共同正犯虽然都是探讨共同实施犯罪的预备行为如何处理的情况,但二者在含义上有本质的不同。前者认为,预备犯不存在实行行为,共同实施犯罪的预备行为不能成立严格意义上的共同正犯,而只能成立共同正犯的预备犯。后者则认为,预备犯也存在实行行为,共同实施犯罪的预备行为,也能成立共同正犯。当然,在对共同实施预备行为的各行为人的处理上,根据共同正犯的预备犯和预备犯的共同正犯的观点,得出的结论也有细微的差别。比如,甲、乙基于共同的实行故意,准备对丙实施抢劫,为此,甲去购买凶器,乙去选择行凶地点,结果被人举报而未能着手实施抢劫行为。如果承认共同正犯的预备犯,则甲、乙均构成故意杀人罪的预备犯,应当按照刑法分则规定的故意杀人罪的法定刑,并按照刑法总则关于犯罪预备的处罚原则,对甲、乙分别比照既遂犯从轻、减轻或者免除处罚。如果承认预备罪的共同正犯,则甲、乙均构成杀人预备罪,按照刑法分则规定的杀人预备罪的基本法定刑定罪处罚。

(二)犯罪预备与教唆犯、帮助犯

有关犯罪预备与教唆犯、帮助犯的关系问题,在日本的刑法理论界,有肯定说、否定说和折中说的对立。

(1)肯定说

这种观点认为,对一切预备罪均能成立教唆犯或帮助犯。理由是:第一,预备罪的构成要件是修正的构成要件,因此,预备行为本身就具有实行行为性。这是从实行行为概念的相当性得出的必然结论。第二,既然教唆或帮助行为引起的危险达到了使他人(正犯者)受处罚的程度,引发这种危险的人也应受到处罚。这是从共犯从属性说得出的结论。② 比如,有观点从实行行为的相对性出发,认为以日本刑法第61条第1款中"实行"的解释为背景,由于认为"实行"中包括预谋、预备,所以,不管是独立预备罪、阴谋罪,还是从属预备罪、阴谋罪,均成立教唆犯。③也有观点从共犯从属性出发,认为预备罪的教唆行为与帮助行为也能引起法益侵

---

① 叶良芳:《实行犯研究》,浙江大学出版社2008年版,第143页。
② [日]早稻田司法考试研究室:《刑法总论》,早稻田经营出版1990年版,第109页。
③ [日]大谷实:《刑法讲义.总论》,成文堂1991年版,第432页。

害的危险性,具有实质可罚性,因此,不应否定预备罪的教唆犯和从犯。① 也有观点从共犯独立性出发,认为不管正犯是否着手实行犯罪,均成立教唆犯或帮助犯,因此,对预备犯的教唆或帮助持肯定的态度。②

(2)否定说

这种主张否定预备罪的教唆犯和从犯。理由是:第一,刑法第 43 条中的"实行"与第 61 条中的"实行"是同义的,正犯者还处于预备阶段而没有着手实行犯罪时,教唆行为就不是教唆他人"实行"犯罪的行为,帮助行为也不是帮助正犯实行犯罪的行为,因此,不成立教唆犯或帮助犯。这是以实行行为概念不具有相对性为由得出的结论。第二,根据共犯从属性说,只有当正犯者着手实行犯罪后,才成立教唆犯和帮助犯。既然正犯还没有着手实行犯罪,就不可能成立教唆犯和帮助犯。这是从形式上理解共犯从属性说得出的结论。第三,对预备罪的教唆、帮助行为没有必要处罚。③ 比如,有观点从实行行为的绝对性出发,认为没有理由必须特别区别理解第 61 条中"实行"的意义和第 43 条中"实行"的意义,在共犯从属性说的立场上,在被教唆者的行为还没有达到着手实行阶段就肯定教唆行为的可罚性,有欠妥当。④ 也有观点从保障人权出发,反对将预备行为理解为实行行为,认为预备的教唆与帮助没有定型性,因此,在没有特别规定的情形下,不能对之进行处罚。⑤ 也有观点从共犯从属性出发,认为预备的教唆与帮助不具有可罚性。⑥

(3)折中说

这种主张立论于否定说的立场,只承认独立预备罪的教唆犯与帮助犯,否定从属预备罪的教唆犯和帮助犯。其理由与前述之有关预备罪的共同正犯的折中说基本相同。

有关这一问题,韩国的主流观点认为:针对预备行为的教唆,依照刑法第 31 条第 2 款处罚。需要注意的是,所谓针对预备行为的教唆,并非单指以预备行为为唯一目标的教唆,而是指为实现犯罪目的而实施的,但在预备阶段基于某种原因停止了的情形。因为不可能存在只以预备行为为目的的,并不以犯罪既遂为目的的教唆犯。当然,也有观点认为,由于不存在符合预备罪构成要件的实行行为

① [日]前田雅英:《刑法讲义总论》,东京大学出版会 1994 年版,第 452 页。
② [日]木村龟二:《刑法总论》(增补版),有斐阁 1978 年版,第 396 页。
③ [日]早稻田司法考试研究室:《刑法总论》,早稻田经营出版 1990 年版,第 109 页。
④ [日]大塚仁:《刑法概说(总论)》(改订版),有斐阁 1986 年版,第 270 页。
⑤ [日]曾根威彦:《刑法总论》,弘文堂 1987 年版,第 293 页。
⑥ [日]植松正:《刑法概论Ⅰ总论》(再订版),劲草书房 1974 年版,第 383 页。

这一概念,因此,应当否定针对预备罪的教唆。① 但是,如果被教唆者同意教唆者的教唆,却没有达到预备阶段时,可以以预备、阴谋罪进行处罚(刑法第31条第2款),与此相反,以既遂为目标的犯罪行为,基于某种原因中止于预备阶段而不处罚,显然不尽合理。之所以可以这样解释,是因为,针对预备行为的教唆相当于刑法第31条第2款规定的"同意实施犯罪行为而未能着手实施"之故。

应否肯定针对预备行为的帮助犯,在韩国的刑法理论界,存在激烈的争论。立论于共犯独立性说的观点认为,针对预备罪的帮助行为,应当成立帮助未遂。与此相反,基于共犯从属性说则有肯定说②和否定说的对立。韩国的主流观点认为,由于刑法并没有单独处罚有关预备罪帮助的条款,加上正犯没有着手实行的情形下无法处罚帮助行为,有可能导致预备罪的处罚范围无限宽泛,也有悖于法感情,因此,否定说似乎更为合理。③

教唆犯,是指教唆他人实施犯罪行为;从犯,则是指帮助他人实施犯罪行为。根据共犯从属性说,只有当正犯开始着手实施犯罪行为后,才能对教唆者和帮助者以教唆犯、帮助犯处罚。而当正犯尚未开始着手实施犯罪行为,只是进行一些预备行为而基于某种原因停止时,如果坚持严格的从属性说,则对教唆者、帮助者能否以共犯处罚,确实是一个有待探讨的问题。为此,日本、韩国的刑法理论界对此进行激烈的争论,其原因也就不难理解。问题的症结仍然在于,对实行行为应当如何理解、如何解释。如前所述,如果承认实行行为的相对性、法定性,承认日本刑法和韩国刑法分则规定的几种预备行为具有实行行为性,那么,实施这些行为者可以将其视为正犯,教唆者、帮助者当然也可以成立教唆犯或帮助犯。如果不承认日本、韩国刑法分则规定的几种实行行为的实行行为性,而是属于预备行为,则根据其刑法理论,无论作何解释,难以为预备罪的教唆犯或者从犯的成立找到令人信服的理由。④

根据我国的共同犯罪的立法规定,并不存在对预备行为的教唆犯或从犯处罚障碍问题。数人共同实施犯罪,其中一人实施预备行为,其他共犯者实施教唆行

---

① ［韩］李炯国:《刑法总论研究Ⅱ》,法文社1986年版,第491页。
② ［韩］金日秀、徐辅鹤:《刑法总论》(第10版),博英社2004年版,第552页。
③ ［韩］朴相基:《刑法总论》(第6版),博英社2005年版,342页等。韩国的判例认为:刑法第32条第1款所规定的他人的犯罪,是指正犯已经着手实施犯罪的情形,因此,从犯的成立只有在正犯着手实施犯罪行为之后,在预备阶段中止犯罪时,只能成立预备罪的共同正犯而不能成立从犯。
④ 叶良芳:《实行犯研究》,浙江大学出版社2008年版,第146页。

为或帮助行为时,各行为人基于主观上的意思联络,客观上的共同行为,均成立共同犯罪。针对预备行为的实施者,认定为实行犯①;针对教唆行为者,可以认定为教唆犯;针对帮助行为者,可以认定为帮助犯。各共同犯罪人均处在预备阶段,都属于预备犯,应当根据刑法总则有关犯罪预备的处罚原则进行处罚。比如,甲意图偷渡国外而四处筹措资金,乙明知甲的这一意图而借给他大笔资金。甲在联系蛇头时被抓获。甲尚未着手实施偷渡行为即被抓获,构成偷越国境罪的预备犯,因其在共同犯罪中处于主要地位,因此是主犯;乙借给甲巨资,构成帮助犯,又因甲处于预备状态,因而乙基于从属性原则,同样构成偷越国边境罪的预备犯,加上在共同犯罪中起了次要作用,因此,构成从犯。②

---

① 当然是处于预备阶段的实行犯。

② 在我国的刑法理论界,有观点认为:在我国,由于刑法并没有采取教唆犯的从属性原则而且惩罚一切预备犯,自然而然地得出教唆犯的预备犯可罚的结论。具体来说,有两个理由:一是刑法并没有将犯罪预备限定在"为了实行犯罪"这样的范围内,而是明文规定"为了犯罪,准备工具,制造条件的是犯罪预备"。这在逻辑上就推导出教唆犯罪的预备也是犯罪预备的结论。二是对教唆犯采取独立性原则作为可罚的依据,只要具有教唆他人犯罪的故意、实施教唆他人犯罪的行为即构成教唆犯。这样,预备实行教唆的,无疑也是教唆,同样应当受到处罚。所以,基于我国刑法的规定,处罚教唆犯的预备行为是具有较为充分的根据和理由的。在我国,刑法处罚所有的犯罪预备行为,而缺乏帮助犯与实行犯关系的明文规定。根据刑法理论,只要帮助他人"犯罪",即可构成犯罪,并以从犯论处。问题是,如此简单处理预备犯的帮助犯过于草率和笼统。因为这是在实行犯处于预备阶段构成的帮助犯,犯罪阶段和实行犯的犯罪状态对帮助犯的责任不免产生影响。进一步分析,主要有以下几种情况:首先是被帮助人构成预备犯,帮助犯如何处理? 对此,有观点认为该帮助犯属于犯罪未遂。主张这种观点的学者认为不妥。理由是,这是共同犯罪,被帮助人是实行犯,而帮助者是刑法上的帮助犯,共同犯罪使二人形成主辅一体关系。由于整个犯罪尚处于着手以前的预备阶段,并且由于二人意志以外的原因未能着手实行,则完全符合犯罪预备的特征,被帮助人是预备犯,帮助犯也构成预备犯。主张未遂的观点显然是忽略了上述场合共同犯罪和预备阶段这两个制约因素对本案的影响,混淆了犯罪未遂与犯罪预备在着手这一点上的界限。那么,如何确定二人的刑事责任? 这种观点认为,既然是共同犯罪的预备问题,在先确定预备犯这种身份之后,需要明确共犯中的主从关系。通常,帮助犯是从犯,所以对这里的预备犯的帮助犯应合并预备犯和从犯两个情节予以处罚。需要注意的是,与日本、韩国刑法不同的是,这里还可能出现被帮助人(主犯)自动停止犯罪预备行为的情形,根据刑法的相关规定属于犯罪中止,那么,帮助犯构成中止犯还是预备犯? 这种观点认为,如果被帮助人自动中止犯罪对帮助犯来说属于意志以外的原因的话,由于整个犯罪仍处于着手实行前的预备阶段,帮助犯仍构成犯罪预备。同样可以依照从犯和预备犯两个情节来处理。但是,应否处罚,似可研究。总之,犯罪预备与共同犯罪两种形态交织一起,使本来复杂的问题更加复杂化。应当准确把握各自的性质和特征,分别结合共同实行、教唆和帮助的情况加以适用。通过以上比较研究,国外的某些观点和做法,也是值得我们借鉴的。(参见邢志人:《犯罪预备研究》,中国检察出版社 2001 年版,第 187 页以下。)

四、结语

正犯的犯罪预备就是指为共同犯罪而准备工具、创造条件的行为。比如,行为人在实施上述行为的过程中,或者刚刚实施完上述预备行为,即将着手但尚未实施犯罪实行行为时,由于其意志以外的原因而未能得逞的情形。所谓准备犯罪工具、包括制造犯罪工具、寻求犯罪工具以及加工犯罪工具使之适合于犯罪需要。除准备犯罪工具之外,犯罪预备还包括其他为实施犯罪创造便利条件的行为。正犯是实施刑法分则规定的犯罪构成要件行为的共同犯罪人,有关在预备阶段,共同实施预备行为,能否成立预备罪的共同正犯,在日、韩等国的刑法理论界有肯定说、否定说和折中说的对立。肯定说认为,共同实施了犯罪预备行为,可以成立犯罪预备的共同正犯。否定说认为,共同正犯只能在犯罪实行阶段成立,犯罪预备行为并非实行行为,因此,共同实施犯罪预备行为不能成立共同正犯。折中说则认为,如果刑法分则规定某一种犯罪的预备行为可以独立成为犯罪,则犯罪预备的共同正犯可以成立,否则,就不能成立。本文倾向于否定说。

预备犯的教唆犯、帮助犯所要研究的问题是,当被教唆人、被帮助人接受教唆或帮助后,在预备阶段被发现而构成预备犯,针对教唆犯、帮助犯如何处理?有关这一问题,在大陆法系的刑法理论界,有不可罚说、可罚说和折中说的争论。不可罚说认为,刑法上的教唆犯、帮助犯是教唆、帮助他人实行,只有当被教唆、被帮助人着手实行犯罪后才能成立教唆犯、帮助犯。如果教唆人、帮助人还处在预备阶段而尚未着手实行犯罪时,教唆、帮助行为就不是教唆、帮助他人"实行"犯罪的行为,因此,不能成立教唆、帮助犯。可罚说认为,教唆犯、帮助犯的确是教唆、帮助他人实行犯罪,然而预备罪的构成要件是修正的构成要件,既然如此,其自身就具有实行行为,因此,教唆、帮助他人实行犯罪而他人处于预备状态时,自然成立教唆、帮助犯。折中说站在不可罚说的立场上,认为不宜对刑法中的实行行为作扩张构成要件的解释,否则就会造成刑法适用上的混乱。只承认独立预备罪的教唆、帮助犯,而否认从属预备罪的教唆、帮助犯。如果根据我国刑法来评价上述三种学说,无疑可罚说是可取的。

第十一章 必要共犯

一、问题的提出

大陆法系国家和地区的刑法以及我国刑法分则中规定的各种犯罪类型,原则上是以单独犯的既遂为基准而加以规定的,但是,在现实生活中,由复数的行为人参与实施的犯罪现象不仅为数不少,其危险性往往大于单独犯。为了处罚这种犯罪现象,刑法总则中往往规定有关共同犯罪的处罚条款,基于这种规定,成为处罚对象的共同犯罪便属于任意共犯。①

与此相比,在刑法分则规定的条款中,也有不少以复数行为人参与实施的犯罪类型。比如,日本刑法第77条内乱罪;第106条骚扰罪;第185条赌博罪;韩国刑法第87条内乱罪;第115条骚扰罪;第129条受贿罪;我国刑法第120条组织、领导参加恐怖组织罪;第291条聚众扰乱公共场所秩序、交通秩序罪;第292条聚众斗殴罪;第258条重婚罪;第363条制作、复制、出版、贩卖、传播淫秽物品牟利罪;第385条受贿罪;第389条行贿罪等等。②"由此可见,将各个犯罪类型本身只能由复数参与者实施的情形称之为必要共犯(notwendige Teilnahme)。"③必要共

---

① [日]丸山雅夫:《必要共犯》,载西田典之等编:《刑法的争论点》,有斐阁2007年版,第114页。

② 一般认为,德国学者 stübel 是必要共犯概念的创始人。他在1805年出版的著作《论犯罪的构成要件》中首次提出类似必要共犯的一种犯罪类型,并举互殴罪和肉体上的侵犯为例加以说明,虽然他没有明确提出必要共犯这一概念,但刑法理论上仍认为其见解是必要共犯概念的滥觞。直至1869年德国刑法学家 Schuetze 在其论文中明确提出"必要共犯"这一概念并予以研究。后来德国刑法学家 Kries 指出必要共犯是在概念上以数人的参与为必要的犯罪,这才使得必要共犯概念得到真正确立,这种观点也成为通说。

③ [日]西田典之:《必要共犯》,载阿部纯二等编:《刑法基本讲座》(第4卷),法学书院1992年版,第260页。

犯又可以分为以下几种:日本学者一般将其分为集团犯、多众犯和对向犯两种;①韩国学者则分为集合犯(内乱罪、骚扰罪)、合同犯②(特殊逃走罪、特殊盗窃罪)和对向犯(买卖妇女罪、受贿罪、行贿罪);③我国学者一般分为对向性共同犯罪、聚众性共同犯罪和集团性共同犯罪。④

必要共犯的概念及意义,并不限于上述形式上的犯罪类型和共犯类型的区分。这一概念在某种情况下,可以排除刑法总则中有关共同犯罪规定的具体适用,作为参与犯罪行为的不可罚性提供理论基础,因此具有重要意义。⑤

有关这一点,首先成为问题的是集团犯。日本学者认为,比如骚扰罪,⑥将犯罪参与者按所发挥的作用分为首要分子、指挥者、积极参与者和附和随从者,分别规定了不同的法定刑。问题是,虽然没有直接参与骚扰罪,针对提供信息、准备武器等行为人,能否认为由于不符合骚扰罪的各项条款而不构成共同犯罪? 一种观点认为,有关集团犯的规定,在充分考虑聚众犯罪特点的基础上,根据参与集团

① [日]丸山雅夫:《必要共犯》,载西田典之等编:《刑法的争论点》,有斐阁 2007 年版,第114 页。

② 韩国刑法中的合同犯,是指构成要件中明示以"二人以上合同"作为行为样态的犯罪类型。比如,韩国刑法第 334 条规定的特殊强盗罪,是指夜间非法侵入他人住所、有人管理的建筑物、船舶、航空器或占有的房间,携带凶器以及二人以上合同实施单纯强盗之行为。针对合同犯是否属于必要共犯,有肯定说和属于共同正犯之特殊形式的否定说的对立。

③ [韩]朴相基:《刑法总论》(第 6 版),博英社 2005 年版,第 382 页。

④ 张明楷:《刑法学》(第 4 版),法律出版社 2011 年版,第 350 页。黎宏:《刑法学》,法律出版社 2012 年版,第 281 页。

⑤ 当然,针对这一问题,有观点认为:"所谓必要共犯,既然是刑法分则所规定的犯罪类型之中以数人共同犯罪为构成要件,那么关于行为人是否构成此一犯罪,以及其刑事责任范围如何,完全属于刑法分则个别条文解释问题。……与刑法总则规定的共犯概念无关。因此,不论是必要共犯概念下的所谓聚合犯或对向犯,其犯罪构成之论证都没有适用刑法共同正犯规定及概念之余地。"(黄荣坚:《基础刑法学》(下),中国人民大学出版社 2009 年版,第 489 页。)也有观点认为,必要共犯是以"行为共同说"为理论依据的,而我国是主客观相统一的"犯罪共同说",主张我国刑法中存在"必要共犯"观点,不仅与刑法的规定不符,而且对司法实践极为有害。因为,既然肯定有些聚众性、集团性、对向性犯罪必须由二人以上共同犯罪才能构成,那么一人以实施该种犯罪为目的而组织他人犯罪或聚众犯罪未遂,或者一方蒙骗另一方共同实施犯罪,在他人不构成犯罪的情况下,要么就都不能作犯罪处理,要么就都得当犯罪处理。如果说都不当犯罪处理,势必会放纵犯罪,如果都作为必要共犯来定罪量刑,则又会罪及无辜。(刘明祥:《我国刑法没有规定必要共犯》,《法学杂志》1990 年第 3 期,第 22 页。)

⑥ 日本刑法第 106 条规定:多众聚集实施暴行或者胁迫的,是骚乱罪,按照下列各款区别处断:1,首谋者,处一年以上十年以下有期徒刑或者监禁;2,指挥他人或者带头闹事的,处六个月以上七年以下有期徒刑或者监禁;附和随从的,处十万日元以下罚金。

行为的样态和所发挥的作用设有不同的刑罚,因此,并不符合相关条款的参与行为,不应包含在处罚范围之内,这是消极说。① 也有观点认为,鉴于破坏活动防止法处罚内乱的独立教唆,以及不处罚凶器准备集合罪的教唆或帮助缺乏合理性,没有不能适用刑法总则的理由,这是积极说。② 韩国的主流观点认为:"针对参与必要共犯的行为人,不能适用刑法总则中有关共犯的规定。必要共犯无非是基于参与犯罪的人数而称之为共犯,并非基于从属于正犯意义上的共犯而使用。但是,针对在外教唆、帮助必要共犯的行为人,可以以教唆犯或帮助犯处罚。"③有关这一问题,我国的主流观点认为,就聚众犯和集团犯而言,由于分则各条文中对该种类型犯罪的参与形态有明确规定,所以,有关共同犯罪的总则规定,对其不适用。④

能否适用刑法总则中有关共犯的规定,在对向犯的情形下同样成为问题。

所谓对向犯,是指以存在二人以上相互对向的行为为要件的犯罪。对向犯又可以分为以下三种类型:一是双方的罪名与法定刑相同,比如重婚罪;二是双方的罪名与法定刑不同,比如贿赂犯罪中的受贿罪与行贿罪;三是只处罚一方的行为(片面对向犯),比如贩卖淫秽物品牟利罪,只处罚贩卖者而不处罚购买者。⑤ 在上述三种类型中的片面对向犯的情形下,针对当然能够预想到的对向性参与行为,基于没有明文处罚规定而不可罚,还是根据总则中的共犯规定构成教唆犯?逻辑上可以得出肯定或否定的结论,问题是,如果取不可罚说,其根据和范围便成为问题。

二、聚众犯、集团犯与刑法总则中共犯规定的关系

聚众犯是由首要分子组织、策划、指挥众人实施的共同犯罪。"聚众"是实施犯罪的形式。聚众犯罪有以下几个特征:首先,必须有首要分子,即在犯罪中起组织、策划、指挥作用的犯罪分子。必须有众人参与,称众,一般是指三人以上,参与人可能随时增加或减少,而非处于固定状态。参与人虽然是三人以上,但参与人

---

① [日]团藤重光:《刑法纲要总论》(第3版),创文社1990年版,第434页。
② [日]平野龙一:《刑法总论 II》,有斐阁1975年版,第380页。
③ [韩]朴相基:《刑法总论》(第6版),博英社2005年版,第383页。
④ 高铭暄、马克昌主编:《刑法学》(第5版),北京大学出版社、高等教育出版社2011年版,第167页。
⑤ 张明楷:《刑法学》(第4版),法律出版社2011年版,第350页。黎宏:《刑法学》,法律出版社2012年版,第281页。

不一定就是犯罪行为人。其次,聚众犯罪由于人多势众,常常使犯罪处于可见可闻的状态,首要分子正是利用这一特点实现自己的犯罪意图。再次,由于参与人复杂,使得犯罪行为呈现多样性。

根据我国刑法的规定,聚众犯罪可以分为以下两类:第一,属于共同犯罪的聚众犯罪。比如,刑法第 317 条第 2 款规定的聚众持械劫狱罪,其首要分子、积极参与者和其他参与者,成立共同犯罪。这种聚众共同犯罪,可以说是典型的必要共犯。需要注意的是,刑法并不一定处罚所有参与者。比如,刑法第 292 条规定的聚众斗殴罪,仅对首要分子和积极参与者规定了法定刑。在这种情形下,不能根据刑法总则关于共同犯罪的相关规定处罚其他参与者。由于聚众犯罪涉及的人较多,刑法规定只处罚部分行为人,是为了限定处罚范围,如果另外再根据刑法总则的规定处罚其他参与者,则违反了立法精神。当然,教唆他人积极参与聚众犯罪的,仍然可以适用相关共同犯罪的规定。① 第二,聚众犯罪是否属于共同犯罪,需要根据案件的具体情况而定。比如,刑法第 291 条规定的聚众扰乱公共场所秩序、交通秩序罪,只处罚首要分子,而不处罚其他参与者。当首要分子为二人以上,共同组织、策划、指挥聚众犯罪时,当然构成共同犯罪。但是,当首要分子只有一人时,就是一人以聚众方式犯罪,无共同犯罪可言。可见,聚众犯罪不一定都是共同犯罪。有观点认为,聚众犯罪都是共同犯罪,在上述情形下也存在主犯、从犯和胁从犯的区别,其中的首要分子是主犯,其余的参与者是从犯或胁从犯,但立法者根据打击少数、争取教育改造多数的刑事政策,只规定处罚首要分子。② 然而,从法律上判定某种行为是否犯罪的标志,是法律是否对该行为规定了刑罚后果(法定刑);如果没有规定刑罚后果,即使明文禁止,也不是犯罪。既然刑法没有规定处罚其他参加者,就表明其他参加行为不是犯罪行为,参加者也不可能构成从犯或胁从犯。③

集团犯罪,是指三人以上有组织地实施的共同犯罪。集团共同犯罪既可能是必要共犯,也可能是任意共犯。比如,组织、领导、参加恐怖活动组织罪,组织、领导、参加黑社会性质组织罪,属于必要共犯,可以直接根据刑法分则规定的法定刑处罚各种参与人。集团性杀人、集团性抢劫等,则属于任意共犯,在处罚任意集团犯罪的各种参与者时,必须适用刑法总则关于共同犯罪的规定。

---

① 张明楷:《刑法学》(第 4 版),法律出版社 2011 年版,第 352 页。
② 何秉松主编:《刑法教科书》,中国法制出版社 1995 年版,第 302 页。
③ 张明楷:《刑法学》(第 4 版),法律出版社 2011 年版,第 352 页。

　　集团犯罪是犯罪集团实施的共同犯罪,犯罪集团是三人以上为共同实施犯罪而组成的较为固定的犯罪组织。它有以下几个特征:第一,人数较多。即三人以上,二人不足以构成集团。第二,较为固定、主要表现在有明显的首要分子,有的首要分子是在纠集过程中形成的,有的人是在纠集开始时就是首要分子。重要成员固定或基本固定,集团成员以首要分子为核心结合得相对紧密,集团成员实施一次或数次犯罪行为后,其组织形式仍然存在。需要注意的是,出于某种原因而解散的,也有可能被认定为犯罪集团。第三,目的明确。犯罪集团的形成是为了多次实施一种或数种犯罪行为,集团的犯罪活动通常有预谋、有计划地进行,即便是突发性犯罪,往往也是在集团的总的犯罪故意的支配下进行的。第四,危害严重。犯罪集团成员较多,形成一个集体的行动力量。这种力量使得犯罪集团可能实施一人或几个人难以实施的重大犯罪,使得犯罪集团的活动计划周密,易于得逞。犯罪后也易于转移赃物、消灭罪迹、逃避侦查。即使犯罪集团实际实施的犯罪次数不多,但是,犯罪集团的形成本身对社会就是一种威胁。

　　近年来,出现了国际性犯罪集团和黑社会性质的犯罪集团。前者表现为境内不法分子与境外不法分子相勾结,形成以实施国际性犯罪为目的的犯罪组织,比如走私集团、贩毒集团等。后者的特点是成员众多,组织严密,等级森严,有自己的"势力范围",有逃避法律规制的防护体系,有暴力作后盾,或者直接采用帮派形式,或者以"公司""企业"等作掩护。

　　就聚众犯和集团犯而言,刑法中关于聚众犯和集团犯的规定是在已经充分考虑犯罪性质的基础上,只对一定范围内的参与者(组织、领导者、积极参加者、其他参加者)进行处罚,因此,对不在该规定范围内的参与者就不能予以处罚,即不能适用刑法总则有关共同犯罪的规定。但是,在被聚集的众人和集团之外唆使其他人参与到该团体中去的情形下,对该唆使者,则应当适用刑法总则中有关教唆犯的规定,按教唆犯处罚。因为,分则中有关聚众犯和集团犯的规定,只是针对在该团体内的人适用的,难以想象其对团体外的行为人也适用,同时,在理论上也很难找到必要共犯的处罚效果波及团体外的人的依据。① 也就是说,针对集团外的参与行为,不仅现实上有可能发生,同时并不存在不可罚的合理性根据。比如,教唆某人使之形成犯罪集团,同时让被教唆者成为该集团的首要分子,就不存在不以教唆犯处罚的任何理由。

---

　　① 黎宏:《刑法学》,法律出版社 2012 年版,第 282 页。

三、对向犯与刑法总则中共犯规定的关系

（一）对向犯概念及处罚模式

对向犯是指以存在二人以上相互对向的行为为要件的必要共犯形态。比如，非法贩卖枪支、弹药、爆炸物的行为与非法购买枪支、弹药、爆炸物的行为，贩卖淫秽物品牟利罪中的贩卖行为与购买行为，贿赂罪中的行贿行为与受贿行为等等。对向犯又可以分为以下三种类型：①双方的罪名与法定刑相同，比如非法买卖枪支、弹药、爆炸物罪，重婚罪，串通投标罪，非法买卖国家机关公文、证件、印章罪，出售假币罪和购买假币罪。②双方的罪名与法定刑不同，比如非法出售增值税专用发票罪与非法购买增值税专用发票罪，贿赂犯罪中的受贿罪与行贿罪，拐卖妇女儿童罪与收买妇女儿童罪。③只处罚一方的行为（片面对向犯），比如贩卖淫秽物品牟利罪、贩卖毒品罪与购买毒品的行为、伪造居民身份证罪与购买伪造的居民身份证的行为等等。

有关对向犯，在司法实践和刑法理论中，往往成为争论的问题主要有：①刑法针对对向犯双方参与行为的罪与刑作了明确规定的情形下，是否还需要对对向犯的双方有适用主、从犯规定的余地？②刑法中有不少仅处罚一方参与行为的对向犯的情形，那么，刑法为何只处罚一方的参与行为而不处罚另一方的参与行为（贩卖毒品或伪造身份证与购买毒品和购买虚假身份证行为）的法理？③在第三人参与、协助对向犯的一方或双方行为的情形下，第三人是否构成其所参与、协助之对象的共犯？

（二）对向犯的处罚与刑法总则中的主、从犯规定

众所周知，大陆法系德、日、韩以及我国台湾地区的刑法是以分工为基准，将参与人的类型分为共同正犯、教唆犯、帮助犯，正犯是处刑的基准，教唆犯、帮助犯的刑罚依照正犯之刑处罚或减等处罚，因此，针对对向犯之双方参与人可以直接按照其所参与犯罪之正犯定罪处罚。但是，由于我国刑法对共同犯罪人的分类采用的是分工分类法和作用分类法的双重标准，因此，除了对双方参与人依照刑法分则规定的罪刑规范进行定罪量刑外，是否还需要根据行为人在共同犯罪中参与的程度、所起的作用的大小适用刑法总则有关主、从犯的规定进行处罚？有关这一问题，有肯定说和否定说的争论。肯定说认为，在构成必要共犯的情形下，虽然刑法分则已经明确规定了必要共犯的法定刑，甚至规定了首要分子应承担的刑事责任，但是，共同犯罪人参与犯罪的程度、在共同犯罪中所起的作用仍有区别，对主犯、从犯、胁从犯如何量刑不能也不应该脱离刑法总则关于共同犯罪的一般规定。如果无视刑法总则的这些规定，特别是无视刑法总则关于对胁从犯的从宽处理的规定，那么，其结果将是不合适的。因此，对必要共犯进行处罚时，应根据案

件的具体情况适用刑法总则关于共同犯罪的有关规定来决定每一个共同犯罪人的刑事责任。① 与此相反,否定说则认为,针对对向犯定罪量刑仅根据刑法分则有关条文的规定处理就可以,不需要再适用刑法总则关于共同犯罪的规定。②

本文倾向于否定说,理由是:刑法总则与分则是一般与特殊、抽象与具体的关系。也就是说,刑法总则规定的是犯罪、刑事责任和刑罚的一般原理。而刑法分则规定的是具体犯罪的构成要件和法定刑。一般地说,刑法总则指导刑法分则的规定和对刑法分则的解释和适用。然而,虽然刑法总则指导刑法分则的规定,但刑法分则完全有可能做出例外规定。即"在分则规定不同于总则的一般规定时,应当认为是分则的特别规定或例外规定,而不能简单地否定分则的规定"③。一般而言,某种犯罪的援助、协助或资助行为原本是作为1997年刑法第27条第1款规定的共犯行为,即起辅助作用的帮助行为而存在的,因此,应认定为相应犯罪的帮助犯,但是,当立法者基于某种原本意义上的共犯行为的法益侵害的严重性或行为本身的特殊性,而将其作为独立的犯罪规定在刑法分则中的时候,这种原本意义上的共犯行为就有了实行行为性,从而成为相应犯罪的正犯行为,这便是刑法分则中"共犯行为的正犯化"现象。④ 比如,《刑法修正案(三)》第4条第1款(1997年刑法第120条之1)规定:"资助恐怖活动组织或者实施恐怖活动的个人的,处五年以下有期徒刑、拘役、管制或者剥夺政治权利,并处罚金;情节严重的,处五年以上有期徒刑,并处罚金或者没收财产。"在《刑法修正案(三)》出台以前,明知是恐怖活动组织或者他人在实施恐怖活动而予以资助的,一般应认定为组织、领导、参加恐怖组织罪或相应的具有恐怖活动性质的犯罪的帮助犯,但在《刑法修正案(三)》第4条第1款对资助恐怖活动罪做出特别规定后,如果实施资助恐怖活动的行为,那么,就应认定为资助恐怖活动罪的实行犯,并直接根据1997年刑法第120条之1的规定定罪量刑。

本文认为,"刑法分则有特别规定时适用特别规定"的法理同样可以援用于针对对向犯的具体处理。因为,既然刑法分则已经将对向犯作为必要共犯予以规定,并根据双方参与行为的犯罪性质、侵犯法益的程度等因素规定了双方的罪名和法定刑,那么,就应排除对其适用刑法总则有关共犯的相关条款,只根据刑法分则的相关条款定罪量刑即可。当然,在司法实践中,针对对向犯特别是双方的罪

① 姜伟:《犯罪形态论》,法律出版社1994年版,第229页。
② 冯军、肖中华主编:《刑法总论》,中国人民大学出版社2008年版,第411页等。
③ 张明楷:《刑法分则的解释原理》,中国人民大学出版社2004年版,第49页。
④ 钱叶六:《对向犯若干问题研究》,《法商研究》2011年第6期,第126页。

名与法定刑相同的对向犯,不排除有时双方在共同犯罪中参与的程度和所起的作用的大小可能有所不同,对此,可以通过量刑解决。

(三)片面对向犯中不处罚一方参与行为的理论依据

(1)相关学说

在片面对向犯的情形下,刑法规定仅处罚一方的参与行为,而对另一方的参与行为并不予以处罚,其理论依据何在? 有关这一问题,在中外刑法理论界,主要有三种学说的对立。

1)立法者意思说

立法者意思说又称形式说、定型说。这种观点认为,在具有对向性质的 A、B 两个行为中,如果法律只将 A 行为规定为犯罪,而对当然可以预想到的 B 行为未设处罚规定,表明立法者认为 B 行为并不可罚,如果以 A 行为的教唆或帮助犯来处罚 B 行为,将违反立法意图。但是,由于一方不可罚的根据在于其对向性参与行为的定型性、通常性,因而当其参与行为超出通常程度时,就可以认定成立共犯。比如,在贩卖淫秽物品牟利罪中,购买者通常不可罚,但是,如果购买者积极地、固执地请求甚至胁迫使本没有出售意思的行为人产生出售意思,则超出了对向性参与行为的定型性、通常性,构成教唆犯。这是日本的通说,也是司法实践所取的立场。① 在我国的刑法理论界,也有不少倾向于这种观点的主张。② 比如,"贩卖",当然意味着有购买行为或者要求购买事实的存在,但既然刑法只处罚贩卖一方,而没有规定对购买一方也要处罚,则意味着购买行为的社会危害性很小,不值得予以刑罚处罚,因此,在贩卖淫秽物品牟利罪中,应当仅仅按照刑法分则的规定,将贩卖行为作为处罚对象,而没有必要适用刑法总则有关共犯的规定,将购买者也作为本罪的教唆犯或者帮助犯处罚。即便购买一方的要求行为是反常的、过分的,也不应当适用刑法总则有关任意共犯的规定,以教唆犯或者帮助犯追究其刑事责任。因为,既然刑法上连"购买"这种实行行为都不处罚,比"购买"这种

---

① [日]西田典之:《必要共犯》,载阿部纯二等编:《刑法基本讲座》(第 4 卷),法学书院 1992 年版,第 266 页。

② "就真正意义上的片面的对向犯而言,立法者意思说基本上具有妥当性。但是,所谓立法者意思,并不是反映立法者当初的所谓原意或者本意,而是指刑法的客观含义或者刑法的精神。因为从刑法规定了非法买卖枪支罪,分别规定了非法出售增值税专用发票罪与非法购买增值税专用发票罪,而仅规定贩卖淫秽物品牟利罪却没有规定购买淫秽物品罪的体例就可以发现,刑法并不处罚购买淫秽物品的行为。也正是因为刑法的客观含义不一定明确,有时可能难以做出形式性判断,故必要时应当考虑违法性的实质标准。"(参见张明楷:《刑法学》(第 4 版),法律出版社 2011 年版,第 351 页。)

实行行为危害性更低的"教唆""帮助"行为不更是没有处罚的必要吗?①

2)实质说

这种观点认为,不处罚必要共犯的理由应当从实质性层面来考虑,共犯人欠缺违法性和欠缺责任的情形都是存在的:①欠缺违法性。这主要是指共犯处于实质被害人地位的情形。比如,即使卖淫幼女唆使成年男子对之实施嫖宿行为,对幼女也不能认定为嫖宿幼女罪的教唆犯。因为刑法禁止嫖宿幼女,是为了保护幼女。②欠缺责任。参与者不具备有责性时不可罚。比如,犯人毁灭证据的行为,也侵犯了国家的司法作用,因而具有违法性,但刑法之所以不处罚该行为,是因为其不具有期待可能性。所以,犯人教唆他人为自己毁灭证据、教唆他人窝藏自己的,也不具有期待可能性,因而不可罚。②

3)折中说

这种观点认为,前两说均有不足。立法者意思说的不足在于,首先,该说所主张的所谓不可罚的必要性参与行为的界限并不明确,并且界定参与行为是否超出了不可罚的通常性或定型性的基准也非常模糊。其次,这种主张的基本思想不连贯,无法说明为何参与行为超出通常性或定型性即构成可罚的教唆行为,这无疑是责任共犯论的观点,但是,如果根据责任共犯论,就必须肯定没有超出定型性的参与行为的可罚性,因为正是这种行为的存在,才使得正犯陷入责任与刑罚之中,因此几乎不存在认定不可罚的可能性。实质说的理论基础也不一定稳固,因为对于参与者是否属于被害人,是否不具有期待可能性,不同的人可能有不同的判断,例如对于散发淫秽物品罪,如果认为该罪的保护法益是整个社会的性道德风尚,则购买者就不是受害人反而是共同加害人。而对于某些对向性参与行为,即使实质上具有当罚性,立法者也可能将其排除在处罚范围之外,所以,"即使采取实质说,仍必须维持立法者意思说这一意义上的必要共犯概念。但其范围应限定在,在成立某种犯罪的场合,概念性地当然必要的对向性参与行为。只要是属于这一范畴的行为,便不应再考虑其是否具有定型性或者通常性。其理由在于,这属于在共犯构成要件阶段对处罚范围的限定,其可罚性不应被行为人的当罚性左右"③。

---

① 黎宏:《刑法学》,法律出版社 2012 年版,第 281 页。

② [日]丸山雅夫:《必要共犯》,载西田典之等编:《刑法的争论点》,有斐阁 2007 年版,第 115 页。

③ [日]西田典之著,刘明祥、王昭武译:《日本刑法总论》,中国人民大学出版社 2007 年版,第 309 页以下。

(2)本文的立场

本文倾向于折中说,①理由是:

第一,是否处罚必要性参与者,有时确实需要考虑其是否属于被害人或者处于相当于被害人的地位,需要考虑需要保护的法益究竟是什么等。比如,嫖宿幼女罪中的幼女,即便其主动引诱行为人,对该幼女也不能作为该罪的教唆犯处罚。又比如,破坏军婚罪中军人的婚姻家庭权利需要保护,如果处罚现役军人的配偶,明显不利于保护法益,因此,刑法只处罚明知是现役军人的配偶而与之结婚或同居的人,即便军人的配偶对破坏军婚行为存在教唆行为,也不作为共犯处罚。再比如,刑法第 162 条之 2 规定,公司、企业通过隐匿财产、承担虚构的债务或者以其他方法转移、处分财产,实施虚假破产,严重损害债权人或者其他人利益的,构成虚假破产罪。实施转移、处分财产行为虚假破产的,行为人和财产接受者之间具有对向关系,但接受者本身也可能处于被害人的地位,比如,破产者对没有到期的债务提前清偿的,接受该财物者有可能也深受他人拖欠债务之苦,将其作为虚假破产罪的帮助犯处罚,显然不尽合理。另外,由于立法者在规定某些必要共犯时,就将可能侵害法益的部分人的行为予以构成要件化(定型化),同时将另外一部分人的行为排除在构成要件之外。根据犯罪成立理论,犯罪化在刑法上定型的,非罪化在刑法上也是定型性的,针对符合非罪定型的必要性参与行为,不能认定为犯罪。就贩卖淫秽物品牟利罪而言,立法上定型化处理的是贩卖行为,不处罚购买行为,因此,对凡是可以包含在"购买"含义中的行为,包括预付现金、反复让对方提供淫秽物品供自己选择、与对方联络让其送货上门等,都是购买行为的一部分,不应将其评价为贩卖淫秽物品牟利罪的帮助犯。②

第二,"确实,必要共犯的不可罚的范围,从刑事政策和立法技术上的理由出

---

① 针对折中说的批判是:首先,这种主张认为有些对向性参与行为在实质上具有当罚性,但被立法者排除在处罚范围之外,以此为由提出"仍必须维持立法者意思说这一意义上的必要共犯概念",问题是,如何认定哪些行为当罚、哪些行为不当罚,必须在解决当罚的认定标准之后才能决定,如此则无异于循环论证。其次,这种主张在批判立法者意思说采用了模糊不清的"通常性""定型性"等概念的同时,提出所谓"概念性地当然必要",但这一概念同样是非常模糊的,可以说与"通常性""定型性"等概念没有实质差异。再次,这种主张既批判实质说的理论基础不牢固,又提倡以实质说为主的折中说,却未提出实质上是否当罚的认定标准,实际上是认为"具体问题必须通过解释刑法分则的有关规定方能回答",而将参与行为是否可罚的问题委诸于法官的自由裁量。(参见周铭川:《对向犯基本问题研究》,《北京理工大学学报》(社会科学版)2012 年第 2 期,第 123 页。)

② 周光权:《刑法总论》,中国人民大学出版社 2007 年版,第 291 页。

发,不得不说是立法者当然预想到的不可或缺的参与行为。至于不处罚的实质理由,多数场合是欠缺违法性,或者是欠缺责任"①。前述之立法者意思说和实质说虽然都是对片面对向犯所做的理论解说,但是,两者并不是在同一方向或者层面上说明问题。具体而言,立法者意思说旨在从实然的层面来说明问题:对向犯究竟是一方受处罚还是双方受处罚乃立法者的"有意安排"而非立法者的"无意疏忽",因此,在片面对向犯的适用上必须尊重立法者放弃处罚一方的立法态度。实质说则是从根源上对立法者为何要做出只处罚其中一方的规定之追问所做的深层次解析。② 不容否认,立法者在立法之初就已预见到对向犯双方行为的存在。比如,立法者在设立出售假币罪时就已预见到购买行为的存在,同理,立法者在设立贩卖淫秽物品牟利罪时也已预见到购买行为的存在。但是,在前一种情形下买卖双方都要受到处罚,而在后一种情形下则是卖方一方受到处罚,这种立法上的区别对待就是立法者的有意安排。之所以对后一种情形,对购买方不仅不能作为正犯加以处罚,而且也不能作为贩卖一方的共犯加以处罚,是因为,如果将不受处罚的一方作为受处罚一方的共犯处理,那么,就有可能出现刑罚不相协调结果之故。比如,在通常情况下,伪造行为侵害法益的程度远远超过购买行为侵害法益的程度,比如,伪造增值税专用发票罪的最高刑是无期徒刑,而购买伪造的增值税专用发票罪的最高刑是 5 年有期徒刑。可见,即便刑法处罚某些购买伪造物品的行为,其法定刑也远远低于伪造行为的法定刑。在刑法没有规定处罚某种购买行为(比如购买伪造的居民身份证的行为)的情形下,将购买行为与伪造行为相提并论将会造成处罚不协调的后果。③ 因此,从解释论上讲,刑法针对一方对向参与行为所做的不处罚规定正是对刑法总则关于共犯规定的例外规定。这种"例外规定"的存在当然就否定了刑法总则关于共犯规定的普遍适用性。

第三,从"违法是连带的、责任是个别的"客观主义刑法观出发,对向犯作为必要共犯的形态,在违法性上双方的必要参与行为并没有质的不同。但是,这并不意味着所有参与人一定都要受到处罚。事实上,针对参与人是否需要受到刑罚处罚还需要进一步考量其参与行为是否已经达到值得受刑罚处罚的程度,这便是法秩序的统一性与违法的相对性问题。④ 这既是刑法作为"保障法""最后手段"的

---

① ［日］前田雅英:《刑法总论讲义》(第 4 版),东京大学出版会 2006 年版,第 405 页。

② 钱叶六:《对向犯若干问题研究》,《法商研究》2011 年第 6 期,第 127 页。

③ 张明楷:《刑法分则的解释原理》,中国人民大学出版社 2004 年版,第 57 页。

④ 有关这一问题的详细论证,可参见郑泽善:《刑法总论争议问题研究》,北京大学出版社 2013 年版,第 131 页以下。

要求,也是我国刑法有关犯罪成立的既要求定性又要求定量的体现。基于对违法性程度的考量,我国刑法针对对向犯的处罚包括两种情形:首先,双方参与行为的违法性程度比较严重,刑法明确规定双方参与行为均可处罚的对向犯。凡是刑法明确规定双方参与行为均受处罚的对向犯,通常都是侵犯社会安全、国家金融秩序、公民人身自由以及国家工作人员公务行为的不可收买性等重大法益的行为,它又可以分为彼此异罪和彼此同罪两种情形。彼此异罪的情形包括:公司、企业人员受贿罪与对公司、企业人员行贿罪;合同诈骗罪与签订、履行合同失职被骗罪、国家机关工作人员签订、履行合同失职罪;出售假币罪与购买假币罪;非法出售增值税专用发票罪与非法购买增值税专用发票罪;拐卖妇女、儿童罪与收买被拐卖的妇女、儿童罪;收购赃物罪与销售赃物罪;脱逃罪与私放在押人员罪、失职致使在押人员脱逃罪;非法收购珍贵、濒危野生动物,珍贵、濒危野生动物制品罪与非法出售珍贵、濒危野生动物,珍贵、濒危野生动物制品罪;受贿罪与行贿罪;单位受贿罪与对单位行贿罪;放纵走私罪与走私罪;放纵制售伪劣商品犯罪行为罪与生产、销售伪劣商品罪;放行偷越国(边)境人员罪与偷越国(边)境罪。彼此同罪包括:非法买卖枪支、弹药、爆炸物罪;非法买卖核材料罪;串通投标罪;重婚罪;非法买卖国家机关公文、证件、印章罪;非法买卖警用装备罪;非法买卖制毒物品罪;非法买卖毒品原植物种子、幼苗罪。其次,一方参与行为的违法性程度较低不值得处罚,刑法明确规定只处罚一方参与行为的片面对向犯。包括销售侵权复制品罪与购买侵权复制品行为;非法销售间谍专用器材罪与购买间谍专用器材行为;非法向外国人出售、赠送珍贵文物罪与购买、受赠珍贵文物行为;倒卖文物罪与购买文物行为;非法出售、私赠文物藏品罪与购买、受赠文物藏品行为;贩卖淫秽物品牟利罪与购买淫秽物品行为。就淫秽物品买卖行为而言,能够作为刑法规制对象的行为只能是以正犯为中心向周围的人"辐射"进而导致淫秽物品传播、扩散的行为。针对只是纯粹地利用贩卖者而取得淫秽物品的人,即便其要求贩卖者卖给其淫秽物品,也没有必要将其认定为贩卖淫秽物品牟利罪的共犯。"道理很简单,因为购买者的行为在类型上没有超出购买行为的范围,实质上不具有导致淫秽物品传播、扩散的危险,所以其行为的不法在质上不能与正犯行为的不法相提并论。"①另外,如果对所有的购买行为进行处罚,那么,势必造成处罚范围的无限扩张,这明显不符合刑法的谦抑精神。

需要注意的是,片面对向犯理论的实质意义在于立法者虽然预见到另一方参

---

① 钱叶六:《对向犯若干问题研究》,《法商研究》2011 年第 6 期,第 128 页。

与行为的存在,但不将其规定为犯罪,从而明示立法者不对其进行处罚的意思。① 但是,这并不排除协助受处罚一方的参与行为存在转化为可处罚的参与行为,进而适用刑法总则有关共犯,即教唆犯或帮助犯规定的可能性。问题是,在怎样的情形下,协助受处罚一方的参与行为能以教唆犯或帮助犯定罪处罚?这涉及不处罚的参与行为与应受处罚的参与行为的区分问题。对此,主张立法者意思说的观点认为,片面对向犯一方参与行为不处罚的范围仅限于与应受处罚一方的行为具有对向性的必要参与行为。如果原本不处罚一方的参与行为超出了必要参与行为的"定型性"或"通常性"的射程范围("最低必要参与程度"基准),那么,就转变成可处罚的参与行为,应当适用刑法总则关于共犯的规定。问题是,行为人的参与行为在怎样的情形下,才算超出了"最低必要参与程度"而构成任意的参与行为呢?主张立法者意思说的观点以淫秽物品的购买行为为例认为:如果只说"卖给我吧",这种行为并不可罚,但是,购买者积极而执着地要求卖给自己,即鼓动卖方出售目的物的情形下,则应认定教唆犯的成立。② 然而,这种解释缺乏说服力。因为依照这种主张的逻辑,行为人的参与行为是否具有可罚性,取决于其主观态度是否积极,这将会导致客观行为不法程度认定基准的主观化,从而会扩大对向犯的处罚范围。本文认为,行为人的行为是否转化成任意的"参与"行为,应当以参与方是否超出单纯利用机会的边际角色而成为制造机会的角色,进而制造了法不允许的风险或显著增大风险为基准。③ 具体而言,行为人的行为转化成任意的"参与"行为包括以下两种情形:首先,原本不处罚一方的参与行为引发对方的原发性犯罪故意,进而导致法益侵害结果的发生。比如,音像店店主原本不出售淫秽物品,行为人却以高价委托、诱使其购进一批淫秽物品卖给自己,音像店店主经不住诱惑而为之。在这种情形下,行为人的行为已经超出了单纯利用机会的边际角色,创设了法不允许的风险,因此,其行为转化成可处罚的"参与"行为,构成贩卖淫秽物品牟利罪的教唆犯。其次,实施了超出必要参与行为范围的帮助行为。比如,在一般人看来,为了购买假身份证而向制假者提供相关信息、照片甚至预付款行为,在这种情形下,可以说仍然是在利用机会而非制造机会,也就是说,尚未超出定型性购买行为的范围,或者说没有超出不处罚参与行为的"最低必要参与程度",因此,对其不能以伪造身份证的帮助犯处罚。但是,如果购买者在委托对方制

---

① [日]前田雅英:《刑法总论讲义》(第4版),东京大学出版会2006年版,第404页。
② [日]丸山雅夫:《必要共犯》,载西田典之等编:《刑法的争论点》,有斐阁2007年版,第115页。
③ 钱叶六:《对向犯若干问题研究》,《法商研究》2011年第6期,第128页。

假时,对方告知制假设备已坏且无资金维修,购买者为了及时获得假证便出资帮助对方维修设备,从而使对方顺利为其伪造身份证。在这种情形下,购买者的行为已经超出了必要参与行为的范围,其行为在性质上已经转化为可处罚的"参与"行为,对其应以伪造居民身份证的帮助犯定罪处罚。[1] 可处罚一方的帮助行为是否超出必要参与行为范围的基准,应根据社会上的一般观念进行判断。

(3)针对有关片面对向犯的两个司法解释的解读

在对向犯理论研究方面,有两个司法解释引发学界的较大争议。

第一,我国刑法第 384 条第 1 款(挪用公款罪)规定:"国家工作人员利用职务上的便利,挪用公款归个人使用,进行非法活动的,或者挪用公款数额较大、进行营利活动的,或者挪用公款数额较大,超过 3 个月未还的,是挪用公款罪,……"从这一规定可以看出,刑法规制的对象是挪用公款的国家工作人员,而非公款使用人。也就是说,只有公款的挪用人才能构成挪用公款罪的实行犯,而公款的使用人则不能构成挪用公款罪的实行犯,这也是罪刑法定原则的应有之义。但是,当公款的使用人参与、协力公款挪用人一方的挪用行为,比如,与公款挪用人共谋取得公款或者指使他人挪用公款等,针对公款使用人能否适用刑法总则有关共犯的规定,将其作为挪用公款罪的教唆犯或帮助犯予以处罚? 1998 年 4 月 29 日,最高人民法院《关于审理挪用公款案件具体应用法律若干问题的解释》第 8 条规定:"挪用公款给他人使用,使用人与挪用人共谋,指使或者参与策划取得挪用公款的,以挪用公款罪的共犯定罪处罚。"针对这一规定,有观点认为,这一解释很不合理,因为使用者作为他人挪用公款罪的行为对象,"不能因其组织、教唆、帮助、共谋或配合行为而构成该罪的共犯"[2]。也有观点认为,"指使"属于教唆没有犯罪意图的人实施犯罪,"参与策划取得挪用款"属于帮助行为,两者均超出了使用人的正常行为模式,应以共犯处罚。[3] 还有观点认为,由于单纯接受、使用挪用公款的行为是挪用公款行为的典型对向参与形式,因此,在通常情况下并不能对挪用公款的接受者、使用者以挪用公款罪的共犯定罪处罚。但是,如果挪用公款的使用者的行为超出了单纯"利用机会"获得挪用公款的界限,比如与公款的挪用人共谋、指使或者参与策划取得挪用公款的,那么,就属于超出"最低必要参与程度"标准的可处罚"同向参与"行为,就有可能按挪用公款罪的共犯定罪处罚。考虑到现实生活

---

① 钱叶六:《对向犯若干问题研究》,《法商研究》2011 年第 6 期,第 129 页。

② 赵秉志主编:《刑事法实务疑难问题探索》,人民法院出版社 2002 年版,第 396 页。

③ 侯斌:《论对向犯》,《西南民族大学学报》(人文社科版),2005 年第 6 期,第 204 页。

中挪用公款罪的常态是使用人主动找到国家工作人员请求或者教唆、指使其利用职务之便挪用公款以供其使用的实际情况,如果对公款的使用人一律加以处罚,那么处罚范围势必过宽。为了保证刑罚处罚的合理性,对公款的使用人只是向国家工作人员提出请求或者虽然有指使国家工作人员挪用公款的行为但情节轻微的,可不予处罚。但是,对公款的使用人既教唆、引诱对方挪用公款又积极参与共谋、策划甚至实施胁迫行为的,就应以挪用公款罪的教唆犯定罪处罚。因此,对于上述最高人民法院有关挪用公款罪共犯的司法解释在总体上应当给予肯定。①

①　钱叶六:《对向犯若干问题研究》,《法商研究》2011 年第 6 期,第 129 页。有观点认为,该司法解释还有以下瑕疵:最高人民法院 1998 年 4 月 6 日发布的《关于审理挪用公款案件具体应用法律若干问题的解释》第 1 条第 2 款规定:"挪用公款给私有公司、私有企业使用的,属于挪用公款归个人使用。"最高人民检察院 2000 年 3 月 14 日《关于挪用公款给私有公司、私有企业使用行为的法律适用问题的批复》也规定:"挪用公款给私有公司、私有企业使用的行为,无论发生在刑法修订前后,均可构成挪用公款罪。"上述解释将挪用公款给私有公司、私有企业使用的,视为挪用公款归个人使用,扩大了挪用公款罪的处罚范围。因为我国《公司法》《个人企业法》和《合伙企业法》等市场主体法均规定,私有公司是具有独立法人资格的企业法人;而个人企业、合伙企业等私有企业则是介于企业法人与个体工商户、个人合伙之间的一种企业组织。私有公司、私有企业与我国法律上的"个人"具有完全不同的含义。此外,《刑法》关于私有公司、私有企业可以构成单位犯罪的规定,也表明私有公司、私有企业是单位而非个人。因此,无论是私有公司还是私有企业都不属于我国法律规定的"个人"。既然如此,挪用公款给私有公司、私有企业使用的,当然也不应认定为挪用公款归个人使用。况且,以企业所有制性质作为判断企业组织形式性质的标准,理论上不科学,实践中也不好操作。鉴于上述解释在理论上和实践中备受诟病,最高人民法院又于 2001 年 10 月 17 日发布了《关于如何认定挪用公款归个人使用有关问题的解释》,进一步明确了挪用公款归个人使用的界限。该解释第 1 条规定:"国家工作人员利用职务上的便利,以个人名义将公款借给其他自然人或者不具有法人资格的私营独资企业、私营合伙企业等使用的,属于挪用公款归个人使用。"第 2 条规定:"国家工作人员利用职务上的便利,为谋取个人利益,以个人名义将公款借给其他单位使用的,属于挪用公款归个人使用。"该解释与前述两个司法解释相比,主要是强调了以下三方面的内容:①必须是"以个人名义"挪用公款。如果是以单位名义将公款借给其他自然人或者不具有法人资格的私营独资企业、私营合伙企业等以及其他单位使用的,则不属于挪用公款归个人使用。②必须是挪用给不具有法人资格的私营独资企业、私营合伙企业等使用。如果是挪用给具有法人资格的私营独资企业、私营合伙企业等使用的,即使是"以个人名义",也不属于挪用公款归个人使用。③必须是"为谋取个人利益"而将公款借给其他单位使用。如果是以个人名义将公款借给其他单位使用的,只要不是"为谋取个人利益",就不属于挪用公款归个人使用。该解释并不是依照刑法条文中"挪用公款归个人使用"用语的通常理解,将其落脚点放在是否"归个人使用"上,而是以挪用者是否"以个人名义"、挪用的对象是否"具有法人资格"以及挪用公款是否是"为谋取个人利益"等,作为认定"挪用公款归个人使用"的标准,显然超出了《刑法》第 384 条规定的"归个人使用"一词的可能含义,属于越权解释。此外,将"不具有法人资格的私营独资企业、私营合伙企业等"以及"其他单位"解释为"个人",也犯了与前述两件司法解释相同的错误。(参见利子平:《刑法司法解释瑕疵研究》,法律出版社 2014 年版,第 266 页以下。)

本文认为,上述三种观点均有不足。首先,挪用公款罪并不属于对向犯,因为对向犯是指构成要件预定必须由对立双方的对向性行为才能成立的犯罪,而挪用公款罪的成立并不需要使用人的配合,即便没有使用人也不影响该罪的成立。因为该罪处罚的是挪用行为,是自己使用还是给其他人或单位使用无非是针对被挪用款项的处置,并不具有独立意义,即便将其解释为挪用行为的一部分,挪用人与使用人的目标是同一的、同向的而非对立的、反向的。也就是说,挪用人与使用人并不处于对立的地位,因此不属于对向犯。其次,上述情形是一种无身份者与有身份者之间的共同犯罪的情形,应当适用共犯与身份的理论来解决,参与共谋、指使或策划取得挪用款的使用人,由于不具有国家工作人员身份,不可能亲自利用职务上的便利挪用公款,因此,应构成挪用公款罪的教唆犯或帮助犯。①

第二,我国刑法第 145 条(生产、销售不符合标准的医用器材罪)规定:"生产、销售不符合保障人体健康的国家标准、行业标准的医疗器械、医用卫生材料、足以严重危害人体健康的……"从该规定可以看出,刑法处罚的是不符合标准的医用器材的生产、销售行为而非相对应的购买、使用行为。但是,2001 年 4 月 5 日最高人民法院、最高人民检察院《关于办理生产、销售伪劣商品刑事案件具体应用法律若干问题的解释》第 6 条第 4 款规定:"医疗机构或者个人,知道或者应当知道是不符合保障人体健康的国家标准、行业标准的医疗器械、医用卫生材料而购买、使用,对人体健康造成严重危害的,以销售不符合标准的医用器材罪定罪处罚。"针对这一司法解释,有观点认为,该司法解释有越权之嫌,因为刑法第 145 条只规定处罚生产、销售不符合标准的医用器材行为,而未规定处罚购买及使用行为。②

---

① 周铭川:《对向犯基本问题研究》,《北京理工大学学报》(社会科学版)2012 年第 2 期,第 124 页。

② 陈兴良:《论犯罪的对合关系》,《法制与社会发展》2001 年第 4 期,第 56 页。相近的观点认为,由于购买、使用不符合标准的医用器材行为并不属于销售行为的范围,因此,对上述司法解释中所规定的"以销售不符合标准的医用器材罪定罪处罚"只能理解为以该罪的共犯而非该罪正犯定罪处罚。道理很简单,除规定购买人大量购买不符合标准的医用器材后再加以销售的情形外,购买行为及购买后的使用行为无论如何也不能够解释为销售行为,亦即这种购买行为在本质上仍然属于 1997 年刑法第 145 条规定的销售不符合标准的医用器材的必要对向参与行为。既然 1997 年刑法没有明确规定应处罚购买、使用不符合标准的医用器材行为,那么就表明购买、使用不符合标准的医用器材行为是不可处罚的。由此可见,上述司法解释将购买、使用不符合标准的医用器材行为按照销售不符合标准的医用器材罪定罪处罚的规定有越权之嫌,是刑罚权的不适当扩张。当然,如果购买人因为使用购买的不符合标准的医疗器械、医用卫生材料,给他人的人体健康造成严重危害而构成犯罪的,那么,应依法追究购买人的相应刑事责任。(参见钱叶六:《对向犯若干问题研究》,《法商研究》2011 年第 6 期,第 130 页。)

也有观点认为,仅从对向犯理论来看,上述观点是正确的,但是,从对刑法的实质解释来看,该司法解释则是比较合理的。所谓销售,不能狭义地理解为医用器材所有权的转移,而应解释为包括利用医用器材提供医疗服务的使用行为在内,因为仅是医用器材所有权的转移不可能危害人体健康,只有使用于病人等消费者身上才有可能危害人体健康,从而实现该罪的犯罪构成要件。并且从实质上看,对于一次性使用的医用卫生材料而言,其使用本身就是一种以病人为消费者的销售行为;对于可反复多次使用的医疗器械而言,其资本价值随着使用而逐渐转移到消费者身上,从而收回成本赚取利润,不正是一种销售吗? 因此,这种使用本身就是一种销售行为,应直接将这种购买并使用医疗器材的医疗机构或者个人看作销售者而非购买、使用者,如此就不存在所谓处罚了不当罚的购买者或者使用者等问题。①

本文认为,该规定将"购买、使用"不符合标准的医疗器材行为解释为"销售"不符合标准的医用器材行为,明显超出了"销售"一词可能包含的含义,其实质是增加了销售不符合标准的医用器材罪新的行为方式。有观点认为:"该司法解释只不过是对'销售'作了扩大解释。即,在这里,购买、使用实质上是一种特殊的非典型的'销售行为'。司法解释所言'购买'并不是一种单纯的购买行为,不是'销售'行为的对向行为,这里的'购买'应当理解为行为人意图使用于众多患者而购买,'使用'是指行为人使用于众多患者而不是自身,行为人购买并使用于自身的(事实上极为罕见),即使严重地伤害到自身也不能以生产、销售不符合标准的医用器材罪论处。基于此,本书认为这一司法解释是适当的,不能认为是越权的错误的解释。"②众所周知,罪刑法定原则中的派生原则之一便是禁止类推解释,而合理的扩大解释和类推解释的区别乃是刑法理论中争议最大的问题之一。现在的通说认为,在"词语可能包含的意思"范围之内或在"国民的预测可能性"范围之内解释属于合理的扩大解释,超出该范围则属于类推解释。③ 基于通说看该解释,首先,将"购买、使用"行为解释为"实质上是一种特殊的非典型的'销售'行为",明显违背了"词语可能包含的意思"范围之内或"国民的预测可能性"。因为无论是基于何种动机的"购买"行为,都不可能"不是'销售'行为的对向行为"。

---

① 周铭川:《对向犯基本问题研究》,《北京理工大学学报》(社会科学版)2012 年第 2 期,第125 页。

② 曲新久主编:《刑法学》,中国政法大学出版社 2009 年版,第 292 页。

③ 有关这一问题的详细论证,可参见郑泽善:《刑法总论争议问题比较研究Ⅰ》,人民出版社2008 年版,第 18 页以下。

因此,将"行为人意图使用于众多患者而购买"解释为"销售",势必导致"词语可能包含的意思"范围的无限宽泛或"国民全然无法预测"的后果。其次,无论基于何种动机的"购买"行为本身,都不可能直接"对人体健康造成严重危害"。或许正是考虑到这一点,这种观点便不惜"偷梁换柱"地将"购买"置换为"购买并使用"。但如此一来,又脱离了该司法解释并列规定"购买、使用"的原意。再次,对"购买、使用"做出"行为人意图使用于众多患者而购买""行为人使用于众多患者而不是自身"等限制解释,也不符合该解释的规定。因为并非只有"使用于众多患者"才有可能"对人体健康造成严重危害"。事实上,只要行为人购买、使用不符合标准的医用器材,并对人体健康造成严重危害的,即充足了该解释的规定。① 另外,也不宜将"购买、使用"行为认定为"销售"的共犯行为。因为在对向犯的情形下,如果刑法只规定处罚销售行为,而没有规定处罚购买、使用等行为,这时便属于购买、使用范围内的行为,因此,不宜认定为销售的共犯行为。由此可见,无论是将"购买、使用"行为直接解释为"销售"行为,还是将"购买、使用"行为解释为"销售"的共犯行为,均有违背罪刑法定原则之嫌。

四、结语

必要共犯作为一种犯罪形态,在立法上出现的时期比任意共犯比如教唆犯、从犯更早,在学说上也应属于共犯理论。但是,相对于任意共犯理论研究的深入细致和丰硕的成果,必要共犯理论的研究并没有引起过多的重视。在刑法学中的共犯领域,一般意义上所指的共犯限于任意共犯。这一点尤其在我国刑法理论中明显。必要共犯是刑法分则中的一种规定,即只有二人以上才能构成的共同犯罪。刑法规定必要共犯的意义在于:既可以区分共同犯罪的类型,在某些情形下,又可以排除刑法总则关于共犯规定的适用可能性。

在我国刑法中,必要共犯包括聚众犯和对向犯两种。聚众犯,是指刑法分则特别规定具有同一目标的多数人共同实施危害行为,犯罪才能成立的情形。聚众犯又可以分为集团犯和一般聚众犯两种。集团犯,是刑法同时处罚犯罪集团的多人的情形。比如,刑法第 120 条第 1 款组织、领导、参加恐怖组织罪,刑法处罚组织、领导者,同时也处罚积极参加者、其他参与者。一般聚众犯,是指刑法分则特别规定的,临时性聚集多人共同实施犯罪的情形。一般聚众犯并非都构成共同犯罪,刑法分则关于一般聚众犯的个别规定仅处罚首要分子。在聚众犯中,针对集

---

① 利子平:《刑法司法解释瑕疵研究》,法律出版社 2014 年版,第 244 页。

团的外部行为是否可以定罪处罚,理论上存在争议。应该说,刑法中有关聚众犯的规定是在已经考虑犯罪性质的基础上,只对一定范围内的参与者进行处罚,针对不在该规定范围内的参与者就不能予以处罚。

对向犯,是指二人以上的犯罪行为人必须有相互对应的行为,犯罪才能成立的情形。根据刑罚处罚规定的不同,对向犯又可以分为以下三种类型:第一,刑法同时处罚处于对向地位的两个行为人,且法定刑相同,例如重婚罪。第二,刑法对两个对向主体都处罚,但罪名和法定刑却不同,比如受贿罪和行贿罪。第三,刑法规定只处罚对向犯的一方而不处罚另一方。比如贩卖淫秽物品牟利罪只处罚贩卖者却不处罚购买者。问题是,针对上述第三种刑法分则不予处罚的对向性参与行为,能否根据刑法总则有关教唆犯和帮助犯的规定进行处罚?对此,有立法者意思说、实质说和折中说的对立,本文倾向于折中说。

第十二章　共犯与错误

一、问题的提出

在中外刑法理论界,共犯与错误关系问题,由于事关具有争议的共犯论和错误论,因此争论相对激烈。在共犯论领域,围绕共犯的处罚根据之责任共犯论、不法共犯论、因果共犯论,立论于不同的学说,有关正犯对共犯的影响程度,得出的结论往往迥异。在错误论领域,针对具体事实错误,有具体符合说、法定符合说和抽象符合说的对立;针对抽象事实错误,则有法定符合说、具体符合说和抽象符合说的争论,根据取不同的学说,共犯的故意和正犯故意以及结果相异时,究竟在怎样一个范围内认定其符合,同样有不同观点的争论。[①]

有关共犯论中的错误问题,应当适用单独犯中的错误理论。在共犯论中,能否恰切地适用单独犯中的错误论,对错误论来说,可以说是检验是否合理的试金石。之所以这样说,是因为,单独实行犯中难以想象的事例,在共犯关系中相对容易出现。需要注意的是,在共犯事例中,共犯者的行为与结果之间,具有独立意思主体的实行行为者的行为介入这一特殊性。因此,界定因果关系或结果归属关系的存在与否,同样具有重要意义。[②] 共犯与错误关系问题,主要有①同一构成要件内的错误、②不同构成要件内的错误和③间接正犯和教唆犯或帮助犯之间的错误三种情形。在上述三种情形中的①中,又有,比如 X 教唆 Y 去杀害 A,被教唆者 Y 错把 B 当作 A 杀害(对象错误),这种认识的事实与发生的事实在同一构成要件内的具体事实错误,以及帮助犯是以帮助盗窃的意思参与盗窃行为,盗窃犯却

---

① [日]中山研一等著:《刑法 1 共犯论》,成文堂 1997 年版,第 149 页。
② [日]井田良:《刑法总论的理论构造》,成文堂 2006 年版,第 405 页。

实施了抢劫行为,这种涉及不同构成要件的抽象事实错误两种情形。在后一种情形中,由于犯罪结果超出共犯者的认识,因此,又可以称之为共犯过剩。情形②,是指错误发生在不同构成要件之内,比如,行为者出于教唆的意思实施教唆行为,被教唆者实施的结果却是帮助。这种共犯形式可以称之为"构成要件的修正形式",由于可以将其理解为不同的构成要件(违法行为的类型),因此,共犯形式之间的错误可以视为抽象事实错误。针对这种情形,怎样把握"符合"的程度,自然成为有待探讨的问题之一。情形③,是指正犯与共犯之间的错误,由于它属于情形②的一个变种,因此,同样存在不少有待解决的问题。

在我国的司法实践中,共犯与错误问题比较常见,特别是近年来高发的雇凶犯罪案件中,由于雇凶者与被雇者对雇凶者所欲实施之罪或被雇者实际实现之罪的认识不一致,而造成了对雇凶者主观罪过认定的困难,很多判决引起了不小的争议,从而引发了学界的关注。比如,2000年发生在厦门市的谢甲雇凶杀人案,谢甲意图雇凶教训谢乙,最终被雇者却实施了杀人行为,并且发生了错误,杀死了与谢乙同去的公司经理李某,经鉴定谢乙只受了轻伤。这个案件聚讼的焦点在于:第一,谢甲的教训意图能否包括杀人的故意;第二,谢甲是否应该为被雇者杀害错误对象承担刑事责任。虽然最后判决认定谢甲构成故意杀人罪的教唆犯,但直至今日该案例仍是学者们激烈争论的问题之一,远没有达成共识。① 目前,我国刑法理论界对共犯与错误问题的关注较少,即便有,也限于部分刑法教材或有关共犯、错误的专著中,研究对象只有共同实行犯、教唆犯等个别共犯形态的事实认识错误。鉴于这种理论现状,本文拟在概观、评析相关中外学说的基础上,就这一问题进行系统的梳理和探讨。

二、同一构成要件内的具体事实错误

所谓同一构成要件内的具体事实错误,是指教唆犯、帮助犯所认识的犯罪与实行犯所实施的犯罪,在行为事实情况方面虽然不符,但二者的犯罪构成要件相同。比如,甲教唆乙去杀丙,但乙误把丁当作丙杀害。像这种搞错具体侵害对象,而不同的犯罪对象体现相同社会关系的情形,就属于同一构成要件内的错误。

这种错误主要有以下几种表现形式:①对象错误。教唆犯、帮助犯或实行犯对实行行为侵害对象的主观认识与客观现实不符,但其意欲侵害的对象与实际被

---

① 袁雪:《共犯认识错误问题研究》,中国人民公安大学出版社2011年版,第2页。

侵害的对象体现相同的社会关系。比如,甲重金收买职业杀手乙杀害某房间内的一名旅客,以为此人就是自己想要除掉的丙,乙按照甲的意图杀了此人,但此人不是丙而是丁。甲以为乙要去除掉自己的仇人丙,便把匕首借给乙,但乙杀害的不是丙而是丁。这是教唆犯、帮助犯对实行犯的实行行为所侵害对象发生认识错误的典型例子。另外,实行犯本人也可能搞错侵害对象。前述之甲教唆乙杀害丙而乙误把丁当作丙杀害就是其典型。②打击错误。① 受托于教唆犯、帮助犯的教唆、帮助的实行犯,针对某一犯罪对象实施犯罪行为时,由于失误而导致其实际侵害的对象与意欲侵害的对象并不一致,但两种对象所体现的社会关系却相同。比如,甲教唆(或帮助)乙杀害丙,乙在对丙开枪射击时,因枪法不准而未能击中丙,误杀未能预见到的丁。③手段错误。教唆犯、帮助犯或实行犯对实施共同犯罪的手段(或工具)的性质或作用发生误解,从而未能发生预期的危害结果。比如,甲教唆(或帮助)乙用毒药杀害丙,乙却误把白糖当作毒药投进丙的茶杯中,因而未能引发预期的危害结果发生。

针对上述几种具体事实错误能否阻却教唆犯、帮助犯共同犯罪的故意,在大陆法系的刑法理论界,有不同观点的对立。针对对象错误来说,无论是取具体符合说还是取法定符合说,均认为不阻却共同犯罪的故意,因而主张教唆犯、帮助犯和实行犯都应对实际发生的危害结果承担故意犯罪既遂的责任。但是,针对打击错误(方法错误)具体符合说和法定符合说的结论不同。法定符合说认为,同一构成要件内的打击错误,不阻却共同犯罪故意的成立。无论是教唆犯、帮助犯还是实行犯,都应对实际发生的危害结果承担故意犯罪既遂的刑事责任。因此,按照法定符合说,区别对象错误与打击错误并没有实质性意义。② 有关这一问题,在我国的刑法理论界,主流观点倾向于法定符合说。比如,有观点认为"对同一构成

---

① 在日韩等国的刑法理论中,打击错误又称之为方法错误。
② [日]日高义博:《刑法中错误论的新展开》,成文堂1991年版,第136页。

要件内的错误,应采取法定符合说解决"①。但是,主张具体符合说的观点却认为,打击错误阻却共同犯罪故意,即针对实际发生的结果阻却故意。因此,在主张具体符合说的观点看来,区分对象错误与打击错误,针对教唆犯、帮助犯乃至实行犯的定罪和处罚具有十分重要的意义。至于如何区分,对实行犯来说并不成为问题,但对教唆犯来说,自然成为问题。有关这一问题,有观点认为,在实行犯发生对象错误的情形下,教唆犯有可能是打击错误。因为教唆犯实施教唆行为时,并没有搞错具体侵害对象,只是由于后来的实行犯搞错侵害对象,才导致实际侵害对象与教唆犯意欲侵害对象的不符,这是一种打击错误而非对象错误。② 在打击错误的情况下,对教唆犯应如何处理,又有不同观点的争论。③ 针对前述之意欲杀害丙而实际杀害丁的事例,有观点认为,对丙构成杀人的教唆未遂,对丁成立杀人的过失教唆;也有观点认为,构成杀人预备的教唆和过失致人死亡的正犯;还有观点认为只能按杀人罪的教唆未遂定罪处罚。

有关这一问题,本文倾向于法定符合说。在同一构成要件内具体事实错误的情形下,即使教唆者在教唆时指定了犯罪行为的时间、场所、方法,而被教唆者并没有严格遵照此要求实施犯罪,只要两者之间处于同一构成要件范围内,且教唆行为与被教唆行为之间具有因果关系,仍然可以成立教唆犯。比如,即使伪证者伪证的内容与教唆者教唆的内容之间多少有些出入,仍然不妨碍教唆者成立伪证

---

① 张明楷:《刑法学》(第4版),法律出版社2011年版,第399页。同样倾向于法定符合说的观点还有黎宏:《刑法学》,法律出版社2012年版,第307页等。针对法定符合说,在日本的刑法理论界,有观点认为,就同一构成要件内的具体事实错误而言,根据通说和判例所取的立场,即便发生的事实与行为者的认识有很大差距,行为与结果之间只要有相当因果关系,就不能阻却共同犯罪的故意,相关行为人对所发生的事实理应承担共同犯罪的刑事责任。比如,行为人教唆盗窃手表,被教唆者盗窃的却是钱包,在这种情形下,行为人成立盗窃(既遂)的教唆犯。但是,根据法定符合说,只要存在相当因果关系,作为故意犯不得不承担刑事责任,这种结果的归属,作为一种判断犯罪成立与否的基准,有可能导致处罚范围的无限宽泛。比如,X教唆Y去杀害A,实行犯Y基于打击错误将B杀死。在这种情形下,即便实行犯Y对B的死亡应负故意杀人(既遂)的刑事责任,但是,如果将这种死亡结果同样归责到教唆者的话(基于故意),那么,这种归责显然属于肯定某种连带责任,这一点从共犯从属性的视角看同样不尽妥当。针对所发生的结果,教唆者应承担故意责任的前提是,教唆者具体指示实行的方法或与实行犯一同出现在犯罪现场等,教唆者至少认识到实行犯在何种情形或用何种手段实施犯罪行为。(参见[日]井田良:《刑法总论的理论构造》,成文堂2006年版,第407页。)

② [日]日高义博:《刑法中错误论的新展开》,成文堂1991年版,第136页。

③ [日]浅田和茂:《教唆犯与具体事实错误》,载《西原春夫先生古稀祝贺论文集》(第2卷),成文堂1998年版,第403页以下。

罪的教唆犯。又比如,教唆者教唆行为人潜入甲家窃取财物,行为人却误入乙家窃取了衣物,此时教唆者仍然成立盗窃罪的教唆犯。①

如前所述,有关这一问题,具体符合说的主张不仅与法定符合说不同,在具体符合说的内部也有分歧。本文认为,具体符合说有以下致命缺陷:根据具体符合说,共犯与错误可以分为不阻却故意的错误(对象错误)和阻却故意的错误(打击错误),但是,这种主张未能提出具体的区别基准。比如,X教唆Y对特定的犯罪对象实施侵害行为,实行犯Y基于对象错误未能对X所意欲的犯罪对象实施侵害,而侵害了另外一个犯罪对象。针对这一问题,具体符合说的内部有不同观点的对立。其实,根据这种主张,理应得出实行犯的对象错误针对教唆者来说属于打击错误,因此应当阻却故意的结论。问题是,这种结论并没有充分的说服力。比如,X教唆Y去杀害A,基于Y的对象错误杀害的是B,在这种情形下,X对A构成教唆未遂,由于教唆未遂不处罚,②因此,只能构成故意杀人预备罪的教唆(不构成犯罪)和对B的过失致人死亡罪的刑事责任。另外,如果这种情形发生在有关财产犯的共同犯罪,由于预备罪和过失犯均没有处罚的规定,因此,无法处罚背后的教唆者。③

在共犯错误的情形中,针对犯罪对象的确认,发挥决定性作用的是实行犯。换言之,在这种情形下,共犯者对因果流程的支配处于弱势,很难控制一定要对特

---

① 陈家林:《外国刑法通论》,中国人民公安大学出版社2009年版,第627页。有关这一问题,在我国的刑法理论界,有观点认为:发生在同一构成要件内的对象错误,不阻却共同犯罪故意,无论是教唆犯、帮助犯还是实行犯,都应对实际发生的危害结果承担故意犯罪既遂的责任。因为,在这种场合,教唆犯、帮助犯与实行犯之间不仅有共同的意思联络,而且教唆、帮助行为与实行行为之间有因果关系。实行行为侵犯的对象虽然不是教唆犯、帮助犯所追求的,但毕竟只有一个,并且这一对象与教唆犯、帮助犯意欲侵害的对象体现相同的社会关系,并没有超出共同犯罪的构成要件范围,所以,都构成共同犯罪的既遂犯。但是,在打击错误的场合,实行行为所侵犯的对象通常是两个,具有两个想象的犯罪构成:一是对实际侵害对象,教唆犯、帮助犯和实行犯都不希望或放任对其造成侵害,因此,谈不上有犯罪故意,在有过失并且刑法有处罚过失犯的规定的条件下,构成过失犯罪。二是对意欲侵害对象,各共犯人主观上有共同犯罪的故意,客观上教唆、帮助行为与实行行为之间有因果关系,只是由于实行行为有误,才使犯罪未得逞,这属于共同犯罪未遂的情形。二者之间存在想象竞合关系,按从一重处断的原则,对教唆犯、帮助犯和实行犯一般都应以故意罪的未遂犯处罚。应该指出,在打击错误的场合,触犯的罪名虽然可能是两个,但实行行为只有一个,不可能构成实质上的数罪,因此,不能实行数罪并罚。此外,教唆犯对其所教唆的犯罪,也不可能是教唆预备。(参见刘明祥:《刑法中错误论》,中国检察出版社2004年版,第285页。)

② 德国刑法有处罚教唆未遂的规定,不过只限于重罪。

③ [日]井田良:《刑法总论的理论构造》,成文堂2006年版,第407页。

定犯罪对象实施侵害这样一个局面。因此,即便教唆者意欲侵害特定被害者,如果教唆者的故意只限于特定人,那么,以这种理由限定既遂的成立要件,显然不利于处罚犯罪。针对教唆者来说,在教唆行为终了的时点,在一定限度内已经把事态的发展交付给了实行犯,因此,对教唆者而言,重要的是能够保证对同种类犯罪对象的侵害结果的发生(基于某种程度的盖然性)这一状况本身。在此基础上,由于教唆者已经认识到这种状况,所发生的结果无非是行为者所认识到的危险得以实现的一个变种,可以说,行为人已经认识到了所意欲的结果发生。因此,将这种情形评价为教唆者的故意得以实现并没有任何障碍,即便教唆者所意欲的是特定的被害者,这不过是一种"愿望"而已,在刑法意义上并不存在决定性意义。① 也就是说,实行犯的对象错误,并不能阻却共犯者的错误。

　　主张具体符合说的观点认为,如果不采纳具体符合说,有可能无法解决故意的个数问题。也就是说,比如①实行犯并没有按照教唆犯的意图杀害 A,而错把 B 当作 A 杀死,当他知悉这一情况后,又将 A 杀死,在这种情形下,如果杀人的故意不限于 A,那么,教唆者就要对两个杀人行为负刑事责任,这明显不尽合理。② 然而,即便取具体符合说,恐怕也无法回避故意的个数问题。比如,②实行犯根据教唆犯的意图用长刀刺杀 A 后逃走,由于未能刺中要害部位 A 只是受了重伤,知悉这一情况后的行为人,择日试图毒杀 A,但仍然未能成功;③教唆者以为是同一犯罪对象,于是对实行犯进行教唆,但是实际犯罪对象是复数,比如,X 指示 Y 杀害 A,X 以为是一个人的 A 是双胞胎,Y 杀害其中的一个后,误以为杀错,又杀死另一个的情形下,能否成立数个故意犯(既遂或未遂)就成为问题,根据教唆者表象③而限制故意犯的个数恐怕不大可能。在事例②和③的情形下,不同的结果均可以归属于教唆行为,因此,姑且将这种情形视为数个故意,在此基础上,在量刑阶段限定一个故意进行处罚并非不可能。另外,就事例①而言,在适用错误理论之前,可以考虑基于所发生的结果否定共犯的成立,或者根据是否存在因果关系而否定犯罪成立的余地。也就是说,既然教唆者没有对实行犯要求不管杀死多少也要杀死 A,因此,将第二个被杀的教唆归责于背后的教唆者恐怕不大合理。将超出共同犯罪意思联络(合意)之外的结果,归责于共犯者显然不尽妥当,比如,被教唆实

---

① ［日］井田良:《刑法总论的理论构造》,成文堂 2006 年版,第 408 页。

② ［日］葛原力三《共犯与错误》,载西田典之等编:《刑法的争论点》(第 3 版),有斐阁 2000 年版,第 114 页。

③ 经过感知的客观事物在脑中再现的形象。(中国社会科学院语言研究所词典编辑室编:《现代汉语词典》(修订本),商务印书馆 2001 年版,第 85 页。)

施杀人行为的被教唆者,明知所要杀的杀害对象不是教唆者所意图的杀害对象,基于其他原因杀死另外一个人时,恐怕就不应追究教唆者的刑事责任。[1] 因为这种结果已经超出了教唆者和实行犯的意思联络之外,因此就不应归责于教唆者。

三、不同构成要件之间的错误(抽象事实错误)

有关抽象事实错误(不同构成要件间的错误)的处罚,在大陆法系的刑法理论界,有以下几种学说的对立。抽象符合说认为,在抽象事实错误的情形下,只能成立针对相对较轻的犯罪的故意(以故意犯处罚)。法定符合说认为,针对所发生的结果,原则上不能成立故意,作为一种例外,在其重合的范围内肯定故意的存在。具体符合说则认为,与法定符合说一样,在其重合的范围内肯定故意的存在,不过成立的范围比法定符合说宽泛,因此,这种学说又称之为具体法定符合说。[2] 当然,具体在怎样一个范围内重合,根据具体事例,无论是学说还是判例,均有不同程度的争论。

另外,这一问题与怎样理解和把握共犯的处罚根据具有密切的关联性。比如,X 教唆 Y 去实施盗窃行为,Y 实施的却是抢劫行为,在这种情形下,无论取哪一种学说,X 在盗窃罪的范围内受到处罚。但是,如果取立论于责任共犯论的完全犯罪共同说,既然实行犯实施的是抢劫行为,因此,教唆者 X 也应成立抢劫罪的教唆,根据相关规定(指日本刑法第 38 条第 2 款),X 的处罚应限于盗窃罪。如果取基于不法共犯论的部分犯罪共同说,教唆的认定应限于盗窃罪和抢劫罪重合的那一部分,因此 X 的罪名应限于盗窃罪之内。如果取立论于因果共犯论(纯粹惹起说)的行为共同说,Y 基于所实施的实行行为成立抢劫罪,X 实施的是盗窃的教唆,因此,与部分犯罪共同说的结论相同。

有关抽象事实错误的事例,可以分为以下几种情形:比如,X 教唆 Y 去实施 P 罪,Y 实施的却是 Q 罪,这种情形又可以分为:①Y 明知自己实施的犯罪行为与 X 当初被教唆的犯罪不同,仍然实施 Q 罪;②Y 一开始就误解了 X 的意图,实施 Q 罪,而非当初被教唆的 P 罪;③Y 本身很想实施 P 罪,由于发生认识错误,实施的却是 Q 罪三种情形。

其实,一般并不区分上述三种情形,不过,有关情形①和②(尤其是情形①),作为谈论错误论之前的问题,能否成立共犯或者说能否肯定共犯行为与实行犯行

① ［日］井田良:《刑法总论的理论构造》,成文堂 2006 年版,第 409 页。

② ［日］中山研一等著:《刑法 1 共犯论》,成文堂 1997 年版,第 155 页。

为之间存在因果关系、结果归属关系就成为问题。有关这一问题,是否成立共同正犯(共同实行犯)尤为重要。因为共同正犯的成立,主观方面要有共同实施犯罪之意思上的联络或相互之间的了解,如果主观上并不存在意思上的联络,基于部分犯罪共同说,就不具备共同犯罪成立要件中的主观要件。也就是说,在这种情形下,共同犯罪的成立要件问题与共同犯罪中的错误问题发生重合,逻辑上应当先考虑共同犯罪的成立与否。在事例②的情形下,即便共同犯罪者之间存在意思上的联络,然而,一开始就出现龃龉,比如,X 基于故意杀人的意思,Y 则出于故意伤害的意思,共同对 A 实施伤害行为(不知是谁的行为引起的伤害结果)导致被害人重伤,由于两种罪名的构成要件发生"重合",因此,可以在重合的范围内肯定共同正犯的成立(适用部分行为的全部责任之法理)。就发生结果而言,X 成立故意杀人罪的未遂,Y 则成立故意伤害罪。能够得出这种结论的学说就是部分犯罪共同说,①针对这一结论,有观点认为,比如教唆犯教唆实行犯去实施盗窃行为,实行犯在实施盗窃行为的过程中被人发现,转而实施抢劫行为。在这种情形下,对没有重合部分(基于暴力、胁迫压制对方反抗)具有故意的行为人,是否应对重合部分成立单独犯(限于强盗罪一罪,其他行为人成立盗窃罪的共同实行犯),或者对重合部分成立共同实行犯,对不重合的部分成立单独犯(盗窃罪的共同实行犯 + 暴力、胁迫罪②),甚或成立盗窃罪的共同正犯加上抢劫罪的单独犯,其结论

---

① 部分犯罪共同说继承了完全犯罪共同说的理念,强调共同犯罪就是数人共同实施具有相同犯罪构成要件的行为,与完全犯罪共同说的区别在于,部分犯罪共同说并不要求数人所实施的犯罪完全相同,只要部分一致就够,即数人共同实施的不同犯罪之间,如果具有构成要件上的重合,那么,在此重合的限度之内,就可以成立共同犯罪。比如,在 A 以伤害的故意,B 以杀人的故意,共同向 C 施加暴行,结果将 C 打死,但无法查清究竟是谁的行为引起了 C 死亡结果的情况下,按照部分犯罪共同说,尽管因为 A 并不具有杀人的故意,因此不能和 B 一起成立故意杀人罪的共同犯罪,但是,由于在杀人罪的故意中,已经包含有较轻的伤害罪的故意,而在杀人的行为当中,同样包含伤害行为在内,因此,A 和 B 之间,由于在故意伤害(致死)罪的范围内具有重合性,因此,二者之间可以成立故意伤害(致死)罪的共同正犯。其中,由于 B 的行为超出了 A、B 之间重合的范围,B 除了与 A 一起成立故意伤害罪的共同正犯之外,还要对故意杀人的结果承担责任,即成立故意杀人罪的单独犯。由于 B 的故意杀人罪的实行行为与 A 之间成立的故意伤害罪的共同正犯的实行行为,实际上是一个行为,因此二者之间成立想象竞合,可以依照"从一重处罚"的原则,成立故意杀人罪。按照部分犯罪共同说,在前述的例子当中,A 最终成立故意伤害罪(共同犯罪),而 B 只成立故意杀人罪。(有关这一问题的详细情况,可参见郑泽善:《刑法总论争议问题研究》,北京大学出版社 2013 年版,第 410 页以下。)

② 日本刑法第 222 条规定:以加害生命、身体、自由、名誉或者财产相通告胁迫他人的,处二年以下有期徒刑或三十万日元以下罚金。

和处罚根据均不明确。① 需要注意的是，共同实行犯的成立，关键是作为因果性的补充和正犯的结果归属能否得以肯定这一点，即便这一点与参与者所参与的部分犯罪行为吻合，也不影响犯罪的成立。②

有关抽象事实错误中的符合性判断，日本的判例和通说取的是法定符合说，这种学说的认定基准是"构成要件的实质性重合"。即，P 罪的构成要件和 Q 罪的构成要件之间，如果实质上存在"重合"关系，那么，在这重合的范围内成立故意犯的既遂。在是否成立教唆犯的前述事例②的情形下，在 P 罪与 Q 罪之间实质性重合的构成要件范围内，X 应承担教唆犯的刑事责任。作为与上述事例，即共同实行犯相似的例子，可举 X 教唆 Y 去杀害 A，Y 误以为是让自己去伤害 A，于是对 A 实施了伤害行为。根据法定符合说，Y 成立故意伤害罪，X 则成立故意伤害罪的教唆（针对杀人行为，作为未遂教唆而不可罚）。针对法定符合说，批判的观点认为，这无非是在刑罚法规（裁判规范）的层面上要求两个构成要件的重合，而没有理论依据，同时在结论上不得不限制故意犯的成立范围，因此不尽合理。比如，判例的立场是，X 和 Y 共谋，决定教唆公务员 A 去实施制作虚假公文书的行为，Y 却教唆 B 去实施伪造公文书的行为并且成功，针对这一事例，裁判所认为，X 成立伪造公文书罪的教唆犯。③ 针对这一判决，有观点认为，不能说判例的立场有错误，但是，在怎样的意义上两罪之间作为裁判规范具有构成要件的重合性，该判例并没有给出明确的答案。④ 本文认为，其实，这里成为问题的并非作为裁判规范的构成要件的符合，而是为了肯定违反行为规范而要求的，最低限度内的"一般人所

---

① ［日］葛原力三《共犯与错误》，载西田典之等编：《刑法的争论点》（第 3 版），有斐阁 2000 年版，第 115 页。

② 有关这一问题，在我国的刑法理论界有观点认为，处理相异构成要件共犯认识错误的基本原则是：如果共同行为人主观预见的事实与客观发生的事实不属于同一构成要件，成立相异构成要件共犯认识错误，对于主观预见的事实阻却故意的既遂，成立故意的未遂犯，对于实际发生的事实，原则上阻却故意的成立，在行为人负有预见义务且刑罚处罚过失的情况下，构成过失犯，与故意的未遂犯构成想象竞合，按照想象竞合犯的处断原则处理，如果行为人没有预见义务，则属于意外事件。但是，如果行为人主观预见的构成事实与客观发生的构成事实在构成要件上具有实质性重合，则在重合的限度内成立故意的既遂。按照这一原则，对于相异构成要件共犯认识错误的处理可以分为两种情况：（1）共犯人主观认识的构成事实与客观发生的构成事实在构成要件上不具有重合性时，排除故意的既遂；（2）共犯人主观认识的构成事实与客观发生的构成事实在构成要件上具有重合性时，在该重合的限度内，作为共同故意犯的既遂形态予以处理。［杨阳：《论相异构成要件的共犯认识错误》，甘肃政法学院学报 2011 年第 5 期（总第 118 期），第 12 页。］

③ 《刑集》第 2 卷第 11 号，第 1386 页。

④ ［日］团藤重光：《刑法纲要总论》（第 3 版），创文社 1990 年版，第 427 页。

认识"的内容的重合。应当关注的是面向行为人而具体化了的行为规范，即行为人基于怎样一个意思内容实施侵害行为而违反行为规范，根据这种基准，如果基于实现 P 罪的意思与实现 Q 罪的意思发生重合，那么，在这一限度内应当肯定故意犯的成立。根据这一基准，比如，X 教唆 Y 去欺骗 A 获取财物，Y 却以恐吓的方式劫取财物的情形下，X 可以成立恐吓罪①的教唆犯。②

有关抽象事实错误问题，在我国的刑法理论界，主流观点认为，实行过限和实行减少不属于共犯错误的范畴。只是由于它们与共犯错误有紧密联系，学者们通常在论述共犯错误问题时，也附带作些说明。③ 有关实行过限对教唆犯刑事责任有无影响问题，在我国的刑法理论界，一般分两种情况来论述：一是重合性过限，即被教唆者所实行的犯罪与教唆者所教唆的犯罪之间具有某种重合性的情形下发生的过限。比如，甲教唆乙去伤害丙，乙却杀害了丙。在这种情形下，甲只负教唆故意伤害罪的刑事责任，乙则应负故意杀人罪的刑事责任。就教唆犯而言，应视为被教唆的人实现了其所教唆的罪。二是非重合性过限，即被教唆的人除了实行教唆犯所教唆的犯罪之外，还实施其他犯罪。比如，甲教唆乙去盗窃，乙在盗窃之后，又强奸了女主人。在这种情形下，针对被教唆的人过限实行的强奸行为，教唆者不负刑事责任。④ 有关实行减少的情形下，对教唆犯应如何处理，有观点认为，对教唆犯应按所教唆的罪的未遂犯定罪处罚。比如，甲教唆乙去杀害丙，乙改变主意没有杀害丙，只是伤害了丙。那么，甲就应负教唆故意杀人（未遂）罪的刑事责任，乙则应负故意伤害罪的刑事责任。⑤ 也有观点认为，在实行过限和实行减少的场合，由于实行犯改变了犯意，实行了与预谋犯罪不同的罪，所以，共同犯罪不能成立，狭义的共犯错误也就无从谈起。但是，从广义上讲，在实行过限和实行减少的场合，由于实行犯所实行的罪与教唆犯、帮助犯所预见的罪不符合，并且这是发生在共同犯罪过程中，也是共犯错误所要研究的问题。因此，大陆法系国家刑法理论中的具体符合说、法定符合说和合一的评价说，认为上述情形属于共犯错误的范畴，应适用错误理论来解决，这也无可非议。只不过其具体处理办法

---

① 日本刑法第 249 条规定：恐吓他人使之交付财物的，处十年以下有期徒刑。以前项方法，取得财产上的不法利益或者使他人取得的，与前项同。

② ［日］井田良：《刑法总论的理论构造》，成文堂 2006 年版，第 411 页。

③ 陈兴良：《共同犯罪论》，中国社会科学出版社 1992 年版，第 370 页以下。

④ 吴振兴：《论教唆犯》，吉林人民出版社 1986 年版，第 184 页。

⑤ 陈兴良：《共同犯罪论》，中国社会科学出版社 1992 年版，第 385 页。

不够妥当。① 这种观点继而认为，有关抽象事实错误的处罚问题，在大陆法系国家的刑法理论界之所以有不同学说的争论，是因为一些国家(日本)的刑法规定中，并没有针对被教唆人、被帮助人没有犯教唆犯、帮助犯所教唆、帮助之罪的规定；另外，对未遂犯也以法律有明文规定才能处罚。这样一来，教唆未遂、帮助未遂往往就不可罚。为了避免放纵这类教唆犯、帮助犯，不同学说从不同的角度，将一些教唆未遂、帮助未遂解释为可以成立教唆罪、帮助罪。这虽然在一定程度上弥补了立法上的漏洞，但却引起了理论上一些不必要的争论和混乱。我国的情况有所不同。我国刑法第29条第2款明确规定，如果被教唆的人没有犯被教唆的罪，对教唆犯也应定罪处罚。这一规定为我们解决实行行为过限或减少的场合，对教唆犯如何处罚的问题，提供了极大的便利。按照这一规定，无论是实行过限还是实行减少，对教唆犯都应按其所教唆的罪定罪量刑，对被教唆的实行犯则按其所实行的罪定罪量刑。这样，既能充分体现主客观相统一原则，又合情合理。②

本文认为，教唆犯只有在实行犯的实行行为与其所教唆之间存在紧密关联时，才对实行犯的既遂负责。针对实行犯所造成的过剩结果，教唆犯并不负责。共犯过剩包括质的过剩和量的过剩。质的过剩，是指被教唆人所实行的犯罪完全不同于被教唆的犯罪的情形。因为质的过剩，教唆人不承担被教唆者所犯之罪的责任，根据我国刑法第29条第2款的规定，只承担教唆未遂的责任。量的过剩，

---

① 刘明祥:《刑法中错误论》,中国检察出版社2004年版,第291页。这种主张认为,比如,按照具体符合说,教唆者、帮助者认识的事实与实行犯实行的事实不是具体的相一致,因此,对实际发生的危害结果阻却教唆、帮助的故意,结论是教唆者和帮助者都不可罚。如果这样处理,显然会放纵犯罪。正因为如此,持具体符合说的论者又对其作了一些修正,认为在实行过限的场合,假如仅仅只是量的过限,就不阻却教唆、帮助的故意,教唆者、帮助者对其所预见的犯罪,构成教唆犯、帮助犯。这虽然在一定程度上可以避免放纵犯罪的结果发生,但与具体符合说的立场并不吻合。按照法定符合说,在实行过限的场合,如果教唆者、帮助者所认识的犯罪与实行犯所实行的犯罪在构成要件上重合,则对教唆者、帮助者按其所认识的犯罪定罪处罚,这虽然具有一定的合理性,但如果二者在构成要件上不重合,因为阻却故意,而不处罚教唆者、帮助者,这也同样会出现轻纵犯罪的后果。另外,在实行减少的场合,法定符合说主张,对教唆者、帮助者按实际实行的轻罪定罪处罚,这又明显违反了主客观相统一原则。因为教唆者、帮助者主观上具有犯所教唆、帮助之罪的故意,而并无犯实行犯所实行的较轻的罪的故意,不存在按这种轻罪定罪处罚的主观基础。另外,按合一的评价说,在实行过限的场合,对教唆者、帮助者应以实行犯实行之罪定罪,但依照其所预见之罪的法定刑处罚。这无疑违反了罪刑法定原则。因为,教唆者、帮助者对实行犯所实行之罪本无认识,却要以这种故意罪定罪,定了此罪而不适用此罪的法定刑,但要按其他罪的法定刑处罚,显然不合情理,也与法理相悖。

② 刘明祥:《刑法中错误论》,中国检察出版社2004年版,第292页。

是指被教唆人所实行的犯罪与被教唆罪并不完全一致,但存在重合部分。比如,被教唆盗窃的人,实施了抢劫行为;被教唆伤害他人的人,实施了杀人行为,由于盗窃罪与抢劫罪之间、故意伤害罪与故意杀人罪之间具有一定的重合关系,在教唆犯认识的事实与被教唆者实现的事实相互重合的范围内,可以认定教唆犯成立盗窃既遂、故意伤害(致人死亡)罪的教唆犯。①

四、不同共犯形式内的错误及正犯与共犯间的错误

(一)不同共犯形式内的错误

不同共犯形式内的错误,是指共犯之间只是犯罪实现形态的不同,这种差异不涉及犯罪类型的本质。也就是说,共犯只是在其犯罪形式上存在差异,罪质则没有差别。因此,当错误跨越不同的共犯形式时,应成立其中较轻形式的共犯,这是日本的通说。② 第一,就教唆的意思发生帮助结果的情形而言,行为人误以为他人没有犯罪的决意而实施教唆行为,实际上他人已经决意实施犯罪行为,行为人的教唆不过起到强化他人犯罪决意的作用。针对这种情形,通说认为应成立帮助犯。这是因为缺乏教唆的结果,不能作为教唆犯处罚。但教唆犯的意思中实质上包含着帮助的意思,因此应认定为帮助犯。第二,针对帮助的意思发生教唆结果的情形来说,即行为人误以为他人已经具有犯罪决意而意图进一步强化其犯意,实际上他人是由于行为人的行为而产生犯罪决意时,通说同样认为应当成立帮助犯。这是因为行为人既然不具有教唆的故意,就不能作为教唆犯加以处罚。但教唆行为从实质上看,也可以认为包括可视为帮助行为的部分,所以应成立帮助犯。第三,就教唆的意思发生间接教唆结果的情形而言,行为人教唆他人实施犯罪行为,但被教唆者并没有亲自实施实行行为而是教唆第三者实施犯罪行为时,通说认为由于这种错误在教唆这种共犯形式范围之内,所以不阻却教唆的故

---

① 周光权:《刑法总论》,中国人民大学出版社 2007 年版,第 342 页。在我国的刑法理论界,同样有观点认为,例如,甲教唆乙盗窃,但乙实施了抢劫;A 教唆 B 伤害,B 实施了杀人行为。在这种场合,甲、A 只能在与其认识的事实相重合的范围内承担既遂责任。即甲只承担盗窃罪(既遂)的责任(不能认为乙没有犯被教唆的罪,因为在规范意义上说,抢劫罪包含了盗窃),A 只承担故意伤害致死的责任。(参见张明楷:《刑法学》(第 4 版),法律出版社 2011 年版,第 402 页。)可以说,这种主张与前述之法定符合说的结论相同。另外,有关这一问题,韩国主流观点的立场也倾向于法定符合说。(详细可参见[韩]金日秀、徐辅鹤:《刑法总论》(第 10 版),博英社 2005 年版,第 643 页。)

② [日]川端博:《刑法总论》(第 2 版),成文堂 2006 年版,第 599 页。

意,应当成立教唆犯。①

有关这一问题,在我国的刑法理论界,主流观点认为:"由于共犯的犯罪形式不同并不影响罪质,因此,关于不同共犯形式的错误,应当在有责的违法限度内,成立其中较轻的共犯形式。例如,行为人以共同正犯的意思望风,但实际上只起到了帮助作用时,只成立帮助犯。再如,他人已经产生犯罪的决意,行为人以为还没有产生犯罪的决意而实施教唆行为的,也只成立帮助犯。"②

如前所述,不同共犯形式内的错误,比如基于教唆的意思实施的结果却是帮助,在这种情形下,中外刑法理论界的主流观点认为,在较轻的共犯形式内成立共犯。其实,这种情形也属于抽象事实错误的一种,针对同一犯罪的不同共犯形式,不过是针对同一法益侵害行为的一个变种,因此,可以将这种情形视为"构成要件的实质性重合"。本文认为,不同的共犯形式虽然分属于不同的行为规范,但是,当它作为行为规范发生作用时,作为一种故意,在一般人的认识层面上重合,换言之,基于同一的认识内容(故意)而等同于违反行为规范,因此,可以在有责的违法限度内,成立其中较轻的共犯形式。

(二)正犯与共犯间的错误

正犯与共犯间的错误,又称狭义共犯与间接正犯之间的错误,包括基于教唆、帮助的故意而客观上产生间接正犯事实的情形,也包括基于间接正犯的故意而产生教唆犯、帮助犯事实的情形。由于间接正犯与教唆犯之间的错误以及间接正犯与帮助犯之间的错误,在处理方法上没有区别,这里的论述限于间接正犯与教唆犯之间的错误。

(1)以间接正犯的意思实施教唆行为

这是指行为人由于认识上的错误,以间接正犯的意思而实际上实施了相当于教唆行为的情形。比如,医生出于杀害患者的意思指示护士为患者注射毒药,他以为护士并不知道所注射的是毒药,但是,实际上护士已经察觉到这一点而仍按医生的指示加以注射。又比如,利用者误以为被利用者没有达到刑事责任年龄而让其去实施杀人行为,实际上被利用者已经达到了刑事责任年龄,利用者的行为起到的是教唆的作用。应怎样处理上述案件,在大陆法系的刑法理论中,有间接正犯说和教唆犯说的对立。

间接正犯说又称主观说,这种学说认为,即便被利用者知情,由于背后者的行

---

① 陈家林:《外国刑法通论》,中国人民公安大学出版社 2009 年版,第 629 页。
② 张明楷:《刑法学》(第 4 版),法律出版社 2011 年版,第 401 页。

为相当于杀人罪的实行行为,因此与被利用者的行为发生竞合,成立杀人罪的正犯。理由是:虽然背后者的行为也成立杀人的教唆,但是,应当被正犯行为所吸收。① 针对这种主张,批判的观点认为,这种主张一方面强调教唆犯属于修正的构成要件,正犯属于基本的构成要件,两者之间有本质的区别;另一方面又认为即使行为人没有实现间接正犯的结果,仍然成立间接正犯的既遂,两者之间明显存在矛盾。② 针对这种批判,倾向于这种主张的观点认为,由于背后者具有实行行为,因而应当成立间接正犯。但是,既然被利用者已经知情,他所实施的实行行为就已经超出了相当因果关系的范围,因而应当成立间接正犯的未遂。③ 不过,也有观点认为,既然背后者利用从一开始就知情的被利用者时应成立教唆犯,那么,即使误以为被利用者不知情,也不会丧失因果关系的相当性。因此,主张间接正犯未遂的主张也不妥当。④

　　教唆犯说又称折中说,这种学说认为,间接正犯与教唆犯在客观上具有不同的构成要件形式,其故意内容也不同。但是,间接正犯的故意可以被教唆犯的故意所包摄,因而基于错误理论应当肯定教唆犯的故意。根据这种学说,间接正犯的故意包含着自己亲自直接触犯法规范的意识,而教唆犯的故意则仅包括通过他人触犯法规范的意识,两者之间具有明显的差异。不过,由于间接正犯的故意包含较轻的教唆故意,因此,应当在客观所成立的较轻的教唆犯的限度内认定故意犯的成立。也就是说,间接正犯的故意指的是将他人作为工具加以利用而实现特定犯罪的意思,因而在广义上可以包括教唆的故意,这时的错误可以视为法定的符合。因此,以间接正犯的故意而引起教唆的事实,由于间接正犯比教唆犯的罪责更重,因此,可以成立较轻的教唆犯。⑤ 这是日本的通说。

　　(2)以教唆犯的意思实施间接正犯行为

　　这是指行为人由于认识上的错误,以教唆犯的意思实施了实际上属于间接正犯行为的情形。有关这一问题,在日本的刑法理论界,部分观点主张应成立间接正犯。但压倒性通说主张应成立教唆犯。因为行为人虽然实施了较重的间接正犯行为,但只具有较轻的教唆犯的故意,根据日本刑法第 38 条第 2 款,应成立教

---

① [日]团藤重光:《刑法纲要总论》(第 3 版),创文社 1990 年版,第 429 页。
② [日]山中敬一:《刑法总论》(第 2 版),成文堂 2008 年版,第 951 页。
③ 转引自陈家林:《外国刑法通论》,中国人民公安大学出版社 2009 年版,第 630 页。
④ 陈家林:《外国刑法通论》,中国人民公安大学出版社 2009 年版,第 952 页。
⑤ [日]川端博:《刑法总论》(第 2 版),成文堂 2006 年版,第 600 页。

唆犯。①

　　有关正犯与共犯间的错误问题,在韩国的刑法理论界,主流观点认为,这一问题可以分为两种情形,(1)被利用者有无责任能力的错误问题和(2)被利用者有无故意的错误问题。②

　　就(1)之被利用者有无责任能力的错误问题而言,又可以分为①行为人误以为被利用者没有刑事责任能力,实际上被利用者有刑事责任能力的情形(误以为被利用者是精神病患者,实际上被利用者是精神正常者)和②行为人误以为被利用者有刑事责任能力,实际上被利用者无刑事责任能力的情形。在情形①,行为人利用者并没有支配被利用者的行为,被利用者本人才是行为的支配者。因此,在这种情形下,主张成立间接正犯的观点并不正确,而应成立教唆犯。由于在这种情形下,教唆者误以为在利用着"无刑事责任能力者",这误以为本身就是主观上教唆的故意,客观上被利用者根据利用者的教唆实施了教唆行为,因此具备了被教唆者的要件。在情形②,即利用者误以为被利用者有刑事责任能力,实际上被利用者没有刑事责任能力的情形下,根据利用者本人的认识,可以成立教唆犯。

　　就(2)之被利用者有无故意的错误问题而言,同样可以分为①行为人误以为被利用者没有故意,实际上被利用者有故意的情形和②行为人误以为被利用者有故意,实际上被利用者没有故意的情形。有关情形①,③部分观点认为,在这种情形下,行为人成立间接正犯的未遂,也有观点认为,应成立教唆犯。在事例①的情形下,从结果上看,医生甲所意图的结果已然发生,因此,似乎可以成立故意杀人罪的间接正犯。但是,甲的"利用行为"只停留在想象之中,A是基于自己的杀人故意实施了行为,因此,甲对A的意思支配并不存在。因此,医生甲可以成立间接正犯的未遂。由于在这种情形下,直接行为者基于自己的行为支配而丧失了工具性,不能将杀人的结果归属于"间接正犯"。有关情形②,④即利用者误以为被利用者有杀人的故意,但被利用者并没有杀人的故意。针对这种情形,部分观点认为,乙不成立故意杀人罪的教唆犯;也有观点认为,应当成立故意杀人罪的教唆

---

① ［日］川端博:《刑法总论》(第2版),成文堂2006年版,第602页。
② ［韩］朴相基:《刑法总论》(第6版),博英社2005年版,第428页以下。
③ 医生甲欲想杀害妻子乙,甲以为护士A并不知情,让A给妻子乙注射毒药。一直爱慕(单相思)医生甲的A不仅知情,还想替代乙的位置,于是她遵照医生甲的医嘱用毒药杀害了乙。
④ 乙女将装有致死量的毒药瓶递给情夫甲,让他毒杀原配妻子。乙女误以为甲知道药瓶中的毒药足以致人死亡,并且也想杀死原配妻子,但是,甲并没有杀害原配妻子的想法,甲误以为是一般药物而让妻子服用,结果导致其妻死亡。

犯。在这种情形下,由于无法认定被利用者有故意的正犯行为,因而无法认定被教唆者(故意杀人罪的正犯),因此,利用者就不能成立教唆犯,同样也不能成立帮助犯。另外,根据行为人的主观方面,也不能成立间接正犯。因为针对利用者而言,并不存在利用没有故意的工具这一认识以及意思上的支配。但是,基于处罚利用者这一刑事政策上的必要性,根据刑法第 34 条第 1 款,可以认定间接正犯的成立。

有关这一问题,我国刑法理论界的主流观点认为,有关狭义共犯与间接正犯的错误,有以下三种情况值得研究:第一,以间接正犯的意思利用他人犯罪,但产生了教唆的效果。在这种情形下,仅以主观方面为标准进行判断是片面的,必须同时考虑主观与客观两方面;从责任的实质来看,间接正犯的故意也符合教唆的故意,故认定为故意杀人罪的教唆犯具有相对的合理性。第二,以教唆犯的意思实施教唆行为,但产生了间接正犯的结果。例如,甲误以为乙具有责任能力,教唆乙杀人,实际上乙没有责任能力,乙在无责任能力的状态下杀害了人。就结论而言,甲只成立故意杀人罪的教唆犯。……既然得出甲成立教唆犯的结论,就表明教唆犯的成立不以引起被教唆者的故意为前提,只要引起乙实施符合构成要件的违法行为即可。乙确实实施了符合构成要件的违法行为,故甲成立教唆犯。第三,被利用者起初具有工具性质,但后来知道了真相。例如,医生甲意图杀死患者丙,将毒药给不知情的护士乙,乙后来发现是毒药,但仍然注射了该毒药。在这种情形下,甲通常是故意杀人罪的教唆犯。因为间接正犯的成立要求利用者支配犯罪事实,但在上述场合,由于乙已知情,故甲不符合间接正犯的条件。其实,在这种场合,完全可以肯定甲的行为引起了乙实施符合构成要件的违法行为的意思,因而属于教唆行为,又由于间接正犯的故意符合教唆犯的故意,故对甲的行为应以故意杀人罪的教唆犯论处。①

本文认为,在狭义共犯与间接正犯间错误的情形下,应当在较轻范围内成立共犯。其实,这同样属于抽象事实错误的一种情形,即事关同一犯罪的不同的共犯形式,可以将其视为同一法益侵害行为的变种,因此,在此意义上可以肯定"构成要件的实质性重合"。虽然不同共犯形式分属于不同的行为规范,当它作为行为规范发挥作用时,作为故意所要求的,在一般人认识层面上重合。也就是说,同一认识内容构成不同的(基于故意的)违反行为规范。共犯形式中的犯罪有轻有重,行为者所认识的事实与所发生的结果不同时,即所发生的结果重于认识的事

---

① 张明楷:《刑法学》(第 4 版),法律出版社 2011 年版,第 401 页以下。

实时,可以以较轻的犯罪予以处罚。

以间接正犯的意思利用他人实施犯罪行为,却产生教唆犯的效果时,由于实现的事实是教唆犯的事实,间接正犯的故意包含在教唆犯的故意,可以肯定对所发生的事实的故意的存在,因此,可以肯定教唆犯的成立。在这种情形中,不能否认成立间接正犯未遂的可能性,然而,由于教唆犯的既遂重于间接正犯的未遂,可以把间接正犯的未遂吸收到教唆犯的既遂之中。与此相反,以教唆犯的意思实施教唆行为,却产生了间接正犯结果的情形下,由于无法肯定对所发生的间接正犯事实具有故意,因此,在较轻的教唆犯的范围内肯定故意犯的成立。① 比如,行为人误以为教唆某一犯罪,被教唆者基于故意实施被教唆行为,然而,被教唆者并没有领会教唆者的意图,所实施的行为并非基于故意,即成了教唆者的犯罪工具。

五、结语

所谓同一构成要件内的具体事实错误,是指教唆犯、帮助犯所认识的犯罪与实行犯所实施的犯罪,在行为的事实情况方面虽然不符,但二者的犯罪构成相同。有关这一问题,法定符合说相对合理。在同一构成要件内具体事实错误的情形下,即使教唆者在教唆时指定了犯罪行为的时间、场所、方法,而被教唆者并没有严格遵照此实施犯罪,只要两者之间处于同一构成要件的范围,且教唆行为与被教唆行为之间具有因果关系,仍成立教唆犯。

有关抽象事实错误(不同构成要件之间的错误),教唆犯只有在实行犯的实行行为与其所教唆之间存在紧密关联时,才对实行犯的既遂负责。针对实行犯所造成的过剩结果,教唆犯并不负责。共犯过剩包括质的过剩和量的过剩。质的过剩,是指被教唆人所实行的犯罪完全不同于被教唆的犯罪的情形。因为质的过剩,教唆人不承担被教唆者所犯之罪的责任,根据我国刑法第 29 条第 2 款的规定,只承担教唆未遂的责任。量的过剩,是指被教唆人所实行的犯罪与被教唆罪并不完全一致,但存在重合部分。比如,被教唆盗窃的人,实施了抢劫行为;被教唆伤害他人的人,实施了杀人行为,由于盗窃罪与抢劫罪之间、故意伤害罪与故意杀人罪之间具有一定的重合关系,在教唆犯认识的事实与被教唆者实现的事实相互重合的范围内,可以认定教唆犯成立盗窃既遂、故意伤害(致人死亡)罪的教唆犯。

不同的共犯形式虽然分属于不同的行为规范,但是,当它作为行为规范发生

---

① [日]井田良:《刑法总论的理论构造》,成文堂 2006 年版,第 412 页。

作用时,作为一种故意,在一般人的认识层面上重合,换言之,基于同一的认识内容(故意)而等同于违反行为规范,因此,可以在有责的违法限度内,成立其中较轻的共犯形式。在狭义共犯与间接正犯间错误的情形下,应当成立较轻范围内的共犯。其实,这也属于抽象事实错误的一种情形,即事关同一犯罪的不同的共犯形式,可以将其视为同一法益侵害行为的一个变种,因此,在此意义上可以肯定"构成要件的实质性重合"。虽然不同共犯形式分属于不同的行为规范,当它作为行为规范发挥作用时,作为故意所要求的,在一般人认识层面上重合。以间接正犯的意思利用他人实施犯罪行为,产生教唆犯的效果时,由于实现的事实是教唆犯的事实,间接正犯的故意包含在教唆犯的故意,可以肯定对所发生的事实的故意的存在,因此,可以肯定教唆犯的成立。

第十三章　共犯关系的脱离

一、问题的提出

林某和梁某合谋绑架某镇一个体户之子唐某(10 岁),向其家人勒索赎金 30万元。2001 年 3 月 1 日,二人将唐某骗出,然后强行带往邻县一事先租好的民房内。在路上,唐某吵闹不止,林某心生怜悯,同时也担心案发受惩,提出放唐回家,但梁不同意,二人发生争吵。林某遂离梁而去,到外地一朋友处居住。而梁某则单独将唐某带到邻县,为防止其逃跑,将其捆绑于住处,自己则向唐某家人勒索赎金。唐某家人报案,梁某在接受赎金时被抓获,唐某获救。

林某和梁某合谋绑架唐某,勒索赎金,共同构成绑架罪。梁某构成绑架罪的既遂,但对李某行为的如何定性则有不同意见:一种意见认为,林某构成绑架罪,但在犯罪过程中自动放弃了犯罪,是犯罪中止。第二种意见则认为,林某自己虽然停止了犯罪行为,但他是与梁某共同实施犯罪,由于他没有有效地阻止梁某的犯罪行为,未能防止犯罪结果的发生,因而仍与梁某构成绑架罪的既遂。[①]

共犯成立犯罪中止,必须阻止犯罪完成或防止既遂结果的发生,这是中外刑法理论中的通说。但是,在认定共犯中止时,又不能单纯以最终是否发生犯罪结果作为唯一的判断基准,还应考察共犯在犯罪过程中实施中止行为的具体情况,因为不同共犯在共同犯罪过程中所处的地位和所起的作用不同,犯罪结果是否发生对不同共犯的意义会有所不同。[②] 那么,究竟应当怎样评价犯罪结果对不同共犯的意义呢? 针对这一问题,日本刑法理论独创出的"共犯关系脱离"理论,提供了一种评价基准。所谓共犯关系的脱离,是指在共同犯罪过程中,一部分犯罪行

[①] 陈兴良主编:《刑法案例教程》,中国法制出版社 2003 年版,第 138 页。

[②] 刘雪梅:《共犯中止研究》,中国人民公安大学出版社 2011 年版,第 254 页。

为人中途脱离共犯关系,但又未能阻止犯罪结果发生的情形。针对共犯关系的脱离者而言,由于其主观上打消了犯罪意图,客观上停止了犯罪,甚至还真诚地、尽力地试图阻止其他共犯继续实施犯罪行为,似乎以中止犯论处较为合理,但由于其未能有效地防止犯罪结果的发生,不具备成立中止犯的有效性要件,不能构成中止犯。① 问题是,共犯关系的脱离者对脱离之前的行为须承担何种责任? 对脱离后的行为或结果应否承担责任? 有关这一问题,在日本等国的刑法理论中,存在着激烈的争论。② 迄今为止,我国刑法理论一般仍将共犯关系的脱离作为共犯中止问题来对待,③不过,近年来部分学者开始关注这一问题,从不同于中止犯的视角出发,主张借鉴、引入"共犯关系脱离"理论。④

二、共犯关系脱离与共犯中止之关系

一直以来,绝大多数刑法学家将共犯关系的脱离纳入共犯中止的范畴进行研究,认为犯罪结果只要发生,便不会有成立共犯中止的可能性。但是,共犯关系的脱离问题并非如此简单。比如,表面上是由某共犯者的行为惹起了犯罪结果的发生,但是,如果在该犯罪结果发生之前,该共犯者已经脱离共犯关系,那么,犯罪结果的发生并非由该共犯者所"惹起",该共犯者的罪责理应止于未完成犯罪,也有成立犯罪中止的可能。在这种情形下,共犯关系的脱离与共犯中止相互交错,容易造成理论上的混乱,因此,有必要厘清两者之间的关系。

如前所述,所谓共犯关系的脱离,是指在共同犯罪过程中,部分犯罪行为人从共犯关系中退出,但是,其他参与共同犯罪的人继续实施犯罪行为,并达到未遂或既遂的犯罪形态。与此相比,共犯中止,是指在共同犯罪过程中,全体或部分共同犯罪行为人自动放弃犯罪,阻止共同犯罪的继续实施或有效地防止犯罪结果发生的犯罪形态。针对共同犯罪的行为人积极阻止犯罪结果发生的情形,很容易想到的是适用犯罪中止的规定。事实上,刑法理论曾经也是作为可否适用共犯中止的

---

① 张明楷:《外国刑法纲要》(第 2 版),清华大学出版社 2007 年版,第 340 页。
② [日]大塚裕史:《刑法总论的思考方法》(新版),早稻田经营出版 2006 年版,第 534 页。[韩]:裴锺大:《刑法总论》(第 8 全订版),弘文社 2005 年版,第 608 页等。
③ 陈家林:《共同正犯研究》,武汉大学出版社 2004 年版,第 295 页。
④ 王昭武:《论共犯关系的脱离》,刘明祥主编:《武大刑事法论坛》(第二卷),中国人民公安大学出版社 2005 年版,第 115 页。金泽刚:《论共犯关系之脱离》,《法学研究》2006 年第 2 期,第 100 页。陈洪兵:《共犯论思考》,人民法院出版社 2009 年版,第 186 页。黄丽勤:《论共犯关系之脱离》,《北京理工大学学报》(社会科学版)2012 年第 4 期,第 119 页等。

问题加以讨论的。① 前述案例中的第一种观点,也主张成立中止犯。国内还有部分观点认为,国外刑法理论提出共犯关系脱离这一概念,是为了弥补其刑法典欠缺预备中止规定的缺陷而提出来的,由于我国刑法犯罪中止的规定中,既包括着手后的中止也包括着手前的中止(预备中止),所以着手前的脱离在我国没有必要承认。② 另外,部分观点虽然承认共犯关系脱离这一概念,但强调成立共犯关系的脱离需要行为人"基于己意中止犯罪",需要"为切断自己与其他共犯之间的关系,防止其他共犯继续实施犯罪以及既遂结果的发生而积极真挚的努力",而这些恰恰是对中止犯成立的要求。③ 然而,从共犯关系的脱离与共犯中止的概念看,共犯中止不仅在表现形式上,而且实质上就是共犯关系脱离的一种特殊形式,它们之间的差别主要在于犯罪是否因退出行为(脱离行为或中止行为)而止于未完成形态、脱离行为是否具有自动性。因为部分共犯的中止,是指部分共犯通过自己的积极中止行为解消了共犯关系,共犯关系不复存在,中止者不仅脱离了共犯关系,而且彻底解消了共犯关系,也就没有谈论脱离的必要性。因此,可以说,共犯关系的脱离是共犯中止的前提。④

共犯关系的脱离与共犯中止具有密切关联性,共犯关系的脱离是共犯中止的前提,当共犯关系的脱离行为具有自动性时,就成立共犯中止。然而,二者也有区别。共犯关系的脱离探讨的是犯罪结果的归属问题,共犯中止探究的则是犯罪没有达到既遂时的可罚性问题。因此,二者属于不同理论层面上的问题。⑤ 具体区别如下。

第一,二者的前提条件不同。共犯中止仅限于着手之后既遂之前,而共犯关系的脱离可以发生在共犯关系成立之后犯罪完成之前的任何阶段,即只要存在共犯关系,就有可能成立共犯关系的脱离。另外,共犯中止以未遂犯的成立为前提,而共犯关系的脱离属于只有结果已经发生时才有必要探讨的问题,也就是说,二者的不同可以归结于客观上是否已经"惹起"了犯罪结果。⑥

第二,二者适用对象及法律效果不同。在犯罪中止的情形下,凡是自动实施

---

① [日]前田雅英:《刑法总论讲义》(第 4 版),东京大学出版会 2006 年版,第 486 页。
② 赵慧:《论共犯关系的脱离》,《法学评论》2003 年第 5 期,第 58 页。刘凌梅:《帮助犯研究》,武汉大学出版社 2003 年版,第 181 页。
③ 谢雄伟、张平:《论共犯关系的脱离之根据》,《学术界》2006 年第 3 期,第 63 页。
④ 张明楷:《外国刑法纲要》(第 2 版),清华大学出版社 2007 年版,第 340 页。
⑤ [日]铃木茂嗣:《刑法总论(犯罪论)》,成文堂 2001 年版,第 214 页。
⑥ [日]大谷实:《刑法讲义总论》(新版追补版),成文堂 2004 年版,第 495 页。

中止行为的全体或部分共犯均可以成立犯罪中止,成立犯罪中止的法律效果是减免处罚,这一法律效果及于成立犯罪中止的整体或部分共犯。但共犯关系脱离的对象仅限于部分共犯(如果全部共犯均成立脱离,就属于共犯的预备、未遂),就这些共犯而言,尽管对脱离之后的行为或结果不必承担刑事责任,不过,针对脱离之前的行为则并不一定成立中止犯(有可能不构成犯罪,也有可能构成预备罪、障碍未遂、中止未遂或既遂犯)。也就是说,共犯关系的脱离,"在否定所发生结果的归属这一点上,具有实际意义"。①

第三,二者的成立要件不同。与单独正犯的中止未遂要件相同,共犯中止也以中止行为的任意性和没有发生结果为要件,而共犯关系的脱离属于只有结果发生时才有必要探讨的问题,并不一定以任意性为必要,只是如果具有任意性,那么,就有成立中止犯的可能性。其要件为,共犯关系脱离之后的犯罪行为是基于新的共犯关系所实施。另外,在共犯中止的情形下,只要全体或部分共犯人实施"中止行为",即便相互之间并不存在"中止意思的联络",仍然可以成立中止犯;而共犯关系的脱离则以其他共犯的认可(至少是认识或察觉)为必要(片面共犯属于例外)。②

第四,二者在犯罪论体系中的定位不同。共犯关系的脱离属于共犯论特有问题,是适用中止犯规定之前的共犯理论的极限问题,应当从因果共犯论的视角来研究共犯关系脱离者对脱离之前的参与行为应承担何种责任,对脱离之后其他共犯的行为以及结果是否应承担责任等问题。共犯中止属于发生在共同犯罪过程中的犯罪中止问题,是犯罪中止的特殊表现形式,应结合共犯理论,从犯罪中止理论的视角来研究共同犯罪人是否成立犯罪中止以及对成立犯罪中止的共犯者如何处罚等问题。③ 也就是说,共犯关系的脱离从共犯论的视角考察最为有效,而共犯中止则从未遂论的角度探讨更有助于问题的解决。④

总之,尽管共犯关系的脱离与共犯中止有重合部分,但二者在本质上并不相同,共犯关系的脱离理论完全可以独立展开,而不必受犯罪中止理论的束缚。问题是,我国刑法没有就共犯的未完成形态专门做出规定,日本也没有规定,德国虽

---

① [日]川端博:《共犯论序说》,成文堂 2001 年版,第 90 页。

② 王昭武:《论共犯关系的脱离》,刘明祥主编:《武大刑事法论坛》(第二卷),中国人民公安大学出版社 2005 年版,第 122 页。

③ 刘雪梅:《共犯中止研究》,中国人民公安大学出版社 2011 年版,第 309 页。

④ [日]西田典之:《论共犯的中止》,《法学协会杂志》第 100 卷第 2 号,第 222 页。

然对共犯中止问题做出规定,①但这种规定并非针对共犯关系的脱离,而是规定中止行为与犯罪完成与未完成之间不需要因果关系,而只要行为人主动努力阻止行为完成即应不予处罚,因此,如何在现行刑法框架内解决共犯关系的脱离问题,即共犯关系脱离的根据何在,值得探讨。②

二、共犯关系脱离之相关判例

判例在大陆法系国家具有相对重要的法律渊源地位。共犯关系脱离理论在日本判例中有突出的地位,甚至可以说,日本有关共犯关系的脱离理论无不是以判例为基础而提出并展开的。除日本的判例之外,德国、韩国也有有关共犯关系脱离的判例。

（一）日本判例中共犯关系脱离之意思表示和认可之意义

有关共犯关系的脱离,日本最早的可举着手实行后脱离的判例。案情是这样的:被告人与共犯者 A 取得意思上的联络后,决定对被害人 B 实施暴力行为来教训他,某日深夜,被告人和 A 一起,用竹刀等凶器对 B 施加了大约一个多小时的暴力行为,导致被害人的面部、颈部、背部等多处受到不同程度的伤害。该暴力行为前后持续几个小时,被告人在实施暴力的过程中,对 A 说"我先回去了",但被告人并没有表明对 B 的暴力行为到此为止,也没有向 A 表明不要继续对 B 实施暴力行为等,单独离开现场。③

针对此案,最高裁判所的判旨是:"在被告人离开现场的时段,A 对被害人的暴力制裁并没有解消,由于被告人在没有采取任何措施的情况下独自离开,因此,很难认定当初被告人与 A 之间形成的共犯关系已经解消,被告人离开现场后的 A 的暴力行为,仍然属于当初俩被告人共谋后的持续行为。"由此可见,就共同正犯者而言,在解消共谋关系的基础上,如果未能做到防止犯罪行为继续实施的措施,那么,即便另一共犯者单独实施的犯罪行为,由于该行为仍属于此前共谋的延续,因此,不能认定为共犯关系的脱离而应负共同正犯的刑事责任。

---

①　德国刑法第 24 条(犯罪中止)第 2 款规定:"在数人共同犯罪中,其中主动阻止犯罪完成的,不因未遂而处罚。如该犯罪没有中止犯的行为也不能完成的,或该犯罪的未遂与中止犯以前参与的行为无关,只要行为人主动努力阻止该犯罪完成,即应不予处罚。"(参见徐久生、庄敬华译:《德国刑法典》(2002 年修订),中国方正出版社 2004 年版,第 50 页。)

②　陈洪兵:《共犯论思考》,人民法院出版社 2009 年版,第 192 页以下。

③　《刑集》第 43 卷第 6 号,第 567 页。

（二）有关着手前脱离的判例

根据日本下级裁判所的传统判例，有关实行行为着手前的共犯关系的脱离，有以下基本原则，即"即便与他人共谋实施犯罪行为，在着手实行之前向另一共谋者表明有意中止犯罪，另一共谋者认可这一事项，基于脱离者之外的共谋而实施犯罪行为，那么，此前的共谋可以评价为并没有存在过，因此，共犯关系的脱离者就其他共犯人实施的犯罪行为，没有必要负刑事责任"①。然而，这一原则是以"共谋关系的完全解消"为其前提的，即"与他人共谋实施犯罪的行为人，即便在着手实行之前决意退出犯罪的实施，如果未能阻止其他共谋者的犯罪行为的实施，或者说，至少未能解消与其他共犯者的共谋关系，如果其他共犯者基于原有的共谋实施犯罪行为，那么，仍然要负共同正犯的刑事责任"②。也就是说，"一旦共谋实施犯罪行为，着手实行之前向其他共谋者表明有意退出，如果其他共谋者认可这一退出行为，由其他共谋者实施犯罪行为，那么，共犯关系的脱离者没有必要对其他共犯者所实施的犯罪行为负刑事责任。但是，就共谋关系脱离的认定而言，有必要完全解消自己与其他共犯人之间的共谋关系，尤其是，如果有意退出共谋关系的行为人属于共谋集团的主谋，即处于可以支配其他共谋者地位的话，有必要将共谋关系恢复到共谋之前的状态，否则，就不能认定共谋关系的解消"③。

不过，也有判例认为，有关共谋关系脱离的要件没有必要过于严格。比如，针对数人共谋抢劫而先后准备匕首等凶器后，其中一人基于悔悟而离开，其余共谋者实施抢劫一案，裁判所认为，"即便共谋关系的脱离者既没有阻止其他共谋者实施抢劫行为，也没有明确表示脱离的意思，就其他共谋者而言，已经意识到共谋脱离者的脱离事实，在此基础上，由其他共谋者再次共谋继续实施抢劫行为而付诸实施的情形下，可以将其他共谋者的行为视为默认了脱离者的行为，在这种情形下，脱离共犯关系的共谋者只负第一次共谋，即抢劫预备的刑事责任，而不必对其他共谋者实施的抢劫罪负刑事责任。然而，即便共谋抢劫，在着手抢劫之前，既然向其他共谋者表明有意脱离该共谋，那么，其他共谋者后来实施抢劫行为，由于并非基于脱离者所参与过的共谋而实施，因此，即使并没有明确表明有意脱离共谋关系，可以将其视为默示的表明"④。可见，在这种情形下，如果其他共谋者"认可默示的脱离意思"，由于与"基于脱离者共谋的实现犯意"不同，因此，不必负共同

① 《高刑集》第3卷第3号，第407页等。
② 《东京高等裁判所时报》第8卷第2号，第39页。
③ 《刑事裁判月报》第8卷第11－12号，第495页。
④ 《高刑集》第6卷第1号，第1页。

正犯的刑事责任。

(三)判例中的共犯关系脱离要件之意义

日本的判例对共谋关系脱离的成立要件,用不同的基准进行判断。第一,以"表明脱离的意思"及"认可"为基准。第二,是否"完全解消共谋关系"。第三,由其他共谋者实施的犯罪行为,是不是基于脱离者曾参与过的"共谋",即"共谋与犯罪行为之间的因果关系"。第四,针对其他共谋者的犯罪行为"是否采取过阻止措施"。①

有观点认为,从上述判例的基准之间的相互关系,可以得出以下结论:"表明脱离的意思"以及"认可"这一基准,可以说是第二基准之是否"完全解消共谋关系"的下位基准。换言之,第二基准是上位概念,只要有表明脱离的意思和认可,那么,可以推断拟制的共谋关系已经完全解消。因此,作为判断共谋关系完全解消的下位基准,包含着"排除共谋关系""解消共谋关系"以及"强制结束共谋关系"等基准。这两个基准,在判例中,一般作为认定共同正犯的"意思上的联络"为着眼点而使用的。② 需要注意的是,实现判例中的"共谋关系的完全解消",需要"有必要将共谋关系恢复到共谋之前的状态"。而判断第三基准之是否"基于共谋",认定共谋时"心理性因果关系"的存在与否至关重要。第四基准与第三基准一样,包含着与共谋者"共谋"的心理性因果关系,尤其是作为预备行为而实施的针对"参与行为"的"物理性因果关系"。也就是说,这两个基准至少要求"共谋与实行行为之间因果关系"的存在。

(四)德国与韩国的判例

在德国的刑法理论中,没有共谋共同正犯理论。因此,如果共谋者中的一人,在着手实行犯罪行为之前脱离共犯关系,原则上不成立共同正犯。当然,有关共同正犯的着手实行时期,有全体解决说和个别解决说的对立。根据全体解决说,共谋者中的一人着手犯罪行为,共谋者全体就成立犯罪的着手,因此,即便共谋关系的脱离者没有着手犯罪的实行,也成立犯罪的着手。

但是,根据德国刑法第30条的规定,即针对重罪的教唆未遂也受处罚,在正犯者并没有着手实行的情况下也能受到处罚。

然而,近年来德国的判例抛开纯粹主观说,逐渐采纳折中的规范性混合说

---

① [日]山中敬一:《共谋关系之脱离》,《立石二六先生古稀祝贺论文集》成文堂2010年版,第548页。

② [日]町野朔:《惹起说的调整、点检》,《内藤谦先生古稀祝贺论文集》有斐阁1994年版,第128页以下。

（normative Kombinationstheorie），并成为有力说。不过，至今为止采纳的仍然是主观说。根据主观说，实质上和共谋共同正犯的结论完全一样，即共谋者中的一人即便没有着手实行，也能成立正犯。①

比如，被告人与 B 女同居并育有一子，另外一名女子 S 也生活在这个家庭中，有一天，三人共谋抢劫银行。其实，抢劫银行的计划很早以前就有，因此，B 女和 S 女为了实施犯罪计划，事先偷了两辆自行车以备犯罪时使用。某一天，三人去银行准备抢劫，每个人的手中都有气枪。根据抢劫计划，两名女子用气枪威胁银行员工，被告人越过银行柜台抢劫现金。但是，在银行门口，被告人有所悔悟，告诉B 女不想抢劫，同时也劝她们俩。当两名女子进入银行时，被告人并没有进去。被告人离开银行后不久，又来到银行，这时，两名女子已经抢劫成功。

法院的判旨是：三人共同实施的行为，均构成强盗恐吓罪之未遂，这一点没有异议。问题是，被告人究竟成立抢劫罪的共同正犯的既遂还是帮助。被告人口头上劝两名女子不要抢劫，这一时段并没有超出犯罪预备。如果被告人在这一时段没有实施有效行为，那么，共犯关系的脱离行为停留在参与阶段，因此，可以从轻处罚。但是，被告人所实施的行为，是基于共同犯罪意图上的，针对促进实现构成要件的预备行为和帮助行为。这种行为与共谋抢劫和实施犯罪计划时被告人的心理性参与行为一样，即便决意退出实施符合构成要件的实行行为，但没有失去其实际意义。因此，被告人的行为相当于参与抢劫银行的既遂行为。②

有关共犯关系的脱离基准，德国的判例认为，第一，在犯罪预备阶段参与共谋，在此基础上，针对犯罪的实施有心理性因果关系、所实施的行为属于提高犯罪效率，那么，即便在脱离之前有脱离的意思表示，也应负共同正犯或帮助犯的刑事责任。共同正犯和帮助犯的区别，可以以实施自己的犯罪还是帮助他人的犯罪这一正犯原理为基准。第二，如果正犯在犯罪途中放弃非法占有为目的这一主观要件，即便继续参与犯罪行为，不成立共同正犯，只能成立帮助犯。在上述情况下，共谋关系的脱离，即便没有告知其他共谋者也应予以肯定。第三，如果所实施的犯罪行为并非当初共谋的，而是"另外一种犯罪"的话，均不成立共同正犯、教唆犯

---

① ［日］山中敬一：《共谋关系之脱离》，《立石二六先生古稀祝贺论文集》成文堂 2010 年版，第 550 页。
② 转引自［日］山中敬一：《共谋关系之脱离》，《立石二六先生古稀祝贺论文集》成文堂 2010 年版，第 552 页。

以及帮助犯。①

在韩国的司法实践中,也有有关共犯关系脱离的判例。比如,甲、乙、丙均隶属于某暴力团,有一天,他们接到上司的命令,要求杀害另外一名暴力团成员丁,为了实施杀人行为,三人共谋并拟定了具体方案。在实施犯罪行为之前,甲基于某种悔罪感,在乙和丙尚未着手实施杀人计划之前悄然离开。后来,乙和丙按原计划实施了杀人行为。韩国大法院认为,共谋者中的一人,在其他共谋者尚未着手实施共谋计划之前脱离共谋关系的话,脱离者对其他共谋者所实施的犯罪结果,不必负共同正犯的刑事责任。②

针对共犯关系脱离问题,韩国刑法理论界的主流观点认为,如果共谋者均没有实施共谋过的犯罪计划,即处于犯罪预备状态,那么,原则上没有谈论中止未遂的余地。犯罪计划时的教唆,如果有处罚预备罪的规定,那么,成立预备罪;犯罪计划时的帮助行为,则以无罪处理。在本案中,其他共谋者乙和丙尚未着手犯罪行为,此时甲已经脱离共谋关系,因此,并没有共同正犯的客观要件之"共同实行行为"。也就是说,并不具备基于共谋的构成要件的全部或部分客观要件,甲同时也就没有机能意义上的行为承担。因此,甲不必承担丙和乙所实施的,杀人行为的共同正犯之刑事责任。③

三、共犯关系脱离之相关学说

(一)学说概观

如前所述,日本刑法虽然没有有关共犯关系脱离的规定,但日本刑法理论和判例已经形成了独到的共犯关系脱离的理论和学说。在早期,由于理论界和实务界一直坚持共同犯罪的"部分行为的全部责任"原则,因此,共犯关系的脱离一般作为共犯中止问题来探讨。④ 但是,只要未能阻止危害结果的发生,由于不可能构成中止犯,这种研究显然缺乏说服力。首先,从刑事政策的视角来看,明显不尽合理,因为这不利于"鼓励参与犯罪的人中途放弃犯罪"。⑤ 其次,中止犯理论无法涵盖共犯关系的脱离,因为只要存在共犯关系,就有可能发生共犯关系的脱离。

---

① [日]山中敬一:《共谋关系之脱离》,《立石二六先生古稀祝贺论文集》成文堂 2010 年版,第 563 页。

② [韩]裴锺大:《刑法总论》(第 8 全订版),弘文社 2005 年版,第 609 页。

③ [韩]裴锺大:《刑法总论》(第 8 全订版),弘文社 2005 年版,第 609 页。

④ [日]川端博:《刑法总论讲义》(第 2 版),成文堂 2006 年版,第 595 页。

⑤ 马克昌:《比较刑法原理》,武汉大学出版社 2002 年版,第 745 页。

比如,共犯关系的脱离发生在着手实行之前,只要尚未构成未遂,就很难适用中止犯的规定,即便共犯关系的脱离发生在着手实行之后,比如在伤害致死的情形下,就不存在探讨未遂成立与否的余地。这种情形下,针对死亡结果应否追究共犯关系脱离者的责任,也无法作为中止犯处理。在日本刑法中,共犯中止只能发生在着手实行之后、既遂之前,尤其是着手实行之后共犯关系的脱离,如果将其与单独正犯的中止犯平等对待,以"共犯中止"的成立条件要求"共犯关系的脱离",不仅容易引起理论上的混乱,而且也难以对"幡然醒悟者"给予切实的法律救济。针对这种情况下的共犯关系的脱离者,既不公平也过于残酷。因此,即便犯罪结果已经发生,在一定条件下,仍可发生共犯关系的脱离,进而共犯关系的脱离者对脱离后的行为不必承担刑事责任。如果具备"任意性"要件,还可以成立犯罪中止。①这已成为当今日本刑法学界的主流观点,于是,共犯关系脱离理论逐步从共犯中止中独立出来,并形成了各种学说。

(1)共同意思欠缺说

这种观点认为,故意属于主观违法要素,在共同正犯中,共同参与(加功)②的意思即"意思上的联络"发挥故意的作用。因此,如果欠缺"意思上的联络",那么,针对此后的个人行为就不能作为全体行为来评价。共同正犯因具有共同参与的意思(意思上的联络),而应共同承担"故意"的责任。如果共同正犯在犯罪过程中改变犯意、欠缺意思上的联络时,其后的个人行为,就不能作为全体行为予以评价。换言之,在共同正犯关系中,只要缺乏意思上的联络,就不应将每个人的行为视为共犯的整体行为,判断意思上的联络是否已经中断,其基准是为阻止犯罪结果的发生而付出努力的真挚程度,而非是否实际上已经阻止犯罪结果的发生。③ 由于这种观点并没有就此展开论述并提出共犯关系脱离的理论,于是,倾向于这种观点的学者认为:"在共同意思主体说看来,只要放弃并向其他共犯表明已放弃共同实行这一犯罪意思,并得到其他共犯的认可,则认为,至此所形成的共同意思主体已经解消或消灭。其后,不再存在包括脱离者在内的共同意思主体现

---

① 　金泽刚:《论共犯关系之脱离》,《法学研究》2006 年第 2 期,第 101 页。

② 　汉语并没有"加功"一词,目前,我国大部分刑法论著均直接借用日语"加功"一词。其实,该词的原意是:参与(介入)、帮助犯罪行为、共犯。(参见最新版广辞苑电子词典。)因此,将其译为"参与"或许更为贴切,因为汉语中的"参与"的含义是:参加(事务的计划、讨论、处理)。(参见中国社会科学院语言研究所词典编辑室编:《现代汉语词典》(修订本),商务印书馆 2001 年版,第 119 页。)

③ 　[日]井上正治:《共犯与中止》,平野龙一等编:《判例演习》(刑法总论)有斐阁 1960 年版,第 209 页以下。

象,并且,脱离者就脱离之前的共同正犯关系成立中止犯。"①

(2)障碍未遂准用说

这种观点认为,既然中止犯是有关未遂的规定,因此,在共同正犯的情形下,没有成立中止犯的余地,这是无法撼动的前提。但是,如果行为人为了从共犯关系的脱离而做出了真挚的努力,即便最后的中止行为(防止结果发生)以失败而告终,在切断共犯关系脱离之前行为影响力的情形下,考虑到主动放弃共同实行行为,应以准障碍未遂处理,这样,即便与成立中止犯时量刑上必要减免的处遇相比较,也得到了很好的调和,即虽然比既遂轻但比中止重。② 这种观点虽然得到了部分学者的支持,却处于少数说的地位。

(3)因果关系切断说

这种观点认为,共犯在中途脱离的情形下,必须与中止区别开来。共犯关系的脱离分为着手前的脱离和着手后的脱离。首先,在正犯着手前,教唆者企图说服被教唆者中止犯罪,而被教唆者没有接受仍然实施犯罪的情形下,由于教唆者未能阻止其教唆引起的结果,因此,无法适用中止犯的规定。但是,如果教唆者消除了教唆的效果,被教唆者基于自己的意思决定将犯罪实施完毕的,可以认为教唆行为与被教唆者的犯罪实行之间没有因果关系,教唆者不必负教唆犯的刑事责任。其次,正犯基于被教唆者着手实施犯罪后,或者共同正犯一同着手实施犯罪后,如果教唆犯或者部分正犯只是单方脱离共犯关系的,针对随后其他共犯实施的犯罪行为还应承担责任,但是,如果是因为一方的说服使得对方一时中止犯罪后,对方又基于自己的意思继续实施犯罪的,共犯关系的脱离者对脱离前的行为承担中止犯的责任,没有必要对脱离后的行为承担责任。在这种情形下,由于脱离者的行为与其他共犯人的实行行为之间不存在因果关系而应免予承担刑事责任。③

也有观点认为,从共犯处罚根据之因果共犯论(惹起说)的立场出发,共犯对与自己的共犯行为(教唆、帮助以及共同正犯行为)不存在因果关系的符合构成要件的事实不必承担共犯的刑事责任。因此,即便实施了共犯行为,如果后来消除了促进犯罪的效果,使得与随后的符合构成要件的事实之间没有因果关系,可以视为行为人从原有的共犯关系脱离或解消,之后,正犯或者其他共犯人所引起的

① ［日］冈野光雄:《共同正犯的脱离》,《研修》第 509 号,第 10 页。
② ［日］大塚仁:《刑法概说(总论)》(第 3 版增补版),有斐阁 2005 年版,第 330 页以下。
③ ［日］平野龙一:《刑法总论Ⅱ》,有斐阁 1975 年版,第 384 页以下。

符合构成要件的事实,脱离者不必承担作为共同正犯的刑事责任,这种切断了共犯因果关系(物理性因果关系及心理性因果关系)的情形,就是刑法理论上的共犯关系的脱离或共犯关系的解消。在肯定共犯关系脱离的前提下,如果发生在正犯或者其他共犯人着手实施犯罪之前,除有可能承担预备罪的责任之外,不必负其他刑事责任;在着手实行后既遂之前脱离的,共犯关系的脱离者在未遂的范围内承担共犯的刑事责任(基于自己的意思脱离共犯关系的,成立中止犯)。① 这种观点得到了大部分学者的支持,是日本的通说。

(4)共犯关系解消说

这种观点认为,在共犯关系中,部分共犯人向其他共犯人表明共犯关系脱离的意思,其他共犯人对此表示认可,那么,即便继续完成犯罪,由于共犯关系脱离后的其他共犯人是基于新的共犯关系或犯意而实施的,因此,包括共犯关系脱离者在内的原有共犯关系的影响力已经消除,从这一层意义上说,因果关系切断说的主张是合理的。但是,对成立共犯关系脱离来讲更为重要的是,因脱离而解消脱离前的共犯关系,之后成立的是新的共犯关系或者说形成了新的犯意,从这一层意义上讲,重视物理性、心理性因果关系的立场不尽妥当,因为作为因果性问题处理,实际上认定共犯关系的脱离往往非常困难。也就是说,共犯关系的"脱离必须达到解消既存共犯关系的程度。"②

如前所述,德国刑法典第24条第2款以及第31条第2款规定的,共犯者以前的参与行为与犯罪的完成无关的犯罪中止,就是指其他共犯者的行为已经达到犯罪既遂,但主动阻止犯罪完成的共犯者在犯罪既遂之前解消了自己先前的参与行为对既遂结果的影响力,并且为阻止犯罪完成付出了真挚的努力而成立犯罪中止。这种类型的共犯中止实质上就属于共犯关系的脱离,只不过比日本刑法中共犯关系的脱离甚至共犯中止的要件严格得多。由于在日本刑法中,如果脱离了共犯关系,且还具备任意性条件时,就应认定为犯罪中止,成立共犯关系的脱离和共犯中止,并不要求行为人为阻止犯罪完成付出真挚的努力。但是,德国刑法还进一步要求中止者必须为阻止犯罪结果发生做出真挚的努力。由于德国刑法有这样的规定,在德国的刑法理论界,基本上按这一规定来进行解释,因此,也就没有像日本那样的专门的共犯关系脱离的理论。

有关共犯关系脱离问题,在韩国的刑法理论界,一般以共谋关系脱离问题来

---

① [日]山口厚:《刑法总论》(第2版),有斐阁2007年版,第352页。
② [日]大谷实:《刑法讲义总论》(新版追补版),成文堂2004年版,第497页。

对待。由于2004年韩国第46次司法考试题中出现过这一问题,因此,近年来备受关注。韩国刑法理论中的主流观点认为,所谓共谋关系脱离问题,是指共谋犯罪后,尚未达到既遂阶段时,部分共谋者脱离共犯关系后,脱离者究竟应承担怎样一个刑事责任问题。具体包括两种情形:(1)着手实行后共谋关系的脱离。在着手实行后脱离共谋关系的情形下,涉及共同正犯中止未遂问题。这时,完全防止结果的发生或阻止所有共同正犯人实施实行行为便成立中止未遂。中止未遂成立的前提下,不具备任意性的共同正犯则成立障碍未遂。(2)着手实行之前的共谋关系脱离。这种情形又可以分为:①在共谋过程中脱离的情形下,事关预备中止问题,多数说认为,如果预备刑期重于中止刑期时,根据罪刑均衡原则,应当适用中止未遂的规定。②共谋后尚未着手之前脱离时,与共谋共同正犯的成立条件相同。由于我国刑法理论界的多数说否定共谋共同正犯的共同正犯性,因此,如果立论于共同意思主体说或间接正犯类似说,共谋关系的脱离者也有可能构成共同正犯,但是,基于机能性行为支配说,只参与共谋而没有参与实行行为者,只能成立预备、阴谋罪。① 由此可见,在韩国的刑法理论界,有关共犯关系脱离的学说,并没有像日本那样形成激烈的争论。

(二)本文的立场

在上述几种学说中,共同意思欠缺说有一定的合理性,因为,除片面共犯之外,共犯之间意思上的联络是成立共犯不可或缺的条件,但是,这里探讨的并非共犯或者犯罪中止的成立条件,而是共犯关系脱离本身的成立要件。因此,将共犯关系脱离的成立要件简单地还原为共犯的成立要件,仅仅以缺乏意思上的联络为由,得出脱离者对脱离后的其他共犯的行为及结果不承担责任这一结论缺乏足够的说服力。另外,这种主张还存在以下不足:第一,是否为阻止结果的发生而做出真挚的努力,这与其说是共犯关系脱离的要件,不如说是中止犯的成立要件,因而不得不说这种主张尚未跳出传统中止犯理论的研究范畴,有混淆共犯关系脱离与共犯中止之嫌。第二,犯罪共同说将主观意思联络视为成立共犯的必要要件,但行为共同说并不把意思联络作为不可或缺的要件。根据这种主张,由于片面共犯的共犯人之间并不存在意思上的联络而不构成共犯,显然有违客观事实。第三,一旦缺乏意思上的联络,共犯人之间心理上的相互影响或许会消失,但在着手实行后的情形下,部分犯意业已客观化,其是否对既遂产生影响,并不取决于中止人

---

① ［韩］:裴锺大:《刑法总论》(第8全订版),弘文社2005年版,第608页。

的意思本身,因此,单纯的中止行为抑或是缺乏意思上的联络,尚不足以成立中止犯。① 另外,完全不考虑诸如提供犯罪工具等物理性影响,难免有扩大免责范围之虞。② 可见,这种观点并不可取。

障碍未遂准用说的缺陷在于:第一,这种观点对那些实施了真挚的中止行为,却未能阻止其他共犯完成犯罪的行为人而言,具有补救对策的作用,对此应当肯定。但是,尽管行为人实施真挚的中止行为,如果行为人在中止行为之前所实施的共犯行为与既遂结果之间存在明显的因果关系,对此仍作为障碍未遂进行处理,理论依据不够充分,只是一种"应景对策"而已。③ 因为,在中止行为具有任意性的情形下,既然不能成立中止犯,当然也就不能构成障碍未遂,而应负既遂的责任;反之,在任意中止的情形下,既然能够构成障碍未遂,缘何无法成立中止犯?④ 第二,这种观点的前提是,既然成立共犯关系,并基于此而实施实行行为,从"部分行为的全部责任"的立场出发,就不应否定共犯关系的脱离人脱离之前的行为和结果之间存在的因果关系,因此,不可能仅仅成立预备或未遂。但是,"部分行为的全部责任"的原则,仅在成立共犯关系的范围内适用。因此,如果认定共犯关系的脱离,能够适用于同一原则之根基的共犯关系已经被解消,因此,这种观点并不妥当。⑤ 第三,由于共犯关系的脱离可以发生在共犯关系存续的任何阶段,因此,将共犯关系脱离的时间限定在着手实行之后、既遂之前,这似乎与客观现实不符。第四,这种观点从中止犯法定刑的比较出发,力图保持两者在处断上的平衡。但是,共犯关系的脱离和共犯中止属于不同层面上的问题,不能单纯比较两者的法定刑,脱离者的罪责不一定经常比中止犯重。在共犯关系脱离的情形下,究竟构成障碍未遂还是构成中止未遂,应根据具体情况而定,并不一定非要考虑与中止犯的法定刑之间是否保持平衡。⑥ 第五,这种观点没有抓住共犯关系脱离的本质。可见,这种观点同样不可取。

因果关系切断说的不足是:第一,正如有观点所指出的那样,"如果不存在因果关系,当然应免受刑责,完全没有必要将其设定在共犯关系的脱离这一框架之

① [日]西田典之:《论共犯的中止》,《法学协会杂志》第 100 卷第 2 号,第 250 页。
② 金泽刚:《论共犯关系之脱离》,《法学研究》2006 年第 2 期,第 103 页。
③ [日]西田典之:《论共犯的中止》,《法学协会杂志》第 100 卷第 2 号,第 267 页。
④ [日]中山研一:《刑法总论》,成文堂 1982 年版,第 508 页。
⑤ [日]大谷实:《刑法讲义总论》(新版追补版),成文堂 2004 年版,第 498 页。
⑥ 张明楷:《外国刑法纲要》(第 2 版),清华大学出版社 2007 年版,第 267 页。

内"①。第二,在这种观点中,共犯关系的脱离意味着因果关系的切断,而因果关系的切断不外乎是指切断正在进行中的因果关系,这本应是指防止了结果的发生,因此,在结果已经发生的情况下,能否说因果关系已经被切断,这毫无疑问。即便从相当因果关系的视角来看,也不能不说,相当因果关系存在与否与因果关系切断与否并不属于同一问题。② 第三,有关共犯关系切断的判断基准同样存在问题。首先,因果关系的切断基准不尽明确。其次,这种观点一边坚持因果关系切断说的基本立场,一边又从规范性视角出发试图缓和切断基准,而主张"因果关系切断缓和说",即主张无须完全切断因果关系。然而,如果能够切断因果关系且具有客观基准,那么,就不存在缓和切断基准的必要。这充分说明这种主张的不合理性。再次,这种观点的最大问题是,以因果性为问题时,在大部分情形下,认定共犯关系的脱离非常困难,因此,这种主张有不当缩小共犯关系脱离的范围之嫌。因为,在诸如提供决定性信息或提供技术性帮助的情形下,只要其他共犯利用该信息或技术实施犯罪,因果性自然在延续。也就是说,心理性影响一旦形成,完全消除几近不可能。③

共犯关系解消说虽然是从因果关系切断说演进而来,但是,这种主张并没有止于仅仅对因果关系切断说的补充。因果关系切断说将共犯关系脱离前后的共谋视为同一共谋关系,从共犯关系脱离者脱离前的行为对结果的发生是否具有因果影响力这一视角研究共犯关系的脱离,与此相反,共犯关系解消说则认为,共犯关系脱离之时,结果并没有发生,犯罪尚处于未遂或预备阶段,因此,应当从其后的犯罪行为以及结果是否由并不包括共犯关系脱离者在内的新的共谋关系所引起,这一视角进行研究。这正是共犯关系解消说与因果关系切断说的关键区别所在。这种主张的内容主要有:着手之前的共犯关系的脱离,除非在共谋时提供凶器等共犯关系依然存续的情形之外,一般只要有共犯关系脱离的意思表示,并得到其他共犯的认可即可。原则上,着手之后(包括既遂之后)很难成立共犯关系的脱离,但是①在实行行为的中途表明共犯关系脱离意思,②并得到其他所有共谋者的认可,而且,③通过积极实施能够防止结果发生的行为阻止其他共犯的实行行为,进而使得基于当初的共谋所实施的行为归于没有发生,就可以认定共谋关系已归于解消。由于此时的共犯关系的脱离必须基于本人的真挚努力,那么,只

---

① [日]香川达夫:《共犯处罚之根据》,成文堂1988年版,第166页。
② [日]冈野光雄:《共同正犯的脱离》,《研修》第509号,第10页。
③ [日]大谷实:《刑法讲义总论》(新版追补版),成文堂2004年版,第496页等。

要能够认定成立共犯关系的脱离,则作为着手之后、既遂之前的共犯关系的脱离的法律效果,应当成立中止未遂。①

这种观点的共犯关系脱离基准为共犯关系是否被解消,即在行为人脱离共犯关系之后,其他共犯是否通过犯意的再确认而形成新的共谋,并据此继续实施犯罪。日本的不少判例也以解消共犯关系作为共犯关系脱离的要件。本文基本倾向于这种观点。当然,这种观点并非完美无缺。②

我国共犯关系脱离的依据只能是刑法第 23、24 条有关犯罪未遂、中止的规定。学界一般认为,犯罪未遂和中止主要是针对单独犯的规定,这也正是人们常常以单独犯的基准去判断共犯未遂与中止的缘由。但是,从刑法条文上看,犯罪未遂与中止的规定并没有排除共犯的适用。另外,如果不假思索地用单独犯的基准去判断共犯的未遂与中止,结论也未必可靠,比如,通常认为既然已经发生了既遂结果,何谈未遂与中止?但是,无论是共犯还是单独犯,每一个人赖以承担责任的行为和结果均是从规范评价上能够归责于自己的行为与结果。比如,刑法第 23 条犯罪未遂中"未得逞",就是从行为人本人角度看的未得逞,其他共犯人的"得逞",针对行为人来说可能还是"未得逞"。同样,即便其他共犯人没有中止犯罪而继续实施乃至完成犯罪,对于中止行为人来说,仍然可能评价为"自动放弃犯罪或者自动有效地防止犯罪结果的发生"③。正如有观点所指出的那样,脱离的共同正犯人作为单独犯来看,如果否定了与其他共犯人所引起的现实结果之间的因果关系,则对共犯关系的脱离者来说就应评价为"结果没有发生"。也就是说,这可谓事实上结果发生的"相对化"和共犯人的罪责的个别化,因而作为中止未遂对待具有正当性,也是对"部分行为全部责任"原则的修正。④ 因此,即便发生既遂结

---

① 金泽刚:《论共犯关系之脱离》,《法学研究》2006 年第 2 期,第 105 页。
② 第一,这种观点认为,共犯关系脱离的意思必须向其他所有共犯表达,且必须得到其他所有共犯的认可,对此不无疑问。首先,比如就骚乱罪的附和随从者而言,要求其必须向其他所有共犯表明脱离的意思,这几乎不可能,也无此必要。其次,能够得到其他所有共犯的认可当然最为理想,但在默示的情形下,是否得到了对方的认可很多时候并不明确。第二,这种观点对着手之后的脱离要件规定得过于严格。首先,这种观点不无混同脱离与中止未遂之嫌,这是因为,根据具体情况,对脱离之前的行为既有适用或准用中止未遂的,也有适用障碍未遂的,而并非一概适用中止未遂;其次,对于除"首犯"以外的其他共犯,比如骚乱罪等集团犯罪的末端参与者,作如此要求显然过于苛刻。第三,这种观点认为退出行为必须基于本人的意思,具有任意性,这一点是否合理,有待商榷。(参见金泽刚:《论共犯关系之脱离》,《法学研究》2006 年第 2 期,第 105 页。)
③ 陈洪兵:《共犯论思考》,人民法院出版社 2009 年版,第 198 页。
④ [日]川端博:《刑法总论讲义》(第 2 版),成文堂 2006 年版,第 607 页。

果,由于每个人只对与自己行为具有因果性的结果负责,针对共犯关系的脱离者来说仍然可能被评价为没有发生结果,没有既遂,在不具有任意性的情形下成立未遂,在具有任意性的情形下成立犯罪中止。换言之,只要我们转换视角,不用单独犯的基准去判断,就不难接受共犯关系脱离理论所得出的结论。①

四、共犯关系脱离要件及不同类型之认定

如前所述,共犯关系脱离是有关犯罪结果的归属问题,而共犯中止是有关已成立的未遂犯的可罚性问题。前者属于共犯论特有的问题,后者与其说是共犯论问题,不如说是未遂犯论问题。尽管二者存在部分重合,共犯关系的脱离有可能适用共犯中止规定,但二者的本质却不同。根据共犯关系解消说,只有在成立共犯关系脱离的基础上,同时具有"中止行为的任意性"和"结果未发生",共犯关系的脱离者才能成立中止犯,因此,共犯关系的脱离与单独正犯的中止犯是可以并存的概念。以共犯关系解消说为基础,判断共犯关系是否已解消取决于以下两点:第一,部分共犯关系的脱离行为(口头或动作)已为其他共犯者所认可;第二,正是因这一共犯关系脱离行为的存在,其他共犯者如欲继续实施犯罪行为,就必须通过新的犯意而重建新的共犯关系。②

（一）共犯关系脱离要件与"任意性"

共犯关系脱离理论的旨趣在于,从共犯论的视角对共犯关系脱离之后共犯关系是否依然存在作实质性考察,进而准确界定共犯关系的脱离者(尤其是做出真挚努力的)的刑事责任。在大部分情况下,尤其是主谋者、教唆犯、物理性帮助的情形下,如果没有任意地实施共犯关系的脱离行为(积极劝阻等),则不足以解消共犯关系,无法成立共犯关系的脱离,因此,共犯关系的脱离一般应当基于本人的意思并具有任意性。③ 但是,社会变化万千,诸事难以预料,共犯现象也不例外。共犯关系的成立并不意味着这种关系一定就会维系到最后,既有部分共犯基于各种原因不得不退出,也有部分共犯途中醒悟,而自动放弃犯罪行为的情形。这样一来,针对这两种情形是否应作等同之评价,便有待探讨。

日本刑法理论界的部分观点认为,共犯关系脱离者抛开犯意的动机如何,与是否成立共犯关系的脱离并没有关联。但是,根据共犯关系解消说,只要行为人

---

① 陈洪兵:《共犯论思考》,人民法院出版社 2009 年版,第 199 页。
② 金泽刚:《论共犯关系之脱离》,《法学研究》2006 年第 2 期,第 106 页。
③ 王昭武:《论共犯关系的脱离》,刘明祥主编:《武大刑事法论坛》(第二卷),中国人民公安大学出版社 2005 年版,第 125 页。

退出共犯关系,且该共犯关系归于解消,就应成立共犯关系的脱离,对共犯关系脱离之后的行为和结果不必承担刑事责任,这与"任意性"并没有必然联系。也就是说,不管着手前后,如果具有"任意性",则相对更容易成立共犯关系的脱离,但"任意性"并非共犯关系脱离的必要条件。① 比如,在着手实行之后,因被警察发现而四处逃离的情形下,如果在并没有通知"共犯关系脱离者"的情况下,包括主谋者在内的部分共犯其后重新集结,并完成了预期犯罪,可以说,后一个犯罪行为是基于新的共谋而实施的,那么,针对并没有参与后一个犯罪行为的"平等型共犯"而言,认定其成立共犯关系的脱离,亦无不可。但是,任意性的有无影响到共犯关系脱离前行为的刑事责任,特别是在着手之后既遂之前的情形下,更是判断中止犯成立与否的重要基准;而在着手之前或既遂之后,则仅是酌情量刑的事由之一。② 也就是说,任意性的有无并非判断共犯关系脱离成立与否的决定性因素,但是,如果没有任意性,则绝无成立中止未遂的可能性。

与任意性相关的问题还有如何评价"真挚努力"。作为对现行日本刑法的解释,如果共同正犯完成了全部实行行为,只要未能阻止结果的发生,那么,所有共犯都要对所发生的结果承担刑事责任。至于为阻止结果的发生,态度是否真挚以及真挚的程度如何,至多在量刑阶段予以考虑。③ 然而,在共犯关系脱离的情形下,真挚努力是否必不可少以及如何评价行为人做出的真挚努力,在日本的刑法理论界,有不同观点的对立。需要注意的是,作为共犯关系脱离的要件,日本的判例对主谋者之外的"平等型共犯",并没有特别要求。本文认为,共犯关系的脱离并不以"真挚的努力"作为必不可少的要件,而且,即便做出"真挚的努力",如果未能解消既存的共犯关系,那么,仍然无法成立共犯关系的脱离。

(二)共犯关系的脱离与其他共犯者的"认可"

不管着手与否,日本的判例多以其他共犯对共犯关系脱离的"认可"作为要件之一,并得到了部分观点的支持,④不过,也有观点持否定态度。⑤

本文认为,应当以其他共犯对共犯关系脱离的"认可"作为共犯关系脱离的要件,不过,对其应当进行宽泛解释。理由是:第一,在部分情形下,几乎不大可能得

---

① 金泽刚:《论共犯关系之脱离》,《法学研究》2006 年第 2 期,第 107 页。
② 王昭武:《论共犯关系的脱离》,刘明祥主编:《武大刑事法论坛》(第二卷),中国人民公安大学出版社 2005 年版,第 126 页。
③ [日]佐久间修:《刑法讲义(总论)》,成文堂 1997 年版,第 396 页。
④ [日]大谷实:《刑法讲义总论》(新版追补版),成文堂 2004 年版,第 497 页等。
⑤ [日]西田典之:《论共犯的中止》,《法学协会杂志》第 100 卷第 2 号,第 242 页等。

到其他共犯的"认可"。首先,在片面共犯的情形下,由于共犯关系可以基于一方的意思而建立,当然也可以基于一方的意思而解消,如果以得到对方的"认可"为要件,无疑是在否定片面共犯这一概念本身。其次,比如在违反集团游行条例的案件中,如果部分途中随意参与,而参与行为本身对游行行为整体几乎没有作用的一般参与者试图退出,要求这些人得到其他共犯的认可似乎过于苛刻。① 第二,并非所有判例均要求必须得到其他共犯的"认可",认为只要达到"察觉""意识""认知"程度的也不在少数。第三,如果某些共犯因不满共犯关系的脱离而实施阻碍行为,共犯关系的脱离者坚决将其排除,从结果上来说,只能视为存在"认可",进而应认定成立共犯关系的脱离。②

本文认为,就共犯关系脱离而言,是否得到其他共犯的"认可",应当包括其他共犯是否意识或察觉到"脱离"。即只要其他共犯已经意识或察觉到共犯关系脱离者的"脱离"即可。也就是说,有关共犯关系的脱离是否得到其他共犯者的"认可"之解释,在某种情况下,可以包括其他共犯者意识以及察觉。

(三)共犯关系脱离的法律效果

共犯关系脱离的法律效果可以归纳为:第一,只要成立共犯关系的脱离,不管脱离的时段,均对共犯关系脱离后的行为和结果不负刑事责任。第二,在着手实施犯罪行为之前脱离共犯关系的,原则上可以否定共犯的成立。第三,在着手实行行为之后、既遂之前脱离共犯关系的,针对共犯关系脱离之前的行为承担未遂的刑事责任,如果具备"任意性"要件,成立中止未遂。第四,在既遂之后脱离共犯关系的,对共犯关系脱离之前的行为和结果承担既遂的刑事责任,并不存在适用中止未遂的可能性。③

(四)共犯关系脱离不同类型之认定

能否成立共犯关系的脱离,取决于有意脱离共犯关系的行为人,针对其他共谋者实施共谋后的犯罪行为时,就共谋时所寄予的影响程度,脱离行为能否解消共谋关系而决定。共谋共同正犯的成立以共谋为前提,然而,作为共谋的结果,着手实行行为之前属于预备阶段,即察看犯罪现场、准备犯罪工具、搜集相关信息等。根据共犯关系脱离的时段,可以分为①共谋后阶段和②预备行为后两个

---

① 王昭武:《论共犯关系的脱离》,刘明祥主编:《武大刑事法论坛》(第二卷),中国人民公安大学出版社 2005 年版,第 127 页。

② 金泽刚:《论共犯关系之脱离》,《法学研究》2006 年第 2 期,第 108 页等。

③ 王昭武:《论共犯关系的脱离》,刘明祥主编:《武大刑事法论坛》(第二卷),中国人民公安大学出版社 2005 年版,第 127 页等。

阶段。

(1)共谋后的共犯关系的脱离

共谋实施犯罪行为后,决定分工、计划具体实施方案或者开始具体准备,但是,在尚未进入准备阶段,这时表明脱离共犯关系属于这种类型。在这种情况下,针对共谋的成立,根据共犯关系的脱离者所发挥的作用,对共犯关系脱离的要件会发生影响。

①主谋者共犯关系的脱离

在有决定性影响力的主谋者的犯罪组织中,主谋者往往决定具体犯罪实施计划,当处于这种地位的主谋者有意脱离共犯关系时,主谋者不仅要表明脱离共犯关系,同时对部下明确转达脱离共犯关系的意思,在其他共谋者认可这一意思的基础上,放弃原有的大部分犯罪计划,在另一名新出现的主谋者的引领下实施犯罪行为,那么,共犯关系的脱离者就不必承担共谋共同正犯的刑事责任。这时,由于脱离共犯关系的意思表示得到了其他共谋者的认可,共同正犯成立要件之"意思上的联络"不复存在,共犯关系的脱离者自然也就不能成立共谋共同正犯。处于主谋地位的共谋者,往往对犯罪的实施具有行为支配性,由于其他共谋者在具体实施犯罪行为时,已经无须共犯关系的脱离者,即从某种意义上的行为支配独立出来,实施了规范意义上的另一实行行为,因此,原有的共同正犯性便得以否定。① 但是,其他共谋者表面上虽然"认可"共犯关系的脱离,实质上仍然实施原主谋者参与过的犯罪计划,由于试图脱离共犯关系的主谋者仍然具有主谋地位,以及基于其先行行为产生阻止原犯罪计划实施的作为义务,因此,如果未能阻止原犯罪计划的实施,那么,就有可能负共同正犯的刑事责任。当然,其他共谋者明言无法接受犯罪的中止,主谋者理应负共同正犯的刑事责任。②

主谋者被其他共犯者排除在实施犯罪计划之外,在主谋者不知情的情形下,其他共谋者仍按原计划实施犯罪,被排除者(主谋者)不必承担共谋共同正犯的刑事责任。③ 由于在这种情况下,基于被排除在实施犯罪计划之外,主谋者已经失去了对实施犯罪的意思支配力。但是,基于原来共谋犯罪计划,仍然残留着教唆结果,如果后来由其他共谋者实施的犯罪,与原计划具有同一性,就要承担教唆的刑事责任。当然,如果能够证明所实施的犯罪属于另一性质的犯罪,就不必承担

---

① [日]山中敬一:《共谋关系之脱离》,《立石二六先生古稀祝贺论文集》成文堂2010年版,第568页。

② 《刑事裁判月报》第8卷第11-12号,第495页。

③ 《刑集》第13卷第1号,第127页。

教唆的刑事责任。如果主谋者参与过的共谋计划,几个月以后在主谋者不知情的情形下由其他共谋者付诸实施,那么,就不必负教唆犯的刑事责任。①

上述类型中,即便肯定共犯关系的脱离而不成立共同正犯,如果基于原共谋的犯罪计划,在心理上能够影响其他共谋者后来实施的犯罪行为,那么,就有可能负教唆或帮助的刑事责任。

由主谋者引领的犯罪集团一般有两种类型:第一,对等(平等)型共谋共同正犯类型,这是指犯罪同伙之间基本处于平等状态,其中,一名成员偶然成为引领者,负责犯罪制定计划和实施等事项。与此相对应的是,第二,支配型共谋共同正犯,有较强的组织性,内部分工明确,有上下级关系,在这类犯罪集团中,主谋者往往在背后指使部下实施犯罪行为。平等型和支配型的这种差异,实际上对即便否定共谋共同正犯,带来是否作为教唆、帮助而予以追究责任的问题。原则上,即便两种类型均不成立共谋共同正犯,也有可能成立教唆犯。但是,在对等型的情况下,替代共犯关系脱离者之主谋者,如果新的主谋者已经确定,那么,原主谋者只是对后来犯罪的实施有某种意义上的促进作用,因此,可以将原主谋者评价为帮助犯。不过,在支配型情形下,原主谋者仍然留有决定性影响力而可以将其评价为教唆犯。②

②积极参与者共犯关系的脱离

在共犯关系的脱离者积极参与犯罪策划的情形下,也就是说,即便不是主谋者,积极参与犯罪的行为人脱离共犯关系,需要其他共犯者的认可。积极参与者脱离共犯关系,根据参与的程度,即针对整个犯罪计划的影响程度,有时可以适用主谋者共犯关系脱离的认定基准,有时则可以适用一般参与者共犯关系脱离的认定基准。如果行为人被排除在共犯关系之外、强制结束共犯关系或共犯关系解消的情形下,不成立共谋共同正犯关系。

在能够肯定共犯关系脱离的情形下,一般不成立共同正犯,但是,有可能承担教唆犯或帮助犯的刑事责任。因为积极参与犯罪策划并有具体建言的共犯关系的脱离者,即便得到其他共犯者认可,或者被排除在共犯关系之外,如果原犯罪计划仍然被其他共犯者所实施,那么,否定作为教唆、帮助的责任归属关系并不具有必然性。基于其他共谋者认可共犯关系脱离者的脱离,由于对其后犯罪的具体实

---

① [日]山中敬一:《共谋关系之脱离》,《立石二六先生古稀祝贺论文集》成文堂2010年版,第569页。

② [日]山中敬一:《共谋关系之脱离》,《立石二六先生古稀祝贺论文集》成文堂2010年版,第569页。

施已经不存在支配关系,因此,可以否定共谋共同正犯关系的成立。

③一般参与者共犯关系的脱离

所谓一般参与者,是指消极参与或事后认可主谋者的犯罪计划,并发挥一定作用的情形。一般参与者与积极参与者不同,共犯关系脱离时,并不需要其他共犯者的明确认可。其他共谋者对共犯关系的脱离者,只要知悉该共犯关系的脱离者的脱离或能够推定认可,就不必负共谋共同正犯的刑事责任。因为这种关系下的脱离,意味着共犯关系脱离者对其他继续实施犯罪已经失去了任何行为支配性。①

(2)预备行为后共犯关系的脱离

共谋关系成立后,已经开始预备行为并发挥一定作用,途中脱离共犯关系或预备行为结束后表明脱离共犯关系时,根据参与共谋的程度和分工情况,决定共犯关系是否脱离。在这种情形下,试图脱离共犯关系的行为人,由于在预备阶段"行为寄予"的一部分已经开始实施,而这种寄予已经由其他共谋者实施,即具有某种意义上的因果关联性。因此,原则上共犯关系的脱离者,有必要消除已经发挥的寄予效果。当然,在这种类型中,否定共同正犯的正犯性,由于有必要充足共同正犯的成立要件,因此,没有必要完全消除寄予,即恢复原状的必要性。因为,即便不能否定因果性影响,通过寄予的中性化,可以评价行为并不具有支配意义,那么,就可以肯定共犯关系的脱离。②

①主谋者共犯关系的脱离

主谋者策划的犯罪计划作为预备行为已经开始付诸实施,主谋者脱离共犯关系并得到其他共谋者的认可,这种情形下,由于原犯罪计划已经失去支配意义,主谋者不成立共谋共同正犯。不过,在这种情形下,由于基于主谋者共谋的预备行为已经付诸实施,因此,不仅作为主谋者的地位,基于共谋和物理性寄予所带来的危险的先行行为而产生防止犯罪结果发生的义务,因此,除了其他共谋者的认可这一心理性中立化之外,主谋者还有必要实施物理性中立化行为。

不仅是基于共谋的心理性因果关系,同时基于预备阶段中的预备行为,在物理意义上,如果不切断通过预备行为已设定好的对犯罪行为的因果关系,那么,即便不成立共同正犯,原则上也要负"教唆犯"的刑事责任。如果"教唆行为"与犯

---

① [日]町野朔:《惹起说的调整、点检》,《内藤谦先生古稀祝贺论文集》有斐阁1994年版,第140页。

② [日]山中敬一:《共谋关系之脱离》,《立石二六先生古稀祝贺论文集》成文堂2010年版,第572页。

罪的实行没有因果关系,那么,像故意杀人罪、抢劫罪那样,在有处罚预备罪的情形下,针对预备阶段中的行为寄予,既然基于这种行为寄予有实施实行行为的危险性,那么,可以肯定预备罪的成立。①

②积极参与者共犯关系的脱离

就参与共谋的同时有行为寄予的积极参与者的共犯关系脱离要件而言,原则上除了共谋这一阶段的共犯关系脱离要件之外,有必要对预备阶段的行为寄予予以中立化。即便共同正犯性通过共谋关系的脱离而得到肯定,在这种类型中,基于犯罪计划的,作为预备行为的行为寄予后的共犯关系的脱离成为问题,因此,如果不能切断行为寄予和犯罪行为之间的心理性、物理性因果关系,那么,难免要承担教唆犯或帮助犯的刑事责任。

③一般参与者共犯关系的脱离

有关预备阶段中一般参与者的共犯关系脱离要件,有必要对物理性行为寄予进行中立化行为。以明示的方式表达的共犯关系脱离的意思表示,并不是共犯关系脱离的不可或缺的前提。在这一阶段,有一则判例认为,行为人参与其他共谋者事先共谋好的犯罪行为,即从某一仓库窃得大量物品,分给行为人的任务是准备车辆和充当司机。在这种情况下,如果行为人连车带人整体退出,其他共谋者对该行为人共犯关系的脱离,即"认可""共犯关系脱离的默示之意思",那么,就应否定共同正犯的成立,即便没有其他共谋者的"认可",如果能够"推定"共犯关系的脱离,那么,同样可以否定共同正犯的成立。比如,行为人参与共谋后并没有完成分担的任务,在预备阶段开始消极怠工,与其他共谋者保持距离,可以推定其他共谋者知悉这一情况并给予认可,行为人实际上也没有来到犯罪现场,那么,可以视为已经脱离了共犯关系。在这种情形下,可以推定其他共谋者已经默许行为人脱离共犯关系,因此,可以认定行为人脱离了共犯关系。

在这种情形下,行为人既然实施了行为寄予,因此,根据所实施的行为寄予的重要程度,尤其是未能切断预备阶段所实施的行为寄予所带来的物理性因果关系,那么,共犯关系的脱离者有可能承担帮助犯的刑事责任。比如,提供抢劫时用的匕首的行为人准备脱离共犯关系时,如果未能收回匕首或者在表示脱离共犯关系时,即便收回作为切断物理性因果关系的行为人提供的潜入银行的路线图、进入银行的钥匙,由于路线图和钥匙已经被复制,其他共犯人使用复制的路线图和

---

① ［日］山中敬一:《共谋关系之脱离》,《立石二六先生古稀祝贺论文集》成文堂 2010 年版,第 574 页。

钥匙盗窃成功的话,有可能要负帮助犯的刑事责任。①

五、结语

参与共谋的行为人中途退出共犯关系,积极阻止其他共犯者继续实施犯罪行为,但还是发生了结果,在这种情形下,容易想到的就是作为共犯中止处理。但是,既然已经发生了结果,仍然作为中止犯处罚似乎与中止犯的规定不符。其实,不能生硬地将单独犯成立中止、未遂的基准套用到共犯相关问题的处理上。共犯之间并非连带责任,行为人仍然是在对自己的行为和结果负责。如果行为人的共犯关系脱离行为,切断了与其他共犯人随后实施的行为及其结果之间的因果关系,根据因果共犯论,行为人不应对与自己的行为没有因果性的犯罪结果承担刑事责任,因此,在共犯关系中,即便发生了既遂结果,部分共犯人仍有成立未遂或中止的余地,这就是刑法理论上的共犯关系的脱离问题。

根据共犯关系解消说,只要存在共犯关系,就有可能成立共犯关系的脱离。另外,因共犯关系脱离的时期、脱离者在共犯关系中所处的地位和所起的作用,共犯关系脱离的要件也不尽相同。共犯关系脱离的法律效果是,只要成立共犯关系的脱离,则不问共犯关系脱离的时期,均对其后的行为与结果不再承担共同正犯的刑事责任。但是,对共犯关系脱离之前的行为和结果承担何种刑事责任,则应具体分析。

共犯关系的脱离是有关犯罪结果的归属问题,而共犯中止是有关已经成立的未遂犯的可罚性问题,尽管二者存在重合部分,共犯关系的脱离虽然有适用共犯中止的余地,但二者的本质不尽相同,属于不同理论层面上的问题。根据共犯关系解消说,只有在成立共犯关系脱离的基础上,同时具备"中止行为的任意性"和"结果未发生"这两个要件,共犯关系的脱离者才能成立中止犯,因此,共犯关系的脱离和单独正犯的中止犯理论并不矛盾。

根据共犯关系解消说,就本文开头的案例而言,林某虽然试图脱离共犯关系,但林某只是口头上说脱离,由于未能有效地解消共谋关系,也没有实施真挚努力,因此,应当负绑架罪共同正犯的刑事责任。

---

① [日]原田国男:《最高裁判所判例解说刑事篇》,法曹会1989年,第187页。

第十四章　不作为与共犯

一、问题的提出

犯罪嫌疑人乙企图潜入某公司的仓库内实施盗窃,甲发现乙试图潜入,如果大喊一声"抓小偷!",乙也许不敢潜入或中止潜入行为,由于甲视而不见,乙的盗窃行为得逞(既遂),在这种情形下,甲能否成为盗窃罪的共犯?假设甲是该公司的职员、巡逻中的警察或者是该仓库的保安,甲究竟应当负怎样的刑事责任?

行为人没有阻止或放任犯罪行为的实施,就是基于不作为参与犯罪的问题。在这种情形下,是否成立基于不作为的正犯、共同正犯、帮助犯,就是不作为与共犯问题。有关不作为与共犯问题,早在 19 世纪末,德国的判例就肯定过不作为的帮助犯。二战后,在德国的刑法理论界,出现了诸多有关不作为与共犯的理论和学说。到了上个世纪 50 年代,德国的判例相继肯定了不作为的帮助犯和共同正犯。根据判例的这种立场,有关不作为的共犯问题,逐渐成为德国刑法理论界激烈争论的理论问题之一。[1] 在深受德国刑法理论影响的日本,二战后出现了有关不作为共犯的判例,不过,最早只限于不作为的帮助犯。以判例的出现为契机,在日本的刑法理论界,有关不作为与共犯问题逐渐引起了学者们的关注,近年来成为热点问题之一。[2] 由于该问题不仅涉及正犯与共犯的区别,还和不纯正不作为犯的作为义务等问题密切相关,因此,无论是在德国还是在日本,均未能达成共识。有关这一问题,在韩国的刑法理论界,至今并没有引起过多的关注,只有部分学者在其论著中有所提及。[3] 在我国的刑法理论界,有关不作为与共犯问题的研

---

① 刘瑞瑞:《不作为共犯研究》,广西大学出版社 2009 年版,第 1 页。

② [日]中山研一等:《刑法 1》(共犯论),成文堂 1997 年版,第 189 页。

③ [韩]裴锺大:《刑法总论》(第 8 版),弘文社 2005 年版,第 758 页

究相当薄弱,甚至可以说基本没有涉足。不仅司法实践很少涉及这一问题,即便是在刑法理论界,也没有对这一问题给予足够的关注。

有关不作为与共犯,主要包括以下几个问题:(1)针对不作为犯的基于作为形式的参与,即不作为犯＋作为,比如,他人教唆母亲不给婴儿哺乳。(2)针对作为犯的基于不作为形式的参与,即作为犯＋不作为,比如,父亲目睹他人伤害自己的小孩而没有予以阻止。(3)不作为间的相互作用,即不作为＋不作为,比如,父母商议后共同不给有先天性残疾的小孩充足的食物导致其死亡。不作为与共犯问题讨论的重点在于第二种情形。大陆法系的刑法理论认为,有关不作为与共犯,至少需要解决两个问题:一是有关不作为犯是否存在正犯和共犯的区别问题;二是参与者相互之间的共同性在什么时点、应当在怎样一个范围内予以肯定。有关前者,虽然是可罚的不作为,是否存在以不作为正犯处罚的可能性;有关后者,狭义共犯也好,广义共犯也罢,参与者与正犯对侵害结果的发生是否具有共同性,以及在怎样一个范围内具有共同性,这些问题,必须统一地加以说明。①

由于我国没有采用正犯·共犯二元犯罪参与体系,因而不作为与共犯问题中不存在正犯与共犯(指狭义共犯,尤其是帮助犯)区别问题,而仅需要解决以下两个问题:第一,不作为共犯本身的可罚性问题,即与单独不作为犯一样,要解决是否存在作为义务问题,这是不作为共犯成立的前提。第二,在肯定存在作为义务的前提下,不作为者是单独成立犯罪,还是与作为者成立共同犯罪,即如何处罚的问题。

二、基于不作为的共犯

有关基于不作为的共犯问题,在德日刑法理论中,争论的焦点主要集中在不作为犯中的正犯与共犯的区别问题,以及基于不作为的教唆问题。

(一)区分不作为犯中正犯与共犯的相关学说

日本的判例和学说一般认为,针对作为的正犯来说,可以成立不作为的从犯,不过,针对不作为犯中的正犯与共犯区别问题,并没有过多的讨论。然而,在德国的刑法理论界,有关这一问题的争论相对激烈。详言之,针对传统的将作为共犯基准能否适用于不作为共犯,部分观点认为,应当从不作为的本质和构造出发,重新构筑不作为共犯成立与处罚的理论,而不应适用作为共犯的理论。

首先,日本的通说肯定基于不作为的从犯。也就是说,在法律法规上,有义务

---

① ［日］平山干子:《不作为犯与正犯原理》,成文堂 2005 年版,第 73 页以下。

防止正犯实施犯罪的行为人,违反该义务而故意懈怠防止犯罪结果的发生,就成立基于不作为的从犯。二战前德国的通说与此相似,肯定基于不作为的从犯,有义务阻止正犯实施犯罪的行为人,违背作为义务便成立基于不作为的从犯。莱比锡裁判所的判例也倾向于这种立场。即使在战后,也有部分学者倾向于这种主张。①

其次,立论于共犯论的观点主要有主观说、行为支配说和格拉斯说。

主观说最早是由德国学者鲍曼提出,鲍曼也是最早论及区分不作为正犯与共犯学说的学者之一。他认为,具有意识与意欲的共同行为,不仅存在于二人皆为正犯的不作为的形态,而且存在于一方正犯者为"作为",另一方正犯者为"不作为"的犯罪形态中。前者的情形是指父母亲同时放任婴儿濒临饿死的状态;后者的情形是指父亲在一旁放任母亲的溺婴行为。② 不过,在他看来,依据客观标准区分不作为的正犯与共犯,在不作为领域里是极为困难的,因为与作为者相伴的不作为者不可能具有任何对因果关系的支配性。因此,他主张在区分二者时,应当把重点放在不作为者的主观心理态度上,并依此来进行判断。因此,从理论上来讲,最终还是行为人的主观内容发挥决定性作用。以正犯者的意思实施不作为,成立不作为的正犯;以共犯者的意思实施不作为,则成立不作为的共犯。

行为支配说原本是把作为形式的行为支配作为核心而构建的理论,是德国有关作为犯的通说,但是,由于不作为与作为在实体构造上有很大差异,因此,在不作为中并不能直接适用行为支配理论。即便这样,也有观点主张,即使在不作为形式的正犯与共犯的区分中,仍然可以适用行为支配说。德国学者基尔维茵(Kielwein)就主张应当根据行为支配说来理解保障人行为的实质不法内容。这样,从整体事实状态来看,无论是因第三者的故意行为,还是基于过失行为,或是因偶然自然现象产生的因果事实,首先应该关注的是保障人是否亲手支配或控制了现实的因果事实。当刑法上的结果发生完全依赖于保障人时,就可以直接断定其掌握或控制了因果事实。也就是说,保障人违反防止结果发生的义务而不作为,那么,由于其单独控制或支配结果的发生,因此,根据全体事实中其所具有的地位,应该认定为正犯。根据这种主张,在作为者支配整体事实时,保障人成立帮助犯;但在作为者实施行为后离开现场,在结果侵害的因果流程中只有保障人能

---

① 　[日]大野平吉:《不作为与共犯》,载阿部纯二等编:《刑法基本讲座》(第4卷),法学书院
　　 1992年版,第113页。

② 　[日]神山敏雄:《围绕不作为的共犯论》,成文堂1994年版,第49页。

够支配该事实时,保障人则成立正犯。① 针对未能防止自杀结果的发生一案,德国联邦裁判所曾经采纳过行为支配说。②

格拉斯在论及不作为的正犯与共犯的界限时,虽然承认在作为这一犯罪形态中,是否存在行为支配是区分正犯与共犯的标准,但是,他认为在不作为的犯罪形态中,适用这一原则是否合理却有待探讨。在格拉斯看来,不作为者的行为支配,只有在防止结果发生的可能性这一层意义上是重要的,并且,这种"潜在的"行为支配,属于"不作为构成的作为",但是,无法在区别不作为的正犯与共犯过程中发挥作用。单纯依据不作为者潜在的行为支配,并不能立即将该不作为者定为正犯。只要潜在的行为支配与作为者现实的行为支配并存,潜在的行为支配就不能够证明不作为者是正犯。作为者直接引起符合构成要件结果时,应将只是没有防止该结果发生的不作为视为具有支持作为的功能。因此,违反义务没有阻止作为者实施行为的人,原则上不是正犯,只是帮助犯。但是,根据情况的不同,当被保护者完全依赖保障人的保护功能时,保障人的不作为对社会的重要性来说,与作为正犯引起的结果同样,可以认为是原则的例外,是正犯。也就是说,当作为者仍然支配行为过程时,未能阻止作为者行为的保障人是从犯,但是,当作为者并没有支配行为过程时,未能防止结果发生的保障人则是正犯。③

以不作为犯为基础的学说则认为,不作为共犯理论既然探讨的是不作为形式的共犯问题,就应该以不作为犯论为基础进行探讨。代表人物有德国的阿明·考夫曼、休雷特和罗克辛。④

考夫曼认为,除了缺少构成要件要素的情况以外,所有的不作为在性质上都是正犯。

休雷特在有关不作为的正犯与共犯的区分标准问题上,提出了基于违反义务的性质和内容上加以探讨的理论。具体而言,这种主张将违反作为义务分为三种形态:第一,违反保障人义务。当不作为者因特殊关系对应该给予保护的法益之存续必须承担责任时,如果违反该义务而没有阻止第三者对该法益的侵害行为,

---

① 刘瑞瑞:《不作为共犯研究》,广西大学出版社 2009 年版,第 6 页。

② [日]大野平吉:《不作为与共犯》,载阿部纯二等编:《刑法基本讲座》(第 4 卷),法学书院1992 年版,第 113 页。

③ [日]大野平吉:《不作为与共犯》,载阿部纯二等编:《刑法基本讲座》(第 4 卷),法学书院1992 年版,第 113 页。

④ 刘瑞瑞:《不作为共犯研究》,广西大学出版社 2009 年版,第 11 页以下。[日]大野平吉:《不作为与共犯》,载阿部纯二等编:《刑法基本讲座》(第 4 卷),法学书院 1992 年版,第113 页等。

那么,该不作为就是正犯。第二,违反监督义务(犯罪阻止义务)。不作为者不是针对一定的法益,而是针对一定的人实施的犯罪行为赋有应该阻止的义务,却没有进行阻止时,应该承担帮助犯的罪责。第三,违反根据先行行为所产生的作为义务。不作为者因先行行为使得第三者的犯罪成为可能,从制造侵害法益之危险的先行行为中产生义务时,需要特殊对待。

罗克辛则认为,不作为者只有在以下两种情况下才能成为正犯。第一,存在不作为的构成要件,并且必须是通过不作为具有了独立的实施该犯罪的可能性;第二,要想判定不作为者是正犯,必须有防止结果发生的义务。因此,在缺少上面两个要件中的一个要件的时候,才可以肯定不作为共犯。并且虽然有防止结果发生的义务,但是,不作为正犯仍然可以被排除的情况有:亲手犯、个人专属的义务犯罪以及侵占罪三种形态。在同一个构成要件里,将违反作为义务的不作为者有时认定为正犯,有时则认定为共犯是不可能的。只有在保障人命令构成要件不存在的时候(亲手犯、个人专属的犯罪以及侵占罪),不作为帮助才有独立意义。

(二)有关基于不作为教唆的不同主张

在日本的刑法理论界,通说否定基于不作为的教唆。理由是:不活动的(静止)人是无法唤起针对行为的决意,为了使教唆成立,至少应让对方了解行为者的意思,因此,不作为的教唆不可能成立。由不作为来产生的精神性影响,不是保障人的范围;所谓教唆,是指给予精神性影响,从而引起他人实施犯罪的意思。通过不作为来与别人保持精神上的联系,这种情况难以想象;用不履行法律义务这种不作为让正犯者产生犯罪意思的因果关系能否得到肯定同样有疑问。① 德国的通说也否定基于不作为的教唆。②

也有观点原则上否定基于不作为的教唆,不过,主张在一定范围内可以成立基于不作为的教唆犯。这种观点认为,例如,由于不注意的一些言行而诱发了他人犯罪意思的人,尽管随后意识到这一事实,却没有予以更正,采取放任的态度,从而使犯罪行为得以实施。由于教唆者使用轻率的言辞而让被教唆者错误地认为这是针对杀害的教唆,并且,教唆者随后认识到这一事实却采取了放任的态度,从而被教唆者实施杀人行为而构成杀人罪。如果认为在错误地监禁人、放火、窝藏犯人、窝藏赃物、污染净水等场合,尽管事后认识到这一事实,并且能够防止结

---

① [日]桥本正博:《不作为犯与共犯》,载西田典之等编:《刑法的争论点》(第3版),有斐阁2000年版,第119页。

② [日]中山研一等:《刑法1》(共犯论),成文堂1997年版,第191页。

果的发生却放任不管,没有予以防止时,如果不作为的故意罪名成立,那么,在上述两种情况下,也应该承认不作为的故意教唆,而没有否定的理由。另外,在上述两个例子中,如果否定教唆而肯定不作为的正犯,那么,这种观点本身存在问题。之所以这样认为,是因为,尽管发现自己的轻率,却没有加以更正而放任不管的情形下,应该认为背后的人已经实行了犯罪,所以,即便在被教唆者出于某种原因放弃了犯罪意思,没有实施犯罪行为,背后的人也要按未遂受到处罚。问题是,这种结论与作为的教唆的情况相比,很难令人信服。①

也有观点认为,在某些情形下,可以成立不作为的教唆。具体而言,第一,监督保障人的行为属于诱引犯罪的情形下,作为其结果,监督保障人未能阻止被监督者决意实施犯罪的情形。当然,在这一过程中,限于两者之间存在相互了解的默契,在这种情形下,监督保障人实际上发挥了犯罪提案者的作用。第二,结果保障人的行为属于诱引犯罪的情形下,第三者利用这种情形,没有防止侵害该结果的发生,在这种情形下,两者之间存在相互了解的默契是前提。第三,正如植田博士所主张的那样,基于自己轻率的言辞,诱发第三者实施犯罪的决意,明知这种危险的存在而没有防止该犯罪的实施。第四,针对不纯正不作为犯,应否肯定基于不作为的教唆虽然是个有待探讨的问题,在某些情形下,也应肯定能够成立。②

三、针对不作为犯的共犯

针对不作为犯的共犯问题,主要包括不作为与不作为之间的共同正犯、有作为义务者与无作为义务者之间的共同正犯、不作为与作为之间的共同正犯以及针对不作为的狭义共犯(教唆、帮助)。

有关不作为与不作为之间的共同正犯问题,日本的主流观点认为,不作为与不作为之间可以成立共同正犯。比如,父亲和母亲在意思沟通的前提下,针对溺水的有残疾的孩子没有予以救助,导致其死亡,由于可以肯定共同违反作为义务,因此,父亲和母亲构成不作为杀人罪的共同正犯。③ 不过也有观点认为,不作为没有故意,所以不可能形成共同行为的决心,而且又没有实行行为,因此,也不存在分工的可能性。例如,在发生灾难时,同住一屋的两人只有一同行动才能防止危害结果的发生,如果两人都不作为,那么,两人是作为共同者实施不作为,而非

---

① [日]植田重正:《共犯论中的诸问题》,成文堂1985年版,第189页以下。
② [日]神山敏雄:《不作为与共犯》,载中义胜等编:《刑法1总论》,苍林社出版1984年版,第335页以下。
③ [日]大塚仁:《刑法概说(总论)》(第3版),有斐阁1997年版,第97页等。

共同正犯中的不作为。也有观点基于目的行为论的立场考虑,在不作为的场合因不存在以作为为前提的故意行为,所以得出没有共同行为决心的结论是当然的。从物理意义上的行为构造上考察,不作为确实不可能像作为那样存在分工。① 另外,也有观点认为,就不作为的共同正犯而言,如果一个人单独无法完成作为义务的情形下,可以将这种情形视为不作为的同时犯。因为在这种情形下,不仅不存在不作为者相互间的实行行为,也不存在"正犯行为"的"分担"。其实,在德国的刑法理论界,将这种情形视为同时犯是通说。②

有作为义务者与无作为义务者之间,即保障人与没有作为义务者之间能否成立共同正犯? 比如,母亲甲与情人乙在意思沟通的前提下,没有给甲亲生的孩子丙以充足的食物而导致其死亡。不作为具备实行行为性,即具备正犯性需要满足正犯的构成要件,也就是说,在与正犯构成要件关系上,需要具备保障人的地位。在此基础上,将保障人地位视为一种身份的话,部分观点认为,根据日本刑法第65条之"加功于因犯人身份而构成的犯罪行为时虽无该身份,仍以共犯论。因身份致刑有轻重时,无身份者科以通常之刑"而可以成立共同正犯。③

如果将不作为与作为视为自然行为,由于很难认定共同实施,因此,它们之间能否成立共同正犯便成为有待探讨的问题。当然,在法律评价上,有可能共同实施同样符合构成要件的不作为和作为。比如,有义务救助自己孩子的父母,针对有残疾的孩子,一方以作为的形式实施伤害行为,另一方则视而不见的态度没有予以阻止,在这种情形下,有观点认为,这种情形下的不作为与作为,在构成要件的评价上并没有任何区别,因此可以成立共同正犯。④

有关不作为的教唆和帮助问题,德日刑法理论中的通说认为,既然能够肯定不作为的正犯,完全有可能使不作为的正犯者产生犯意,也有可能促使犯罪的实施或完成,即不作为的教唆和帮助是可以成立的。但是,正如前有所述,自阿明·考夫曼主张不作为犯没有"不作为的故意",无法满足使他人产生犯意这一教唆犯的构成要件,因此,针对不作为犯无法实施教唆行为。不过,这种主张很少有人赞同。因为即便是不作为犯,也有可能产生"不作为的故意",因此,如果能够引发他

---

① 陈家林:《外国刑法通论》,中国人民公安大学出版社 2009 年版,第 571 页。
② [日]中山研一等:《刑法 1》(共犯论),成文堂 1997 年版,第 191 页。
③ [日]大谷实:《刑法讲义总论》(新版),成文堂 2000 年版,第 451 页。
④ [日]前田雅英:《刑法总论讲义》(第 3 版),东京大学出版会 1998 年版,第 451 页。

人产生犯意,那么,可以依据教唆犯的相关规定予以处罚。①

有关针对不作为犯的从犯问题,否定针对不作为犯教唆的观点认为,由于不作为犯没有"不作为的故意",因此,同样不可能存在针对不作为犯的从犯。这种观点将针对不作为犯的帮助理解为基于作为的正犯。问题是,论证前提之"不作为的故意"本身令人费解。另外,即便肯定针对不作为犯的从犯,针对不作为犯来说,除了无形的从犯以外,是否能够成立有形从犯也是有待探讨的问题。针对不作为犯的从犯,绝大多数是以无形的形式实施的,但是,在某些情况下,也可以以有形的形式实施。比如,当丈夫发现妻子溺水,早想把妻子置于死地的丈夫视而不见,并将能够救助乙的唯一工具之小船予以毁坏,知悉上述情况后的情人甲,帮助丈夫一起毁坏小船就属于这种情形。②

四、不作为共犯的成立范围

(一)不作为犯中的正犯与共犯之区别

首先,有关基于不作为的共犯问题,日本的通说和判例均肯定基于不作为的从犯,通说和判例的旨趣是,针对作为的正犯,行为人如果以不作为的形式参与,那么,无论是在怎样的情形下均可以成立从犯。如前所述,有关这一问题,德国刑法学家考夫曼认为,不可能存在基于不作为的共犯,有作为义务的不作为者均成立正犯,然而,他却主张由于不作为的当罚性低于作为的当罚性,因此,针对不纯正不作为犯,可以依据旧德国刑法第49条和第44条的类推适用,在量刑上可以减轻其刑罚。由此可见,将基于不作为的共犯,以从犯予以处罚的日本的通说和判例的立场有其合理性。同时可以看出,考夫曼所主张的理论前提之目的行为论

---

① [日]大野平吉:《不作为与共犯》,载阿部纯二等编:《刑法基本讲座》(第4卷),法学书院1992年版,第116页。
② [日]大野平吉:《不作为与共犯》,载阿部纯二等编:《刑法基本讲座》(第4卷),法学书院1992年版,第116页。

本身存在缺陷。①

其次，主观说以不作为者的主观意图或犯意为依据，区分不作为的正犯与共犯。以正犯者的意思实施不作为的行为者为正犯，以共犯的意思实施不作为的行为者则属于共犯。然而，由于正犯意思和共犯意思纯属主观内容，因此，事实上非常难以认定。在认定不作为者的主观内容时，必须考虑参与者的利害关系或各种具体情形。问题是，如果从外部的各种客观状况或行为的外部形态来推定正犯者的意思或共犯者的意思，那么，存在于行为人内心中的主观内容，比如，追求结果发生的目的、动机或各种欲望等重要因素将无法成为认定的基准，可见，主观说也就无法称其为主观说。另外，按照主观说的内容，如果不作为的行为人希望犯罪结果发生，以达到一定的目的就是正犯；相反，不作为者只有帮助的目的就是共犯。当然，在理论上这样区分并非不可能，但是，在实际认定中这样区分却极为困难，甚至有可能出现认定不当的情况。比如，A 和 B 是作为者和不作为者，二者在主观上都出于支持对方完成犯罪的目的，因而在相互行为下定位各自的意图，二者都是共犯，但是，根据共犯从属性理论，没有正犯就不可能有共犯，共犯则不成立，因此，上述结论违背限制从属性原理。可见，以行为人的主观为依据区分正犯与共犯并不合理。

第三，基尔维茵所主张的行为支配说同样存在缺陷。因为，作为者通过积极的作为，根据犯罪计划使事态朝着发生法益侵害结果的方向发展。因此，积极的

---

① 目的行为论的缺陷是：首先关于不作为，由于它对结果没有因果性，不能根据意思支配因果现象，从而不可能是有目的的行为，所以，目的行为不能成为所有行动的上位概念。因此，威尔泽尔借用"行态"〔Verhalten〕这一概念作为包括作为和不作为的上位概念，此即在根据目的可能支配意思的能力的范围内人的积极的或消极的态度。对此，批判的观点认为，目的行为论不能成为所有犯罪行为的上位概念，如果以"目的行为"或者"人的行态"为上位概念，已经丧失了作为"行为论"的意义。其次，目的行为论虽然对故意犯能够提供恰当的说明，但用来说明不以结果发生为目的的过失犯就有所牵强。因为过失犯的行为所引起的危害结果，根本不存在于行为人的目的范围之内。威尔泽尔为了自圆其说，仍然主张过失犯的行为也是刑法中的目的行为，不过他认为，过失犯具有可能的或潜在的目的性。这一主张受到批判后，他又改变说法，企图用"法律所要求的目的性"的观念来说明。认为在社会生活中，为了避免某种法益被侵害，法律常常要求人们依某种目的性而行动，而行为人竟然违反这种法律的要求，没有被某种"目的所操纵"，以至于发生一定法益侵害的结果。不实施为了避免侵害法益所必要的目的性操纵，就是过失犯的本质。对此，批判的观点认为，然而，法律所要求的目的性，他的解释，不是存在论的范畴，另外，在行为概念中提出法律上无意义的目的性也是一个问题。由于这种学说存在上述缺陷，因此，在刑法理论界倾向于这种学说的并不多。（参见郑泽善：《刑法总论争议问题研究》，北京大学出版社 2013 年版，第 7 页。）

"作为"对结果的发生具有因果支配力,而不作为则没有这种支配力。也就是说,在不作为中,只有防止结果发生的可能性,这一点并不能成为区别基于不作为的正犯与共犯的基准。另外,针对作为者为实现结果而实施的行为所产生的因果关系,不作为者能否具有支配力,这一点是假定成立的。作为者虽然在实施行为以后没有防止结果发生的意识,但是,针对支配结果的发生,发挥主要作用的还是作为者积极的作为。因此,仅仅以作为者不具有防止结果发生的可能性,而不作为者具有防止结果发生的可能性,依此来断定不作为者具有潜在的行为支配能力,并不依此来具体认定不作为者是正犯,同样有欠妥当。总之,行为支配说认为行为支配与防止结果发生的可能性等同,然而,通常基于作为的教唆犯和从犯,也可以通过向警察报警或求救等介入手段防止危害结果的发生。如果认为这些行为人具有潜在的行为支配而将其解释为基于不作为的正犯,那么,恐怕教唆犯和从犯就没有存在的必要和余地。当然,或许可以根据防止结果发生的难易度区分正犯和共犯,但是,区分防止结果发生的难易度本身似乎不大可能。①

　　根据格拉斯的主张,在作为者的现实行为支配与保障人的潜在的行为支配并存时,并不能够判断保障人就是正犯。当作为者引起发生结果的危险后脱离该危险状态时,推导出的是与行为支配论同样的结论,但是,其根据以及说明方法却有区别。例如,威尔纳(Woerner)主张保障人具有行为支配,所以判定保障人为正犯。② 相反,格拉斯却主张保障人具有潜在的行为支配,从社会意义上来讲,可以同作为的正犯做同等评价,所以认定保障人是正犯。换言之,威尔纳是把只有保障人能够支配的状态作为行为支配来把握,并且根据该行为支配来认定其是否成立正犯。相反,格拉斯却根据同价值性这一基准来界定其正犯性。不过,在各种事例中,通过威尔纳的见解,可以用他独特的理论,以极为明确的形式界定正犯与

---

① 　[日]大野平吉:《不作为与共犯》,载阿部纯二等编:《刑法基本讲座》(第4卷),法学书院1992年版,第117页。

② 　威尔纳将事实进行详细的分类后,在其内部明确正犯与共犯之间的界限。即,第一种类型是作为者在实施能够实现构成要件结果行为之前,保障人明知其犯罪计划时的不作为态度。在这一阶段中,保障人为保全处于危险状态的利益,具有通过采取一定的保护措施或预防措施防止结果发生的可能性。第二种类型是作为者在开始实施犯罪计划阶段中,保障人明知有危险的情况。只要作为者将事实控制在自身之下,作为正犯者就具有事实上的行为支配,这就从潜在的行为支配中排除了不作为者。第三种类型是在结果尚未发生且能够防止其发生的阶段中,作为者离开事发现场的情形,这时的问题在于能否把潜在的行为支配归属于保障人。(参见刘瑞瑞:《不作为共犯研究》,广西大学出版社2009年版,第6页以下。)

共犯的界限;而格拉斯的同价值性理论,无论是从价值论上,还是从事实类型上,都不能够提供更多基准,所以对正犯与共犯的界定是比较抽象的。格拉斯认为不作为具有潜在的行为支配,这一点在所有的不作为中都是一样的。如果以此为前提,以是否具有同价值性来界定正犯与共犯,问题是,这一点基准本身过于抽象。①

如前所述,考夫曼认为,保障人的不作为可以直接适用于不作为的构成要件,这些人都是正犯。在以他的命令构成要件为前提的范围内,确实能够有足够的余地来引导出不作为适合上面构成要件的结论,并且还能引导出它应该受到和正犯同样处罚的结论。但是,这种观点是以刑法典上只有正犯的不作为构成要件为前提的,假设共犯的不作为构成要件也能够在实体法上得到考虑的话,那么,就不存在主张该学说的前提和基础。另外,考夫曼所主张的理论前提之目的行为论本身存在缺陷。

罗克辛的主张在简洁明快的构成形式上有可取之处,但是,在理论构成本身的具体效果方面确实存在不足之处。在纯正不作为犯中,侵害作为义务的人可以立即被判定为正犯是毫无疑问的。但是,与此相同的,认为在不纯正不作为犯中,侵害保障人义务的人原则上也是正犯这一点却是行不通的。因为,在前者的情形下,由于命令构成要件的规范接受人只是作为义务者,所以能够直接引导出正犯,但是相对的,如果从在作为构成要件中,被预定了禁止构成要件和命令构成要件来看的话,那么,围绕一个结果侵害,处于规范接受人身份的有非保障人和保障人,两者并存参与该结果侵害的时候,保障人首先是以作为者侵害结果为前提,没有防止该结果侵害的时候才能成为有待探讨的问题,所以在刑法的保护规范下,作为者发挥了侵害法益的主要作用;不作为者发挥了促进法益侵害的从属作用。当然,如果只重视义务侵害,那么,方法论上因为可以统一地解决所有的问题,所以确实要承认该主张在体系思考上有其可取之处。但是,即使确保了与之相应的理论的整体性,对于缘何必须要有这样的整合性的根据确实是不合理的,或者说缺乏妥当性。②

有关不作为犯,德国刑法学家威尔泽尔否定不作为的行为性,认为从实体论③的视角来看,由于不作为是"行为的不作为",因此,并不属于行为,行为和不

---

① [日]神山敏雄:《围绕不作为的共犯论》,成文堂 1994 年版,第 68 页。

② 刘瑞瑞:《不作为共犯研究》,广西大学出版社 2009 年版,第 50 页。

③ 又称存在论、本体论,哲学上指不是研究各种特殊的存在物,而是从原理上研究存在本身所具有的根本性、普遍性。

作为是 A 和非 A 的关系。在此基础上,他认为,不可能有不作为本身,不作为必然与某一行为发生关联,只可能有某种行为的不作为。由于这是针对行为者的可以实施某种行为的不作为,因此,是一种"有可能的目的性",作为现实目的性的行为与作为有可能的目的性之不作为,应当作为人的态度这样一个上位概念之下进行统一理解。然而,威尔泽尔所主张的"有可能的目的性"中的可能性要素,正如有观点所指出的那样,它无非是一种作为不作为犯构成要件要素的,违反作为义务的无内容的概念,因此,根据威尔泽尔所主张的"有可能的目的性",根本无法解释不作为犯的行为性。[①] 正如德国刑法学家麦兹格所说的那样,人的行为的实体论之本质并不限于个人的目的性,只有综合对社会整体的超个人的客观现实,才能正确理解它。因此,强调属于个人主观方面的行为的目的性之目的行为论,必须通过附加超个人的社会意义上的行为才能解释现实生活中的行为。也就是说,界定不作为时,只有将针对行为者的社会和法律意义上所期待的,某一行为的不作为作为内容,才能正确理解不作为的构成要件意义。在此基础上,防止结果发生的法律意义上所期待的某种行为,往往成为作为义务的内容。另外,由于保障人所违反的作为义务中无价值的内容有所区别,因此,其中的一部分应当视为正犯,另一部分则可以视为从犯,换言之,不作为犯也应分为正犯和从犯。正如休雷特所主张的那样,可以将针对保护法益有作为义务的行为人的不作为理解为不作为的正犯,有阻止犯罪义务的行为人的不作为视为从犯。

如前所述,违反作为义务可以分为三种形态:第一,违反保障人义务。具体而言,引起针对法益侵害的危险无论是来自自然力,还是动物或是没有责任能力的行为人,或者是具有责任能力的行为人,对作为义务者的不作为来说没有任何区别。总之,只要具有有义务保护该法益不受侵害的保障人的地位,那么,无论造成结果以及发生危险的原因是什么,只要有可能防止结果的发生,没有进行防止结果发生的保障人的态度都具有相同的性质,该不作为者就应视为正犯。需要注意的是,这种原则也存在例外的情形。比如,欠缺构成要件中的目的或行为者的属性,或者犯罪只能够亲手实施的情形下,可以否定正犯的成立。比如,不作为者没有取得意思或不阻止做伪证时,一般认为只能成立不作为的帮助。第二,违反监督义务(犯罪阻止义务)。有必要注意的是,这里有三种例外情况。(1)当幼小的孩子或精神病人等被监督者实施无责任能力的行为时,没有阻止该犯罪行为的监

[①] ［日］大野平吉:《不作为与共犯》,载阿部纯二等编:《刑法基本讲座》(第 4 卷),法学书院 1992 年版,第 118 页。

督者的不作为可以成立正犯。(2)当被监督者为实现构成要件,已经实施所有的必要行为后,只要在结果还没有发生的情形下,监督者的没有防止结果发生的不作为就不构成帮助。因为犯罪阻止义务终究是阻止被监督者实施犯罪行为的义务,因此,在犯罪行为终了之后就可以认为不存在这一义务。不过,如果是被监督者已经实施了行为,但还能够来得及防止结果发生的时候没有防止,而是采取了不作为,那么,可以另当别论。(3)由于监督者故意没有充分地对成为正犯的被监督者进行监督,而使得其犯罪行为得以实施,在这种情形下,不应认为是帮助。第三,违反根据先行行为所产生的作为义务。比如,A 在把枪支卖给 B 之后才知晓 B 将利用该枪支实施谋杀。首先,即使 A 没有阻止这一谋杀行为,也不能以正犯来处罚。就算是 A 在卖武器的时候已经知道 B 的杀人意图,也只能以帮助犯来处罚。因为积极的促进犯罪行为的帮助犯,如果没有阻止主要行为者实施犯罪行为,或在他实施犯罪行为之后,没有防止结果的发生,仅凭这些是不能够认为其发挥了正犯的作用。只有在自己原有的先行行为违反了义务时(比如 A 必须认识到 B 打算进行谋杀行为的情形),如果保障人没有阻止该谋杀,才应该认定成立帮助犯。①

(二)基于不作为的教唆

如前所述,有关基于不作为的教唆,中外理论界有肯定说和否定说之争。否定说虽然是通说,但存在缺陷;而肯定说的界定范围又过于宽泛,本文倾向于限定肯定说,理由是:第一,不作为对犯罪而言,也是"积极"的行为,它并不是单纯的"无"或什么也没有做,而是没有实施法律所期待的一定的行为,即作为。第二,教唆犯的本质特征是唆使他人实施犯罪,要解决的是被教唆人是否实施犯罪的问题。这里的教唆既包括引起他人犯意的行为,也包括坚定犯意的行为。② 而不作为虽然难以引起他人的犯意,但是,可以坚定他人的犯意。第三,教唆犯无论采用何种形式或方法进行教唆,都无碍于教唆犯的成立,这已经成为各国刑法理论中的通说。那么,只要能够引起或坚定他人犯罪意图的一切作为和不作为均可以成为教唆的手段,以收买、劝说、威胁、命令、强迫、激将等作为方式自不待言,以纵容、默认等不作为方式也同样可以成为教唆的手段,同样可以坚定行为人的犯罪意图。

不作为教唆者不存在对正犯者诱发犯意的可能性,只存在坚定犯意的可能

---

① [日]神山敏雄:《不作为与共犯》,载《法学教室》第 2 期,第 48 页以下。
② 马克昌:《犯罪通论》,武汉大学出版社 1991 年版,第 531 页。

性。坚定犯意的教唆即以默认等不作为方式,对已经具有犯罪意图而尚犹豫不决的人,坚定其犯意,促使其实施犯罪。比如,父亲 A 因为赌博而借了很多的钱,债权人 C 来家里催讨借款,说了很多难听的话,因此,15 岁的儿子 B 对 C 产生憎恨,多次跟父亲说要杀 C。有一天,A 为了去打猎而在猎枪上装好了子弹,并将猎枪放在客厅。这时 C 来了,并且像往常一样凶恶无礼,B 想到用猎枪同样可以杀人,从而把猎枪拿到手中,枪口对着 C,与 C 对峙着,且对 C 大加责备。自始至终看着这一切的 A,也希望 B 最好是杀 C,因此什么也没有说,默默地看着事态的发展。B 和 C 之间进行了一阵子短暂的互责后,B 因为 A 没有做任何制止,而产生了决定性的杀人意思,扣动扳机将 C 杀死。在这种情形下,A 是有阻止 B 实施犯罪的义务,却导致了 B 决意杀人的结果。由于他能够阻止杀人行为,并且在两者之间有默默的意思上的相互沟通,因此,他的不作为态度是以默默的态度进行的教唆,即,这种情形与作为的教唆行为在规范意义上具有等价性。[①]

(三)针对不作为的共犯

不作为与不作为间的共同正犯包括两种情形:A,只要不作为者中的一人实施作为行为,就能够回避危害结果的发生;B,只有不作为者全体实施作为行为,才能回避结果的发生。作为 A 的例子,可举父亲 X 与母亲 Y 在沟通意思的前提下,基于犯意没有给有先天性残疾的孩子 A 以充足的食物,导致其饿死(事例 I);作为 B 的例子,可举父亲 X 和母亲 Y 基于共同的犯意,没有救助只有两人的共同努力才能救助的,因地震压在大衣柜下的孩子 A,最终导致其死亡(事例 Ⅱ)。如前所述,针对这种情形,日本的主流观点认为,在这两种情形下,由于 X 和 Y 均有共同的违反作为义务的不作为,因此,成立杀人罪的共同正犯。[②]

就事例 I 的情形而言,将这种情形解释为同时犯或共同正犯,结论上并没有太大的区别,但是,既然 X 和 Y 之间存在对 A 的死亡这一犯罪结果的意思上的沟通,就不应忽视这一事实的存在。本文认为,与同时犯相比,我们不应否认 X 和 Y 基于意思沟通这一心理意义上的相互促进作用,并基于此增强、提高了不作为的危险性。在纯粹同时犯的情形下,就 X 而言,只要给 A 提供充足的食物,就可以否定犯罪的成立,如果因某些特殊情况,无法给 A 提供食物,由于并不存在作为的可能性(结果回避可能性),同样无法成立不纯正不作为犯。但是,X 不仅有

[①] [日]中义胜:《不作为之共犯》,载《刑法杂志》第 27 卷第 4 号,第 78 页。

[②] [日]齐藤彰子:《不作为的共同正犯(2)·完》,载《刑法论丛》第 149 卷第 5 号(2001 年),第 44 页以下。

给 A 提供食物的义务,同时又有让 Y 给 A 提供食物的义务,因此,即便存在自己无法提供食物的特殊情况,只要存在能够让 Y 提供食物的机会,那么,针对这一不作为,完全可以追究其刑事责任(Y 也同样)。①

有关有作为义务与无作为义务之间共同正犯的事例,可举母亲 X 与非法同居的情人 Y 没有给 X 的亲生孩子 A 以充足的食物,导致其死亡(事例Ⅲ)。在这种情形下,没有作为义务的 Y 是否成立不纯正不作为犯的共同正犯? 有关这一问题,在德日刑法理论界,有两种观点的对立:第一种观点认为,如果肯定 Y 的共同实行行为,那么,有可能导致实行行为概念的不当扩张,因此,没有作为义务的行为人对有作为义务的行为人,以不作为的形式参与犯罪,可以以从犯予以处罚。②第二种观点则认为,由于 Y 和 X 可以共同实施 X 违反作为义务的不作为,因此,没有作为义务的 Y 同样可以成立共同正犯。③ 本文倾向于第一种观点,理由是:情人 Y 不是保障人,没有义务,但是,由于他有阻止犯罪结果发生的义务,因此,应当成立帮助犯。④

需要注意的是,不作为犯既包括纯正不作为犯也包括不纯正不作为犯,除了前述之不作为与不作为之间能否成立共同正犯之外,还有纯正不作为的共同正犯。比如,X 和 Y 是商品销售人员,有一天在和 A 商谈商品销售时,A 表示他们的商品质量不甚理想,因此不想买,劝他们回去,这时,X 和 Y 均没有离去。在这种

---

① [日]曾根威彦:《不作为犯与共同正犯》,载《神山敏雄先生古稀祝贺论文集》(第 1 卷),成文堂 2006 年版,第 407 页。

② [日]大塚仁:《刑法概说(总论)》(第 3 版),有斐阁 1997 年版,第 286 页。

③ [日]大谷实:《刑法讲义总论》(新版),成文堂 2000 年版,第 449 页。

④ 有观点认为,针对这一事例,之所以有上述两种观点的争论,是因为①不纯正不作为犯中有作为义务的行为人(保障人)是否属于构成性身份,因而这里的不纯正不作为犯的性质变成了纯正身份犯;②与日本刑法有关共犯规定中的,"参与"中是否包含共同正犯有密切的关联性。就不纯正不作为犯的纯正身份犯性而言,这种观点认为,可以在某些情形下予以肯定。由于不纯正不作为犯中的作为义务(保障人义务),是指违反作为义务的不作为与基于作为的实现构成要件等值的违法要素,可以将不纯正不作为犯中的保障人视为构成性违法身份。因此,至少针对不纯正不作为犯(纯正身份犯)的教唆、帮助,可以以教唆犯和帮助犯予以处罚。问题是,在②的情形下,由于非身份者也能够与有身份者共同引发法益侵害结果,因此,在违法连带性原则的基础上,可以将"参与"包含在共同正犯之中。前述之消极说担心这样是否扩张实行行为概念,然而,无论是加减性身份还是构成性身份,均都是与行为主体有关联的要件,因此,没有必要将身份解释为实行行为的概念要素。基于此,这种观点倾向于前述之第二种观点,即共同成立共同正犯。不过,这种主张同时认为,当然,将前述事例Ⅲ中的 Y 与事例 I 中的 Y 相提并论不甚妥当。(参见[日]曾根威彦:《不作为犯与共同正犯》,载《神山敏雄先生古稀祝贺论文集》(第 1 卷),成文堂 2006 年版,第 407 页。)

情形下,有观点认为,X 和 Y 构成不退去罪①的共同正犯;也有观点认为,这种情况下两人构成同时犯,即两个单独正犯。② 本文认为,两名销售人员分别实施了整个实行行为(不作为 = 不退去),因此,将其视为同时犯未尝不可,但是,从一方的退去能否回避结果的发生这一视角看的话,将这种情形视为同时犯缺乏说服力。因为,即便 X 应 A 的要求离开现场,由于一起来的 Y 没有离去,因此 A 的法益仍然受到侵害(A 要求 X 和 Y 离去的自由或居住环境的平稳)。因为 X 不仅有离开 A 处的义务,同时也有让 Y 一同离开的义务(Y 也一样)。另外,如果能够肯定不退去罪的未遂的话,或者将这种情形视为同时犯的话,由于 X 基于自己的意思终止了不退去(退去)而成立中止犯,但是,在本例中,X 成立中止犯,不仅需要自己的中止行为,还需要让 Y 一同退去,因此,可以成立不退去罪的共同正犯。

有关不作为与作为之间的共同正犯的事例,可举情人 X 与情妇 Y 在意思联络的前提下,X 以作为的方式对 Y 的亲生孩子 A 进行殴打并导致其死亡,Y 完全可以阻止却没有阻止而导致悲剧的发生(事例 IV)。在这种情形下,能否肯定共同正犯的成立,即能否成立 Y 的基于不作为的杀人罪的共同正犯便成为问题。有关这一问题,有观点认为,在共同意思的支配下,一方以作为的形式(X),另一方则以不作为的形式(Y)参与犯罪,可以将这种情形视为共同实行行为,因此,成立作为与不作为间的共同正犯。③ 根据这种主张,作为义务者(保障人)之 Y 的不作为,由于其本身知悉被害人 A 受尽虐待,由于没有加以阻止而导致 A 的死亡,在这种情形下,Y 是在积极利用 X 的基于作为的因果关系而以不作为的形式出现,这种不作为也属于故意杀人罪的实行行为,因此,成立与 X 的作为之间的共同正犯。与此相反,也有观点认为,当作为的构成要件实现与不作为的构成要件实现发生竞合时,从符合构成要件事实的形成性作用视角而言,无疑是基于作为的实现发挥支配作用,排除所参与的不作为而实现作为者所预定的事实的形成。换言之,不作为者在实现犯罪事实这一层面上,并没有"支配"符合构成要件的事实。因此实现符合构成要件事实的作为与没有阻止的不作为发生竞合时,原则上作为者成

---

① 日本刑法第一百三十条规定:无正当理由侵入他人的住宅或者他人看守的宅邸、建筑物或者舰船,或者经要求退出但仍不从上述场所退出的,处三年以下有期徒刑或十万日元以下的罚金。

② [日]曾根威彦:《不作为犯与共同正犯》,载《神山敏雄先生古稀祝贺论文集》(第 1 卷),成文堂 2006 年版,第 408 页。

③ [日]大塚仁:《刑法概说(总论)》(第 3 版),有斐阁 1997 年版,第 334 页。

立正犯而不作为者成立帮助犯。① 这种主张进而认为,没有阻止 X 虐待行为的 Y 的不作为,与实施积极虐待行为的 X 的作为相比,不过是具有发挥潜在作用的可能性,即消极态度,因此,不应将发挥从属性作用的 Y 的不作为,与基于作为的 X 的作为行为相提并论。就 A 的死亡结果而言,是 X 自己基于主动权设定了因果关系,因而具有直接因果性,没有阻止 X 行为的 Y,基于违反作为义务(阻止义务)的不作为,通过 X 的行为具有间接地因果性而已。②

本文认为,针对被害者 A 法益侵害的危险包括两种情形:第一种情形是基于自然力(包括基于无刑事责任能力者),第二种情形是基于他人之 X 的故意行为。由于保障人 Y 理应做的事项相同,因此,如果在第一种情形下成立正犯,第二种情形下成立从犯,显然不尽合理。也就是说,从法益保护的视角而言,保障人 Y 理应做的事项相同,因此,在上述两种情形下,可以肯定基于 Y 的不作为的违反作为义务,因此,保障人 Y 均成立不纯正不作为犯的正犯。第二,由于 Y 有保护 A 的生命的义务,因此,理应具有保障人的地位。第三,在事例 IV 的情形下,在犯罪现场,除了 Y 之外,没有第三者能够阻止 X 的犯罪行为,因此具有排他性支配关系。第四,如前所述,A 的生命危险来自自然现象或无刑事责任能力者也好,或者来自有刑事责任能力者 X 的故意行为也罢,刑法规范要求 Y"保护、救助 A 的生命",如果违反这一命令规范,Y 就要负直接正犯或间接正犯的刑事责任,那么,有刑事责任能力者 X 威胁 A 的生命的情形下,Y 理应与单独正犯一样负共同正犯的刑事责任。

一般地说,针对不作为的正犯可以成立以作为形式实施的共犯,这一点在大陆法系的刑法理论界基本达成了共识。与共同正犯的情形一样,如果基于目的行为论,由于作为和不作为在构造上有所区别,因此,可以得出不可能存在相互之间的共同这一结论。然而,正犯是将符合构成要件的事实作为中心主体予以实现,与此相比,从属性共犯并非"形成"事实本身,而是实现周边的事实,虽然可以说两者同样是"共同"的,但形成的对象却不同,因此,以行为构造的不同为由否定共犯的成立缺乏说服力。③ 针对不作为犯的以作为形式实施的教唆,是指通过积极地劝说、启发使得正犯处于不作为的状态,是具有作为教唆这一参与形态所具备了

---

① [日]桥本正博:《不作为犯与共犯》,载西田典之等编:《刑法的争论点》(第 3 版),有斐阁 2000 年版,第 118 页。

② [日]内藤谦:《刑法讲义总论(下)II》,有斐阁 2002 年版,第 1442 页。

③ [日]桥本正博:《不作为犯与共犯》,载西田典之等编:《刑法的争论点》(第 3 版),有斐阁 2000 年版,第 119 页。

的,诱发决意实施犯罪的事实形成的性质,因此,可以肯定这种教唆形式的存在。只是对象之犯罪形态是以不作为的形式实施而已。另外,针对不作为的帮助犯而言,帮助行为并不需要像教唆行为那样的,以积极的态度对外界"形成"事实这一性质,只要能够使正犯的实行变得容易就可,因此,其样态部分作为或不作为。

五、结语

有关不作为与共犯关系问题,主要有两种情形:一种情形是基于不作为的共犯,包括基于不作为的共同正犯、教唆犯和帮助犯;另一种情形是针对不作为的共犯,包括针对不作为的教唆和帮助。有关不作为的共同正犯,应采纳全面肯定说,基于不作为的教唆应限定在有限的范围之内,而基于不作为的帮助则可以全面肯定。有关不作为的共同正犯与帮助犯的区别,如果行为人具有保障人(作为义务)地位,可以肯定正犯的成立,如果行为人只具有阻止犯罪实施的义务,可以肯定帮助犯的成立。针对不作为的教唆和帮助均可以成立,而帮助可以包括有形帮助,还包括无形帮助。也就是说,基于不作为的共犯,在教唆犯的情形下,应当严格限制其成立范围,但在帮助犯的情形下则没有必要限制。因为通过不作为这一消极的方法,诱发正犯实施犯罪的决意只有在特殊情形下才有可能实现。但是,如果具有保障人地位,完全可以实施基于不作为的帮助。正如国外判例中的判旨所指出的那样,"刑法意义上的帮助,主要是指以作为的形式使正犯的实行行为得以容易实施,但是,当职务上有义务的行为人,明知正犯实施犯罪行为,没有采取任何措施防止犯罪结果的发生,那么,由于同样使得正犯的犯罪行为容易得以实施,因此,可以成立帮助犯"①。针对不作为的共犯是可能的,如果积极教唆帮助不作为犯成立针对不作为犯的教唆和帮助,在这种情形下,教唆、帮助是以作为的形式实施的,因此,没有必要具有保障人的地位。如果行为人具有共同义务和履行共同义务的可能性,不仅针对不作为犯的正犯,作为犯与不作为之间也有可能成立共同正犯。需要注意的是,这种情形在司法实践中并不常见。

---

① [韩]裴锺大:《刑法总论》(第8版),弘文社2005年版,第758页。

第十五章　结果加重犯的共同正犯

一、问题的提出

结果加重犯,是指基于一般的犯罪故意实施实行行为(基本犯),却导致意想不到的重大结果发生的犯罪形态,结果加重犯的典型可举故意伤害致人死亡罪。结果加重犯的共同正犯,是指二人以上的行为人参与属于结果加重犯基本犯部分的行为,基本犯引发重大结果时,参与者之间能否成立"结果加重犯"的共犯问题。结果加重犯的共犯不仅与结果加重犯本身的构造发生关联,又和共犯的成立发生联系,因此,相对复杂。

什么是结果加重犯? 它的范围包括哪些? 有关这一问题,中外刑法理论界有不同学说的对立:①基本犯为故意,重结果亦为故意;②基本犯为故意,重结果为过失;③基本犯为过失,重结果为故意;④基本犯为过失,重结果亦为过失;⑤基本犯为故意,重结果为偶然;⑥基本犯为过失,重结果为偶然。一般认为,最后两种形态的所谓"偶然的结果加重犯"有违现代刑法责任主义原则,因而各国立法均不予承认。而基本犯为过失,重结果为故意的情况在现实生活中也不可能存在。至于其他形态的结果加重犯,在各国司法实践中是全部承认还是有所选择,则取决于各国立法的状况。① 比如,德国刑法第 18 条、第 225 条和第 309 条,②分别规定不排除故意、基于故意的结果加重犯和有关过失的结果加重犯。而有的国家的刑

---

① 陈家林:《共同正犯研究》,武汉大学出版社 2004 年版,第 206 页。
② 德国刑法第 18 条规定:"本法对犯罪特别结果的加重处罚,只有当正犯和共同正犯对特别结果的产生至少具有过失时,始适用。"第 225 条(故意重伤罪)第 1 款规定:"企图发生前条所述结果之一,且确已发生的,处 2 年以上 10 年以下自由刑。"第 309 条规定:"过失引起第 306 条和第 308 条所述火灾的,处 3 年以下自由刑或罚金;因失火致他人死亡的,处 5 年以下自由刑或罚金。"

事立法则明确将故意排除在加重结果的罪过形式之外,比如挪威刑法第43条。①

日本现行刑法典对结果加重犯未作规定,刑法理论界的主流观点认为,基于故意犯的基本犯而发生非故意结果的情形下,作为一种特别的犯罪类型而加重处罚的情形便是结果加重犯。学界一般认为,结果加重犯不仅属于结果责任的残渣,同时也属于现代刑法的一种例外,因此,从责任主义原则的立场出发,先后不得不出现了几种理论和学说。通说将结果加重犯视为故意犯和过失犯的一种复合形态,因此,针对重结果的发生要求过失的存在,依此来贯彻责任主义原则。然而,判例和部分观点却主张,只要存在因果关系即可,针对重结果的发生并不需要过失的存在。不过,这种主张究竟怎样理解和把握结果加重犯的构造不尽明确,对共犯问题究竟倾向于何种学说更是含糊不清。根据通说,针对重结果的发生要求过失的存在,应否肯定过失共同正犯便成为重要的争论点,同时,厘清过失犯中的共犯和结果加重犯中的共犯关系也成为问题。另外,应否区别结果加重犯的共同正犯与结果加重犯的狭义共犯,同样成为一大难题。②

我国刑法典同样没有规定结果加重犯,因此,针对结果加重犯的成立类型,理论界有不同观点的对立:通说认为,基本犯的罪过形式只能是故意,"结果加重犯是故意实施基本的犯罪构成要件的行为,发生基本犯罪构成结果以外的重结果,刑法对重结果规定加重法定刑的犯罪"③。不过也有观点认为基本犯罪是过失时,也可以成立结果加重犯。④ 另外,我国刑法理论界的主流观点认为,结果加重犯的表现形式只有两种:基本犯为故意,重结果为过失;基本犯为故意,重结果也为故意。前者为纯正结果加重犯,后者为不纯正结果加重犯。⑤ 结果加重犯的共犯,"这些犯罪现象在我国还为数不少,然而理论研究却十分薄弱。由于理论研究的薄弱,实务中的处理也有些随意性"⑥。鉴于这种现状,本文以结果加重犯的典型——基本犯为故意,加重结果为过失为中心,进行系统的梳理和探讨。

---

① 挪威刑法第43条规定:"法律上之可罚行为,由于非因故意之结果而规定加重刑者,仅在行为人能预见此结果之可能性,或行为人能注意其危险而不防止发生结果时,课以加重之刑。"
② [日]桥本正博:《结果加重犯之共犯》,载阿部纯二等编:《刑法基本讲座》(第4卷)法学书院1992年版,第154页。
③ 马克昌主编:《犯罪通论》,武汉大学出版社1999年版,第652页。
④ 陈家林:《共同正犯研究》,武汉大学出版社2004年版,第209页等。
⑤ 陈家林:《共同正犯研究》,武汉大学出版社2004年版,第210页。
⑥ 李邦友:《结果加重犯基本理论研究》,武汉大学出版社2001年版,第141页。

二、中外判例

在日本,判例一直肯定所有形态的结果加重犯的共犯的成立。例如,有关共同正犯,日本的判例认为,强盗者中之一人实施暴行夺取财物,使被害人发生伤害结果,该共犯者之全部,均应成立强盗伤人罪,即各该共犯均为强盗伤人罪的结果加重犯。① 在强奸致伤罪中,判例认为在被害人的负伤系被告人中的谁的行为所产生并不明确的情况下——因强奸致伤罪系结果加重犯,各行为人只要具有以暴行或胁迫手段奸淫妇女的意思,在引起重结果的情况下,都应成立强奸致伤罪,即全体成员均成立强奸致伤罪的共同正犯。② 作为强盗(指抢劫——引者,以下同)的手段,对被害者实施暴力行为的过程中,强盗共谋者中的一人,基于杀人的故意单独杀害被害者一案,裁判所认为:"强盗杀人罪,属于趁强盗之机实施杀人行为而成立的结合犯。数人共谋实施强盗行为,在参与人各自分担不同实行行为的情形下,各自分担的实行行为是基于共谋者全体意思而实施的,且共谋者均借他人的行为完成自己的犯罪行为,因此,共谋者全体理应承担强盗罪之共同正犯的刑事责任。另外,基于强盗共谋者中的一人或数人的暴力行为,导致被害人死亡的情形下,其他没有实施暴力行为的共谋者,也应负强盗致人死亡的刑事责任。"③甲、乙、丙、丁共谋强盗,四名被告人携带凶器侵入被害人的家中,用手枪逼迫被害人交出现金,当被害人 A 试图摁紧急呼救用的电铃并逃脱时,甲开枪打伤 A(最终死亡)后成功逃脱,甲、乙在距离犯罪地 100 多米远的地点被两名警察发现,甲当场被捕,乙则继续逃窜,一名警察继续追踪,眼看就要被捕时,被告人用随身携带的匕首刺中警察的颈部等多处,导致警察死亡。针对此案,原审判处参与强盗行为的所有被告人,均成立强盗杀人(致死)罪的共同正犯。没有参与刺伤行为的被告人丙等提出上诉,主张被告人乙的刺伤行为不属于强盗罪的范畴之内,应当单独定强盗致死罪,即除了乙之外的被告人,不应对警察的死亡负刑事责任。三审之最高裁判所第三小法庭认为:"乙的故意伤害致死行为是在实施强盗行为的过程中进行的,参与共谋强盗的其他人,即便其中一人在强盗过程中实施另外一个行为,其他参与人也与单独实施另外一个行为的行为人一样,应当负刑事责任,这是本裁判所判例所取的立场。"④然而,针对被告人甲等 6 名共谋对 A 实施暴力、

---

① 《刑集》第 1 卷,第 1 页。
② 《法律评论》第 30 卷第 12 号,第 100 页。
③ 《刑集》第 2 卷第 12 号,第 1452 页。
④ 《刑集》第 5 卷第 4 号,第 686 页。

胁迫行为,被告人甲用匕首刺中被害人 A 的下腹部导致其死亡,其他 6 名被告人为了帮助被告人甲成功逃脱,共同妨碍 4 名巡警的执行公务行为一案,裁判所认为:"被告人 B 基于未必的故意杀害了 A,原本没有杀人故意的 C 等 6 人,在故意杀人罪的共同正犯和故意伤害致死罪的共同正犯这一构成要件内发生重叠,因此,在较轻的故意伤害致死的范围内成立共同正犯。……由于被告人 C 等 6 名并没有故意实施杀人罪这一重罪的共同正犯的意思,因此,被告人 C 等 6 名不能成立故意杀人罪的共同正犯,如果认为作为犯罪成立重罪之故意杀人罪的共同正犯,在量刑时,可以以暴行罪或故意伤害罪的结果加重犯之故意伤害致死罪定罪的话,这一结论本身不尽妥当。"①

有关教唆犯,判例的立场是:教唆他人实行结果加重犯的基本犯罪,由于实行行为引起了重的结果发生,对教唆的犯罪按结果加重犯的教唆犯进行处罚。例如,针对伤害罪,日本的判例认为,由于认识到对人的身体的不法侵害,并按照这个意思进行活动,发生了被害人死亡的后果,应当构成伤害致死罪——因此,如果教唆他人实施暴行,其暴行的结果是伤害他人身体并发生了被害人的死亡结果,对于教唆犯而言,应当肯定其承担伤害致死的罪责。② 由于日本刑法对教唆犯按正犯之刑进行处罚,判例肯定了教唆犯承担伤害致死的罪责,实际是在主张成立结果加重犯的伤害致死罪的教唆犯之罪责。

日本判例承认帮助他人实行结果加重犯的基本犯时,由于基本犯的正犯人的行为引起了重的结果发生,对帮助的人按结果加重犯的帮助犯处罚。例如,判例认为,针对教唆他人实施暴行者,如果被教唆者的暴行行为导致被害人的伤害或死亡,教唆者应负伤害致死罪的教唆之罪责。又比如,甲以伤害的意思将匕首借给乙,乙用该匕首杀害了被害人丙,在这种情况下,甲应当成立伤害致死罪的从犯,即帮助犯。③

由此可见,日本判例的基本立场是,基于共同的故意实施基本犯罪,却导致重结果的情形下,原则上成立结果加重犯的共同正犯,但是,根据具体案情,成立共同正犯的理由却不尽相同,甚至有时呈流动状态。

有关这一问题,韩国判例的立场是:强盗共犯中的一人针对被害者实施暴行或杀害被害者的情形下,由于其他共犯者也有对被害者实施暴行或杀害被害者的

---

① 《刑集》第 33 卷第 3 号,第 179 页。
② 《刑集》第 4 卷第 10 号,第 1965 页。
③ 《刑集》第 4 卷第 10 号,第 1965 页。

认识，因此，即便共犯者之间没有共谋行为，也应负强盗致死伤罪的刑事责任。①针对学生非法扣押为镇压学生运动而来的警察，当后援的警察进入图书馆时，部分学生投掷火焰瓶和石块导致警察伤亡一案，法院认为："在不纯正结果加重犯之妨碍特殊公务致死伤罪的情形下，在妨碍公务执行的团体行为中，基于部分行为人的故意导致伤亡结果，如果其他行为人能够预见有可能发生伤亡结果，那么，其他没有直接参与导致伤亡结果的成员，也应负妨碍特殊公务致死伤罪的刑事责任。"②

在我国的司法实践中，有关结果加重犯共犯的典型案例较少，不过，以下案例有一定探讨价值。基本案情是这样的：某工商局干部 A 在执法检查农贸市场时，发现某个体户 B 所卖的产品质量有问题，于是要求 B 将该产品送到自己的办公室去，个体户 B 知道该工商局干部平时品行不好，经常以这样或那样的理由勒索个体户，于是拒绝了该干部的要求。A 认为 B 的行为藐视了他的权威，就动手殴打 B，并抓起另一个体户的秤砣殴打 B，B 不甘示弱，奋起还击，并大声吼叫"打死人了！"正在这时，A 的弟弟 C（无业人员）听到吼声，赶去看热闹，发现是自己的哥哥与别人厮打，C 于是挤上前去，抓起别人的菜刀向 B 砍去，一连砍了三刀，被害人 B 倒地叫了一声"哎呀"，便在地上抽搐。A 说："B 不行了，出了问题要负法律责任的，得叫出租车把他送到医院去。"C 于是拦了一辆出租车将 B 送到医院去，后因抢救无效死亡。法医鉴定因脾脏被锐器刺伤破裂引起大量内出血，休克死亡。某市检察院以故意伤害罪起诉了被告 C，一审法院以故意伤害致死判决被告人 C 无期徒刑。被

---

① [韩]金日秀、徐辅鹤：《刑法总论》（第 10 版），博英社 2004 年版，第 476 页。
② [韩]朴相基：《刑法总论》（第 6 版），博英社 2005 年版，第 303 页。

害人家属不服,要求检察机关对 A 起诉,检察机关仍然未起诉 A。① 本文认为,在

---

① 转引自李邦友:《结果加重犯基本理论研究》,武汉大学出版社 2001 年版,第 166 页以下。有关这一问题,在我国的刑法理论界,有观点认为:在共同故意伤害罪中,实行过限(结果加重犯的共犯)通常包括以下三种情况:第一,共同故意伤害实行犯及其实行过限。在共同故意伤害案件中,行为人共同实行伤害行为,如果某人实施了超出预谋的伤害行为,如原先共同行为人只预谋将被害人砍去手臂,挖去眼睛等,但某人却实施了杀人行为,对此,其他共同行为人不负故意杀人罪的刑事责任,而由超出伤害故意的人对过限行为承担刑事责任。但如果共同伤害实行行为人中有某人临时起意要杀死被害人,其他共同参与人知情或明显能够阻止而不阻止,在这种情况下,是否也属于普通的实行犯的实行过限? 如甲、乙二人共谋伤害丙,在伤害行为的过程中,甲说,干脆将丙弄死算了,或甲的行为是明显的致丙死亡的行为,乙既不制止也不表态,在这种情况下,乙是否对甲的故意杀人行为负刑事责任? 如果甲是故意伤害实行过限,乙对此就不负刑事责任。否则,乙就应承担故意杀人罪的刑事责任。我们认为,甲的杀人行为虽然是临时起意,但乙并非全然不知,是能够阻止而没有阻止,却采取了一种放任、容忍的态度,表明甲的杀人行为并不违背乙的意志,因此尽管乙没有亲手实施杀人行为,也应对此承担刑事责任,可以说甲的杀人行为不是共同伤害的实行过限。但如果甲是临时起意杀人,乙也已察觉而且采取了阻止措施,但客观上杀人行为只是在瞬间发生并且不可能阻止,在这种情况下,对乙只认定故意伤害罪,不承担甲的过限行为的刑事责任,即不承担故意杀人罪的刑事责任。第二,故意伤害的教唆犯与实行过限。被教唆的人在实行教唆犯的伤害意图过程中会出现"不及"与"过"的情况。所谓"不及"就是被教唆人只实施教唆的部分犯罪。例如甲教唆乙伤害丙,乙只是将丙打了一顿,并未将丙致伤,这种情况下甲应负故意伤害罪(未遂)刑事责任,乙应负寻衅滋事罪刑事责任或被给予治安管理处罚。所谓"过",就是被教唆人实行了超出教唆犯的伤害故意行为,这就是被教唆人的实行过限行为问题。在教唆他人伤害时,如果过限属于重合性过限(指被教唆的人所实行的犯罪与教唆犯所教唆的犯罪之间是有某种重合性的情况下而发生的实行过限),如甲教唆乙去伤害丙,乙却杀死了丙,这种情况下,甲只负教唆故意伤害罪的刑事责任,乙则负故意杀人罪的刑事责任;如果过限属于非重合性过限(被教唆的人除实现了教唆犯所教唆的犯罪外,还实施了其他犯罪)。如甲教唆乙伤害丙,乙不但伤害丙,还强奸了丙,在这种情况下,甲只负故意伤害罪的刑事责任,乙既负故意伤害罪的刑事责任,又负强奸罪的刑事责任。在教唆伤害内容较为确定的情况下,认定被教唆的人是否实行过限较为容易。但如教唆犯的教唆内容较为概括,则确定被教唆的人是否实行过限较难。共同故意伤害罪中也存在概然性教唆。一般来说,只要由于教唆犯的概然性教唆使被教唆的人产生了犯意,无论实施了何种犯罪,若没有明显超出教唆范围的,都不应视为实行过限。如甲教唆乙去把丙修理一下,或给丙一些颜色看,则乙去伤害了丙,应该讲乙伤害丙的行为不违背甲的意图,因此乙的伤害行为不能认为是实行过限。如果甲的教唆是一种选择性教唆,如甲教唆乙去伤害丙,杀死丙或强奸丙,那么无论乙实施何种犯罪,甲都应对乙所实施的犯罪负教唆的刑事责任,如果乙没有犯供选择的数罪,则甲应承担教唆中处刑最重的一种罪的刑事责任,但是可以从轻或者减轻处罚。第三,故意伤害罪的帮助犯与实行过限。帮助犯的伤害故意是通过被帮助人实现的,如果被帮助的人实施了超出帮助故意范围的其他犯罪,就发生了实行过限问题。故意伤害罪中被帮助的人实行过限,基本上有两种情况:一种情况是被帮助的人在实施过限行为时,没有利用帮助犯所提供的帮助。如甲知道乙要伤害丙,便为乙实施伤害提供了丙的住所、上下班途径和时间等情况,乙却在另一种场合伤害丙时起了杀意,并杀死了丙。在这种情况下,乙杀死丙与甲的帮助无关,甲对于乙的过限行为不负刑事责任。另一种情况是,被帮助的人在实施过限行为时利用了帮助犯所提供的工具。如甲为乙伤害丙提供了一把凶器,乙利用这把凶器将丙杀死。在这种情况下,被帮助人利用了帮助犯的帮助,但超出了其伤害帮助故意的范围,故属于实行过限,帮助犯对被帮助人的过限行为不负刑事责任。(参见王作富、刘树德:《刑法分则专题研究》,中国人民大学出版社 2013 年版,第 31 页以下。)

A 殴打 B 的过程中,A 的弟弟 C 又持刀对 B 进行伤害,A 与弟弟 C 在故意伤害罪的范围内应当成立共同犯罪。C 的故意伤害行为导致了 B 的死亡结果,C 构成故意伤害罪的结果加重犯,理应适用结果加重犯之刑。某市检察院没有起诉 A,检察院是在否定 A 与 C 不成立伤害致死整体犯罪上的共同犯罪,A 不负故意伤害致死的刑事责任。检察院的这种理解,显然不尽合理。

三、相关中外学说

(一)否定说

在日本的刑法理论界,否定说的基本立场是只有对故意犯故意参与(加功)才能成立共犯,这与否定过失共同正犯的见解有共通之处。

首先,虽然多数主张犯罪共同说的学者主张承认结果加重犯的共同正犯,不过,也有倾向于否定说的学者。比如,有观点认为:"只有具备主观要件,才有视之为共同正犯从而追究其部分行为全部责任的基础。并且这种追究只能局限于主观要件的范围之内。追究共同者的责任应当限定在其所认识的范围之内,这就是原则。"①作为共同正犯成立的主观要件,仅仅对其他共同参与者的行为有认识尚且不够,还要求有故意的一致(共同的犯罪故意)。这种观点倾向于完全犯罪共同说,否定故意的结果加重犯的概念,认为结果加重犯只限于对加重结果具有过失的情形。因此,这种观点认为只有在具有意思联络的限度内,即基本犯的限度之内才能成立共同正犯。据此,这种观点认为结果加重犯的共同正犯概念本身无法想象,在此基础上,这种观点全面否定结果加重犯的共犯的成立。与此相近的观点也认为,日本刑法学界,承认过失的共同正犯自不必说,不承认过失共同正犯的立场,对结果加重犯也存在认为如果基本犯成立共同正犯,只要以对结果有预见可能性为条件,就可以对全体行为人追究作为正犯的责任的观点(团藤重光)。但是,按照"部分行为全部责任"的法理,对超越认识的重的结果也要追究责任,是值得怀疑的。②

其次,立论于行为共同说否定结果加重犯的共犯的观点认为,应当从整体上、系统上来把握作为构成要件修正形式的未遂、共犯问题。由于结果加重犯的加重结果只能依附于基本犯罪而成立,本身并没有独立的实行行为,因此它不存在未遂与共犯问题,"对加重结果而言,共同者之间既不存在意思上的联络,也不存在

---

① ［日］香川达夫:《刑法讲义总论》(第 3 版),成文堂 1995 年版,第 347 页。
② ［日］曾根威彦:《刑法总论》(第 4 版),弘文堂 2008 年版,第 258 页。

实行的分担,加重结果属于后发的事实,根本就不会有共犯人的共同故意问题。因此,无论是以数人共同实行为要件的共同正犯,还是以他人的实行行为作为前提的(狭义)共犯,都不存在结果加重犯的问题"①。

在韩国的刑法理论界,否定说认为:"结果加重犯是故意犯和过失犯的一种结合形态。因此,只要有故意犯之基本犯的共同或过失的共同,似乎可以成立结果加重犯的共同正犯。但是,属于事后评价概念之过失行为的共同本身不可能存在,因此,结果加重犯的共同正犯也就无法成立。也就是说,既然不可能存在过失犯的共同正犯,当然也就不可能存在结果加重犯的共同正犯。在共同实施基本犯的情形下,如果其中的行为人对重结果有过失,那么,该行为人本人可以成立结果加重犯。大法院的判旨认为,只要对基本犯有共同实施的意思,那么,就可以肯定结果加重犯的共同正犯。(结果加重犯共同正犯肯定说)这或许是肯定过失共同正犯得出的结论,但是,忽视法律条文明文要求的'预见可能性'而无条件地以结果加重犯处罚,恐怕不尽妥当。"②

在我国的刑法理论界,有观点认为,从我国共同犯罪的概念和构成要件上看,只有行为人对加重结果持故意的结果加重犯类型才可能成立共同犯罪,即只有这种类型的结果加重犯,行为人之间才可能产生共同犯罪的故意,即共同犯罪的意思联络。如果数个共犯人就实行基本犯罪产生共同的意思联络,由于行为人中的某人过失地引起加重结果,就加重结果的产生而言,是否存在过失,与结果加重犯的整体成立共同犯罪无关,即结果加重犯的共同犯罪的成立仅限于对加重结果具有共同故意地实行并产生的结果而言,与共同行为人的过失,甚至是共同过失,也没有任何关系,这样的结论是从我国刑法对共同犯罪的规定及对其构成要件的分析中得出的当然结论。③ 也有观点认为,对于我国学者的观点,就重结果为过失形态的结果加重犯,肯定可以成立共同正犯的观点,于现行刑法的规定以及我国通行的共同犯罪理论,是无法找到合理的依据的。……对于基本犯为故意,重结果为过失形态的结果加重犯,在其加重结果的范围内是不能构成共同正犯的。④还有观点认为,此种情况下让没有直接导致加重结果者承担加重的刑事责任缺乏客观根据,因此,在部分共同正犯的行为造成加重结果的情形下,该部分共同正犯

---

① [日]西村克彦:《结果加重犯论的反省》,载《解罪说法集》1980 年版,第 195 页。
② [韩]裴锺大:《刑法总论》(第 8 版),弘文社 2005 年版,第 728 页。
③ 李邦友:《结果加重犯基本理论研究》,武汉大学出版社 2001 年版,第 172 页。
④ 赵辉:《论结果加重犯的共同正犯》,《武汉理工大学学报》(社会科学版)2005 年底 3 期,第 384 页。

构成结果加重犯的共同正犯;没有直接致使加重结果发生的共同正犯不成立结果加重犯的共同正犯,不应对该加重结果负责。①

(二)肯定说

在日本的刑法理论界,立论于共同意思主体说的观点认为:共犯,是一种特殊的社会心理现象,只有各个共同者的行为指向同一个目的,并在此基础上产生相互了解,这种特殊的社会心理现象才能产生,才有必要作为特殊的犯罪类型来处理。然而,当实行者的行为能被视为共同意思主体的犯罪时,在此范围内,全体共同者都应对犯罪及其产生的一切后果负责。② 可见,只要共同意思主体实施了基本犯罪,各主体都应对该犯罪所产生的一切结果负责,从而肯定结果加重犯的所有形态的共犯的成立。

基于犯罪共同说的观点认为,诸如强盗罪的共同正犯中如果其中一人导致被害人死伤,那么,只要全部成员对于致死上的结果具有预见可能性,就不能免除强盗致伤罪的责任。③ 也有观点认为,共同正犯的成立并不以共同实施同一构成要件的犯罪为必要。过失犯也有实行行为,因此可以肯定过失犯的共同正犯与结果加重犯的共同正犯。④

立论于行为共同说的观点则认为,行为共同说只要求有共同行为的意思就已足够,共同引起结果的意思以及故意的共同则是不必要的,因此对于结果加重犯而言,如果有共同实施行为的意思的话,共同者应当对所有的结果承担责任。这种主张还承认过失犯的共同正犯。⑤ 相近的观点也认为,在过失犯中,对前法律的事实有共同的意识与意欲,因而有共同的不注意,这样就有可能实现作为一个整体的构成要件。共同者……应当相互唤起注意,这对其他共同者的分担部分也是如此。在实施对社会生活有用但伴随危险性的"共同作业"时,一人说"没有问题"就可能触发连锁的、重叠的不注意状态的形成。如果发生了法益侵害的结果,那么这个结果就应当被认为是由全体共同者的"过失行为"所导致的,共同者"都是正犯"⑥。根据这种理解,这种观点承认过失的共同正犯,并以肯定过失犯的共

---

① 李莉:《论结果加重犯的共同正犯》,《法商研究》1996 年底 6 期,第 72 页。
② 〔日〕齐藤金作:《共犯判例与共犯立法》,有斐阁 1955 年版,第 117 页。
③ 〔日〕团藤重光:《刑法纲要总论》,创文社 1990 年版,第 376 页。
④ 〔日〕福田平:《共犯与错误》,载《齐藤金作博士花甲祝贺. 现代的共犯理论》,有斐阁 1964 年版,第 74 页。
⑤ 〔日〕木村龟二著、阿部纯二增补:《刑法总论》,有斐阁 1978 年版,第 405 页。
⑥ 〔日〕内田文昭:《刑法概要中卷》,青林书院 1999 年版,第 481 页以下。

同正犯为前提,肯定结果加重犯的共同正犯。也有观点认为,只要承认过失犯的共同正犯,即使认为对结果加重犯的重结果需要有过失(预见可能性),对于肯定结果加重犯的共同正犯也不存在认可障碍,因而肯定说是妥当的。①

危险性说则认为:"结果加重犯不是故意犯与过失犯的复合形态的犯罪,而是其基本犯罪中本身所具有的内在地引起重的结果发生的危险性的特殊的'一罪'形态。如果基本行为与重结果之间存在因果关系,就可以肯定'构成要件的符合性'或'行为'。因此,只要基本犯成立共犯,如果各个参与者对重的结果的发生都存在过失,那么,就可以肯定作为一罪的'结果加重犯的共同正犯'。"②这种观点认为,既然结果加重犯是基本犯的故意行为及与其表里一体的过失行为导致重的结果发生的内在统一的犯罪类型,那么,在基本犯成立共同正犯,而且具有固有的危险性的行为也是共同实行的情形下,实行具有固有危险性的行为,对重的结果而言,就是违反客观注意义务的行为,这是表里一体的关系。各行为人共同实施该行为,就可以认为是共同违反客观注意义务,从而能够肯定共同正犯的成立。③实践中也存在这样一种情况,即在与基本犯的关系上,虽然存在共同实行的事实,但却没有共同实行具有固有危险性的行为。对这种情况,肯定说认为:"的确,没有参与实施具有固有危险性行为的行为人,不能够直接认为违反客观注意义务。但是,他默认其他实行者的行为,不阻止重的结果的发生,在这个意义上,也可以认为他违反了客观注意义务。因为,共同实行基本犯行为的人,同时就具有阻止共同行为者的行为导致重的结果发生的义务。也就是说,实施危险行为的人,是'违反了义务导致了重的结果发生'从而违反了注意义务,而没有实施危险行为的人,是'不阻止重的结果发生'从而违反了注意义务,这两者之间具有共同关系。"④

在韩国的刑法理论界,肯定说以注意义务的共同违反成立过失共同正犯为前提,主张在结果加重犯的情形下,针对重的结果的共同过失,即存在共同注意义务违反时,可以成立结果加重犯的共同正犯。因此,针对重的结果没有过失,即共同实施基本犯时,只构成基本犯的共同正犯;只有在所有基本犯的共同正犯都存在过失时,才能成立结果加重犯的共同正犯。⑤

---

① [日]川端博:《刑法讲义总论》(第2版),成文堂2006年版,第533页。
② [日]冈野光雄:《结果加重犯与共犯》,《研修》第416号,第12页。
③ [日]丸山雅夫:《结果加重犯的理论》,成文堂1990年版,第284页。
④ 转引自陈家林:《外国刑法通论》,中国人民公安大学出版社2009年版,第564页。
⑤ [韩]朴相基:《刑法总论》(第6版),博英社2005年版,第302页以下。

在我国,倾向于肯定说的观点认为:"在结果加重犯的情况下,共同犯罪人既然共谋实施某一犯罪,对于犯罪中可能发生的加重结果是应当有所预见的,所以主观上亦有过失。因而共同实行犯中的各共同犯罪人对加重结果都应承担刑事责任,而不论其加重结果是否由本人的行为直接造成。例如,甲乙共谋伤害丙,在共同伤害过程中,甲不注意,一石击中丙的头部致其死亡,构成了故意伤害罪的结果加重犯。为此,甲乙应成立结果加重犯的共同正犯。"①也有观点认为:"从结果加重犯的特点来看,对基本犯罪是故意,对加重结果的发生是过失,即可构成结果加重犯。因而共同故意实行某种犯罪的人,对其他共同犯罪人的行为所引起的加重结果,如有过失,自应对加重结果共同负责任。"②还有观点认为,根据共同正犯的本质特征和结果加重犯的构造,二人以上共同实行了结果加重犯的基本犯罪时,有一部分人的行为发生了重的结果,其他即使没有直接动手或者对重结果发生不具有直接原因力的共同行为者,也应该对加重结果承担共同正犯的刑事责任。③

四、危险性说的相对合理性

(一)学说评析

第一,否定结果加重犯的共同正犯的观点,是建立在只承认对加重结果具有过失的结果加重犯类型的认识基础上,在行为人对加重结果只有过失的结果加重犯类型中,基本犯罪系故意犯罪,数人共同故意实施基本犯罪是可能的,所以基本犯罪成立共同犯罪,而加重结果的发生系基本犯罪中的部分共同行为人的过失所引起,不能成立共同犯罪。这种观点严格地从共同犯罪只存在"共同故意犯罪"的立场出发来理解结果加重犯的共同犯罪,应当说是有理论依据的。即如果以共犯现象只能存在于故意犯作为理论前提的话,只能得出这种结论。问题是,这种观点所主张的共犯现象只能存在于故意犯之间这一前提本身缺乏说服力。另外,这种主张没有进一步探讨在基本犯罪系数人共同实施,而共犯人中部分人过失地引起重的结果发生的情况下,其他基本罪的共犯人如何处理问题。④

第二,共同意思主体说针对共犯是一种特殊的社会心理现象,"二人以上的异

---

① 陈兴良:《共同犯罪论》,中国社会科学出版社 1992 年版,第 419 页。
② 李光灿、马克昌、罗平:《论共同犯罪》,中国政法大学出版社 1987 年版,第 112 页。
③ 林亚刚、何荣功:《结果加重犯共同正犯刑事责任探讨》,《郑州大学学报》(哲学社会科学版)2002 年第 4 期,第 44 页。
④ 李邦友:《结果加重犯基本理论研究》,武汉大学出版社 2001 年版,第 164 页。

心别体的个人,为了实现一定的犯罪目的,变成同心一体,并协议实行一定的犯罪。以此协议为共同之目标,相互利用、相互补充",①共同实现了共谋的犯罪。但是,共同意思主体仅在共谋的范围内,对他人实现的犯罪承担共同正犯的刑事责任,对他人的过失行为引起的结果,而不是共谋范围内的结果,则不能认为由共同意思主体归责。因此,运用共同意思主体说,只能说明共同参与基本犯罪的人在共谋的基本犯罪内成立共同正犯,不能说明结果加重犯整体的共同正犯。共同意思主体说原本是倡导者用民商法上的共同组织体法人组合原理来说明共犯现象的。众所周知,刑法上的共犯现象与民商法上的法人组合原理不同,民商法上的责任是民事责任,只承认个人责任。因此,借用团体责任的共同意思主体说来说明结果加重犯的共犯现象,显然不尽妥当。

第三,犯罪共同说是立论于客观主义的共犯理论,这种学说以犯罪的本质为侵害法益的客观事实,主张共犯是二人以上共同对同一法益实施侵害,即共犯是两个以上有刑事责任能力的人共同参与实施一个犯罪。这里的"共同",就是以犯同一罪的意思,对同一犯罪事实的协同参与,因此又称犯意共同说。根据犯罪共同说,通常可以得出以下结论:首先,共犯只能在所实施的行为都具备犯罪构成要件的行为人之间发生,如果有两个共同行为人,其中一人是无刑事责任能力者,或者无罪过者,或者具备阻却违法的情况者,这种人的行为既然不构成犯罪,那就谈不上构成共犯。其次,共犯只能在一个犯罪事实范围内发生。如果二人共同实施某种行为,各个人所造成的犯罪事实不同,比如二人共同对被害人射击,一人出于杀害的意思,一人出于伤害的意思,由于侵害的法益不同,构成的犯罪事实不同,只能分别构成故意杀人罪、故意伤害罪,而不能构成共犯。再次,共犯只能在具有共同犯罪意思的场合发生。如果一方有共同犯罪的意思,另一方没有共同犯罪的意思,或者一方是出于故意,另一方是出于过失,都不能成立共犯。亦即片面共犯与不同罪过形式,乃至于过失犯都不能成立共犯。按照犯罪共同说,过失犯的共同正犯显然是不能成立的,而前述之立论于犯罪共同说的观点却从所谓的"犯罪共同说"出发,得出过失犯能成立共同正犯,显然是修正了的"犯罪共同说",用这种修正的"犯罪共同说"说明结果加重犯的共同正犯能够成立,而狭义的共犯(教

---

① [日]冈野光雄:《共同意思主体说与共谋共同正犯伦》,《刑法杂志》第31卷第3期,第288页。

唆犯、帮助犯)却不能成立,缺乏理论根据。① 另外,基于犯罪共同说,作为共同正犯的主观要件理应要求包括结果在内的共同实施犯罪的故意,如果严格解释这一要件,在含有过失犯的结果加重犯的共同正犯中,无法肯定共同的故意的存在,在此基础上,既然否定过失犯的共同正犯,那么,自然也得否定结果加重犯的共同正犯,这种结论当然有其合理性,即保持理论上的连贯性。问题是,缘何否定过失犯的共同正犯就得否定结果加重犯的共同正犯呢? 逻辑上能够得出这一结论本身恰恰是这种主张的致命缺陷。另外,这种观点所主张的,结果加重犯无非是基本犯之故意犯与加重结果之过失犯的单纯的复合形态,这种理解本身存在不足。

第四,基于行为共同说确实能够说明结果加重犯所有形态的共犯的成立。但是,这一理论本身属于主观主义共犯理论。这种学说从犯罪是犯人恶性表现的立场出发,主张共犯中的"共同"关系,不是二人以上共犯一罪,而是共同表现恶性的

---

① 李邦友:《结果加重犯基本理论研究》,武汉大学出版社 2001 年版,第 161 页以下。另外,与此相近的还有分割考察说,这种学说将结果加重犯的基本罪部分与重的结果部分分割开来,分别进行判定。按照这种主张,结果加重犯两部分可以进行分割,基本犯部分可以成立共犯,就狭义的共犯而言,加重的结果则成立过失犯的同时犯。这种学说的优点,就是回避了就过失引起加重结果成立共犯的弊端,仅承认基本犯部分成立共犯。但是,教唆或帮助基本犯正犯的人,就正犯的行为过失地引起重的结果成立重的结果的过失犯的同时犯,按照结果加重犯结合起来处理的方法又存在以下理论上的困难:第一,过失犯的同时犯是指行为人在他人过失地引起了某种结果,行为人的过失行为也是该结果发生的原因之一,两个行为人的过失行为均是结果发生的行为。而在教唆、帮助正犯实行加重犯的基本犯的情况下,由于正犯的实行行为过失地引起了重的结果,过失地引起重的结果的原因行为是正犯的基本罪的实行行为,而不存在正犯的过失的实行行为,也不存在教唆犯、帮助犯对重的结果发生的过失的实行行为,所以,同时犯的实行行为不存在,过失犯的同时犯根本不可能成立。第二,这种学说认为在基本犯的共同正犯实行的情况下,由其中一个正犯人的行为过失引起了重的结果时成立结果加重犯的共同正犯,而不必进行分割考察。对结果加重犯的共同正犯的成立不采取分割考察的办法直接得出结果加重犯的共同正犯,而对结果加重犯的狭义的共犯则采取分割的办法进行判断得出基本犯成立共犯,而加重结果部分成立过失犯的同时犯,两者再结合成结果加重犯,没有保持共犯理论的一贯性。第三,对基本犯的狭义共犯的结果加重犯的情况采取分割考察,基本犯部分成立共犯,即教唆犯或帮助犯,加重结果部分成立过失的同时犯,结合成结果加重犯,即教唆犯与过失犯的同时犯结合及帮助犯与过失犯的同时犯结合,教唆犯与帮助犯成了结合后的结果加重犯的基本犯,重的结果系过失犯的同时犯,成为结果加重犯的加重结果。问题是这种结合的理论根据是什么,显然是为了回避法定刑的不平衡。因为按想象竞合是从一重处断原则,要么成立基本犯的故意犯,要么成立重的结果的过失犯,这样显然会犯放纵犯罪人;按实质数罪进行数罪并罚又缺乏数罪的构成要件,因而并罚的前提不存在,所以按结果加重犯进行这种不伦不类的结合。(参见李邦友:《结果加重犯基本理论研究》,武汉大学出版社 2001 年版,第 162 页以下。)

关系。因此,按照行为共同说,以下几种情形均属于共犯:①首先,共犯不一定只在所实施的行为都具备犯罪构成要件的行为人之间发生。二人以上只要行为共同,即使其中一人没有责任能力,或缺乏罪过,或具有阻却违法情况,也不影响共犯的成立。不过一方负刑事责任,另一方不负刑事责任。其次,共犯不一定只在一个犯罪事实范围内发生,只要行为共同,即使扩张及于犯意不同的数个犯罪事实,也无碍于构成共犯。比如,二人共同对被害人实施射击行为,一人出于故意杀人的意思,一人出于故意伤害的意思,共同行为及于两个不同的犯罪事实,仍不失为共犯。不过一人负故意杀人罪的罪责,另一人负故意伤害罪的罪责。再次,共犯不要求必须出于共同犯罪的意思。因而一方有共同犯罪的意思,另一方没有共同犯罪的意思;或者一方出于故意,另一方出于过失,都可以成立。也就是说,行为共同说不仅承认片面共犯的存在,而且还承认不同罪过形式的共犯的存在,只是一方负故意责任,另一方负过失责任。由此可见,从上述行为共同说的基本观点及结论来看,行为共同说本身无法说明现代各国刑法规定的共同犯罪的立法规定及判例,并且该理论很少为司法实践所采纳。因为现今的刑法还是道义上的刑法,在共犯的成立上不仅要求行为共同,还要求意思上的共同,即共犯人之间应具有共同故意,共同犯罪才能成立,那种一人具有过失,一人具有故意,或二人以上故意内容不同,由于某种偶然的巧合,行为共同,就成立共犯或令一人负故意责任,一人负过失责任的做法,明显与各国刑法对共犯的规定不相符合,自然基于这种理论来说明结果加重犯的共犯问题仍不能得出正确的结论。而且基于这种理论仅以基本犯的共犯人行为共同,就肯定结果加重犯的共同正犯的成立,完全忽视了共同行为人之间的主观意思内容,可以说,这种结论明显带有客观归责之意蕴。②

(二)危险性说之提倡——本文的立场

结果加重犯中共同正犯成立的条件是,参与原本就有危险行为的行为人,这一点一般没有异议。问题是,没有参与危险行为的行为者缘何也可以成为共同正犯? 这一问题只能从共同正犯的构造入手才能得到解决。在中外刑法理论界,主流观点认为,共同正犯的成立一般要有共同实行的意思和共同实行的事实。否定成立过失共同正犯的观点主张,在过失共同正犯的情况下,由于缺乏"共同实行的意思",而不可能成立共同正犯。也就是说,在过失共同正犯的情况下,作为主观

---

① 李光灿、马克昌、罗平:《论共同犯罪》,中国政法大学出版社 1987 年版,第 192 页以下。
② 李邦友:《结果加重犯基本理论研究》,武汉大学出版社 2001 年版,第 158 页以下。

要素需要有"共同实行的意思"或"意思的联络"。本文认为,在结果加重犯的情况下,由于加重结果中的"过失部分"已经包含在故意之基本犯中,因此,虽然不能与单纯的过失共同正犯相提并论,由于已经参与基本犯的实行而可以将其视为过失的共同,即可以作为过失要素之"意思的联络"。①即基本犯的共同正犯可以包含"基于过失的共同实行的意思",因此,可以成立结果加重犯的共同正犯。也就是说,在结果加重犯的情况下,如果已经实行了基本犯罪,由于有容易发生较重结果的高度危险性,而可以将该基本犯罪与较重结果结合成为一个犯罪类型,因此,二人以上共同实行基本犯罪时,行为人全体共同存在有使较重结果容易发生的高度危险事态,由行为人中一部分人的过失致使发生较重结果时,其他共同行为人可以被认为有致使较重结果发生的客观注意义务的违反,可以说是构成要件的过失。之所以这样主张,是因为既然共同实行包含容易发生加重结果犯中较重结果的高度危险的基本犯罪,那么,由于违反了以一般人为基准的客观注意义务,可以将违反义务归责到参与共同犯罪的每个人之故。因此,在构成要件符合性阶段上,被认为对全体共同行为人成立结果加重犯的共同正犯。

结果加重犯并非基于故意的基本犯和基于过失的重结果之间的单纯的复合形态或结合形态。其基本行为属于极有可能发生重结果的,即原本就有导致重结果发生的一种犯罪类型,因此,部分国家的刑法典作为一个独立的犯罪形态予以规定。②之所以说,实现基本犯的基本行为与有可能导致发生重结果的过失行为是一种表里一体关系的缘由正在于此。详言之,实施基本行为就是有可能导致发生重结果的过失行为,即违反客观注意义务。因此,在结果加重犯的共同正犯的情形下,共同实施有可能导致重结果发生的具有危险性的基本行为,可以将其视为共同违反了有可能导致重结果发生的客观注意义务。另外,即便没有参与固有的危险行为的行为人,既然基于共同犯罪的意思实施了固有的具有危险性的基本行为,可以肯定违反了未能阻止其他参与者实施固有的危险行为这一客观注意义务,因此,可以将其理解为通过具体参与的行为人实现了重结果的发生。③

---

① [日]桥本正博:《结果加重犯之共犯》,载阿部纯二等编:《刑法基本讲座》(第4卷)法学书院1992年版,第159页。

② [日]山本光英:《结果加重犯之共同正犯》,载川端博等编:《立石二六先生古稀祝贺论文集》,成文堂2010年版,第506页。

③ [日]山本光英:《结果加重犯之共同正犯》,载川端博等编:《立石二六先生古稀祝贺论文集》,成文堂2010年版,第507页。

有观点认为,如果否定过失共同正犯①的成立,针对没有故意的犯罪结果,怎能成立共同正犯?对此,危险性说并没有给出有说服力的理由。需要注意的是,"就结果加重犯的共同正犯与过失犯的共同正犯的关系而言,前者是基于共同的犯罪意思实施具有导致重结果发生的固有危险的基本犯罪,而后者是共同违反具有危害结果发生的客观注意义务,因此,不应将两者相提并论。也就是说,即便否定过失共同正犯,也可以肯定结果加重犯的共同正犯"②。另外,比如在共同实施抢劫行为时,其中的一部分人实施了杀人行为,又比如共谋共同实施盗窃行为,其中的部分人却实施了抢劫行为,在这种情形下,由于杀人行为和抢劫行为并非基于共同实行者的共同意思,因此,在这一点上不应成立共同正犯。

在狭义共犯的情况下,针对正犯所实施的犯罪事实,基于重视共犯者一方的过失的立场可以肯定成立针对结果加重犯的共犯。当然,由于这一问题与基本犯部分有所不同,针对犯罪事实中的重结果而言,由于其实现是基于正犯的过失,因此,很难将其视为共犯也参与了这一部分的犯罪行为。在共同正犯的情况下,针对并没有参与"固有危险行为"的共犯者,由于完全有可能通过自己的参与而回避结果的发生,因此,可以将这种情况视为具有某种结果回避义务。与此相比,在教唆、帮助的情况下,与其说通过自己的参与而针对犯罪事实及结果施加影响,不如说不能期待针对结果发挥作用的参与而肯定狭义共犯的成立。结果加重犯的过失共犯,不是由于针对犯罪事实存在过失而成立,而是由于针对共犯行为的过失而成立。也就是说,正犯基于过失而实施了可能发生重结果的行为,由于共犯者对正犯对该结果的发生实施了教唆或帮助,因此,共犯者也应负过失的刑事责任。③ 针对教唆犯或帮助犯而言,应当认识到正犯者在某种情况下,使用某种手段而实施基本行为等问题。

---

① 过失共同正犯,是指二人以上的行为人,在共同实施某一行为时,由于全体人员的不注意,共同引起符合过失构成要件的情形。在大陆法系,有关过失共同正犯问题,过去的主流观点一般认为,这一问题与犯罪共同说和行为共同说有密切的关联性。即犯罪共同说取否定说,行为共同说则取肯定说。然而,随着可以将过失犯的客观注意义务视为实行行为,因此,完全可以将共同实施不注意的行为理解为"犯罪的共同"。同样,基于行为共同说,以共同实施自然行为为由,将所实现的不法或结果归责于所有共同者,也没有充分的说服力。我国现行刑法明确否定了过失的共同犯罪,因此,试图从解释论上肯定过失的共同犯罪,几乎不可能。因此,有关过失共同正犯问题,有必要从立法的角度重新思考。

② 〔日〕山本光英:《结果加重犯之共同正犯》,载川端博等编:《立石二六先生古稀祝贺论文集》,成文堂2010年版,第507页。

③ 〔日〕桥本正博:《结果加重犯之共犯》,载阿部纯二等编:《刑法基本讲座》(第4卷)法学书院1992年版,第160页。

主要参考文献

中文

1. 陈兴良、周光权:《刑法学的现代展开》,中国人民大学出版社2006年版。

2. 张明楷:《刑法的基本立场》,中国法制出版社2002年版。

3. 张明楷:《刑法学》(第4版),法律出版社2011年版。

4. 黎宏:《刑法学》,法律出版社2012年版。

5. 马克昌主编:《百罪通论》,北京大学出版社2014年版。

6. 周光权:《刑法总论》,中国人民大学出版社2007年版。

7. 林维主编:《共犯论研究》,北京大学出版社2014年版。

8. 陈家林:《外国刑法》,华中科技大学出版社2013年版。

9. 陈兴良:《刑法的知识转型》,中国人民大学出版社2012年版。

10. 刘明祥主编:《过失犯研究》,北京大学出版社2010年版。

11. 杨兴培:《反思与批评》,北京大学出版社2013年版。

12. 黎宏:《刑法总论问题思考》,中国人民大学出版社2007年版。

13. 陈洪兵:《共犯论思考》,人民法院出版社2009年版。

14. 阎二鹏:《共犯与身份》,中国检察出版社2007年版。

15. 杨金彪:《共犯的处罚根据》,中国人民公安大学出版社2008年版。

16. 李成:《共犯犯罪与身份关系研究》,中国人民公安大学出版社2007年版。

17. 陈家林:《共同正犯研究》,武汉大学出版社2004年版。

18. 吴波:《共同犯罪停止形态研究》,上海人民出版社2012年版。

19. 钱叶六:《共犯论的基础及其展开》,中国政法大学出版社2014年版。

20. 张伟:《帮助犯研究》,中国政法大学出版社2012年版。

21. 陈伟强:《共同犯罪刑事责任研究》,清华大学出版社2013年版。

22. 邹兵:《过失共同正犯研究》,人民出版社2012年版。

23. 刘斯凡：《共犯界限论》，中国人民公安大学出版社2011年版。

24. 刘雪梅：《共犯中止研究》，中国人民公安大学出版社2011年版。

25. 袁雪：《共犯认识错误问题研究》，中国人民公安大学出版社2011年版。

26. 刘瑞瑞：《不作为共犯研究》，广西师范大学出版社2009年版。

日文、韩文

1. 井田良：《变革时代中的理论刑法学》，庆应义塾大学出版会2007年。

2. 植松正等著：《现代刑法论争I》（第2版），劲草书房1997年版。

3. 西田典之等编：《刑法的争论点》（第3版），有斐阁2000年版。

4. 立石二六编著：《刑法总论27讲》，成文堂2004年版。

5. 大塚裕史：《刑法总论的思考方法》（新版），早稻田经营出版2005年版。

6. 井田良：《刑法总论的理论构造》，成文堂2005年版。

7. 松宫孝明：《刑事立法与犯罪体系》，成文堂2003年版。

8. 山口厚等：《理论刑法学的最前线》，岩波书店2001年版。

9. 西田典之等：《判例刑法总论》（第3版），有斐阁2002年版。

10. 井田良：《讲义刑法学. 总论》，有斐阁2011年版。

11. 吉田敏雄：《刑法理论之基础》（第三版），成文堂2013年版。

12. 内藤谦：《刑法理论之历史展开》，有斐阁2008年版。

13. 佐久间修：《刑法总论》，成文堂2013年版。

14. 高桥则夫：《刑法总论》，成文堂2010年版。

15. 金日秀、徐辅鹤：《刑法总论》（第10版），博英社2004年版等。